“十二五”普通高等教育本科国家级规划教材

iCourse·教材
国家级精品资源共享课配套教材

高等学校财务管理专业系列教材

财务管理学

第三版

杨淑娥　主编
杨淑娥　张强　梁芬莲　郑迎飞　编写

高等教育出版社·北京

内容简介

本书是在原国家级精品课程和资源共享课程配套教材的基础上，对已经使用四年的第二版教材进一步完善和修订。全书分三篇十四章，以培养学生财务管理基本理论和基本方法为目标，以课程的内在逻辑为主线，以财务管理的方法和内容“两大循环”为特征，系统介绍了财务管理的基本理论和实务。上篇主要讲解财务管理必备的基本方法，包括财务管理概论、财务报表分析、货币时间价值与证券估价、风险与报酬；中篇主要讲述财务管理的主要内容，包括投资决策、融资决策、股利分配决策和营运资金管理等；下篇为拓展专题，包括企业价值评估与管理、企业并购重组、期权估价及应用和企业集团财务管理。 每章后均列出本章关键词和要点，并附有思考题、练习题及典型案例等丰富的学习资料。

本书适用于经管类专业、其他专业辅修财务管理的在校本科生，以及MBA、实务界人士和自修财务管理的读者。

图书在版编目(CIP)数据

财务管理学 / 杨淑娥主编. -- 3版. -- 北京 : 高等教育出版社, 2018.9 (2020.9重印)
ISBN 978-7-04-049412-9

Ⅰ. ①财… Ⅱ. ①杨… Ⅲ. ①财务管理-高等学校-教材 Ⅳ. ①F275

中国版本图书馆CIP数据核字(2018)第025168号

财务管理学
Caiwu Guanli Xue

策划编辑	谢睿芳	责任编辑	谢睿芳	封面设计	张志奇	版式设计	张　杰
插图绘制	杜晓丹	责任校对	胡美萍	责任印制	刁　毅		

出版发行	高等教育出版社	网　　址	http://www.hep.edu.cn
社　　址	北京市西城区德外大街4号		http://www.hep.com.cn
邮政编码	100120	网上订购	http://www.hepmall.com.cn
印　　刷	廊坊一二〇六印刷厂		http://www.hepmall.com
开　　本	787 mm×1092 mm　1/16		http://www.hepmall.cn
印　　张	23	版　　次	2010年9月第1版
字　　数	380千字		2018年9月第3版
购书热线	010-58581118	印　　次	2020年9月第3次印刷
咨询电话	400-810-0598	定　　价	48.00元

物 料 号　49412-00

第三版前言

时光如梭，光阴荏苒。本书前两版自从出版以来，先后在 10 多届学生中使用，修订 1 次，印刷了 7 次。其间，在国家级精品资源共享课和“十二五”普通高等教育本科国家级规划教材的建设中，我们听取多方反馈意见，对书中的错漏别字以及图表等都做了一定的修改。然而，随着教学理念和教学改革的深化以及本科教学实践的要求，教材编写组认为还是有必要对教材做再次修订。本次修订的主旨是：第一，更新理念，将管理中的一些新理念、新方法及时吸收进来，使教材建设始终处于理论研究的前沿；第二，适应本科教学的深浅度要求，对难易程度不适的地方做删增处理；第三，修改新发现的错误和遗漏。基于此，本次修改主要体现在以下章节：

第一章：增加了“第一节　财务管理概述”，主要介绍了财务、公司财务、公司理财、财务管理等相关概念；讲述了财务管理的产生与发展以及现代财务管理的发展特征等。在“第二节　财务管理的内容与方法”中，增加了“（三）现金流转的重要性”。同时，调整修改了个别节、目的顺序结构。

第二章：在“主要财务报表及其结构”的介绍中，增加了设计原理及结构，简化了财务报表数字，方便指标的计算和理解。增加了自由现金流的概念和计算，强调财务管理中“现金流”的重要性。

第三章：增加了“成长性预测”，介绍了内含增长率和可持续增长率等指标的计算及意义。

第四章：明确了与复利有关的年百分比利率与有效年利率概念，以及与通货膨胀相关的名义利率与实际利率概念。规范了复利终值、复利现值的标志。

第五章：调整了个别节的内容顺序，将企业风险与杠杆效应调到本章的末节，使得内容逻辑关系易于理解。另外对于企业的风险，明确区分了商业风险、销售风险、经营风险和财务风险的概念及其相互关系。

第八章：增加了 MM 理论中推论 II 的理论推导，便于学生理解。

第十章：增加了对股利分配效应的分析，更新了相关股利监管政策。

对于下篇内容，主要进行了顺序调整，使得拓展部分的四章内容逻辑顺序更加合理，便于教学安排。

再次向为本书修订提出宝贵意见的读者和同仁们献上我们最诚挚的谢意！

最后，本书由上海对外经贸大学课程思政教育教学改革建设项目资助出版，在此表示感谢！

编　者

2017年秋于上海松江大学城

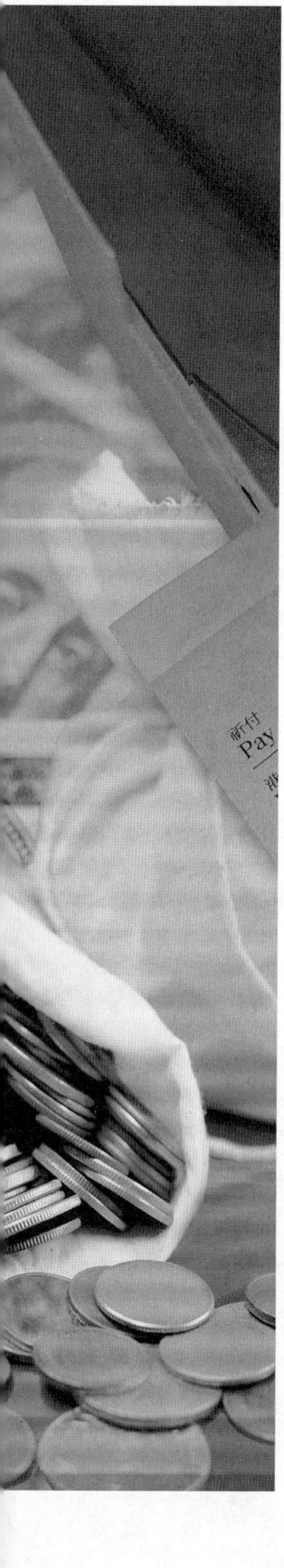

第二版前言

本书自2010年付梓面世以来，先后印刷了3次。同时由于以下原因，我们萌发了修订的冲动：首先，在连续几届的教学使用中，我们陆续发现了一些小疏漏，包括数据、图表和个别错别字，需要尽快更正；其次，随着对本科教学规律的不断探索和对教学质量高水准的追求，我们认为，有必要对本书的个别章节和框架做一些调整；最后，也基于国内使用本书的同行们的中肯建议和建设性意见，激发了我们对本书再次认真修改的热情。在此，我们对提出意见和建议的同行们表示最衷心的感谢！

本次修订我们主要在以下章节作了调整和修改。

在第一章，将第一节“企业目标”修改为“企业目标与财务管理目标”，增加了“委托代理、公司治理与管理”等内容。

在第二章，增加了彼得·林奇的PEG分析和“经济附加值评价法”等内容。

在第三章，改写了第一节中的“财务预测的内容与方法”，调整和修正了第二节“财务预算的编制”中的有关数据。

在第五章，调整了有关“单项资产的风险与收益”以及“单个资产风险的计量”，改写了第二节“企业风险与杠杆效应”的内容。

在第六章中，改写了第四节“投资项目的风险处置”。

调整了第七章和第八章的次序，并对其中个别内容做了修改。

在第九章中，改写了第一节“营运资金管理概述”的相关内容，修改了第三节的“应收账款信用政策的制定”和第五节“短期融资管理”的相关内容。

第十章改动较大，重新调整了各节结构和内容，增加了一些新的内容。包括：在第一节“股利分配理论”中，增加了“追随者理论”；将第二节改写为“影响股利政策制定的相关因素”；修正了第三节“企业利润及其分配”和第四节“现金股利分配政策”的一些内容；特别是增加了第五节“企业股利分配的其他形式”，包括股票分割和股票回购等内容。

对下篇第十一章的内容作了修改和调整，主要是在第一节中，增加了“买权与卖权的平价(转换)关系”和“期权价值的影响因素”的内容。

另外，根据修改的内容适当更新了各章相配套的思考题和习题，同时根据内容需要在合适的章节，增加了案例讨论题。

尽管我们自2012年下半年开始就着手这项工作，并且广泛征求了各位任课老师的意见，但仍然可能存在不尽如人意之处，希望广大读者和使用本教材的同仁们继续不吝指教，以便我们进一步改进。

请再次接受我们对为本书的修订提出宝贵意见的读者和同仁们的诚挚谢意！

编　者

2013 年秋于上海松江大学城

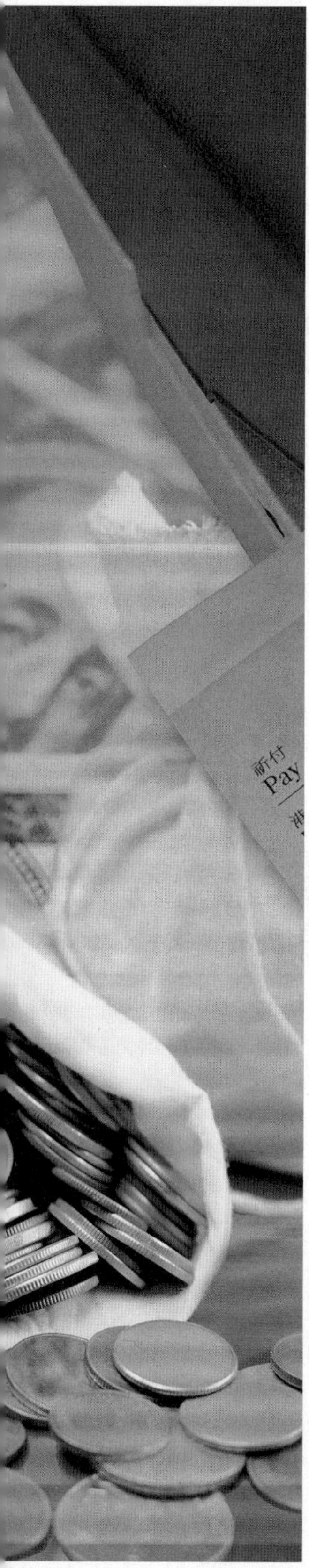

第一版前言

为了配合和推进教育部实施国家精品课程建设项目，促进优质教学资源的建设、共享和应用，高等教育出版社组织出版了普通高等教育本科经管类国家级精品课程系列配套教材。作为“财务管理”国家级精品课程的承担者，我们一直期望打造一本与之配套的精品教材，以便将对该课程的领悟及这几年的建设体会与同行交流和分享。借此契机，我们欣然承担了这本教材的编写工作，以完成此夙愿。

自 20 世纪 90 年代初西方财务与会计理论引入以来，我国财务与会计领域发生了重大变革，从事财务管理教学和研究的学者不断增加，新老学者汇集一起，使我国财务管理教学和研究实现了跨越式发展，并且成果斐然。这是市场经济发展的内在需求使然，也是财务管理学科加速成长的大趋势使然。这种学科发展态势和丰富的成果积淀为我们的教材编写提供了深厚的理论支持，同时也对编写质量提出了更高的要求。

目前国内同类的财务管理教材不少，在这种情况下，全力打造与国家级精品课程配套的优质教材，根据财务管理教学对象的特点和读者需求，编写出既能使读者掌握基本理论，把握财务管理总体内容，又能学以致用，结合现实，掌握财务分析和决策的基本技巧；同时，又能给他们提供一幅徜徉于财务管理海洋的“航海图”、一座攀登理论前沿高峰的“云梯”，打造出与国家级精品课程配套的优质教材，确保教材的质量——这正是我们力求达到的目标。

为了实现上述目标，我们多次修改大纲，完善思路。现在呈现给读者的终稿，体现了如下特色：

1. 本书以培养学生成才为目标，以该课程的内在逻辑为主线，以介绍财务管理理论和公司理财实务为重点。在每章前，由简短的“引言”入手，列出学习目标，即本章必须掌握的知识；在每章后，均有关键词、要点回顾，同时还设计了思考题、练习题，根据内容需要，部分章节还安排了“相关链接”和“小资料”，形式和内容力求丰富多彩。

2. 按本教材的内在逻辑，全书划分为三大块，即三篇十四章，体现“两个循环、一个拓展”的特有体系。上篇是“财务管理理论与方法”，其中主要介绍了“两个循环”之一的财务管理理论与方法循环，从第一章到第五章分别介绍了财务管理概论、财务报表分析、财务预算与控制、货币时间价值与证券估价、风险与报酬，以及这些方法循环使用的过程；中篇是“资金运作与管理”，主要介绍“两个循环”之二的财务管理内容循环，从第六章到第十章分别介绍了投资管理、资本成本与资本结构、筹资管理、营运资金管理和股利分配管理及这些资金形态的变化和循环过程。这也正是本教材的一大特色。下篇"财务管理拓展"体现的是本书"一个拓展"的内容。从第十一章到十四章进行了财务管理的专题研究,包括期权估价及应用、企业价值评估与管理、企业集团财务管理以及企业并购与重组。由于各校对财务管理课程一般安排为54或36课时,教学对象也不甚相同,故对这一部分内容较难有足够的课时在课堂上讲授。当然,各校可以根据自己的学分和课时决定;如果不予讲授,也是学生拓展阅读的最佳资料。在这一部分的每章后,我们还推荐了该领域中特别经典的阅读资料。

3. 为了让教材有更宽广的适用面,本书力求兼顾不同的难易程度:在正文章节中按主线索介绍最基本的内容;对较前沿的理论研究或实践应用的最新状况,以"相关链接"和"小资料"的形式出现,供教师和同学们参考。

4. 除注重教学适用性,本书同时站在企业中高层管理者的立场,从总揽企业财务管理全局、拓展公司财务管理视野、培养中高层财务管理者的角度出发,高屋建瓴地融企业战略、业务经营与理财实务为一体,在每章的第一节,安排了本章财务管理的基本理论或财务活动应该具备的政策设计思想,强化和充实了财务实务处理的相关内容;同时,在内容设计上,除对一般教材必然涉及的投融资业务、营运资金管理业务和股利分配业务进行深化介绍和研究外,还增添了企业价值评价、企业集团财务管理、企业并购与重组等特殊财务问题。

5. 为了方便读者使用,我们准备配套教辅用书。读者还可以登录我们的财务管理精品课程网站(http://www.shift.edu.cn/jrxy/jpkc),利用我们的课程建设成果,加深对本课程和本教材的阅读理解。

本书由国家级精品课程"财务管理"课程负责人、上海对外贸易学院杨淑娥教授组织编写,并负责全书结构安排、大纲和各章节目录确定,由其课程团队成员参与编写。其中:第一、二、三、十一、十三章由杨淑娥教授编写;第四~八章由张强副教授编写;第九、十章由梁芬莲副教授编写;第十二、十四章由郑迎飞副教授编写。最后,由杨淑娥教授对全书总纂定稿。

本书适用对象包括但不限于:

——本科管理类、本科经济类在读学生;

——本科其他专业辅修财务管理和会计学专业的在读学生;

——MBA、实务界人士和自修财务管理的学员。

打造与国家级精品课程配套的优质教材,是一种新的尝试。我们力求将此工作做好做细,但仍然可能由于理解不够、能力有限,使教材中存在一些问题,恳请同行学者们和广大读者不吝指教,以便我们继续修改和完善。

致以衷心谢忱!

编　者

2010年6月

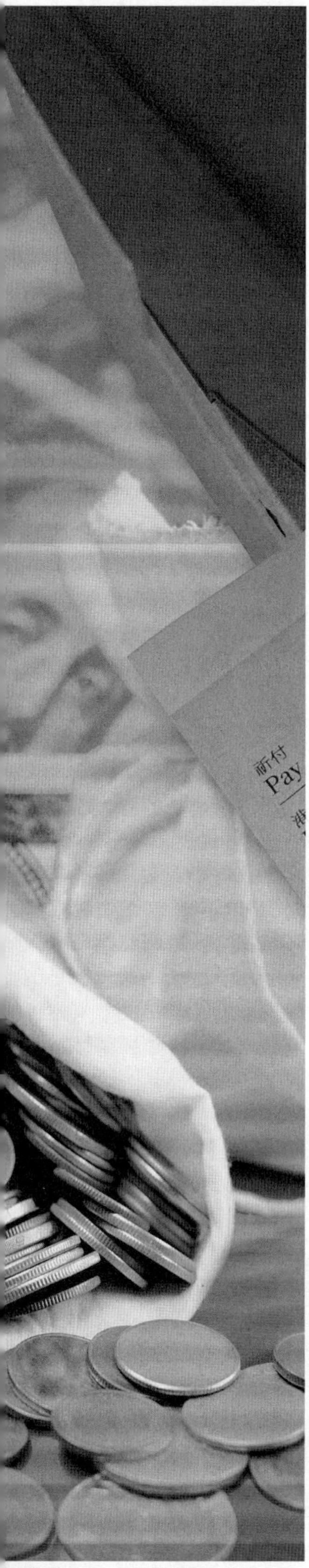

目　　录

上篇　财务管理理论与方法

第一章　财务管理概论　3

第一节　财务管理概述　4
第二节　财务管理的内容与方法　7
第三节　财务管理目标　12
第四节　财务管理假设与原则　17
第五节　财务管理组织机构、体制与职责　21
第六节　财务管理环境　25
关键词　28
要点回顾　29
即测即评　29
思考题　29

第二章　财务报表分析　30

第一节　财务报表分析概述　30
第二节　财务报表分析的基本方法　41
第三节　财务报表的分类能力分析　43
第四节　财务报表综合评价　54
关键词　62
要点回顾　62
即测即评　62
思考题　62
练习题　63

第三章　财务预测、预算与控制　65

第一节　财务预测　65
第二节　财务预算　72
第三节　财务控制　85
关键词　90

要点回顾　90
即测即评　91
思考题　91
练习题　91

第四章　货币时间价值与证券估价　93

第一节　货币时间价值的内涵与计算　93
第二节　债券及其估价　100
第三节　股票及其估价　104
关键词　108
要点回顾　108
即测即评　108
思考题　108
练习题　108

第五章　风险与报酬　110

第一节　风险概述　110
第二节　金融资产收益与风险　113
第三节　系统风险与资本资产定价模型　117
第四节　企业风险与杠杆效应　122
关键词　127
要点回顾　127
即测即评　128
思考题　128
练习题　128
本章附录:资本资产定价模型的推导　129

中篇　资金运作与管理

第六章　投资管理　133

第一节　投资管理概述　133
第二节　长期投资决策的基本方法　135
第三节　投资项目现金流量估算　143
第四节　投资项目的风险分析　146
第五节　投资决策方法的拓展　152
关键词　155

要点回顾　156
即测即评　156
思考题　156
练习题　156

第七章　长期筹资管理　159

第一节　筹资管理概述　159
第二节　股东权益融资　162
第三节　长期负债融资　171
第四节　租赁融资　178
关键词　181
要点回顾　181
即测即评　181
思考题　181
练习题　182

第八章　资本成本与资本结构　183

第一节　资本成本　183
第二节　资本结构理论　188
第三节　资本结构决策方法　195
关键词　199
要点回顾　199
即测即评　199
思考题　199
练习题　200

第九章　营运资金管理　202

第一节　营运资金管理概述　203
第二节　现金管理　208
第三节　应收款项管理　216
第四节　存货管理　223
第五节　短期融资管理　233
关键词　237
要点回顾　238
即测即评　238
思考题　238

练习题 238
案例讨论题 239

第十章 股利分配管理 241

第一节 股利分配理论 241
第二节 影响股利政策制定的相关因素 244
第三节 企业利润及其分配 246
第四节 现金股利分配政策 250
第五节 股票股利与其他几种方式的比较 254
关键词 260
要点回顾 260
即测即评 261
思考题 261
练习题 261
案例讨论题 262

下篇 财务管理拓展

第十一章 企业价值评估与管理 265

第一节 企业价值评估概述 266
第二节 企业价值评估的方法 267
第三节 企业价值管理 276
关键词 281
要点回顾 282
即测即评 282
思考题 282
练习题 282

第十二章 企业并购重组 284

第一节 企业并购概述 284
第二节 企业并购的财务决策 288
第三节 企业并购财务效应分析 293
第四节 企业重组概述 298
第五节 企业重组的内容 300
关键词 306
要点回顾 306

即测即评 307
思考题 307
案例讨论题 307

第十三章 期权估价及应用 311

第一节 期权的基本原理 311
第二节 期权的定价方法 317
第三节 期权的应用 322
关键词 330
要点回顾 330
即测即评 330
思考题 331
练习题 331

第十四章 企业集团财务管理 332

第一节 企业集团财务管理概述 332
第二节 企业集团财务公司 337
第三节 企业集团财务战略 341
关键词 346
要点回顾 346
即测即评 346
思考题 346
案例讨论题 346

参考文献 348

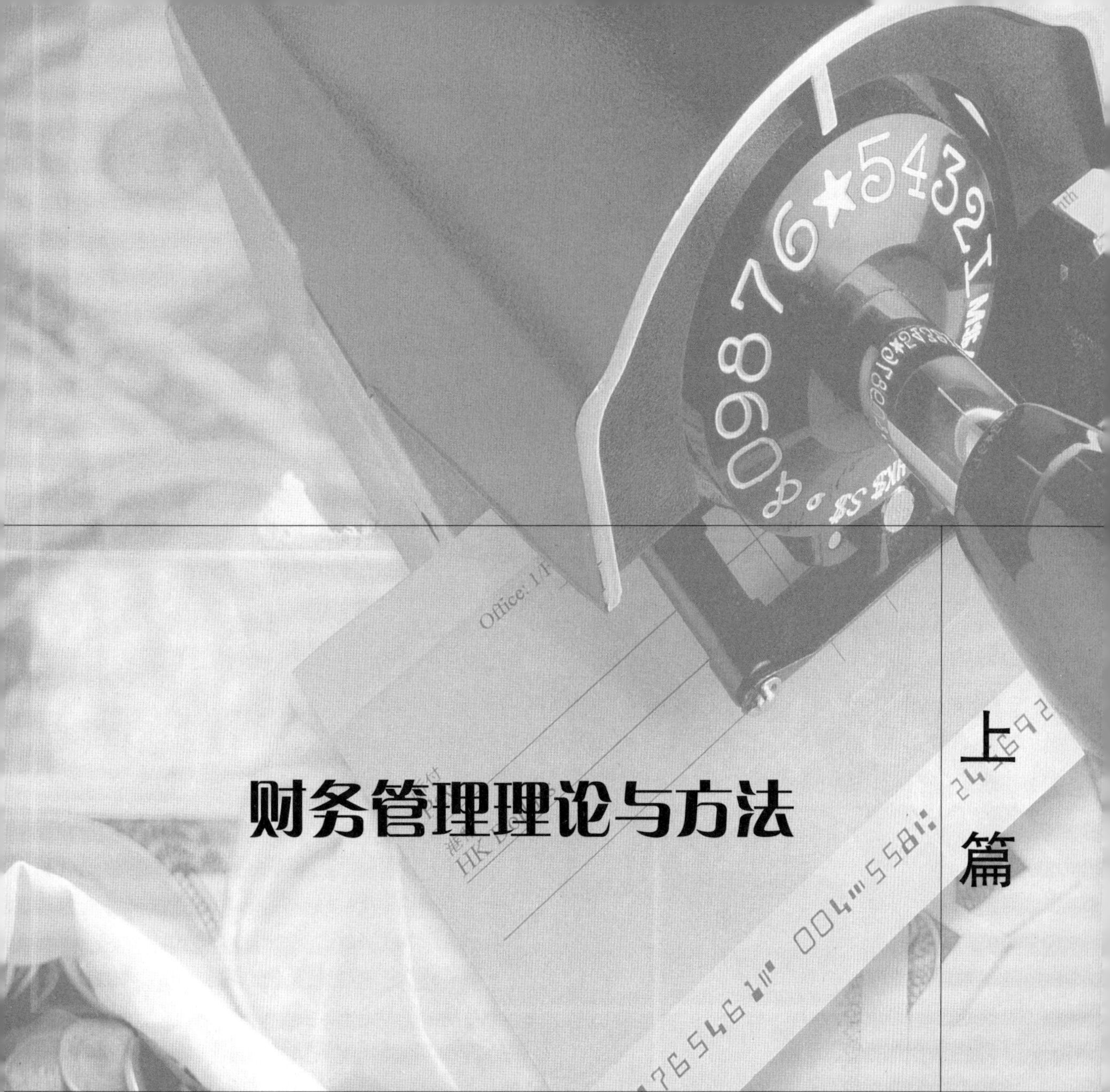

上篇 财务管理理论与方法

初涉财务管理领域的读者，常见的有两种类型：一种是感觉财务管理理论高深莫测，很难掌握，不知何时能够掌握财务理论真谛并予以运用；另一种认为财务管理理论无所谓，掌握理财方法和技巧才是最重要的，所以急于求成，试图尽快掌握财务管理的真谛，以便马上学以致用，解决实际理财问题。

其实，学习财务管理并不难，但必须从基本功起步——学习基本的财务知识、财务理论和财务技巧，然后再一步步提升，并通过实践练习，才能逐步攀登财务理论的高峰。

本篇旨在解决上述问题，为刚刚学过财务会计并初涉财务管理领域的读者提供学习财务基本理论、阅读财务报表、进行财务预测、编制预算、掌握财务控制的基本技巧，同时提供学习投融资决策必须用到的货币时间价值、证券估价原理、风险与收益决定工具，从而为下一篇进入资金循环和财务运作的学习打下良好基础。

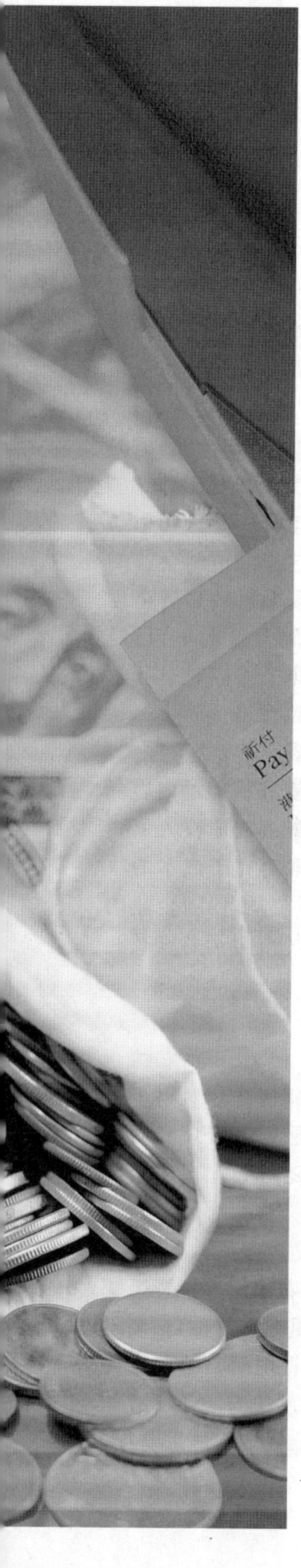

第一章　财务管理概论

学习目标

通过本章学习，旨在让学生了解财务经理（或者财务管理人员）在企业管理中所从事的决策和日常工作；了解企业三种主要组织形式及其特点；掌握公司制企业的优点和缺点，尤其是委托代理问题；理解企业目标与财务目标。在此基础上，进一步从内部了解企业财务管理组织机构与管理体制，从外部了解企业财务管理所处的各种环境，以便给希望全面了解企业财务管理的读者一个初步的轮廓和逻辑框架。

海尔集团是在 1984 年成立的青岛电冰箱总厂的基础上与其他几家企业合并发展起来的。它从一个亏空 147 万元的企业迅速成长为 1994 年全国 500 强中的第 107 位；1996 年销售收入达 62 亿元，1997 年销售收入跃上百亿元台阶；到 2016 年，该集团实现营业收入 1 190 亿元，实现归属于上市公司股东的净利润 50.36 亿元。营业收入比上年增长了 32.59%，归属于上市公司股东的净利润比上年增长了 17.89%，特别是经营活动现金流比上年增长了 43.73%。与 30 多年前的基础相比，营业收入和利润分别翻了多少倍？！[①]

是什么力量创造了如此神奇的“天方夜谭”？是什么因素造就了这一东方巨龙的腾飞？在这些价值魔方变幻的背后，有一种力量和因素不可忽视，那就是管理→价值管理→财务管理的魅力所在。

在本书中，我们将会循着财务管理的理论与逻辑，把这些企业成长、发展、壮大的内在机理和价值管理的真谛一并呈现给大家。

---

① 根据青岛海尔集团 2016 年年报中的数据计算。

第一节　财务管理概述

什么是财务？什么是财务管理？类似的概念和提法还有哪些？财务管理的产生和发展经历了哪些阶段？现代财务管理有哪些特点？对初学者来说，这些问题常常是我们首先要解决的问题。

一、财务管理的相关概念

财务，通俗地说，就是涉及钱财的事务。对于一个企业来说，伴随其生产和经营的开始，其财务活动即资金及其运动也就相应产生了。可见，财务是企业中客观存在的资金及其运动。

对这些资金及其运动的管理，称为财务管理。财务管理是一种人为的有意识的主观管理活动，它属于企业管理的主要内容之一，是企业管理的重要手段和工具。

随着现代企业制度的建立，公司制企业成为现代企业的主流和方向，对公司中财务活动的管理成为委托代理制度下的重要工作内容，人们往往把这些公司制企业的财务管理也称为公司财务或公司理财。在现代企业财务管理中，现金流转是资金运动中最活跃、最真实、也是相较于利润更为重要的概念，“现金至尊”“现金为王”已经成为人们的共识。加之国外财务管理理论与实务技术的引进，强化了人们对财务管理中金融活动的认识理念。由于英语中 finance，corporate finance 以及 financial management 等词汇的意思相同，所以，财务管理也可称为公司金融。

财务管理的对象，从财务管理的实践活动上看，是指财务管理工作涵盖的内容和范围，具体地说，就是企业的资金及其运动。企业建立伊始，从投资人或债权人那里取得资金，购置生产资料和劳动对象，投放到企业的生产经营中，取得高于成本的收益，然后偿还债权人本利，并在投资人中进行分配。这种过程循环往复，伴随企业的生存成长一直持续下去。这里就涵盖了企业在筹资活动、投资活动、资金运营以及利润分配过程中的资金流动，其中尤其以现金的流动更为重要。

二、财务管理的产生与发展[①]

财务管理一般认为是 19 世纪末 20 世纪初形成的，不过百余年历史。对财务管理的发展历程，有按三阶段划分的，也有按五阶段（再加上通货膨胀财务管理和国际财务管理阶段）划分的。财务管理学作为一门独立的学科，既伴随财务管理的实践发展，又有其自身发展的轨迹。

（一）第一阶段：传统财务理论研究阶段

19 世纪末 20 世纪初，西方股份公司迅速崛起，各公司都面临着如何筹集资金扩大经营的问题。由于当时的资本市场还不十分成熟，会计信息严重地不对称，法制不健全，在会计报表中甚至到处都是编造的数字。这时的公司财务管理面临两个重要问题：一是如何为不断扩大的经营规模筹集资金；二是如何解释和解决与法律有关的问题。特别是 1929 年席卷西方的经济危机，使许多公司纷纷倒闭，投资者严重受损，

① 杨淑娥.财务管理学研究.2 版.北京：经济科学出版社，2008.

所以急需研究如何筹集资金和用法律规范筹资者的行为以保护投资者利益的问题。

1897年由美国学者格林（Green）编写的第一本财务理论著作——《公司理财》问世，标志着财务管理成为一门独立的学科。此后，米德于1910年出版了《公司财务》一书，戴维和李恩于1938年分别出版了《公司财务政策》《公司及其财务问题》等，这些财务理论著作主要研究如何有效地筹集资金。对此，苏尔蒙（Solomon）称之为"传统财务研究"，并认为这为现代财务理论的产生和完善奠定了基础。与此同时，日本早期研究财务管理的学者虽然提到了对资金进行合理运用的问题，但重点仍是资金筹集。德国早期的财务管理学者如施曼林巴赫在他的《财务论》一书中，也主要研究资金的筹集问题，特别是股票和公司债务等问题。这些都反映了初期财务理论研究的主要特征。由于20世纪30年代的西方经济危机使许多公司意识到财务管理的任务并不仅是融资问题，还应包括对资金的科学管理与使用，故而认为30年代后西方财务管理理论进入了新的发展时期。实际上直到20世纪40年代末，公司财务管理理论与方法仍然没有实质性进展，还保持在以融资、守法为主要内容的传统财务理论研究阶段。

（二）第二阶段：以财务决策为主要内容的"新财务论"阶段

20世纪50年代以后，面对激烈的市场竞争和买方市场趋势的出现，财务经理的主要任务转向解决资金的使用效率、做好财务决策。公司内部财务决策已经上升为第一位，与融资相关的问题已经退居第二位。美国各大公司纷纷设立财务副总经理，由其制定公司的重要财务方针和计划，编制、审核财务控制预算和评估重大投资方案等。

在此期间，资金的时间价值引起财务经理的普遍关注，以固定资产投资决策为研究对象的资本预算方法日益成熟，为以后的财务理论与实务的研究奠定了基础。最早研究投资财务理论的美国人迪安（Joel Dean）于1951年出版了《资本预算》一书，对财务理论由融资财务管理向资产财务管理的飞跃发展产生了决定性影响。这一时期，西方财务管理理论获得较大发展，重要的财务管理学家有美国的洛夫（Lough）、英国的罗斯（Rose）、日本的古川荣等。

20世纪50年代末60年代初，随着资本市场的加速发展和投资风险的日益增大，人们开始重视对资产组合和投资风险的研究。1952年3月，马克维茨（H.M. Markowitz）在他的论文《资产组合选择》中认为，在若干合理假设条件下，投资收益率的方差是衡量投资风险的有效方法。1959年他又出版了专著《组合选择》，从风险和收益的计量入手，研究各种资产之间的组合问题。这些思想后来成为资产组合理论研究的重要理论基础，他本人也被公认为资产组合理论流派的创始人。

这一阶段，对公司整体价值的重视和研究是财务理论发展的另一显著成果，对公司资本结构和股利政策的研究受到高度重视。1958—1963年，莫迪利亚尼（Modigliani）和他的学生米勒（Miller）经过大量实证研究，先后发表论文，提出了著名的MM定理，在财务理论界引起了强烈反响，被认为对财务理论做出了重大贡献，奠定了现代公司财务理论的基础。

可见，在这一时期，以研究财务决策为主要内容的"新财务论"已经形成，其实质是注重财务管理的事前控制，强调以资产管理和资金运用效率为中心的资金营运管理，从而将财务理论发展向前推进了一大步。

（三）第三阶段:西方财务管理理论的成熟阶段

20 世纪 60—70 年代,是西方投资财务管理发展阶段。第二次世界大战后的世界各国把政治、经济、科技实力纷纷转向经济,企业规模越来越大,市场竞争日益激烈。这时财务管理的重点转移到投资问题上。丰富的社会实践孕育了财务管理理论的春天,使这一阶段财务理论的研究空前高涨和繁荣。1964 年夏普(William Sharpe)和林特纳(John Lintner)、莫森等人在马克维茨资产组合理论的基础上,系统阐述了资产组合中风险与收益的关系,区分了系统性风险与非系统性风险,明确提出非系统性风险可以通过分散投资而减少等观点,从而建立了著名的资本资产定价模型,标志着财务理论的又一飞跃发展。

在这一阶段,对资本结构的理论研究也得到进一步深化,历经了从早期传统资本结构理论到现代资本结构理论的发展过程,并以 MM 理论为开端,逐渐发展到破产成本理论、税差学派、市场均衡理论、权衡理论、信息不对称理论等。1977 年,以梅耶斯、迈基里夫为代表的新优序融资理论标志着进入了新资本结构理论的发展阶段,其后出现了以詹森、麦克林、梅耶斯为代表的代理成本说,以史密斯、华纳等人为代表的财务契约论,以罗斯、利兰等人为代表的信号模型,以邓洛夫斯基、史密斯为代表的产业组织理论,以及以哈里斯、拉维夫为代表的企业治理结构学派。

与此同时,资本市场的发展和投资风险的日益加大使人们开始寻求资产组合、避险和控制的工具,金融工具的推陈出新使企业与金融市场的关系更加密切。认股权证、金融期货等广泛应用于企业融资和对外投资活动,特别是 70 年代中期布莱克(F. Black)等人创立了期权定价模型(Option Pricing Moldel ,简称 OPT),罗斯提出了套利定价理论(Arbitrage Pricing Theory,简称 APT)。这一时期的财务管理,呈现出百花齐放、百家争鸣、一派繁荣的景象,其主要特征为:一是建立了合理的投资决策程序;二是形成了完善的投资决策指标体系;三是建立了科学的风险投资决策方法。

由于吸收自然科学和社会科学的丰硕成果,财务管理进一步发展成为集财务预测、财务决策、财务计划、财务控制和财务分析等方法于一体,以筹资管理、投资管理、营运资金管理和利润分配管理为主要内容的管理活动,并在企业管理中处于越来越中心的地位。1972 年,法玛和米勒出版了《财务管理》这部集西方财务管理之大成的著作,标志着西方财务管理理论的发展成熟。这一时期,也是财务管理发展史上公认的财务管理发展成熟时期。

三、财务理论研究的发展特征

20 世纪 80 年代以来,西方财务管理理论的重点逐步转移到不确定条件下企业价值的确定,以及市场不完善性对企业价值的影响等方面。财务管理理论研究呈现出以下特征:第一,充分重视风险-报酬的权衡选择;第二,研究方法从规范性研究向实证研究和与实证研究的结合上转变;第三,新的财务理论分支和内容不断出现。

在这一阶段,由于代理理论、信息不对称理论、行为理论、市场微观结构理论和现代公司控制理论的引入,财务管理学进入了一个以吸纳经济学、管理学、行为科学、决策科学等理论为主的理论创新与融合发展时期。20 世纪 80 年代初,一些金融学家基于卡纳曼(Kahneman)[①]等人发展起来的非线性效用理论,开始引入心理学及行为科学的一些观点来解释股票市场中的异常现象,形成了行为金融学(Behavioral Finance),也称作行为财务学。

国内也有学者将21世纪的财务管理的发展概括为网络财务、财务再生策略、财务资源规划、财务战略与评价、竞争财务以及财务管理工程。[②] 还有学者对知识经济时代的财务管理作了描述。[③] 也有学者提出"知识经济与财务创新",[④]等。为我们描绘出21世纪财务发展的崭新蓝图。可以预见,财务管理学将会伴随全球经济与网络经济的发展而进一步发展。

第二节 财务管理的内容与方法

一、财务管理的内容

财务管理的内容就是理财主体所要管理的财务活动的具体对象。在介绍企业财务管理相关概念时,我们初步涉及了财务管理的内容。一个企业从诞生之日起,其供产销全过程中所有生产经营活动,无不与企业资金的流动息息相关。资金,如同人体的血液,流淌于企业的生产经营过程中须臾不可中断。在资金的运动中,尤以现金流转最为重要。

(一) 资金循环和资金周转

在企业成立之初,企业从投资者、债权人那里获取资金,成为自主经营、自负盈亏的独立经营实体。其中,从投资者那里获得的资金称为权益资本,作为自有资本(股份制企业称之为股本)往往用作注册资本;从债权人那里获取的是借入资本(即负债),按照契约约定,未来不仅要还本,还要付息。

当企业选准项目,将资金投放到固定资产建造或经营过程时,就是资金的投资阶段。企业的固定资产投资,需要有精密审慎的决策和施工过程;经过建造完成后成为固定资产而交付使用,企业资金相应由货币资金变为在建资金,再由在建资金变为固定资金。在生产经营过程中,企业购置原材料或零部件,货币资金变为储备资金;投放到生产过程后,形成的在产品就表现为生产资金;经过销售,有些货币资金直接收回,有些则因采用赊销以应收账款的形态被他人暂时占用。与此同时,企业的固定资产在生产过程中磨损,通过计提折旧而使其价值从生产成本中得以补偿,固定资金也相应地转变成生产资金,销售回收后再从生产资金变为货币资金。企业固定资产(劳动手段)和其他生产资料(劳动对象)从一种形态(如货币资金)经过一个过程再重新回到起点的这个过程,称为资金循环。企业生产经营持续不断,其资金也不断地循环,一圈又一圈地循环往复,持续进行着,这种状态称为资金周转。资金循环和资金周转构成了企业资金运动的全部形态,统称为资金运动。正是企业资金的这种循环往复和不断周转的运动过程,为企业源源不断地带来财富,企业的收益(利润)就

---

① 行为经济学先驱,2002年获诺贝尔经济学奖。

② 冯巧根.21世纪财务管理的新发展(上、下).财会月刊,2000(4).

③ 参见赵德武.财务管理.北京:高等教育出版社;2000.

④ 李心合.知识经济与财务创新.会计研究,2000(10).

在收入大于成本的差额中逐渐积累而成。如图 1-1 和图 1-2 所示。

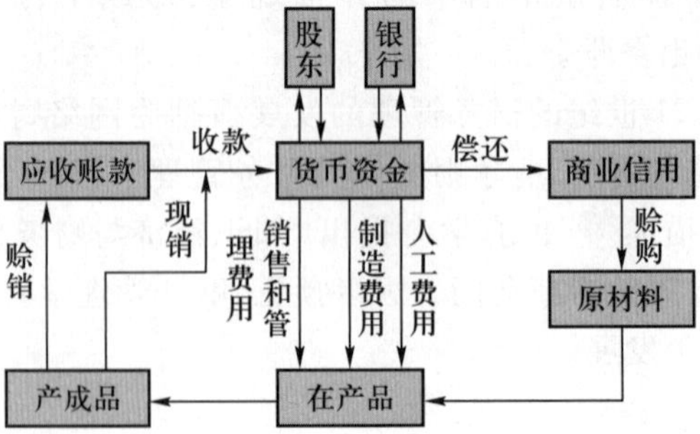

图 1-1 资金的短期循环

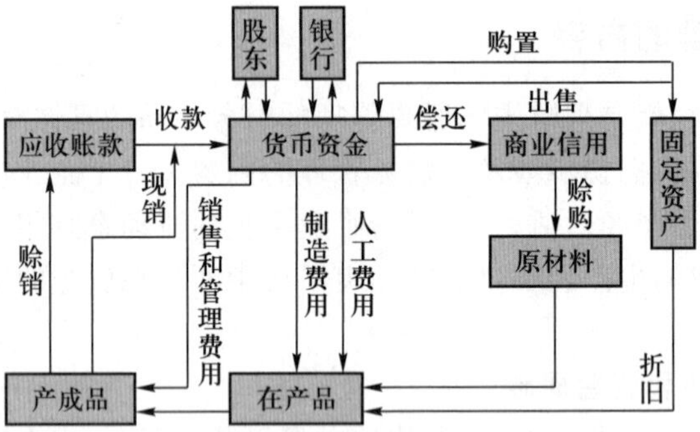

图 1-2 资金的长期循环

当企业由于合同约定、经营不善破产或被兼并收购时,其历史使命告一阶段,企业实体宣告解体。这时,企业原来所拥有的各种资产也会以不同的资金形态退出企业。

在以上企业诞生、发展(生产经营)到解体的三个阶段,都必然有资金运动。这些资金及其运动构成了企业的财务活动,成为企业财务管理的全部内容。

(二) 企业财务的四种活动

在一个企业全部生命历程中,第二阶段即以生产经营为主旨的发展阶段是其最主要的表现形式。这一阶段的企业财务活动,往往可以细分为四种。

1. 投资活动

投资活动是将企业筹集的资金投放到选定的项目中的过程。对企业投资的决策和管理是企业财务管理一项主要任务,故也是学习和研究企业财务管理的主要内容。

2. 筹资活动

为了配合企业的投资活动,企业必须相应地做好筹资决策和筹资管理。包括对筹资渠道、筹资方式、筹资工具的选择,对筹资成本的比较分析,对筹资需要量的计算等。

3. 资金营运

在生产经营过程中,资金从一种形态不断地转换为另一种形态,在时间上继起,在状态上并存,形成资金运动的变换交替过程。可以将这一阶段称为资金营运阶段。其间,资金在每一阶段履行自己的任务后迅速转向另一种形态;在这一阶段停留的时间越短，企业的资金循环过程越短，资金周转的速度也就越快，而企业资金周转带来的效益就越多。所以，良好的资金运作对于企业产生更多的效益是有重要影响的。

4. 利润分配

由于企业是多个契约的集合，代表了多方相关者的利益，在其生产经营的一定阶段，需要将获得的收益向相关各方以不同的形式回馈，特别是对其投资的所有者进行利润分配。处理好不同利益相关者的诉求是企业长期稳定发展的需要，也是财务管理必须做好的工作。

以上四个方面的财务活动，构成了企业财务管理的全部内容，也可以将之称为财务管理的对象。由于投资活动、筹资活动、资金营运和利润分配是企业持续不断、循环往复进行的主要活动，所以是本书所讲的第一种循环——财务管理的内容循环。

（三）现金流转的重要性

在上述资金运动的循环与周转中，始终伴随着现金的流转，它是财务管理中更值得关注的对象。尽管企业从投资人或债权人那里取得的资金不一定是现金，有时以实物资产投入或借入也是可以的。但企业在经营中如果收获的利润没有相应的现金流入，资金仍然会被债务人所占用（大多以应收账款的形式存在），必然会影响到企业下一轮的生产经营。在下例中，列举三个同行业且规模相同的企业净利润与现金流的对比，其中，B 企业和 C 企业现金流回笼情况就不及 A 企业，但 B 企业略好于 C 企业，如表 1-1 所示。

表 1-1　不同企业营业收入与现金流对比　　单位：万元

项目	A 企业	B 企业	C 企业
营业收入	1 000	1 000	1 000
营业成本	800	800	800
净利润	200	200	200
经营现金流	300	100	-100

其中，A 企业由于本期以及上期货款回收及时等原因，本期实际的现金流大于本期净利润；B 企业的货款回收稍差；而 C 企业则更糟，现金流为负数，直接影响了下期的生产经营，企业必须借入现金才能满足日常生产经营的需要。

对一个企业当期现金流的确认很重要，对它未来现金流的预测也是非常重要的。距离现在的时间越近的现金流越大，按照货币时间价值折现后的现金流量现值就越大，企业价值就越大（参见第三节中企业价值最大化目标和第四章中货币时间价值的计算），如表 1-2 所示。

表 1-2　不同企业经营现金流的时间对比　　单位：万元

年份	A 企业	B 企业	C 企业
第一年	200	500	800
第二年	300	300	100
第三年	500	200	100
经营现金流合计	1 000	1 000	1 000

从现金流的时间上看，虽然三个企业的经营现金流合计相同，但 C 企业最近期的现金流最大，折现后的现值应该最大；B 企业次之；而 A 企业的现金流是逐渐加大的，近期的相对少，故折现后的现金流现值是最小的。如果不考虑其他条件，仅就现金流比较这三个企业价值的大小，应该依次为 C、B、A。

二、财务管理的方法

本书要讲的财务管理的方法，包括财务预测、财务决策、财务预算、财务控制和财务分析共五种。它们在企业财务管理过程中，不断地被循环往复、重复使用，既是财务管理顺次递延的环节，也构成了企业财务管理不可缺少的基本方法[①]。所以，形成本书所说的第二个循环——财务管理的方法循环。

（一）财务预测

"凡事预则立，不预则废"。财务预测是财务管理人员根据企业财务活动的历史资料和经营活动中的其他有关信息，结合企业的现实能力和未来可能具有的条件，采用一定的方法，对企业财务活动的未来发展趋势及可能达到的状况进行判断与测算。财务预测是进行财务决策的依据，是编制财务预算的前提，是实施财务控制的基础，也是开展财务分析的条件。财务预测的这些作用，也从侧面表明了财务预测与其他财务管理方法的密切联系。

财务预测工作贯穿企业财务活动的全过程，且在企业财务活动过程的不同阶段，财务预测的内容也不尽相同。在资金筹集阶段，财务预测的内容主要有两项，一是对所需筹集资金数额的预测，二是对各种筹资方式资金成本的预测。在资金投放阶段，财务预测的内容主要是对投资项目现金流量的预测。在资金营运阶段，财务预测的内容包括：①对企业资产利用情况的预测；②对企业经营成本的预测；③对企业营业收入的预测。在资金分配阶段，财务预测的内容主要是对利润的预测、股利分配预测，以及对为保持合理的资本结构而需要从企业内部筹集资金数额的预测等。

（二）财务决策

决策有不同层次、不同部门的功能区分。作为财务管理的主要方法，财务决策的关键在于先提出若干决策方案，包括投资、筹资、经营、兼并等多种意向性方案，为最高决策层提供决策依据。由于这种意向性方案以精确预测和计算为前提，所以，往往有着很强的说服力。可见，财务决策就是对预测所提出的诸多财务方案进行可行性研究，从而选出最优方案的过程。在整个财务管理过程中，财务决策承担着对各项投资和经营方案做出财务政策选择的职责。

财务决策是企业经营决策的重要组成部分，它以资源的优化配置为目标，主要研究企业经营决策中资金的筹集、投放、营运，分配的时间、方向、数量等问题。在企业经营决策中与资金无关的决策问题几乎不存在，企业的大多数经营决策都要涉及财务问题。可以说，虽然财务决策是经营决策的组成部分，但财务决策不仅是其他经营决策的趋同和回归，而且是各项经营决策的核心和综合反映。在企业以兼并收购为主要的资本扩张形式以及跨国并购行为愈演愈烈的当今，财务决策起着举足轻重的

---

① 在有些教材中这些顺次递延的方法也称为管理环节，或财务管理流程。参见李心合．制度财务学研究.大连：大连出版社，2012.

作用。一项不管意义多么重大的并购，如果在财务上计算不可行，那么，不管企业付出多少努力，对实现企业目标和长期发展战略都是不利的。所以，财务决策在企业重大决策中占据非常重要的地位。

财务决策对财务方案进行优选的依据是成本与效益的对比关系。也就是说，财务决策主要使用成本与效益比较的方法来实现对财务方案的优选。一般来说成本与效益的比较包括总量比较和增量比较两个方面，而且对于不同的财务决策问题，财务方案中成本与效益的内涵也各不相同。在资金筹集决策中，财务方案的成本主要是指资金成本，其效益主要是指这部分资金可以带来的收益；在投资决策中，财务方案的成本则往往用投资项目的现金流出量来表示，而效益则相应地用投资项目的现金流入量表示；在兼并收购决策中，主要看并购后的协同效益是否大于此前所有企业效益的和，等等。

（三）财务预算

预算是一项由财务管理部门参与和其他部门共同完成的重要职责。编制全面预算是现代企业每个计划年度必须履行的“公事”。它对经营决策所选定的最优方案通过有关数据进行集中而又系统的反映，所以是对财务决策方案的数量化、具体化、系统化。全面预算为企业生产经营的各个方面确立了明确的目标和任务，也为生产经营控制和业绩评价提供了基本依据和尺度。在投资决策方案确定后，财务管理部门要落实和细化投资预算；当企业年度目标确定后，财务管理部门要将经营计划细化为具体的指标，提供给预算委员会逐级落实。在整个财务管理过程中，财务预算承担着明确和落实财务方案的职责。

作为企业全面预算的一部分，财务预算既以业务预算和资本支出预算为基础，又是对业务预算和资本支出预算的综合。编制财务预算应该包括编制预期损益表、预期资产负债表、现金预算等具体预算。财务预算中的各项预算相互依存、相互联系，形成一个覆盖企业财务活动过程和涉及资金、成本、收入、利润等财务事项的预算网络，这个预算网络不仅为企业上下各级提供了明确而又具体的目标，而且也为全公司协调一致完成其目标任务指明了方向和途径。

（四）财务控制

控制一般是在事物发展过程中进行的。财务控制是根据一定的标准（主要是预算），核算生产经营过程中的成本效益及其差异，及时披露相关信息，影响与调节企业经营和财务行为，使之按照预定目标运行的过程。财务控制既是财务管理的一个环节，也是实现财务管理目标的基本手段，在财务管理过程中承担着保证最优财务方案实现的职责。

财务控制的内容包括利润控制、成本费用控制和资金调度控制。财务控制的上述三项内容按照利润—成本费用—资金调度的顺序进行。这个顺序以利润控制为龙头，表明企业财务控制的出发点是利润控制，关键点是成本费用控制，核心点是资金调度控制。不仅体现了市场经济体制对企业财务管理的基本要求，也体现了企业目标和企业财务管理目标对企业财务管理的内在要求。

财务控制的方式，根据控制权限的不同划分主要有集中控制、分散控制和多级递阶控制三种；财务控制的方法依据控制标准的不同，主要分为制度控制法、预算控制法和定额控制法。

（五）财务分析

财务分析是以财务预算为标准，依据财务报表以及其经营的相关资料，运用特定方法，借助有关指标来了解和评价企业的财务状况与财务能力，考核企业财务效果，以便为企业各项管理环节反馈信息。财务分析在财务管理全过程中承担着检查财务预算落实情况的职责。在大多数情况下，财务报表是财务分析的直接对象，财务预算是评价企业财务状况、考核企业财务效果的基本尺度，而有关资料则是了解企业财务能力不可缺少的依据。评价和考核固然是财务分析的直接目的，然而为其他管理环节反馈信息，以便使财务管理过程的下一个循环能在较高水平上进行才是财务分析的根本目的。

财务分析作为财务顺次管理过程的最后一个环节，标志着上一个财务管理循环的完成，也意味着下一个财务管理循环的开始，是两个循环交替的转换点。下一个财务管理循环能否在较高水平上进行，关键在于通过财务分析充分揭示财务报表中数据之间的本质关系，进而揭示企业经营过程现存或潜在的问题与隐患，为各管理环节提供真实的、有用的信息。所以，财务分析的水平高低是决定财务管理整体水平最为重要的因素之一。

第三节　财务管理目标

要管理好一个企业，首先，必须明确这些企业是以何种组织形式出现的？不同的组织形式各有什么利弊？企业的目标是什么？企业财务管理的目标又是什么？以上这些是我们首先要解决的问题。

一、企业及其组织形式

企业是一种以营利为目的的经济实体。它的产生、发展和壮大，无不围绕着获取经济利益；企业又是一系列契约的集合，它受各种契约的约束和规范，反映了多个相关者的利益及其均衡；企业也是一个按科层制建立起来的多层级的有序组织，它需要按一定的组织形式和制度加以约束。

企业的组织形式不同，其运作和管理的方式就不同。企业的组织形式一般有个人独资、合伙制和公司制三种。

（一）个人独资企业

个人独资企业是指只由一个自然人投资设立的企业。这是最原始、最简单的企业组织，其所有者和经营者合为一体，决策迅速，调度灵活，管理到位，无须缴纳企业所得税，如有收益将其与个人所得合计缴纳个人所得税，如有亏损则从个人所得中予以扣除，法律对其约束较小。但所有者必须以其个人财产对企业的债务承担无限责任。这种企业规模小，融资能力弱，抵御风险的能力小，企业存续期短，容易因个人原因使企业终止。

（二）合伙制企业

合伙制企业是由两个或两个以上的出资人出资设立的企业，分为普通合伙和有限合伙两种形式。前者是指所有合伙人共同承担企业全部的收益和损失，对企业的债务承担无限连带责任。后者中有一个或几个有限合伙人以其认缴的出资额为限对企业债务承担有限的责任,而其他合伙人仍然需要承担无限责任。合伙企业同样不缴纳企业所得税,而将收入分给各合伙人,由他们各自缴纳个人所得税。合伙企业的优点是:所有者和经营者合为一体,有利于提高决策和管理水平;企业规模、筹资能力均较个人独资企业大,承担风险的能力也较强;由于承担无限责任,有助于增强合伙人的责任心。但其缺点也是显而易见的:合伙企业的生命期有限,按法律规定,其中任何一个合伙人发生变化,原有企业就要解体而建立新的企业;由于需要对企业债务承担无限责任,故合伙人承担的风险极大;由于决策需要全体合伙人一致通过,故其管理机制难以适应环境变化而快速做出反应。

(三)公司制企业

公司制企业是由若干投资者出资,依法设立、独立运作的法人组织。其所有者一旦投资,其资金即与其分离,而由其企业经营者统一经营管理。公司制企业可以分为无限公司、有限责任公司、两合公司、股份有限公司等。按照《中华人民共和国公司法》(简称《公司法》)的规定,我们一般所称的建立了现代企业制度的公司制企业主要是指股份有限公司和有限责任公司,国家授权的国有独资公司也属公司制企业的范畴。

1. 股份有限公司

股份有限公司(简称股份公司)是指全部注册资本由等额股份组成,并通过发行股票筹集资本的企业法人。出资人(股东)仅是股票的持有者,其权利和义务全部在股票上予以规定,股票可转让或流通。股份有限公司设立程序复杂,法律要求严格,是典型意义上的合资企业。与个人独资企业和合伙制企业相比,其优点如下:股东仅以其所投股份对公司负有限责任,公司可以以自己的名义向外筹资,无须出资人个人对公司债务承担责任;股份公司独立于出资人(所有者)之外,其存在不依赖于出资者个人寿命的长短;出资人所持股份可以转让;公司具有筹集较大资金的能力。其缺点是:由于股票流动性强,使其股东特别是中小股东责任心不强。当公司绩效不好或出现意外情况时,这些股东会出售股票,选择"用脚投票"。大股东由于持股较多而容易掌握公司的控制权,在公司需要支持时可以很方便地为其"输血",但也容易做出有利于自己而侵害中小股东利益的"掏空"行为。因此,此类企业的公司治理尤为重要。

2. 有限责任公司

设立有限责任公司一般有人数的限制。有限责任公司是由股东共同出资,每个股东以其所认缴的出资额对公司承担有限责任,有限责任公司以其全部资产对债务承担责任的法人组织。其特点是:有限责任公司的设立程序比股份有限公司简单;不对外发行股票,各股东所持股份不一定相等;股东人数有限,各国往往有具体的规定,我国《公司法》规定有限责任公司的股东人数在50人以下;有限责任公司的股份不能自由买卖。由于其所持股份不是股票,所以一般只能在股东之间转让。在向股东以外的人员转让时,须经全体股东半数以上同意,股东在条件相同时可以优先受让股份。另外,该类企业在内部机构设置上也比股份有限公司简化、灵活。股东人数较少或企业规模较小的公司可以不设董事会和监事会,只设一名执行董事,一至两名监事。执行董事可以兼任总经理。

在以上企业组织中,采用何种组织形式最好?虽然每一种组织形式有它存在的理由和必然性，但从最有利于企业的生存和发展壮大的角度来看，理论界和实务界经过多年的探讨，分别对比分析了个人独资、合伙制以及公司制几种企业组织形式，一致认为公司制企业组织形式是最好的选择。这主要是基于公司制企业在经营规模、筹资潜能、风险承担、公司治理乃至组织机构设置等方面有着个人独资、合伙制企业所无法比拟的优势。实践证明，公司制企业是一种具有良好管理和治理效能，能够规范经营者合法运作和管理的企业组织制度。

在以下各章节中，如无特殊说明，我们所称的企业就是指建立了现代企业制度的公司制企业；在许多情况下，一般意义的企业在财务管理上与公司制企业也有着同样的规范和要求，所以，书中许多理论、理念以及方法对这些企业也同样适用，故下面有时对企业与公司两词不加严格区分，或可能交替使用。

二、委托代理、公司治理与管理

企业的诞生伴随着投资者对公司投入资金，债权人给公司借入资金。由于所有权和经营权分离、经营权和控制权分离，这种投资和借贷关系就形成了企业与投资者和债权人之间的利益关系，这种利益关系就是一种委托代理关系。因为公司一旦成立，它就独立于原来的投资者和债权人，独立自主地进行经营决策，独立核算并自主使用资金。从债权人角度看，他将资金借给公司，并不参与公司决策，只期望获取固定收益报酬，这是对公司所有者的一种委托，从而形成了第一种委托代理关系，即债权人和所有者（投资者）之间的委托代理关系。而资金的所有者（投资者）将资金投入公司，只参与高层次的经营决策，并不负责具体的经营管理，但期望获取与其承担风险相对应的投资报酬，这是对公司管理者的一种委托，从而形成了第二种委托代理关系，即所有者与经营者之间的委托代理关系。以上这两种委托代理关系都需要通过公司治理来解决。在当前理论界的研究中，还经常提到一种新的见解：即将中小股东与大股东之间由于参与管理层决策的程度不同，而形成的信息不对称和对公司控制程度的不同，叫作中小股东对大股东的委托代理，也称为第三种委托代理关系。

委托代理理论解决的重点问题就在于，委托人如何通过一整套有效激励、监督机制，较好地解决股东与经理人之间的委托代理关系，使得两者追求的目标能够相互一致，实现委托人的利益获得最大限度增进，降低监督成本的目的。而对于中小股东对大股东的委托代理，主要是通过对大股东的有效制衡，以解决中小股东对大股东的委托代理问题，从而使得大股东在对公司行使控制权时要考虑中小股东的利益，兼顾其他利益相关者的利益。

公司治理，狭义地讲是指有关公司董事会的功能、结构、股东的权利等方面的制度安排，广义地讲是指有关公司控制权和剩余索取权分配的一整套法律、文化和制度性安排，这些安排决定公司的战略目标和运营目标，谁在什么状态下实施控制，如何控制，风险和收益如何在不同的企业成员之间分配等问题。① 实际上，解决好上述几种委托代理问题，也就解决好了公司治理问题，兼顾了公司内外各种利益相关者的利益，处理好所有者、债权人、经理人以及中小投资者等其他利益相关者的关系，就是实现了公司治理。当然，关于公司治理理论研究得已经比较深入，包括的内容也很广

① 张维迎．产权、激励与公司治理．北京：经济科学出版社，2005.

泛,如后所述的“股东至上论”“股东单边治理论”“多边治理论”就是其中的论点。

可见,公司治理是解决公司“上层建筑”的权利、制度和战略层面的问题的,而公司的“经济基础”即具体经营管理则由公司管理层负责,包括经营决策的制定与执行,控制与监督,对经营的预测与计划、执行与管理等,财务管理就是其中重要的管理内容之一。

三、企业目标与理财目标

既然企业是一种以营利为目的的经济实体,它的产生、发展和壮大,无不围绕着如何获取经济利益。也就是说,企业如果不能在激烈的市场竞争中盈利,当然就无法立足和生存,就更谈不上发展和壮大了。所以,企业的目标首先是生存,然后才是发展和壮大。据美国《财富》杂志报道,美国中小企业平均寿命不到 7 年,大企业平均寿命不足 40 年。而中国的中小企业的平均寿命仅 2.5 年,集团企业的平均寿命仅 7~8 年。可见企业生存目标的重要性。当然,反过来说,企业只有持续不断地发展和壮大,才能立于不败之地,生存也就不成问题。所以,明确企业的目标并为之奋斗是企业的首要任务。

企业自设立起,就成为一个独立法人,自主决策,独立核算,自负盈亏,自负法律和经济责任。其面临的首先是生存,其次是发展,然后是扩张,这是所有企业的基本目标。如果作进一步阐述,从财务管理角度来说,其目标表述有很多种,较为集中的观点有:企业利润最大化、股东财富最大化、企业价值最大化。以下分别对这几种观点作一介绍。

(一)企业利润最大化目标

利润最大化是微观经济学的理论基础。经济学家以往都以利润最大化[①]来分析和评价企业财务的行为目标。这种观点来源于亚当·斯密、大卫·李嘉图和马歇尔的古典经济理论,认为企业财务目标是获得最大的利润,而且利润越大越好。

在市场经济环境下,出资者创办企业最直接的目的在于追求投资回报。利润额是企业在一定期间收入和成本费用的差额,且是按收入与费用配比原则加以计算的。利润在一定程度上体现了企业经济效益和股东投资回报的高低以及企业对国家的贡献,并与职工利益密切相关。另外,企业的留存利润还是企业未来扩大经营规模的源泉。因而,获取利润是企业的基本要求,最大限度地获取利润也能满足各利益相关者的需求。正是从这一点看,该观点一直受到人们的关注,并在很多时候实际上是为企业所认同的。但这一观点也存在诸多不足,导致评价者对其颇有微词:第一,利润是一个绝对指标,不能很好地反映企业投入产出的对比关系;第二,利润最大化没有考虑利润发生时间及货币的时间价值;第三,利润最大化没能有效地考虑风险问题;第四,这一观点容易导致企业财务行为短期化而忽视企业长远发展。尽管如此,利润最大化仍然是许多企业实际奉行的目标,其应用之广泛,是其他目标无法替代的。

(二)股东财富最大化目标

这种观点认为企业的经营就是要为其所有者——股东带来更多的财富,因而是

① 当然,经济学家所讲的经济利润,还不完全等同于会计利润,它需要在会计利润的基础上进行适当调整。这一点,一般在企业价值的 EVA 评价方法中有所涉及。

财务管理的根本目标。股东财富最大化在资本市场上又演绎为股票价格最大化、每股收益(EPS)最大化①。西方一些财务学者认为,在资本市场运行状况良好的前提下,股东财富最大化目标可以理解为最大限度地提高现有股票的价格。

股东财富最大化目标显然考虑了风险因素,因为风险的高低将会对股价产生重要影响,它在一定程度上能克服经营者片面追求利润最大化的短期行为,因为股价的高低不仅与当前利润有关,也受投资者对未来盈利预期的影响,且股价易于量化,便于对经营者实施考核奖惩。

股东财富最大化的不足在于:它仅仅强调股东的利益,对企业其他利益相关者重视不够,是公司治理理论中"股东至上论""股东单边治理论"在企业财务目标上的体现。另外,股价受多种因素影响,是各种因素综合作用的结果,并非都能为企业所控制。所以,股东财富最大化观点也显示出其局限之处。

(三) 企业价值最大化目标

企业价值最大化目标是指企业通过努力经营,在充分考虑货币时间价值、风险与报酬关系、保证企业长期稳定发展的基础上使企业总价值达到最大。这一观点的基本思想是将企业的长期稳定发展同持续盈利能力结合起来,具有从全局和战略上考虑的气魄和眼光。

企业价值不是简单地等同于账面资产总价值,而是企业全部资产的市场价值,包括有形资产和无形资产价值。企业价值反映了企业潜在或预期的获利能力,这种观点充分考虑了货币时间价值和风险因素,因为投资者在价值评估时,是以投资者预期投资时间为起点,将未来收入按预期的报酬率和投资时间进行折现的结果。

"多边治理"的公司治理理论认为,企业是相关利益者的集合体,相关利益者都被认为是企业利益的贡献者和分享者,包括企业的员工、客户、供应商、债权人和所有者。企业进行经营活动,必然会得到以上利益相关者各方的拥戴和支持,企业的持续发展就有了根本保证。所以,企业在追求其自身价值最大化、保持可持续发展过程中必须考虑各相关者的利益。有人也将企业价值比喻为"蛋糕",只有把企业价值这块大蛋糕做大,各个利益相关者才能得到实惠,如图 1-3 所示。

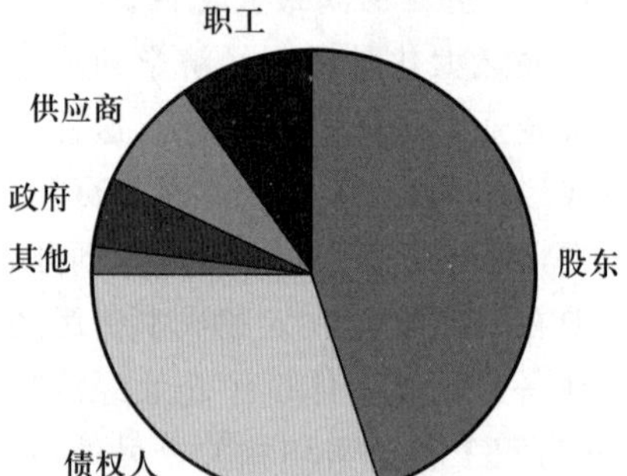

图 1-3　企业价值的"蛋糕"分配示意图

企业价值最大化目标强调了在企业价值增长中满足利益相关者各方的要求,是公司治理理论中"利益相关者共同治理"理论的反映。

企业价值最大化目标一般用以下公式表示:

$$V = \sum_{t=1}^{n} NCF_t (1+i)^{-t} \tag{1-1}$$

① 在有些教材中,将每股收益最大化视作与股东财富最大化并列的两种观点,其实,前者(EPS)乘以股数就是净利润,即用以衡量后者的主要指标,可见,两种提法不过是换个称呼而已。

其中，NCF_t表示各年净现金流量，n 表示经营期，i 表示考虑风险因素在内的折现率或企业最低期望报酬率。

从式(1-1)可见，企业价值最大化目标具有一定的抽象性，对于上市公司而言，其股价上涨未必能真正代表企业持续稳定的获利能力。只有长期保持这种趋势，企业的价值才能被揭示出来。

总体来说，以企业价值最大化作为企业理财目标，较能体现财务管理要求，同时也能近似地揭示出企业的市场认可价值。近年来在西方，企业价值最大化通常被认为是较为合理的企业理财目标，这一观点目前也被我国经济理论及实务界越来越多的人士认可和接受，成为广泛使用的企业目标观。

第四节　财务管理假设与原则

当财务管理对象和管理方法确定之后，财务管理者的思想、理念、意识乃至个人素养等对管理行为的影响就尤为重要。固然，这些思想、理念、意识和素养是长期培育和积淀的结果，但统一思想、统一规范对形成和促进良好的企业文化与财务管理氛围、处理财务事项有着重要意义。所以，确定财务管理假设和财务管理原则对财务管理工作具有重要意义。

一、财务管理假设

假设(postulates)，也称为假定(assumptions)。前者主要是指不言自明的公理，是研究事物的前提；而后者主要是指逻辑推理的结果，是事物的次要前提，它允许进行合理的推断。财务管理的基本假设也同样具有两层含义：一层是指对在财务管理中无须证明的“当然”之理，是逻辑推理的出发点，另一层是指人们在已有知识的基础上对观察到的一些新现象做出理论上初步说明的思维形式，是有待于继续证明的命题。在实践中这两层含义一般不作严格区别。

（一）理财主体假设

理财主体是指财务管理行为的发出者，通常是指具有独立或相对独立经济利益的经济实体。我们知道，自从投资人将资金投入企业并且注册成为一家独立的法人单位那天起，企业就具有了独立的法人权利，包括自主经营，自负盈亏，自主进行投资、融资等一系列财务活动等，企业理财主体也就同时形成。理财主体假设具有以下内涵。

1. 理财主体具有独立性

尽管企业的最高权力机构是其股东大会及其董事会，但当企业的战略和策略等既定方针确定以后，企业理财主体就可以进行独立运作，自主地从事财务活动。这主要体现在以下三方面：一是理财主体有自己所能控制的资金；二是理财主体能够自主地进行投资、融资、分配等一系列财务活动；三是理财主体能够对其财务活动后果承担责任。

2. 理财主体具有明确的目的性

理财主体根据企业的总体目标，决定自己的财务管理行为，规划企业的投融资和生产经营活动中资金的流入和流出。在筹资阶段，理财主体的目标是以尽可能小的成本满足企业资金筹措的需要；在投资阶段，理财主体的目标是寻求投资收益最大化的项目并保证项目的资金需要；在利润分配阶段，理财主体要根据企业的发展战略和盈余状况提出初步的利润分配方案，经股东大会批准后组织具体的实施工作。

3. 理财主体主要运用价值手段进行财务活动

企业的人、财、物各项资源都可以直接或间接地用价值手段反映出来。以价值为手段，就可以准确地筹集、调剂、分配和控制企业的资金及其运动过程，把握企业经营和投资活动的绩效。在运用价值手段中，价值的观念也深深地渗透到财务管理的全过程，表现在货币时间价值、风险价值以及资本成本等价值观念上。

确立理财主体假设，对于明确企业目标，将企业同股东、债权人以及其他利益相关者等主体区分开来是非常必要的。

（二）持续经营假设

一家企业自诞生起，就希望自己持续不断地经营并越做越大，越做越强。企业在持续经营中建立了同银行、供应商、客户等各方面合作的关系，这些利益相关者也是基于企业的持续经营才会同其进行各种合作的。例如，向企业提供长期和短期贷款的银行正是看准其经营绩效才会把钱贷给企业，供应商正是看中企业的持续经营需要才会对企业赊销商品和材料，客户也是看中了企业的产品才会持续地购买企业的某种品牌。而企业的各项理财活动也是建立在长期的、持续不断的经营假设之上来规划、运作和调配的。一旦企业的持续经营发生了问题，企业的理财活动就会马上发生转变，即转换为危机状况下的应变：紧缩投资，减少对外投放；精简各项开支，裁员以减少成本；甚至不惜变卖各种珍贵的资源或资产以应付到期的债务。而外部的各个利益相关者也会采取不同于持续经营下的合作方式而代之以追讨债务，索要未到期应付账款，不续签合约或撕毁已签订的供货或购货合约等，银行也会要求收回其未到期债务。这时，由于其持续经营的假设已经改变，企业如果变卖资产，银行等债权人会以清算为前提假设出价，甚至强制拍卖企业资产以抵债。

所以，尽管企业的寿命如同人一样会有终结，但除极少数规定合作期限的企业外，一般企业都会期望持续经营下去。持续经营假设是企业规划自身发展战略、运作资金的前提，也是企业同各个利益相关者合作的基础。

（三）货币时间价值假设

货币时间价值是指资金投放到企业生产经营中产生的增值。这种增值只有在企业生产经营和资金的周转中才能实现。以货币时间价值为假设，就是假定所有的资金都具有这种性质和功能，从而树立节约资金、加速周转的观念。

按照货币时间价值假设，存放在企业中的现金是最不经济的、最不创造价值的，因为它不能为企业带来增值。从这一点出发，企业的资金就具有了机会成本。企业使用自己的资金如果不能大于其机会成本，那么这种使用效率就不高。资金的机会成本成为衡量企业投资绩效的一个基本标准和“底线”。

以货币时间价值为假设，还要确立现值观念，即明天的1元钱不如今天1元钱的价值大。把未来的钱折算到现在，就叫作折现。1元钱折算到现在一定小于现在的1元钱。如果要评价不同企业不同期间的现金流量，首先就要采用折现的办法，把未来各期的价值逐期折算到现在，然后再比较。

以货币时间价值为假设，还要树立“早收晚付”的观念：对于不附带利息的货币收支,如各种应收账款,要尽早收回;对于现在可付可不付的支出,要尽量推后支付,如各种应付账款。

(四) 有限理性假设

传统财务管理中的经济人假设(即理性人假设)是进行财务管理工作、研究财务管理理论的一个基本假设。其意指财务管理的决策者能以理性的心态进行决策,其选择的方案或行为是多种方案中最经济、最合理的;同时,认为这些"经济人"能理智地处理财务管理中遇到的各种问题(即便有时个别人有不理智的时候,但集体决策可以杜绝或避免这种情况),因而其决策、其行为代表了其理性判断的结果,是可信的、可行的。这是传统财务管理一直持有、赖以支撑其决策的一个重要理念。

行为财务理论的出现对传统财务管理中的这一理念提出了挑战。行为财务理论认为,企业财务管理者不仅是理性的经济人,同时也是活生生的社会人、生理人。人是具有七情六欲的,一个理智的人也有不理智的时候。理智的人在不理智的时候难以避免不理智的想法和行为。所以,要承认和认识到这些问题的存在。在资本市场上有理智的和不理智的投资者,在企业内也有理智的管理者和不理智的管理者;理智的管理者也有不理智的时候。当理智的管理者遇到不理智的投资者尚可谨慎行事,而不理智的管理者遇到不理智的投资者,其决策的行为结果可想而知。所以,提出有限理性假设是具有科学依据和现实意义的。

有限理性假设是指在一般情况下管理者根据自己的职业判断会做出正确的决策,人们只能假定他们的理财行为是理性的,因为盲目的理财行为是没有规律的,而没有规律的行为是无法上升到理论高度的。这种有限理性可以表现在三个方面:一是理财是一种有目的的行为,是为了实现企业的总体目标,围绕企业的战略、策略和发展规划而进行的有意识的财务活动,每一种行为都体现了管理者的意图;二是财务管理者会从若干方案中选择一个最佳方案以有利于财务管理目标的实现;三是如果发现此前的方案有错,会及时采取措施予以纠正,财务管理环节和方法中的财务控制和财务评价就是对以往执行情况的自我检查和自我纠正过程。

(五) 有效市场假设

有效市场假设(EMH)是美国学者尤金·法玛在1965年提出的,此后在财务理论界得到认可和大量引用,法玛也因此获得2013年诺贝尔经济学奖。法玛将有效市场分为三类:一是弱式有效市场,即当前的证券价格完全能够反映已蕴含在其中的全部历史信息,任何投资者依据这些历史信息进行交易都不会获得额外的盈利;二是半强式有效市场,即证券市场完全反映了现在所有公开的信息,任何投资者依据这些信息进行交易,都不会获得额外的利润;三是强式有效市场,即证券价格完全反映了一切公开的和非公开的信息。投资者及时掌握内幕信息也无法获得额外盈利。

有效市场假设的派生假设是公平市场假设和资金借贷无限制假设。公平市场假设是指人们在资本市场上可以公平竞争,不存在内幕交易。资金借贷无限制假设是说无论哪个理财主体都可以自由地依据市场利率借贷所需资金。尽管这些假设有一定的局限性,但它们依然是人们进行财务管理活动的基本假设。否则,理财主体就无法通过证券市场融通其所需资金,也无法通过资本市场信息所引导的投资方向进行投资活动。企业的筹资方式、投资方式、资本结构安排等就会受到很大限制。

二、财务管理原则

财务管理原则是人们依据经济理论和市场运作规律，在处理财务事项时所持有的一种态度、思想和观念。它不同于法律规范，但与法律法规相互影响、相得益彰，共同约束着人们的理财行为。它是财务理论对财务实践活动的一种总结和抽象，反过来又指导财务实践活动。理论界在总结和研究这些原则时，仁者见仁，智者见智，提出了许多种观点。其中道格拉斯·R. 爱默瑞和约翰·D. 芬尼特将财务原则划分为三类，即有关竞争环境的原则、有关创造价值的原则和有关财务交易的原则。本书主要从财务交易的角度总结出以下五条基本原则。当然在此基础上还可以发挥和派生出许多分支，本书就不再一一细分。

（一）成本效益原则

这是市场经济条件下财务管理工作必须遵循的首要也是最基本的原则。以收入与成本比较，凡收入大于成本，就能够取得增量收益，说明这项经营活动是值得做的；否则，收入小于成本，纵有任何理由都不足以支持其活动。按照这项原则，企业在日常管理中，就必须做好成本费用的核算，及时记录和核算各项收入，并不断进行收入与成本的比较，用财务控制手段保持收益来源的稳定性，尽量节约成本与费用，实行“开源与节流”并举。

在考虑资源的稀缺性及许多环境资源的不可再生性后，人们对“成本”和“效益”应该有更广泛的认识和理解。例如，企业投入产品生产中的不仅仅是自身的变动性“料工费”成本，工业生产所产生的废气、废水、废料以及温室气体的排放造成了社会环境乃至人类生存环境的极大污染，对这部分“投入成本”也应该考虑如何计算，因而对“效益”就相应地需要从更广义上理解：它不仅是企业本身的产品效益，还应该考虑企业对社会和环境的贡献，从社会福利等角度综合计量。

（二）风险收益均衡原则

在企业的全部生命周期中，存在着许多机遇，同时也伴随着大量的风险，包括投资风险、经营风险、财务风险、信用风险、技术风险、汇率风险等。一般认为，风险越大，收益越大；风险越小，收益越小。因为在同等风险条件下，出于自利的本能，人们都会追逐高收益；而在收益相等时，人们出于对风险的厌恶都会寻找较小风险的项目。久而久之，就会形成高收益的项目风险也大，低风险的项目收益也低的均衡状态。那种收益既高风险又小，“天上掉馅饼”的好事不可能经常出现。

要想不断创新、发展扩张，风险是不可避免的。企业既不能不顾风险，盲目追高求新，也不能总是规避风险，不敢出战。所以，权衡收益与风险的关系，在收益一定的情况下，尽可能使风险最小化；在风险一定的前提下，尽可能使收益最大化，已经成为人们对待风险—收益关系的共识。由于不同的人对风险的认识和承受能力不同，有些人喜欢追逐高风险以获取高回报，有些人求稳怕乱，追求安定平稳的低风险低报酬。这取决于人们对风险和收益的态度。

风险收益均衡原则派生的另一个原则是投资分散化原则。如何规避风险？在资本市场上常常有一句格言：“不要把鸡蛋放在同一个篮子里”，旨在分散投资风险。由于未来许多情况是不确定的，投资者在投资时难以预测项目的未来走势，因此，把资金投向几种不同的项目，可以在许多情况下分散风险，平抑投资效益的高低和好坏，但往往取得的是较为中庸的结果。

（三）资源合理配置原则

企业的资源是丰富的，也是有限的。企业资源既包括各种有形资产，如固定资产、流动资产，也包括各种无形资产，商标、品牌、专利权和专利技术等。同时，与物质资源相对应的人力资源的重要意义已经逐渐为许多企业所认识。如何将这些有限的物质资源与人力资源合理配置，实现最有效的利用，是整个企业管理的责任。财务部门的职责就在于配合企业的总体战略和策略，合理调度资金，配置各项财务资源，保证资金流动畅通，周转加速，不断提高效益。

在资源合理配置原则下，可以派生出比较优势原则。比较优势原则原是专业分工的产物，最早用于国际贸易和跨国经营。在企业资本扩张和多元化经营日益发达的现在，遵循这一原则，可以使企业内外部资源利用得更为有效，专业分工更为明确，扬长避短，发挥自身优势。实现资源合理配置的外部手段，是实现企业间的重组和整合，并购是其中最主要方式。它应该主要以市场竞争的方式在企业间自愿实现；实现企业内部资源的合理配置，应该通过企业集团内部的专业分工和效益优先原则进行。

（四）市场估价原则

市场估价原则实际上体现了一种公平交易原则。根据资本市场有效假设，资本市场上各种频繁交易的证券价格反映了所有可能获取的信息，而且面对新的信息能够迅速地做出调整。交易的双方根据自己掌握的信息决定自己的交易行为，各自都期望自己的收益最大化，而市场供求关系的作用均衡了买卖双方的价格，最终成交价格应该是双方认可的公平价格，即公允价值。所以，企业应该重视市场的估价，包括市场对自己产品的认可和对自己股票的估价。可以说，资本市场是一面镜子，又是企业行为的校正器。当企业的产品得不到市场认可和接受时，企业应该及时调整自己的经营方向和产品质量，以满足市场的要求；当企业的业绩不足以支撑自己的股价时，股价就会下跌。可见，股价可以看作是对企业业绩的综合反映。如果企业人为操纵，虚报业绩，企图用财务报告给投资人制造虚假幻觉，不会长时间得逞，资本市场最终会给予校正。所以，企业应该把主要精力放在经营、投资、加强内部管理上。

（五）利益关系协调原则

根据现代企业理论和契约理论，企业是包括出资人、债权人、员工、政府等在内的利益集合体，各利益主体通过契约而密切联系在一起。因而，企业财务管理的目标不仅是追求企业价值最大化，在此前提下还应追求各利益相关者利益的最大满足。因为根据代理理论和多边治理理论，企业不仅要处理好股东与债权人之间的代理关系，也要处理好管理层与投资者之间的代理关系，还要处理好大股东与中小股东之间的代理关系，以及企业同各种利益相关者之间的关系。如果企业与相关各方利益处理及协调不当，企业目标最终也将难以实现；和谐的利益相关者各方关系，为企业最终目标的实现创造了必要条件。

第五节　财务管理组织机构、体制与职责

在初步掌握财务管理的目标、内容和方法、假设和原则之后，如何进行财务管理，就成为我们关注的重要问题。本节主要就财务管理组织机构、财务管理体制、财务管

理部门职责几个问题予以介绍。

一、财务管理组织机构

下面以公司制企业为例,简要介绍企业的总体架构及财务管理组织机构在其中的地位。公司制企业的最高权力机构是股东大会,它是由投资给企业权益资金的众多股东组成。股东大会闭会后,委托其选派的代表组成董事会。董事会代表股东的意志对企业的经营方向、重大投融资事项等进行决策。在董事会下设立的是公司管理机构,它是公司经常性独立运作的管理机关,其下设置若干管理部门。财务管理部门是其中行使财务管理职能的重要机构。一般企业在财务管理部门中分设了会计和财务两个分支机构,分别管理会计事务和财务事务。统管会计和财务分支机构的公司级领导常常是副总经理,有的公司设置财务总监(finance controller)或首席财务官(chief financial officer,CFO),在国有企业一般也称总会计师。具体对会计和财务部门业务直接负责的是财务部经理,其分管会计主管、财务主管等。规模较大的公司可能有更多层级的划分,但总体分会计和财务两个部门是大同小异的,如图 1-4 所示。

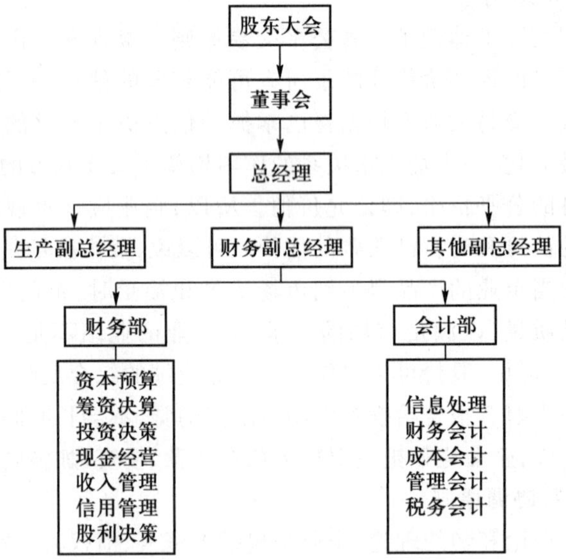

图 1-4　企业财务组织结构图

小资料

总会计师　总会计师的提法源自苏联的计划经济体制,是一个既对国家负责,又对厂长(经理)负责的职位。进入市场经济之后,我国企业一般都是在对公司总经理负责这一含义上定位总会计师的职责。国务院 1990 年发布的《中华人民共和国总会计师条例》对总会计师的定位是:“总会计师是单位行政领导成员,协助单位主要行政领导人工作,主要对单位主要行政领导负责。凡设置总会计师的单位,在单位行政领导成员中,不设与总会计师职权重叠的副职。”《中华人民共和国会计法》(简称《会计法》)明确规定国有的和国有资产占控股地位或主导地位的大、中型企业必须设置总会计师。可见,总会计师制度是中国经济管理的重要制度。

财务总监　财务总监制度起源于西方国家,第二次世界大战前,西方国家的国有企业有了一定的副职,对国有企业的管理一般是由能代表国家的财政部门或主管部门在人才市场上选择总经理。由总经理代为管理,并授权总经理选择合适的财务主管等高级管理人员,组成经理层,负责管理生产经营。

随着公司运营的不断深化,由于所有权与经营权的分离,这些高级管理人员作为经理层,在目标、利益、行为等方面与所有者存在很大差异,当双方利益不一致时,经理层往往通过选择会计政策、会计方法、会计程序等来维护自身的利益,从而使所有者的利益受到损害。为了解决这个问题,西方国家通过建立财务总监制度监督总经理及经理层,以有效避免"内部人控制",保护所有者的利益,满足所有者对企业经营监控的要求。

首席财务官(CFO)　CFO 源自美国等一些西方国家的企业,最早出现于 20 世纪 70 年代。CFO 是地位显赫的公司高级管理者,在公司治理中扮演着重要角色,他们同时进入董事决策层和经理执行层,以股东价值创造为基础,参与公司战略规划和管理。CFO 一般同时管辖首席信息官(chief information office,CIO)、主计长(controller)和司库(treasurer)等。CFO 的重要职责就是通过信息控制和资源配置等管理环节实现企业的战略目标和长期发展。因此,CFO 应该是公司战略的管理者之一,代表出资方实施企业外部资本控制,并向股东和董事会负责。

二、财务管理体制

财务管理部门的组织机构仅仅勾勒出其组织架构,在这种框架下如何进行财务管理还要看公司实行何种管理体制。在实际部门工作的管理者们经常会说,体制不顺,管理难以成效。一般来说,财务管理体制按照涉及的范围,划分为宏观财务管理体制和微观财务管理体制。按照权力的集中还是分散可划分为集中管理型和分散管理型体制,按照管理的内容常常划分为资金、成本、利润管理三大部分。将后两者组合,常常有资金集中管理型、资金分散管理型体制,成本集中管理型、成本分散管理型体制,利润集中管理型、利润分散管理型体制,以及介于集中和分散两者之间的管理模式。以下重点介绍按企业财务管理权限和内容两者组合划分的财务管理体制。

(一) 财务管理体制的分类

1. 集权式财务管理体制

根据西方分权制的管理原理,集权和分权是指企业管理当局对企业资金、成本和利润及其分配的控制程度。集权式财务管理体制是一种高度集中的财务管理体制,它是将企业资金、成本和利润及其分配的控制权限高度集中在公司最高管理层,公司的中、下层没有任何决策、支配及控制的权利,只有有限的管理权限。过去理论界对这种责、权、利不对称的管理体制认为是不利于调动中、下层管理者的积极性,只对企业规模小,品种单一,生产步骤少的中、小型企业较为适用。然而网络经济的出现,使得人们对财务管理体制有了一种新的认识,出现了一种新的趋势,即集中管理的财务模式成为众多大中型、多层级集团企业追捧的对象。其原因在于计算机网络缩短了企业在空间和时间上的距离,使无论多么分散的空间距离和多么复杂的管理问题,都能迅速转换为即时信息,并在瞬间完成其传递,故在企业中推行集权式管理更有利于管理效率和控制质量的提高。

2. 分权式财务管理体制

这一种是完全分权式的财务管理体制，它有利于调动企业内部各级管理者和各责任单位的积极性，便于把企业内部各部门、各单位的资金、成本同其工作业绩直接挂钩，便于实现责、权、利的统一。但这种模式对涉及全局的重大决策难以协调，不利于企业统一处理对外关系和统一研究战略规划。

3. 混合式财务管理体制

这种模式是资金集权、成本分权的财务管理体制，它是一种较为理想的管理体制，它按照集权和分权相结合的管理思想，把财务（主要是资金）大权统一掌握在企业管理当局，便于统一调动、统一融通、统一使用资金，有利于提高资金的利用效率，同时对成本管理实行分级管理，分口把关，把成本管理和成本控制变成全企业的共同行动，这就抓住了成本管理的要害。

（二）财务管理体制的选择

企业财务管理体制的选择既要和企业的组织形式相结合，也要考虑企业的规模、经营特点等，根据具体情况确定企业财务管理体制。一般来说，个人独资和合伙企业，其经营者即为所有者，管理体制无疑要选择高度集权式财务管理体制；公司制企业包括无限责任、有限责任和股份两合公司（我国《公司法》定义的公司包括有限责任公司、股份有限公司和国有独资公司），它们在选择财务管理体制时，要根据企业的规模、经营特点和市场环境，结合企业的组织形式和经营方式，有针对性地选择集权式或分权式或混合式的综合财务管理体制。

对典型的公司制企业——股份有限公司，首先应强化财务管理独立职能，实行财务、会计机构的分设；其次，选择与企业管理层级相适应的财务管理体制，正确界定财务管理的分级权限；再次，建立、健全内部各层级财务管理制度，使财务管理工作有章可循；最后，建立良好的财务调控机制和激励、约束机制，保证财务管理目标的顺利实行。

三、财务管理部门职责

在以往的财务理论研究中，有一个与财务管理职责相近的词——财务职能。对于财务职能的研究状况，有人总结了“二职能论”“三职能说”“四职能说”等。其实，职能是从事物本身所具有的内在功能上界定的，更为客观和理论化一些。如“二职能论”认为财务管理具有财务资源配置和监督职能；“三职能说”认为财务管理的基本职能包括财务筹资、财务分配、财务监督；“四职能说”则是从管理的一般理论延伸出来的，认为财务管理具有计划、组织、领导、控制职能。

本书使用“财务职责”一词，更主要地是从财务管理部门应具备的责任角度来界定的，它更多地倾向使用来自实践中的经验和智慧①。这样，可将财务部门的职责归纳为以下 11 项内容。

第一，参与公司战略和投资决策。这是财务管理在公司管理中地位提高的表现。在公司战略和投资决策中，离不开财务管理的参与和辅助。这不仅因为这些重大决策需要财务信息的支持，还因为在这些重大投资决策活动中，需要有风险收益观、成

① 吴建斌．财务智慧．上海：上海文艺出版社，2009.

本效益观、现值观和货币时间价值观等理财理念的熏陶和权衡。

第二,制定和实施财务管理制度。这是财务管理部门行使其职责的主要手段。有了明确的制度,再加上认真的贯彻和落实,才能达到预期的管理目的。

第三,组织和编制财务预算。同上述职责一样,组织预算的编制,严格按预算调度和使用资金,把控资金的流动,是财务管理部门的基本职责。预算是财务管理循环的起点,也是财务控制和执行的依据,是企业的“法律”规范。所以,财务管理部门必须做好预算的组织和编制工作。

第四,对内提供管理会计资料,对外提供财务会计资料。从会计核算的目的和功能来看,对内在于强化管理,运用管理会计的特定方法实施会计管理;对外主要是为利益相关者提供准确及时的信息,披露相关财务报表资料。

第五,组织企业筹融资活动。以尽量小的成本及时筹集到足够的资金,满足企业投资活动和资金运营中的需要,这也是财务管理部门的基本职责之一。

第六,配置已经确定的财务资源,进行资金运营的管理和安排。

第七,理顺公司内部股权结构,把握公司资本结构。在投资来源日益多样化的情况下,管理好企业内部股权结构,使资本结构始终保持一个合理的比例,是财务管理部门特有的职责。财务管理部门根据完整的信息数据资料,可以为董事会提供投融资决策方案和利润分配提案。

第八,监督和检查财务运行状况。

第九,进行内部控制,防范财务风险。

第十,负责纳税申报和税金的及时缴纳工作。

第十一,收集财务资料,建立财务档案。

第六节 财务管理环境

环境包括对财务管理有重要影响的各种因素,如生产经营状况、产品市场销售状况、企业资源供应情况等,又如企业的组织形式、管理体制、经营者的素质等。一般来说,前者属于制约企业生存和发展的硬环境约束,后者属于制约企业发展的软环境约束。这些都是企业财务管理的内部环境。除此之外,企业外部环境的变化,包括经济环境、法律环境、税务环境,以及金融环境和资本市场等,都对企业的财务管理产生重要影响。现代企业处于一个内外环节交互运行、相互作用的开放型状态,因此,学习财务管理,首要的是了解企业所处的内外环境。企业内部环境在后边各章讲述理财知识与技巧时一并分析。故本节主要讲述财务管理的外部环境。

一、经济环境

经济环境是对企业财务管理有着重要影响的宏观方面的各种因素,包括一国政治和经济发展阶段与发展水平,经济体制改革状况以及当前具体的经济状况,如通货膨胀率、利息率、外汇汇率、税率、金融市场、金融机构、金融政策、财政政策、产业政策、外贸政策等。宏观经济环境的变化,对各类企业的财务管理均产生影响。例如,在国家整体经济处于快速增长时期,企业的经营必然受到联动效应的“拉动”而迅速增长,财务管理也将有相应发展;在国家整体经济处于萧条时期,企业也难逃“厄运”。如2008年美国次贷危机引致的全球经济危机使我国企业也难以幸免，特别是原材料进口和产品外销“两头在外”的企业直接受到影响，国际经济环境和外汇波动对企业经营形成的“掣肘”是个别企业自己无法摆脱的。企业财务管理要想“逆势而动”，非有重大举措或特别作为而不能。

二、法律环境

法律环境是指影响企业财务管理的各种法律和制度因素。法是体现统治阶级意志，由国家制定或认可，并以国家强制力保证实施的行为规范的总和。广义的法包括各种法律、规定、条例和制度。财务管理是一种对经济活动的管理行为，必然要受到法律规范的约束。按照法律规范的层次性和强制程度，可以做如下分类。

（一）财务管理工作必须遵循的各项法律

这些法律，如公司法、企业法、会计法、注册会计师法、合同法、金融法、证券法、证券交易法、税法、票据法、仲裁法等。这是企业各种法规的最高层次，企业必须无条件贯彻执行。

（二）财务管理工作必须遵循的规定和条例

这些规定和条例包括：《企业会计准则》《中国注册会计师独立审计准则》《独立审计实务公告》、职业规范指南、《中华人民共和国国库券条例》《中华人民共和国公司登记管理条例》《企业债券管理条例》《公开发行证券的公司信息披露内容与格式准则》《企业财务会计报告条例》等。这是有一定针对性的法规条文，相关企业必须按照这些规定做好落实工作。

（三）财务管理工作必须执行的各种规章制度

此类规章制度既包括不同行业的企业财务制度、不同时期各级政府发布的有关财务管理工作的通知以及对有关财务问题的处理意见等，如《企业国有资产监督管理暂行条例》，证监会发布的有关会计及审计规范的相关文件等，也包括企业自己制定的规章制度，财务管理部门都应该遵循，并贯彻和落实。

企业的财务管理人员首先必须了解、熟悉这些法律、法规、条例和制度，才能做到严格执行，以便使企业的各项财务行为在法律规范的约束下进行。

三、税务环境

税务环境是企业财务管理所必须面对的重要外部环境。税收是国家以政权为依托所进行的一种特殊分配方式，随国家政权的出现而出现，依法纳税是每个企业及公民的义务。由于企业实现的利润有相当一部分要上缴国家财政，所以，企业财务管理部门的重要任务之一就是要进行精心筹划，积极缴纳税金。与此同时，合理避税也是财务管理部门扮演的重要角色。例如，是以资本利得的形式纳税还是缴纳企业所得税对企业更为有利，是发行债券以利息抵税还是以股票筹资给股东派现对企业更为有利，是以直线折旧以便使企业报表更“好看”还是用加速折旧以减少企业当前的纳税额，是使用像美国“S公司所得税”政策还是利用像我国对某些扶持性行业的企业实行的税收减免政策等，都涉及税收筹划问题。这都需要熟知国家的税收政策和税收制度。

税收制度在西方财务决策中扮演着无处不在的角色，不论个人理财或公司财务管理均需将税收的影响考虑在决策之内。如今在我国,学习和研究相关税收制度也成为我国财务管理人员的必备课程。一个成功的财务管理者应清楚地了解税收制度并随时注意税法条文的更替。在严格执行税法条款的前提下,规划好企业的纳税时间和纳税金额。

四、金融环境和资本市场

(一) 金融环境

现代企业制度下的公司制企业是一个开放的市场组合体,它需要不断地从金融市场融资、投放、再融资、再投放,从而使自身不断增值,实现生产经营和资本经营双收益。所以,单从企业财务管理的角度看,金融环境是企业面对的更为重要的外部环境。根据金融市场交易的不同性质和特点,可以对金融市场作如下划分。

按金融工具的期限划分,可分为资本市场(capital market)和货币市场(money market)。前者如期限在1年以上的股票、债券交易市场,后者如期限不超过1年的银行同业拆借市场、票据贴现市场、银行短期信贷市场、短期证券市场等。在专业的金融论著中,资本市场通常指的是期限在1年以上的资金融通市场的总称。但也有例外,它有时也用来指称整个金融市场、货币市场以及银行信贷市场。

按金融工具的种类划分,可分为股票市场、公司债券市场、大额可转让存单市场、银行承兑市场、银行同业拆借市场、外汇市场、期货合同市场、期权市场等。可以说,有一种金融工具交易,就有一种金融市场存在。

在西方国家金融市场实务中通常使用以长期金融工具大类为标准的综合分类方法,即把金融市场分为股票市场、债券市场、货币市场、外汇市场、商品期货市场、期权市场六种市场。前三种可归为有价证券市场,因为股票、债券和货币市场的金融工具都具有筹措资金、投放资金的功能。无论从市场功能还是从交易规模上看,这三种市场都构成了整个金融市场的核心部分。而后三者都只是辅助性市场,如外汇市场的交易工具主要是外国货币,这个市场具有买卖外国通货、保值和投机的双重功能,对筹措资金和投放资金活动来说,却只是辅助性的。期权和期货市场的辅助性功能更为明显,它们既不能筹措资金用于生产,也不能投放资金以获利息,而主要是用来防止市场价格和市场利率剧烈波动给筹资、投资造成巨大损失的保护性机制。因此,它们又被称为保值市场(hedging market)。

从企业财务管理的角度看,金融市场具有以下功能:

1. 资金融通

该功能主要是通过短期资金市场发挥作用的。在短期资金市场上,资金的供给者通过在金融机构存款或购买短期证券而运用自身闲置的货币资金;而资金的需求者为了解决季节性或临时性资金需求,向金融机构获取贷款或通过发行短期证券以取得资金,实现资金的融通。

2. 资金筹措和投放

该功能主要是通过长期资本市场发挥作用。企业资金的筹措有两种:一是筹措内部资金,如将税后利润用于再投资;二是筹措外部资金,即在资本市场上向资金的供给者筹措资金,如发行股票、债券等;企业也可以是这些交易中的买方,通过购买有价证券进行中长期投资以获取投资收益。

3. 分散风险并转售

在金融市场的初级交易过程中,金融资产的购买者在获得金融资产出售者(生产性投资者)一部分收益的同时,也有义务分担生产性投资者的一部分风险。这样金融资产购买者本身变成了风险投资者,经济活动中的风险承担者数量的增加,减少了每个投资者所承担的风险量。在期货和期权市场,金融市场参加者还可以通过期货、期权交易进行筹资、投资的风险防范。在金融市场的再次交易过程中,金融资产的购买者可根据需要将未到期的金融资产转售出去,或用其交换其他金融资产。

4. 确定金融资产价格

金融资产购销活动的存在,导致了其定价的必要性。通常新发行的金融资产的价格是参照金融市场上的同类金融资产(如到期期限、风险等级、股票的市盈率相同等)的转售价格制定的。此外,在金融市场交易形成的各种参数,如利率、汇率、证券价格和证券指数等,是企业进行决策的前提和基础。

(二)资本市场

随着市场经济的逐渐成熟和完善,资本市场中的证券市场越来越显示出银行信贷不可替代的作用。证券市场(包括股票市场和债券市场)不仅起着筹措资金、融通资金的功能,更重要的作用在于:首先,证券市场决定资本的占有条件。在这个市场上,资金的供求,包括其规模和价格,都将通过竞争形成。由于通过证券市场所进行的资金融通活动在技术上可以将企业的不可分割财产进行细分,又可将附着在其上的各种权利分离出来单独进行交易,且投资成果的分配和享受也是明确的,因而证券市场便有了界定产权的功能。其次,证券市场具有很强的风险定价功能。证券市场又称公开市场,指的是在比较广泛且已制度化的交易场所对标准化的金融产品进行买卖的活动。由于证券是标准化的,具有发达的二级市场以及信息的公开化和资产的可流动性等特征,可以较为准确地为资金形成统一的市场价格,这是其他任何融资活动所不能替代的。再次,证券市场能够有效地配置有限的经济资源。由于证券市场具有高度的流动性,因而可按照效率原则较为灵活地在全社会合理配置有限的经济资源,使投资的进入和撤出、企业的兼并和重组在这个市场上都很容易地完成。最后,在资本市场上企业除了从证券市场直接融资外,也还有来自金融机构的间接融资。对发达国家融资的实证研究表明,企业的外源资金更多地来自金融机构,即中长期贷款。① 企业的外源资金和内源资金几乎是平分秋色。所以,在研究证券市场的同时,也不能忽视中长期信贷资金在企业发展中的作用。

可见,作为金融市场重要组成部分的资本市场,在现代市场经济中发挥着越来越重要的作用,因而是企业财务管理极为重要的外部环境。

■ 关键词

企业目标　财务管理目标　资金运动　资金循环　资金周转　短期循环　长期循环　财务管理对象(内容)　财务管理环节(方法)　财务预测　财务决策　财务控制　财务分析　财务管理假设　财务管理原则　财务管理环境

① 李扬,王国刚. 资本市场导论. 北京:经济管理出版社,1998.

要点回顾

本章从财务本质出发，探讨了企业的资金及其运动、财务管理的内容与方法、财务管理假设与原则。进而从内部环境上探讨了企业财务组织机构、管理体制与职责，从外部经济环境、法律环境、税收环境以及金融环境和资本市场对企业财务的影响和制约作了进一步研究，旨在使读者对财务管理有一个基本的了解，为深入学习全书奠定良好的基础。

本书认为企业理财目标是企业价值最大化，这一目标不但考虑了投资者利益，同时兼顾了其他利益相关者的利益，便于调动各方面的积极性。企业财务管理的对象是理财主体所要组织、控制和协调的客体，其具体内容包括：①企业的筹资管理；②企业的投资管理；③企业资金的日常营运管理；④企业的利润分配管理。财务管理假设包括理财主体假设、持续经营假设、有限理性假设、货币时间价值假设、资本市场有效假设。财务管理原则，就是在组织企业财务活动及处理各种财务关系时应遵循的基本规范，主要包括成本效益原则、风险与收益均衡原则、市场估价原则、资源合理配置原则、利益关系协调原则。财务管理组织机构要根据企业的组织形式，考虑企业规模、行业特点、业务类型等因素的设置，要做到内部分工明确、责权到位，要有利于提高财务管理效率。财务管理体制分为集权式管理体制和分权式管理体制以及介于两者之间的集权和分权相结合的混合式管理体制。企业财务管理体制的选择既要和企业的组织形式相结合，也要考虑企业的规模、经营特点等，根据具体情况确定企业财务管理体制，进而明确企业财务管理部门的职责。

即测即评

请扫描右侧二维码，进行即测即评。

思考题

1. 什么是企业理财目标？你认为企业理财目标中哪一种观点比较合理？
2. 财务管理的对象与内容是什么？两者有何异同？
3. 财务管理的方法与财务管理环节有什么关系？两者的说法一样吗？
4. 什么是财务管理假设？财务管理原则起何作用？财务管理都有哪些假设和原则？你有哪些补充？
5. 财务管理机构应该如何设置？财务管理体制应按什么原则设置？哪一种更好？
6. 财务管理部门的职责是什么？财务管理者应该奉行什么样的职业道德？
7. 环境对财务管理的影响如何？怎样看待不同环境对企业经营的影响？

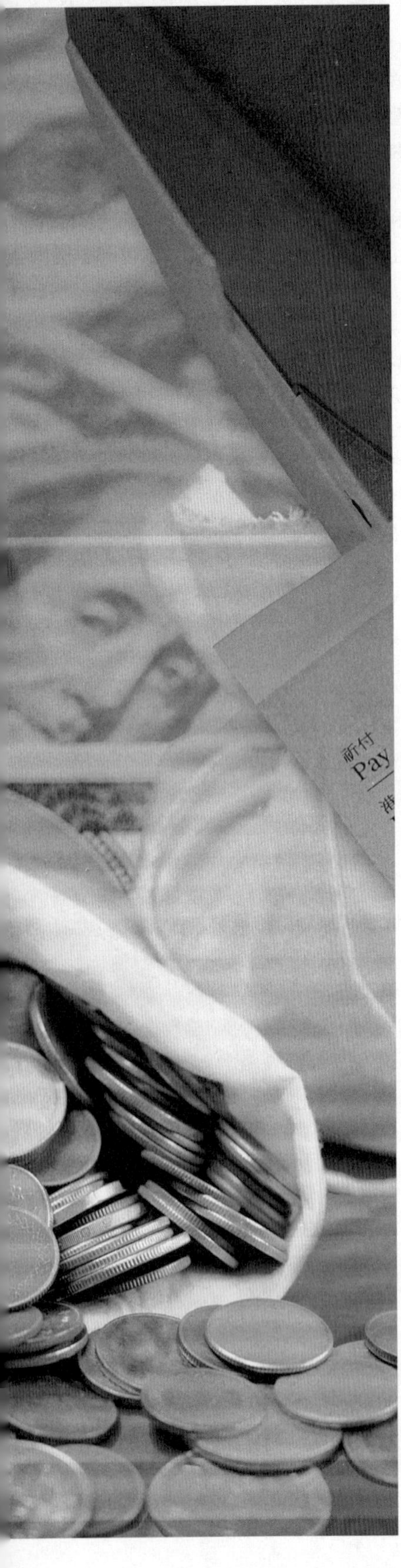

第二章 财务报表分析

学习目标

本章旨在使刚刚学完会计学的读者在对财务报表熟练阅读的基础上，掌握报表分析的基本方法和常用财务指标，进而达到综合分析、全面评价企业财务状况和经营绩效的目的，为下一步全面学习财务管理打下良好的基础。

2010年3月24日，持有华泰股份的投资者翘首企盼的2009年年报终于出炉了——每股收益1.909元，比上年上涨187%。按前一天收盘价16.36元计算，市盈率只有8.6倍，查遍中国的所有上市公司，这一指标实属罕见——多么显赫的业绩啊！但奇怪的是，当日股价不涨反跌了6.94%。为什么？仔细分析就会发现，原来这1.909元收益中，约有1.569元都是来自于收购诺斯克纸业的股票溢价所得的投资收益；扣除非经常性损益后该企业的经营收益所得每股仅为0.34元，比上年的0.665元还下降了48.87%。

财务报表是企业的一幅缩略图，浓缩了企业经营的方方面面。走近它、了解它、剖析它，就会从中找到你所需要了解的信息。由于财务报表有一定的专门格式，专业名词和术语乍看起来使人“眼花缭乱”；财务报表又是由人编制的，它有时也会因各种原因披上一层朦胧的面纱。只有掌握了特有的技巧和方法，你才会拨开迷雾，看清“庐山真面目”。本章带你走进这一“迷宫”，并轻松地绕过一个个暗礁地堡，迎来“柳暗花明又一村”。

第一节 财务报表分析概述

一、财务报表分析的意义和作用

财务分析有狭义和广义之分。从狭义上看，财务分析是指财务报告分析，即依据企业财务报表数据和相关信息，对企业财务质量状况和经营情况做出评价，为报表的使用者进行经济决策提供重要信息支持；广义的财务分析在此基础上，还包括对企业概况、企业优势、企业前景以及企业在证券市场的表现等的分析，它把对企业的财务风险分析扩展到经营和管理的方方面面，从而为所有者提供一幅全面而完整的信息资源缩略图。本章主要以狭义的财务报告分析为主。

由于财务报告分析的主要依据是已实现的财务报表，故它是对企业过去经营活动的总结，依据这些指标和数据就可以预测未来，对下一期经营活动做出计划安排。同时还可以通过对财务指标的分析，挖掘企业潜力、改善财务状况、扩大经营成果，进一步提高企业经济效益，在财务管理循环中起着承上启下的重要作用。

对于下述使用者来说，财务报表提供的信息具有重要的意义。

1. 投资者

投资者作为企业现有或潜在的所有者，对企业的经营和收益状况具有天然的关注度。他们要求自己的投资在企业中像雪球一样越滚越大，实现保值增值，回报率最好高于同类投资。因此，虽然他们不一定直接经营和管理企业，但对企业的一举一动异常关注，而财务报表凝集了企业经营的全部信息，以定期或不定期报表的形式及时披露，给他们提供了理解企业、掌握企业经营状况的契机。所以财务报表分析对他们来说具有重要意义。

2. 债权人

债权人将自己对资金的使用权暂时让渡给需要资金进行经营的企业，希望从其获得的收益中得到固定的回报。如果企业经营不善，可能使他们的资金不但没有利息收益，还可能使本金不能返还。但他们不可能直接参与企业的经营，由于信息的不对称，对企业的情况无从了解。因此，只能借助于财务报表分析对企业财务和经营状况做出判断，以决定是否继续对企业进行财务上的支持。

3. 经营者

经营者虽然参与企业的经营活动，但他们也无法全面掌握和及时了解企业经营运作状况及其结果。只有通过对企业财务和经营情况的总结和分析，才能肯定成绩，找出问题，采取措施，决定下一步的战略和策略。

4. 政府相关部门

政府对企业财务状况的关注分为两个方面。一是作为经济管理部门，对所在地区企业的经营运作及其发展状况全面了解和掌握，便于在宏观上制定政策，进行投资和产业发展方向的指引，同时也能增加所在地的财政收入。这些部门主要包括工商管理、税务管理以及经贸和商务管理部门。二是政府的国有资产管理部门，肩负着对国有资产保值增值的使命，同样需要对国有企业给予高度关注。财务报表分析对于这些部门及时了解和掌握企业财务和经营状况具有重要意义。

5. 供应商、顾客等其他利益相关者

供应商通过对企业财务报表的阅读和分析，了解企业经营状况，便于分析自己产品的市场占有和产品需求状况，以决定是否继续合作为其提供产品、劳务和商业信用。

顾客通过对企业财务报表的阅读和分析，便于他们了解其产品的需求能否得到保证，掌握是否继续与之建立长期的往来关系；同时也便于决定选择何种商业信用政策。

企业员工通过对财务报表的分析，能够了解本企业经营情况及自己的切身利益能否得到保证，有助于他们提高继续服务于企业的忠诚度。

社会公众对企业的关心也是多方面的。通过财务报表分析，可以了解企业的环境保护状况、就业政策的落实,以及产品和销售政策等。他们中有些也是潜在的投资者和债权人,是准备下一步与企业合作的利益相关者。

可见,财务报表分析对于与企业有利害关系的各方都具有重要意义。

二、主要财务报表及其内容

(一) 主要财务报表概述

对财务分析的原始依据较为准确的提法是财务报告,一般也习惯笼统称为财务报表。其实,财务报告是由会计报表及其附表、报表附注、管理层的解释、审计意见和编制说明等要件构成,其中以会计报表为主。

会计报表是由一系列特定形式的表格和填充的数据构成。一般来说,企业编制用以对外披露的会计报表主要包括资产负债表、利润表、现金流量表、所有者权益变动表。常见的会计报表附表包括利润分配表、主营业务收支明细表、营业外收支明细表等。报表附注是对报表中列示项目的文字描述或明细说明,以及对未能在这些报表中列示的项目说明等,是为了帮助信息使用者理解报表内容而对表内项目进行的必要解释,起到补充说明的作用。附注一般包括:企业的基本情况,财务报表的编制基础,遵循企业会计准则的声明,重要会计政策和会计估计的说明,会计政策和会计估计变更以及差错更正的说明,对已在报表中列示的重要项目作进一步说明,以及或有和承诺事项、资产负债表日后调整事项,关联方关系及其交易等需要说明的其他事项、非常规项目说明,财务报表主要项目注释等。管理层有需要解释的情况也可以附在报表后边。审计意见一般是注册会计师对其审计后的报表发表的意见,以对财务报表的真实性和公允性等方面做出说明。

(二) 主要财务报表的内容

以下以 A 股份有限公司年度财务报告为例,说明企业财务报表的主要内容。

1. 资产负债表

资产负债表是一张静态报表。它是以企业某个会计期末的资产、负债以及所有者权益项目的余额为依据编制的,用以总括反映企业在一定时期的资产、负债和所有者权益的期末状况。资产负债表的设计原理遵循会计恒等式:

$$资产=负债+使用者权益$$

资产负债表的结构如下:

左侧(或上部)为资产部分,分别以本期余额和上期余额一一对照的形式反映流动资产和非流动资产。其中,流动资产包括货币资金,以公允价值计量且其变动计入当期损益的金融资产,应收票据,应收账款,预付款项,应收利息,应收股利,其他应收款,存货,以及其他流动资产等。非流动资产包括长期应收款,长期股权投资,投资性房地产,固定资产,在建工程,工程物资,无形资产,开发支出,商誉,长期待摊费用,递延所得税资产,以及其他非流动资产等。

右侧(或下部)为负债和所有者权益部分。其中负债包括流动负债与非流动负债。流动负债中有短期借款,以公允价值计量且其变动计入当期损益的金融负债,应付票据,应付账款,预收款项,应付职工薪酬,应交税费,应付股利,以及其他应付款等。非流动负债中有长期借款,应付债券,长期应付款,专项应付款,预计负债,递延所得税负债,以及其他非流动负债等。所有者权益包括实收资本(股本),资本公积,盈余公积，未分配利润。

以下以 A 股份有限公司为例，展示资产负债表的格式和主要项目，如表 2-1 所示。

表 2-1 资产负债表

201×年 12 月 31 日

编制单位：A 股份有限公司　　　　单位：万元

资产	年末余额	年初余额	负债和所有者权益	年末余额	年初余额
流动资产：			流动负债：		
货币资金	156 835	121 802	短期借款	228 450	150 850
以公允价值计量且其变动计入当期损益的金融资产	160		以公允价值计量且其变动计入当期损益的金融负债		
应收票据	801	2 300	应付票据	26 300	25 800
应收账款	86 492	71 839	应付账款	20 978	25 943
预付款项	59 055	77 405	预收款项	118 334	126 327
应收利息			应付职工薪酬	830	530
应收股利	1 702	1 096	应交税费	3 858	5 989
其他应收款	3 979	38 674	应付利息	198	
存货	136 711	102 184	应付股利	1 306	5 147
一年内到期的非流动资产			其他应付款	553	2 163
其他流动资产	30 000		一年内到期的非流动负债		
流动资产合计	475 735	415 300	其他流动负债	443	76 630
			流动负债合计	401 250	419 379
非流动资产：			非流动负债：		
长期应收款			长期借款	160 000	
长期股权投资	411 244	216 106	应付债券		
投资性房地产	1 605	1 695	长期应付款		
固定资产	25 734	26 226	专项应付款	1 086	1 086
在建工程	8 558	3 519	预计负债		
工程物资			递延所得税负债		
固定资产清理			其他非流动负债		
无形资产	3 041	3 425	非流动负债合计	161 086	1 086
开发支出			负债合计	562 336	420 465
商誉			所有者权益：		
长期待摊费用			实收资本	116 800	73 000
递延所得税资产	1 517	981	资本公积	111 926	120 315
其他非流动资产	10 000		盈余公积	20 137	10 847
非流动资产合计	461 699	251 952	未分配利润	126 235	42 625
			所有者权益合计	375 098	246 787
资产总计	937 434	667 252	负债和所有者权益合计	937 434	667 252

公司法定代表人：×××　　主管会计工作负责人：×××　　会计机构负责人：×××

2. 利润表

利润表(也称损益表)是一张动态报表,反映了企业在一定的会计期间实现的全部营业收入、营业成本和费用,以及营业利润、利润总额和净利润的情况。它是由各账户(总账和明细账)的发生额汇总而成,是对企业一定时期经营成果的总括反映。

利润表的设计原理遵循会计三要素:

收入-成本费用=利润

利润表的结构按照多步式原则编排:

(1) 营业收入-各种成本费用(包括税金及附加、销售费用、管理费用、财务费用、资产减值损失)±公允价值变动收益及投资收益=营业利润

(2) 营业利润+营业外收入-营业外支出=利润总额

(3) 利润总额-所得税费用=净利润

仍然以A股份有限公司为例,展示利润表格式及主要项目,如表2-2所示。

表2-2 利 润 表

201×年1—12月

编制单位:A股份有限公司　　　　　　　　　　　　单位:万元

项目	本期金额	上期金额
一、营业收入	460 038	292 624
减:营业成本	381 805	245 049
税金及附加	1 059	610
销售费用	4 021	4 046
管理费用	12 847	7 882
财务费用	18 227	9 390
资产减值损失	2 636	2 994
加:公允价值变动收益(损失以"-"号填列)	-265	
投资收益(损失以"-"号填列)	58 489	26 681
其中:对联营企业和合营企业的投资收益	59 147	26 413
二、营业利润(亏损以"-"号填列)	97 667	49 334
加:营业外收入	587	55
减:营业外支出	215	177
其中:非流动资产处置净损失	197	
三、利润总额(亏损总额以"-"号填列)	98 039	49 212
减:所得税费用	5 139	3 635
四、净利润(净亏损以"-"号填列)	92 900	45 577

公司法定代表人:×××　　　主管会计工作负责人:×××　　　会计机构负责人:×××

3. 现金流量表

现金流量表是一张动态报表,反映了企业在一定会计期间全部现金的流入和流出情况,真实地展示企业经营资金实力、投资和资金筹措情况。

现金流量表的设计原理为：

$$现金流入-现金流出=净现金流量$$

现金流量表的结构主要分三部分。其中：

（1）经营活动产生的现金流量是现金流量表的最重要部分和主要来源，反映了企业主营业务的成败与否。它比利润更能真实地反映企业经营业绩和创造的价值所在。其中，经营活动现金流入主要包括销售商品、提供劳务收到的现金，收到的税费返还，以及收到其他与经营活动有关的现金；经营活动现金流出主要包括购买商品、接受劳务支付的现金，支付的各项税费，以及支出其他与经营活动有关的现金。两者相抵即为经营活动产生的净现金流量。

（2）投资活动产生的现金流量反映企业在投资活动中的现金流动情况。其中投资活动现金流入包括：收回投资收到的现金，处置固定资产、无形资产和其他长期资产收回的现金净额，处置子公司及其他营业单位收到的现金净额，以及收到其他与投资活动有关的现金；投资活动现金流出包括：购建固定资产、无形资产和其他长期资产支付的现金，投资支付的现金，以及支付其他与投资活动有关的现金。两者相抵，即为投资活动产生的净现金流量。

（3）筹资活动产生的现金流量反映企业筹资活动产生的现金流量。其中筹资活动现金流入包括吸收投资收到的现金，取得借款收到的现金，以及收到其他与筹资活动有关的现金；筹资活动现金流出包括：偿还债务支付的现金，分配股利、利润或偿付利息支付的现金，支付其他与筹资活动有关的现金。两者相抵，即为筹资活动产生的净现金流量。

仍然以 A 股份有限公司为例，展示现金流量表格式和主要项目，如表 2-3 所示。

表 2-3　现金流量表

201×年 1—12 月

编制单位：A 股份有限公司　　　　单位：万元

项　　目	本期金额	上期金额
一、经营活动产生的现金流量：		
销售商品、提供劳务收到的现金	424 065	329 832
收到的税费返还		93
收到其他与经营活动有关的现金	3 113	1 851
经营活动现金流入小计	427 178	331 776
购买商品、接受劳务支付的现金	330 325	266 735
支付给职工以及为职工支付的现金	13 273	8 568
支付的各项税费	19 255	7 064
支付其他与经营活动有关的现金	12 372	16 852
经营活动现金流出小计	375 225	299 219
经营活动产生的现金流量净额	51 953	32 557

续表

项　目	本期金额	上期金额
二、投资活动产生的现金流量：		
收回投资收到的现金		25
取得投资收益收到的现金	4 756	612
处置固定资产、无形资产和其他长期资产收回的现金净额	233	40
处置子公司及其他营业单位收到的现金净额	11 830	
收到其他与投资活动有关的现金	1 872	393
投资活动现金流入小计	18 691	1 070
购建固定资产、无形资产和其他长期资产支付的现金	12 791	5 324
投资支付的现金	163 450	49 326
支付其他与投资活动有关的现金	254	442
投资活动现金流出小计	176 494	55 092
投资活动产生的现金流量净额	-157 803	-54 022
三、筹资活动产生的现金流量：		
吸收投资收到的现金		
取得借款收到的现金	488 450	250 909
收到其他与筹资活动有关的现金		
筹资活动现金流入小计	488 450	250 909
偿还债务支付的现金	329 850	144 450
分配股利、利润或偿付利息支付的现金	17 106	10 886
支付其他与筹资活动有关的现金	553	491
筹资活动现金流出小计	347 510	155 826
筹资活动产生的现金流量净额	140 940	95 083
四、汇率变动对现金及现金等价物的影响	-57	-134
五、现金及现金等价物净增加额	35 033	73 484
加：期初现金及现金等价物余额	121 802	48 318
六、期末现金及现金等价物余额	156 835	121 802

(4) 自由现金流(FCF,free cash flow)。现金流量表按照企业的财务活动分别核算经营活动现金流、投资活动现金流和融资活动现金流。但在财务决策中，与现金流量相关的另一个重要概念是自由现金流。所谓自由现金流，是公司经营活动净现金流量调整当期资本支出净额(长期资产投资支出减去长期资产处置收到现金)和净

营运资本变化后的余额，是可以为公司自由支配的净现金流。自由现金流估算可以通过现金流量表调整获得。

第一，通过对现金流量表的阅读和分析，了解到企业的现金流量主要来自经营活动。假设A公司当期经营活动现金流入为2 200万元，经营活动现金流出为1 200万元，则企业经营活动净现金流量是1 000万元。

经营活动现金流入　2 200

-经营活动现金流出　1 200

经营活动净现金流量　1 000

第二，公司当期购置了一项固定资产，支出现金950万元，出售一项固定资产收到现金600万元，公司资本预算净支出为350万元。

第三，公司当期营运资金需要增加现金200万元。[①]

则公司自由现金流＝1 000－350－200＝450（万元），即公司可以用此现金流进行债务偿还、股利支付等。如果公司自由现金流为负，则意味着公司现金短缺，企业必须从外部筹集额外资金，满足资产投资需要。

4. 所有者权益变动表

所有者权益变动表也是一张动态报表。它全面地反映了企业在一定会计期间所有者权益的增减变动，用以说明所有者权益的变化。其结构原理为：上期期末余额±本期增减变动额＝本期期末余额。其格式及主要项目如表2-4所示。

三、财务报表分析的依据和应注意的问题

（一）财务报表分析的依据

分析企业财务报表，除了依据企业上述公开披露的财务报表外，还应该依据一定的标准与之对照，才能对报表做出公允、全面的评价。常见的评价标准有历史标准、行业标准、目标标准和经验标准等。使用比较普遍的主要是前两个标准。

1. 历史标准

历史标准是指企业过去某一时期的实际值，如上期实际、历史先进水平等，在纵向对比分析中常用。用历史水平和现在比较，是最直观的评价标准，它表示企业在过去的基础上是进步还是退步。历史标准可以选择历史最好水平，也可以选择企业正常经营水平，或者选取连续多年的平均水平。应用历史标准的优点是比较可靠、客观，具有较强的可比性，但当企业发生重大变化（如兼并重组等）时，历史标准也可能失去意义。

2. 行业标准

行业标准是指主管部门或行业协会颁布的技术水准，或国外同类企业的先进水平、国内外同类企业的平均水平。它是横向比较常用的一个标准。用行业标准分析，可以反映企业在同行业中的地位和水平，也可以用于判断企业的发展趋势。但有时同一行业的企业之间也可能存在会计政策和会计估计等方面的差异，或由于多元化经营带来分析比较上的困难。

① 对于净营运资本的变化，在现金流量表的经营活动现金流量净额计算中，已经调整了应收账款、存货和应付账款等项目的变化，将营运资本变化考虑其中。如果不存在其他额外营运资本投入，此处不需要考虑。

表 2–4 所有者权益变动表

201× 年 1—12 月

编制单位：A 股份有限公司　　　　单位：万元

项目	本期金额									
	实收资本（或股本）	其他权益工具			资本公积	减：库存股	其他综合收益	专项储备	盈余公积	未分配利润	所有者权益合计
		优先股	永续债	其他							
一、上年期末余额	73 000				120 315		0		10 812	42 308	246 435
加：会计政策变更									35	3 166	3 201
前期差错更正											
其他											
二、本年期初余额	73 000				120 315		0		10 847	45 474	249 636
三、本期增减变动金额（减少以“–”号填列）	43 800				–43 800		354 108		9 290	83 610	447 008
（一）综合收益总额							354 108			92 900	447 008
（二）所有者投入和减少资本											
1. 股东投入的普通股											
2. 其他权益工具持有者投入资本											
3. 股份支付计入所有者权益的金额											
4. 其他											
（三）利润分配									9 290	–9 290	0
1. 提取盈余公积									9 290	–9 290	0

续表

项目	本期金额									
	实收资本（或股本）	其他权益工具			资本公积	减：库存股	其他综合收益	专项储备	盈余公积	未分配利润	所有者权益合计
		优先股	永续债	其他							
2. 对所有者（或股东）的分配											
3. 其他											
（四）所有者权益内部结转											
1. 资本公积转增资本（或股本）	43 800				−43 800						0
2. 盈余公积转增资本（或股本）											
3. 盈余公积弥补亏损											
4. 其他											
（五）专项储备											
1. 本期提取											
2. 本期使用											
（六）其他											
四、本期期末余额	116 800				76 515		354 108		20 137	129 084	696 644

公司法定代表人：　　　　主管会计工作负责人：　　　　会计机构负责人：

（“上年金额”的项目及格式与本年完全相同，故此处略去）

3. 目标标准

目标标准是指实行目标管理的企业自己设定的经营目标指标、实行预算管理的企业所制定的预算指标、企业的设计产能指标、各项定额指标、理论指标等。其优点是符合企业的发展战略和目标管理要求,对于新建企业和垄断型企业尤为适用。但缺点也是显而易见的,即外部分析人员一般无法参照使用,指标的制定也有一定的主观性。

4. 经验标准

经验标准是依据长期的经验积累而形成的大家公认的标准。如西方国家在20世纪70年代根据财务实践形成了流动比率的经验标准为2,速动比率的经验标准为1等。这些经验标准主要是就制造业的平均水平而言的,并不一定能适应一切领域的所有企业,故也不能当作绝对标准,且其数值也可能随时间推移而发生变化。

(二)财务报表分析应该注意的问题

尽管上面确定了分析的依据和标准,但往往并不一定能取得好的分析结果。所以,在分析时应该注意以下问题。

1. 注意财务报表的局限性

财务报表是企业经济信息的主要载体,是财务分析的基本依据。然而,现行财务报表也有自身的局限性。首先,财务报表只能提供财务性的(可以用货币计量的)信息,对于那些非财务性信息,如管理层及员工的素质、产品质量、品牌形象、工艺技术等,尽管对企业价值的评价也非常重要,但在报表中无法体现。其次,随着新经济时代的到来,企业人力资源在全部资产中的地位将越来越重要,而现行财务报表格式中却缺少这些内容。再次,由于传统的财务报表主要用于财富分配,信息的提供较多地重视事后反映,对于未来可能或将要发生的重大经济事项或前瞻性信息在报表中较少体现,这种以提供历史资料为主的报表,对于信息使用者准确判断企业未来发展前景有很大的影响。最后,由于受现行会计制度制约,财务报表所提供的信息在权责发生制原则下,大多数是以历史成本为计量属性确定的,并且有许多信息,如折旧、摊销、在建工程等大多是近似计算的结果,有一定的人为因素甚至是有意操纵的结果。这些情况对于财务分析的准确性及决策的科学性都将产生重大的影响。

2. 财务分析应普遍联系

由于受财务报表的性质和功能的限制,在阅读和分析财务报表时要树立普遍联系的观点。即基本财务报表与报表附注相联系,财务数据与非财务数据相联系,内部分析与外部分析相联系等。这样才能使财务分析与其他各个方面的信息有机地结合起来,全面分析和评价企业的财务与经营状况,更好地为利益相关者的决策服务。

3. 财务分析应符合管理逻辑

尽管有时从财务报表分析中已经得出一些结论,但有些明显与管理常识相违背,分析者一定要将这些结论与该企业的实际比较,多问几个为什么。同时注意从其他渠道再搜集一些相关信息,以便判断这些分析结果的可靠性和有效性。

4. 财务分析应依据真实可靠的财务信息

财务报表应该提供真实、可靠的信息,财务分析应作客观、正确的评价,这是人所共知的常识。然而,在现实的经济生活中,财务信息失真几乎成为一种社会公害,给人们的经济生活和许多社会经济活动造成了重大的损害。因此,提供真实可靠的财务信息是管理当局的责任,而对财务信息的判断和甄别则是财务分析者应该确立的观念和应该具备的素质。

第二节　财务报表分析的基本方法

财务报表分析常用的基本方法有比率分析法、趋势分析法、比较分析法、结构分析法及综合分析法。以下分别予以介绍。其中前四种方法在本节介绍,综合分析法在第四节介绍。

一、比率分析法

比率分析法是财务报表分析中运用最为广泛的一种方法。它是通过分析财务报表中两个或两个以上的项目构成具有鲜明财务意义的比率,以评价企业财务状况和经营成果。比率分析法既是趋势分析法、结构分析法的基础,又可以从偿债能力、营运能力、盈利能力、社会贡献能力等几个方面展开进行分类能力的评价,也可以和其他指标组成一个特定的指标体系,如综合指数法、杜邦分析法,进行企业综合情况的总体评价。另外,还可以通过几个指标的替换比较,寻找影响企业绩效的主要因素。所以,它在财务分析中具有重要作用,对它的介绍和应用体现在下文的各个环节。

二、趋势分析法

财务报表的趋势分析法是将一个企业连续两期或多期的财务报表数据进行观察、比较,对某些指标在不同时期的增减变动方向及变化幅度做出分析,以揭示该指标的发展变化规律,并为未来财务预测提供依据。

趋势分析法有绝对金额式和相对比例式两种形式。绝对金额式通常采用增减变动额以观察指标变化趋势。计算公式为:

$$\text{增减额}=\text{分析期数额}-\text{基期数额} \tag{2-1}$$

相对比例式一般采用增减变动率观察指标变化趋势。其计算公式为:

$$\text{增减率}=\frac{\text{分析期数额}-\text{基期数额}}{\text{基期数额}}\times 100\% \tag{2-2}$$

在实际工作中,经常采用编制比较财务报表的方式进行趋势分析。下面以A股份有限公司比较资产负债表(表2-5)和比较利润表(表2-6)为例进行趋势分析。

表2-5　A公司比较资产负债表(简化式)

编制单位:A股份有限公司　　2015—2016年　　单位:万元

项目	2016年年末	2015年年末	增减额	增减率
货币资金	156 835	121 802	35 033	28.76%
流动资产	475 735	415 300	60 435	14.55%
长期资产	461 699	251 952	209 747	83.25%
资产合计	937 434	667 252	270 182	40.49%
流动负债	401 250	419 379	-18 129	-4.32%

续表

项目	2016年年末	2015年年末	增减额	增减率
长期负债	161 086	1 086	160 000	14 732.96%
所有者权益	375 098	246 787	128 311	51.99%
负债及所有者权益合计	937 434	667 252	270 182	40.49%

从表2-5中可见，该公司2016年年末比2015年年末总资产提高40.49%；负债和所有者权益也同样上升40.49%。其中流动负债提高了-4.32%，长期负债提高了147.32倍，股东权益提高了51.99%。

表2-6　A公司比较利润表（简化式）

编制单位：A股份有限公司　　　　2015—2016年　　　　单位：万元

项目	2016年	2015年	增减额	增减率
营业收入	460 038	292 624	167 414	57%
营业成本	381 805	245 049	136 756	56%
营业利润	97 667	49 334	48 333	98%
利润总额	98 039	49 212	48 827	99%
所得税	5 139	3 635	1 504	41%
税后净利	92 900	45 577	47 323	104%

从表2-6中可见，2016年度比2015年度营业收入增加了57%，营业成本增加了56%，营业利润提高了98%，利润总额提高了99%，税后利润则提高了104%。可见，企业经济效益相当好。

三、比较分析法

比较分析法也是一种常用的分析方法。上述趋势分析法也可以看作是比较分析法的一种。只有通过比较，才能看出分析对象达到何种状态、处于何种境地。比较分析法常常需要有一个比较的"标的"，即参照物。比较分析法的标的包括计划值、上期值、上年同期值、历史最佳值、国内外同行业平均值等。常见的比较分析法包括实际完成数与计划（预算）数对比，本企业与同行业其他企业或行业标准值的比较，本企业与自身的历史数据比较等。

在宏观经济数据分析和微观经济数据分析中，常常用到本期与上期比较，听到"同比"和"环比"的概念。其中"同比"是指本期与上年同期的比较，如今年一季度与上年一季度比较、今年1月份与上年1月份的比较；而"环比"则是指本期（t期）与其上一期（$t-1$期）的比较，如三季度与二季度比较，4月份与3月份的比较。表2-5和表2-6也可以看作是一种比较分析表。

四、结构分析法

结构分析法也是财务报表分析中常用的方法之一。它是按个别比总体、局部比全部的思想来设计的，用以反映个体和局部在全局中的分量和比重，进而通过与企业自身历史水平、与同行平均水平的比较来揭示企业某种要素或某个项目的合理与否。在分析时将报表中某一关键项目的数值作为基数（定为 100%），计算该项目中的各个组成部分占总体的百分比，分析总体构成的变化，以揭示财务报表中各项目的相对重要性和总体结构关系。结构分析法在财务分析与决策中有重要的作用。企业在正常经营中，反映在各时期资产负债表和损益表中的各项目一般都应有一个正常的比例关系和合理的布局。如果各项目的结构百分比发生异常变化，就应引起分析者的注意，并研究其变化原因，以便及时掌握企业的财务动态。在资产负债表中通常以资产总额为基数，分析各项资产所占的比重及其变化，以评价企业投资结构的合理性。例如，资产负债率就是反映负债在全部资金来源（负债加所有者权益）中的比重是否合理，流动资产占比就是反映流动资产在全部资产中的比重，固定资产占比就是反映固定资产在全部资产中的比重（常常用它分析企业的资本有机构成）。在负债中又可以进一步分析流动负债占比和长期负债的比例，以分析负债的结构是否合理；在流动资产中又可以通过分析其内部各种资产如货币资金、存货、应收账款占流动资产的比重，进而分析其结构是否合理。

例如，表 2-5 比较资产负债表中 2016 年年末的资产负债率为 59.99%，比 2015 年年末的 63.01%有所下降。这主要是由于所有者权益上升了 51.99%，而负债总计仅上升了 33.74%。所以使资产负债率有所下降并趋于合理。

结构分析法在利润表和现金流量表中更为有用，在利润表中，通常以销售收入为基数，分析经营成本、销售费用、管理费用、财务费用等项目所占比例及其变化。当然，也可以以利润总额为基数，计算主营业务利润、其他业务利润、投资净收益和营业外收支净额等项目所占比例及变化，以评价企业经营方向和经营策略的合理性。在现金流量表中，通常以现金及现金流量净增加额为基数，分别分析经营现金流量净额、投资现金流量净额、筹资现金流量净额占其比重，以判断企业的现金流量结构是否合理、生产经营活动是否正常等。

如表 2-6 所示，通过表中各项目与营业收入的结构分析，可以清晰地反映营业成本、营业利润所占的比例，分析这种比例是否合理并与上期比较也可以发现企业经营绩效的变化情况。特别地，通过对利润构成的分析，可以看出主营业务收入带来的利润占多少，投资收益或营业外收益带给企业的利润又是多少，以便分析企业实现的利润是否正常。再将章首所举的华泰股份一例展开分析，可以发现其 2009 年的合并利润总额 10.868 9 亿元、净利润 10.922 7 亿元（因为有所得税返还 0.053 7 亿元），其中营业外收益达 9.176 2 亿元，营业利润只有 1.725 3 亿元，仅占净利润的 15.80%，比 2008 年 3.229 2 亿元还下降了 46.57%。在每股收益 1.909 元中仅有 0.34 元属于主营业务所得，说明该公司主营业务收益下降，而年报的“好成绩”主要来自合并收益和政府补贴。

可见，运用结构分析法可以更深入了解事物的真实细节，便于报表使用者更准确地判断和决策。

第三节 财务报表的分类能力分析

上述分析方法只是对企业某种比率的简单、直观判断，要进一步对企业的经营情况准确做出评价，需要我们掌握更多的关于对企业某方面能力的分析技巧，分类能力分析就可达到这一目的。

对企业进行分类能力分析主要从以下几方面进行：偿债能力分析、营运能力分析、盈利能力分析、发展能力分析。对于上市公司来说，往往还要分析其市场测试比率，即分析其在股票市场的表现。

一、偿债能力分析

对企业的偿债能力状况进行分析，可以帮助债权人做出正确判断，以便决定是否要对企业让渡资金的使用权、对其发放贷款或购买该企业的债券等。偿债能力分析一般可从两方面着手。

（一）短期偿债能力分析

短期偿债能力一般是指企业流动资产偿付流动负债的能力，亦称支付能力，是衡量企业当前财务能力，特别是流动资产变现能力的重要标志。企业短期偿债能力的指标可分为存量和流量两类。存量指标主要有营运资本、流动比率、速动比率和现金比率，流量指标主要有经营现金净流量比率。

1. 营运资本

营运资本是指企业流动资产超过流动负债的部分，即可由企业自由支配的资金。它是一个绝对数指标，由企业某一时点流动资产减去流动负债后的余额表示。其公式为：

$$营运资本=流动资产-流动负债 \tag{2-3}$$

由表2-1可知，

A公司年末营运资本＝475 735－401 250＝74 485（万元）

2. 流动比率

流动比率是流动资产与流动负债之比。即

$$流动比率=\frac{流动资产}{流动负债} \tag{2-4}$$

流动比率表示一定量的流动负债有多少相应的流动资产作为偿还保障。对于债权人而言，流动比率越高，企业以流动资产偿付流动负债的保障程度越高，说明企业的短期偿债能力越强；但对于企业经营者来说，流动比率过高，则意味着流动资产在总资产中所占比例过大，企业资产的盈利性较差，并且还可能表示企业的应收账款或存货量过大，隐含着应收账款回收困难或存货滞销等风险。因此，保持适中的流动比率对企业的健康经营极为重要。

流动比率在不同的行业有不同的标准，一般来说，经营周期越短、资金周转越快的行业，流动比率就越小；反之则需要维持较大的流动比率。一般认为，流动比率应在2左右较好，下限不能低于1。

由表2-1可知，

A公司本年流动比率＝475 735÷401 250＝1.19

可见其流动比率虽高于1，但仅为1.19，说明其流动比率较为紧张。

3. 速动比率

速动比率是速动资产与流动负债的比例。即

$$速动比率=\frac{速动资产}{流动负债} \tag{2-5}$$

其中,速动资产是指流动资产扣除存货及待摊费用后的余额。速动比率是进一步衡量企业短期偿债能力的一项重要指标。速动资产有两种计算办法:一是从流动资产中直接减去存货和待摊费用,二是将各项速动资产相加。由于速动资产中已将存货和待摊费用等变现能力较差的资产扣除,因此,速动比率比流动比率更能准确地反映企业的短期偿债能力。从债权人角度考虑,希望该比率足够大;但从债务人的角度看,速动比率不宜过大,否则资产盈利能力将受到影响,企业应保持合理的资产结构。速动比率的标准值(或参考值)为1,但具体分析时,应结合企业所属的行业及企业自身经营特点进行评价。

由表2-1可知,

A公司本年速动比率=(475 735-136 711)÷401 250=0.84

这个比值接近1,说明其资产变现能力尚可。

4. 现金比率

现金比率是现金及其等价物与流动负债之比。即

$$现金比率=\frac{现金+现金等价物}{流动负债} \tag{2-6}$$

其中,现金包括库存现金和银行存款,现金等价物是指企业持有的期限较短,流动性较强,易于转换为现金的有价证券,包括短期投资和一年内到期的长期证券投资。现金比率是在稳健性原则指导下对企业偿债能力的考察,主要运用于应收账款和存货的变现能力存在问题的企业,或财务发生困难的企业,因为这些企业的应收账款和存货变现困难,经营活动的投机性和风险性较大,所以更应重视现金比率的分析。一般来说,现金比率越高,企业短期偿债能力越强。但从企业(债务人)的角度看,持有现金会发生机会成本,企业没有必要总是保留太多的现金,此比率不应大于1。该比率还应结合不同行业进行具体分析,而不能统一规定一个标准。

由表2-1可知,

A公司本年现金比率=(156 835+160)÷401 250=0.39

5. 经营现金净流量比率

经营现金净流量比率是指企业某一时期的经营现金净流量与流动负债的比率,它反映了企业实现的经营现金流量对流动负债的保障程度。其计算公式为:

$$经营现金净流量比率=\frac{年经营现金净流量}{年末流动负债} \tag{2-7}$$

其中,经营现金净流量可以从现金流量表中获得。与流动比率、速动比率相比,该比率更能准确地反映企业的短期偿债能力。该比率越大,说明企业偿还短期债务的能力越强。用该指标衡量企业的短期偿债能力更为谨慎一些,但这个指标也不能越大越好。过大说明企业流动资金利用不充分,影响盈利能力的发挥。

由表2-1、表2-3可知,

A公司本年经营现金净流量比率=51 953÷401 250=0.129

(二)长期偿债能力分析

企业长期偿债能力受制于多种因素,一般应重点考察企业的盈利水平和资本结

构这两个方面，盈利水平的高低是企业偿还债务的根本保障，而资本结构则反映企业债务的风险程度。当企业现有资本结构合理，并且有较高的未来收益水平时，表明企业在未来相当长的时间内具有较强的偿付债务的能力。

在评价企业资本结构、分析长期偿债状况时，一般用资产负债率、权益比率等；而在评价企业盈利水平、分析长期偿债能力时，一般用利息保障倍数等。

1. 资产负债率和产权比率

资产负债率也称债务比率或财务杠杆比率，是企业负债总额占资产总额的百分比，即

$$资产负债率=\frac{负债总额}{资产总额}\times100\% \tag{2-8}$$

资产负债率反映了债权人对企业资产的贡献水平，也体现着企业债权人利益的保障程度。它是衡量企业资本结构合理性的重要指标。

对债权人来说，这个比率越低，负债在总资产中所占比例越小，债权保证程度越高，长期偿债能力越强，财务风险也越小；但对企业经营者来说，这个比率太低，企业举债能力较差，财务杠杆作用太小，不利于提高企业的投资报酬率。因此，该比率应保持适当的水平。国际上一般认为合理的标准是50%，即1∶2比较合适。

由表2-1可知，

A公司本年资产负债率＝562 336÷937 434＝59.99%

该指标显示企业的资产负债率稍高但还在可以承受的范围内。

产权比率是负债总额与所有者权益总额的比率，是衡量企业长期偿债能力的重要指标，也是评价企业资本结构合理与否的指标之一。一般来说，产权比率可以反映企业股东所持股权是否过多，或者尚不够充分等情况。这个比率应该保持在1左右，过高或过低都对企业有一定影响。产权比率越高，说明企业偿还能力越弱；反之，则说明企业长期偿债能力越强但对于负债的利用程度不高。该指标一方面反映了由债权人提供的资本和股东提供的资本的相对比率关系，反映企业基本资本结构是否稳定；另一方面，该指标也表明债权人投入的资本受到股东权益保障的程度，或者说是企业清算时对债权人利益的保障程度。

其计算公式如下：

$$产权比率=\frac{负债总额}{所有者权益总额}\times100\% \tag{2-9}$$

由表2-1可知，

A公司本年产权比率＝562 336÷375 098＝1.499

同资产负债率指标给出的结论一样，它说明该企业负债较高，但仍然在可承受范围内。

2. 权益比率和权益乘数

这两个比率是对资产负债率的补充。其中，权益比率，也称股东权益比率，是企业的所有者权益总额与资产总额的百分比，即

$$权益比率=\frac{所有者权益总额}{资产总额}\times100\%=1-资产负债率 \tag{2-10}$$

这一比率反映了所有者投入的资产在企业全部资产中所占的比例。这个比率越

大，企业偿债能力越强，财务风险越小。它和资产负债率互为补数。

由表 2-1 可知，

A 公司本年股东权益比率 = 1-59.99% = 40.01%

权益乘数也称股东权益乘数，则是指投资者投入的资本所能带动的资产总额，或是每元权益投资带动的资产数，它与权益比率是互为倒数的。其计算公式为：

$$\text{权益乘数}=\frac{\text{资产总额}}{\text{所有者权益总额}}\times 100\% \qquad (2-11)$$

$$=\frac{1}{\text{权益比率}}=\frac{1}{1-\text{资产负债率}}$$

由表 2-1 可知，

$$\text{A 公司本年权益乘数}=937\ 434\div 375\ 098=2.499\ \text{或}=\frac{1}{1-59.99\%}=2.499$$

3. 利息保障倍数

利息保障倍数是指息税前盈余相当于应付利息的倍数，即

$$\text{利息保障倍数}=\frac{\text{息税前盈余}}{\text{利息费用}}=\frac{\text{税后利润+所得税+利息费用}}{\text{利息费用}} \qquad (2-12)$$

这个比率反映企业已获得的收益支付利息费用的能力。这个比率越大，说明企业支付债务利息的能力越强。一般来说，利息保障倍数越大，企业无力偿还债务的可能性就越小。实际上，只要企业偿还债务利息的能力较强，信誉较高，再借款能力就很强，有时甚至不需要偿还本金，只需借新债还旧债。

从国际通行的标准看，这一指标一般大于 3 较为合适，至少要大于 1，否则企业将面临较大的财务风险；但在某个较短的期间，这个比率也可能在低于 1 的情况下仍有能力支付利息，因为有些费用不必当期付现。

A 公司本年利息保障倍数 = (98 039+18 227) ÷ 18 227 = 6.38(倍)

说明该企业长期偿债能力还是比较好的。

二、营运能力分析

资产营运是企业实现资本增值的必要过程，也是企业资源配置与管理水平的综合反映，资产营运效率越高，则企业资本增值就越快。

资产在经营过程中从购买材料开始，到投入生产过程、形成半成品，再到制造过程完成、形成产成品，最后再通过销售环节，收回货币资金，整个经营周期经常发生形态的转换，从而形成资产的周转期。周转期越短，资产周转速度越快，企业资产的营运效率就越高。反映资产周转速度的比率通常有总资产周转率、流动资产周转率、应收账款周转率和存货周转率。周转率有两种表示方式：一是周转次数，二是周转天数。由于周转天数 = 计划期天数 ÷ 周转次数，所以只要计算出周转次数即可。

周转率的理论公式为：

$$\text{周转率(次数)}=\frac{\text{营业收入或营业成本}}{\text{平均资产占用额}} \qquad (2-13)$$

需要强调的是：第一，由于在销售中有可能出现销售退回、折让和折扣等因素，为了真实反映企业的销售情况和营运能力，一般营业收入(或称销售收入)用净额。第

二，上述理论公式分母中的平均资产占用额应该用（期末数+期初数）÷2 计算得出。这是因为，营业收入（或销售收入）来自利润表，属于期间数，而各项资产数据则来自于资产负债表，属于期末余额，如果直接用期末余额计算，从统计意义上说，计算口径不一致。当然，在实际分析中为了计算简便，也有直接用期末数据的，但要注意各指标的统一性和前后期计算的一致性。第三，在计算存货周转率时，分子要用到营业成本，这是与其他指标的不同之处。

以下列示各营运资金周转率（次数）的具体计算公式。

（一）总资产周转率

$$总资产周转率（次数）=\frac{营业收入净额}{平均总资产余额} \tag{2-14}$$

由表 2-1、表 2-2 可知，

A 公司本年总资产周转率＝460 038÷（93 734+667 252）/2＝0. 57（次）

而如果直接用该公司期末数计算则可得出：

A 公司本年总资产周转率＝460 038÷937 434＝0. 49（次）

（二）流动资产周转率

$$流动资产周转率（次数）=\frac{营业收入净额}{平均流动资产余额} \tag{2-15}$$

由表 2-1、表 2-2 可知，

A 公司本年流动资产周转率＝460 038÷（475 735+415 300）/2＝1. 033（次）

（三）应收账款周转率

$$应收账款周转率（次数）=\frac{营业收入净额}{平均应收账款净额} \tag{2-16}$$

应该注意，第一，从理论上说，应收账款是因赊销引起的，故其对应营业收入净额中的赊销额，而非营业收入净额。但由于外部分析人士无法取得赊销的数据，只好以营业收入净额代替。这样计算的结果可能使企业的应收账款周转率稍高于实际，但如果一直采用这样的数据分析，在企业前后期的资料上是一致的，也同样可以反映企业的营运资金周转情况。第二，应收票据要不要计入应收账款周转率中？由于大部分应收票据也是销售形成的，只不过它是应收账款的另一种形式，故也应该将其计算在内。第三，在使用应收账款周转率时，如果用应收账款净额计算，则企业的坏账损失核算方法会影响计算结果。如果企业坏账损失核算的方法发生变更，应该剔除这一变更对计算结果的影响。

据此，由表 2-1、表 2-2 可知，

A 公司本年应收账款周转率

＝460 038÷（801+86 492+2 300+71 839）/2＝1. 425（次）

（四）存货周转率

$$存货周转率（次数）=\frac{营业成本}{平均存货净额} \tag{2-17}$$

由表 2-1、表 2-2 可知，

A 公司本年存货周转率＝381 805÷（136 711+102 184）/2＝3. 196（次）

上述反映资产周转速度的比率中，应收账款周转率和存货周转率最能体现企业资产的运营效率，是最为重要的两个比率。应收账款周转率越高，说明企业赊销货款的回收越快，坏账损失也越少，但同时也说明企业信用政策偏紧，不利于销售。存货周转率越高，说明存货销售变现速度越快，但同时也可能存在企业存货供应不足，有缺货风险等问题。

应当注意，在使用存货周转率时，存货的计价方法也会影响计算的结果，存货计价方法的改变也同样要予以考虑。

三、盈利能力分析

盈利能力是企业经营过程中获取利润的能力。企业的目标是价值最大化，而利润是这种价值最基本的表现形式。不论是债权人、所有者还是企业管理当局，或是企业员工和其他利益相关者，都非常关注企业的盈利能力。一般来说，评价企业盈利能力的比率主要包括以下几个。

（一）销售毛利率（亦称营业毛利率）

销售毛利率是销售毛利占销售收入净额的百分比，即

$$销售毛利率=\frac{销售毛利}{销售收入净额}\times 100\% =\frac{销售收入净额-销售成本}{销售净收入净额}\times 100\% \qquad (2-18)$$

某产品这一比率越高，说明该产品盈利能力越强。

从表2-2可知，

A公司本年销售毛利率=(460 038-381 805)/460 038=17.01%

（二）销售净利率（亦称营业净利率）

销售净利率是税后净利与销售收入净额的百分比，即

$$销售净利率=\frac{税后净利}{销售收入净额}\times 100\% \qquad (2-19)$$

这一比率反映的是每元销售净额可以给企业带来的税后净利。这一比率越高，企业盈利能力越强。

从表2-2可知，

A公司本年销售净利率=92 900/460 038=20.19%

（三）成本费用利润率

成本费用利润率是税后净利占成本费用总额的百分比，即

$$成本费用利润率=\frac{税后净利}{成本费用总额}$$

其中，成本费用=产品销售成本+产品销售费用+管理费用+财务费用

这个比率反映的是所得与所耗的比例关系，比率越高说明企业耗费一定的资产取得的报酬越高。

由表2-2可知，

A公司本年成本费用利润率

=92 900/(381 805+4 021+12 847+18 227)=22.28%

（四）总资产报酬率（亦称总资产净利率，常用 ROA 表示）

总资产报酬率是企业息前税后净利与平均资产总额[①]的比率。即

$$总资产报酬率=\frac{税后净利+净利息费用}{平均资产总额}\times100\% \tag{2-20}$$

这一比率反映的是企业全部资产的盈利能力，这一比率越高，说明企业资产的盈利能力越强。

由表 2-2 可知，

A 公司本年总资产报酬率（ROA）= 92 900/937 434 = 9.91%

为了与下文杜邦分析法中的权益资本率保持一致，此处采用期末数计算。

（五）权益资本收益率（亦称资本净利率、净资产收益率，常用 ROE 表示）

该指标反映了所有者投入资本应该得到的报酬，是所有者非常关注的指标。其计算方法如下：

$$权益资本收益率=\frac{税后净利}{平均所有者权益}\times100\% \tag{2-21}$$

这个比率越高，表明企业盈利能力越强。

同理，为了与下面的杜邦分析法保持一致，此处采用期末数计算，则

A 公司本年权益资本收益率（ROE）= 92 900/375 098 = 24.77%

四、发展能力分析

企业要取得盈利需要不断发展，不断创新。在财务分析时除了根据上述指标对企业过去情况做出一般评价外，还要依据现有的报表资料对企业的未来做出准确判断，观察和预测其未来的发展趋势和扩张潜力。企业发展能力分析包括盈利增长能力分析、资产增长能力分析、资本增长能力分析等。

对于增长能力分析，一般采用本期与基期同一数据（包括营业收入、利润或资产、资本等）相除减去 1 的原理计算。其理论计算公式为：

$$某种收入（或资产等）增长率=\frac{本年某种收入（或资产）}{基期某种收入（或资产）}\times100\%-1$$

$$或=\frac{本年某种收入（或资产）增长额}{基期某种收入（或资产）额}\times100\% \tag{2-22}$$

有时还需要分析企业连续几年的平均增长率，以便分析该公司的发展趋势。那么，这种增长率不是几年的增长率相加后的算术平均数，而是要用开方的形式表示。因为，每一年的增长都是在上一年的基础上进行的，各年的增长率是连乘的形式，或者说，用当期实现的营业收入或盈利数减去基期数值后除以基期数即可。其理论公式如下：

$$某种收入（或资产）N\ 期平均增长率=\left(\sqrt[n]{\frac{本年某种收入（或资产）额}{基期某种收入（或资产）额}}-1\right)\times100\% \tag{2-23}$$

① 从理论上来说，一个比率的分子分母的计算口径应该一致。本公式分子是期间数，反映当期发生额；分母是期末数，反映的是本期末的余额。为统一计算口径，应该对分母用期初数+期末数除以 2，即计算出平均数。为了为下文的杜邦分析分解做准备，故各式中用了期末数计算而并未用平均数。

假如 A 公司三年前的营业收入为 162 623 万元，则其三年营业收入平均增长率为：

$$三年营业收入平均增长率=\left(\sqrt[3]{\frac{460\ 038}{162\ 624}}-1\right)\times 100\%$$
$$=41.42\%$$

下面具体介绍几类企业发展能力分析。

（一）盈利增长能力分析

盈利增长能力是企业价值增长的主要来源，因而企业盈利增长率是反映企业发展能力的重要方面。对其分析要用盈利能力指标的前后期数据进行对比，就可反映出企业总的发展趋势。如表 2-6 最后一列所示。

由于营业收入是企业实现利润的主要来源，营业收入的增长反映了企业在主营业务方面做大做强及产品的市场占有率的情况。所以，不断增加营业收入是企业生存和发展的条件。该指标大于 0，表示企业本年营业收入有所增长。该指标越大，表示增长速度越快，企业发展前景越好。如果该指标小于 0，说明该企业产品或服务或是适销不对路，或是质次价高，或是售后服务有问题等，市场份额萎缩。

$$A公司营业收入增长率$$
$$=(460\ 038-292\ 624)\div 292\ 624\times 100\%=57.21\%$$

然而，营业收入增长快，不一定表示企业的营业利润增长也快。有时，由于营业成本和管理费用、财务费用以及销售费用增长的幅度大于营业收入增长的幅度，致使营业利润有可能与基期等同甚至比基期还有所下降。营业利润增长越快，说明主营业务越突出，业务扩张能力越强。所以，具体分析和比较营业利润增长率更能准确反映企业利润来源的真实情况。

$$A公司营业利润增长率=(97\ 667\div 49\ 334)\times 100\%-1=97.97\%$$

净利润是指企业利润总额中缴纳了所得税后留归所有者自己所有的部分。企业的净利润越大，表明企业的经营业绩越好，为所有者做出的贡献越大。

$$A公司净利润增长率=(92\ 900\div 45\ 577)\times 100\%-1=103.83\%$$

说明企业盈利增长能力非常强。

（二）资产增长能力分析

资产的增长是企业发展的一个重要标志，在某种程度上可以说反映了企业规模的扩张。其中，还可分别分析其固定资产和流动资产的扩张情况，可以发现企业价值增长的主要原因。因为固定资产的增长代表了企业生产条件的改善，企业生产能力得以提高；而流动资产规模的扩大，表示企业在现有条件下尽可能利用和充分挖掘了生产潜力。资产增长能力分析常用总资产增长率来反映，其计算公式如下：

$$总资产增长率=\frac{本年资产增值额}{年初资产总额}\times 100\%-1$$

从表 2-5 可以看出，

$$A公司总资产增长率=937\ 434\div 667\ 252\times 100\%-1$$
$$=40.49\%$$

该企业资产增长能力是很强的，如果结合上述盈利增长能力分析，就更可说明该企业盈利增长能力之强了。

（三）资本增长能力分析

资本增长能力是企业发展的一个重要标志，是企业扩大再生产的源泉，故也是评价企业发展能力的重要方面。该方面衡量指标主要有资本积累率、资本保值增值率以及资本三年平均增长率。它们的计算公式如下：

$$资本积累率=\frac{本年所有者权益增值额}{年初所有者权益}\times 100\% \qquad (2-24)$$

该指标反映了所有者权益当年变化水平，体现了企业资本的积累情况，它是企业强盛的重要标志，使企业看到真实的积累源泉；同时它还可以反映企业资本保值增值的情况：该指标大于0，说明企业本年有积累；该指标越高，说明企业积累越多，持续发展的潜力越大。反之，该指标如果为负，则说明企业的资本受到侵蚀，所有者利益受到损害，应该给予重视。

从表2-1、表2-4中可以得出，

A公司资本积累率=(375 098-246 435)÷246 435①×100%=52.2%

说明A公司本年资本积累情况较好。

$$资本保值增值率=\frac{扣除客观因素后的年末所有者权益总额}{年初所有者权益}\times 100\% \qquad (2-25)$$

该指标是从另一角度来衡量企业资本的增减变动情况的。该指标等于100%，表明企业的资本达到保值；该指标大于100%，表示企业资本增值；该指标小于100%，表示企业资本保值状况不好，资本受到侵蚀，严重时会危及债权人利益，故应该引起高度重视。

从表2-1、表2-4中可以得出，

A公司资本保值增值率=375 098/246 435×100%=152.2%

说明该企业资本保值增值情况良好。

$$资本三年平均增长率=\left(\sqrt[3]{\frac{年末股东权益总额}{三年前年初股东权益}}-1\right)\times 100\% \qquad (2-26)$$

该指标反映企业连续三年的资本增值情况。更能体现企业持续发展水平和发展趋势。

若三年前A公司的年初股东权益为158 268万元，则

$$A公司资本三年平均增长率=\left(\sqrt[3]{\frac{375\ 098}{158\ 268}}-1\right)\times 100\%=33.33\%$$

说明该企业连续三年来一直保持良好的发展势头。

五、市场测试分析

对于上市公司来说，除了分析以上指标外，还要用市场比率对本公司股票在市场的表现进行分析。市场比率是指与股票市场价格有关的一系列比率，可用于测量企业股票价格变动的趋势和幅度。该比率主要有以下几类。

（一）市盈率(PE)

市盈率是一家公司股票每股市价与每股盈余的比率。市盈率越高，投资风险越

① 该公司资产负债表与股东权益变动表上年末“股东权益余额”不一致，可能是由于会计资产调整的缘故，由于后者详细披露了股东权益变动的信息，故应该以它为准。

大。其计算公式如下：

$$市盈率=\frac{每股市价}{每股盈余} \tag{2-27}$$

假如 A 公司普通股现在每股市价为 36 元,其每股盈余为 0.8 元,则

$$A公司市盈率=\frac{36}{0.8}=45(倍)$$

公司财务人员和外部投资人对这一比率都很关心。公司财务人员在做出财务决策之前要很好地考虑其财务决策对这一比率的影响。投资人在投资之前,都要对同行业不同股票的市盈率进行对比,然后才决定投资于何种股票。

（二） 市净率(PB)

市净率是指一家公司股票每股市价与每股净资产的比值,说明市场对公司资产质量的评价。市净率比值越低意味着风险越低。其计算公式如下：

$$市净率=\frac{每股市价}{每股净资产} \tag{2-28}$$

式中,净资产的多少是由公司经营状况决定的,公司的经营业绩越好,其资产增值越快,股票净值就越高,股东所拥有的权益也越多。一般来说,市净率较低的股票,投资价值较高;相反,则投资价值较低,风险大。但在判断投资价值时还要考虑当时的市场环境以及公司经营情况、盈利能力等因素。

假定 A 公司目前每股净资产为 12 元,每股市价为 36 元,则该公司市净率为 3。说明市价是其净资产的 3 倍。

（三） 每股盈余(EPS)

每股盈余也叫每股利润,该指标反映每股普通股的盈余情况,其计算公式为：

$$普通股每股盈余=\frac{税后净利-优先股股利}{发行在外普通股股数} \tag{2-29}$$

如果企业只有普通股,没有优先股,只需将税后净利润除以发行在外的普通股股数即得每股盈余。假如 A 公司发行在外的普通股为 11.68 亿股,则

$$A公司普通股每股盈余=92\ 900÷116\ 800=0.80(元/每股)$$

（四） 每股股利(DPS)

每股股利反映每股普通股获得现金股利的情况。其计算公式为：

$$每股股利=\frac{支付给普通股的现金股利}{发行在外普通股股数} \tag{2-30}$$

假如 A 公司决定 201×年发放股利 23 360 万元,则

$$A公司每股股利=23\ 360÷116\ 800=0.20(元/股)$$

（五） 股利支付比率(DPR)

该指标是每股股利与每股盈余之间的比率,反映净利中股利发放的程度。其计算公式为：

$$股利支付比率=\frac{每股股利}{每股盈余} \tag{2-31}$$

则 A 公司股利支付比率为 0.20/0.80=25%。

（六） 每股现金流量(CPS)

每股现金流量指经营活动现金净流量中可供普通股享有的部分与发行在外普通

股股数之比。由于每股盈余是用权责发生制计算的税后利润除以发行在外的总股数计算而来的,故有时有可能存在盈利虽实现而现金未收回的情况,故这一比率可作为上述每股盈余的补充说明。其计算公式如下:

$$每股现金流量=\frac{经营活动现金净流量-优先股股利}{发行在外普通股股数} \tag{2-32}$$

A公司经营活动现金净流量201×年为51 953万元,则

A公司每股现金流量=51 953÷116 800=0.444 8(元/股)

用它与每股盈余0.80元/股比较,说明企业还有大量盈利占用在应收账款上尚未收回。

(七) 市盈率相对盈利增长比率(PEG)[①]

市盈率相对盈利增长比率是一家公司的市盈率除以盈利增长速度得到的数值。该指标既可以通过市盈率考察公司目前的财务状况,又可以通过盈利增长速度考察未来一段时期内公司的增长预期,因此是一个比较完美的选股参考指标。其计算公式为:

$$市盈率相对盈利增长比率=\frac{市盈率}{盈利增长比率} \tag{2-33}$$

一般来说,投资者普遍习惯于使用市盈率来评估股票的价值,但是,当遇到一些极端情况时,市盈率的可操作性就有了局限性,比如市场上有许多远高于股市平均市盈率水平,甚至高达上百倍市盈率的股票,此时就无法用市盈率来评估这类股票的价值。但如果将市盈率和公司业绩成长性相对比,那些超高市盈率的股票看上去就有合理性了,投资者就不会觉得风险太大了,这就是PEG估值法。PEG虽然不像市盈率和市净率使用得那样普及,但同样是非常重要的,在某些情况下,还是决定股价变动的决定性因素。

例如,一只股票当前的市盈率为20倍,其未来5年的预期每股收益复合增长率为20%,那么这只股票的PEG就是1。当PEG等于1时,表明市场赋予这只股票的估值可以充分反映其未来业绩的成长性。当PEG小于1时,要么是市场低估了这只股票的价值,要么是市场认为其业绩成长性可能比预期要差。通常价值型股票的PEG都会低于1,以反映低业绩增长的预期。投资者需要注意的是,像其他财务指标一样,PEG也不能单独使用,必须要和其他指标结合起来,这里最关键的还是对公司业绩的预期。

第四节 财务报表综合评价

通过对企业上述分类能力的分析,只能提供企业在某方面能力状况的一般结论,例如盈利能力强、营运资金周转快、偿债能力和发展能力好等,只能得出一般性的初

① 该指标最先由英国投资大师史莱特提出,后来由美国投资大师彼得·林奇发扬光大。史莱特被称为PEG估值法的创始者,PEG指标最先在英国证券市场上使用,但是由于英国证券市场的影响力较小,所以该指标被提出后,并未在世界引起较大的反响。1992年,史莱特通过自己的著作《祖鲁原则》,将市盈率相对盈利增长比率(PEG)这一投资和选股方法推广到了美国。此后,在美国著名投资大师彼得·林奇的努力下,终于使这一投资理念深入人心。后来,更多的人将PEG方法的功绩归功于彼得·林奇。

步结论。要对企业经营状况进行全面考察，就要将企业的盈利能力、营运能力、偿债能力以及发展能力等诸方面分类指标纳入一个有机的整体之中，全面地对企业财务状况、经营成果进行揭示和剖析，从而得出一个综合评价。要达到这一分析目标还需采用专门的方法。常用的方法有综合指数分析法、杜邦分析法、因素分析法以及经济附加值法。

一、综合指数分析法

综合指数分析法（也称沃尔分析法）是美国学者亚历山大·沃尔于20世纪初提出的一种综合分析方法。该方法在使用时，首先选定影响企业财务状况的关键财务指标；其次，根据指标的重要程度分别确定各指标的权重（各项关键指标重要性权重之和为100）；再次，依据各指标的行业平均数或经验数确定其标准值，然后再将企业分析期各项指标完成情况计算出实际值，将实际值与标准值相对比，确定相对比率，再以相对比率乘以其权重即为该指标的实际得分值；最后，将各指标实际得分值相加就得出综合指数，并以该综合指数作为评价企业财务状况的依据。

下面仍以A公司为例，运用8项指标对该公司201×年年末财务状况进行评价，如表2-7所示。

表2-7 综合指数计算表

指标	比重(1)	标准值(2)	实际值(3)	相对比率 (4)=(3)÷(2)	实际得分 (5)=(4)×(1)
流动比率	8	2.0	1.180	59%*	4.72
总资产周转率	15	1.5	0.490	32.67%	4.9
资产负债率	10	50%	60%	90.90%*	9.09
应收账款周转率	8	2	1.425	71.25%	5.7
存货周转率	9	3	3.200	106.67%	9.6
资产报酬率	20	10%	9.9%	99%	19.8
销售净利率	15	15%	20.00%	133.33%	20
净资产收益率	15	25%	24.77%	99.08%	14.86
合计（综合指数）	100				88.67

* 对于适度指标，要用 $y=\frac{1}{1+|q-x_{ij}|}$ 予以归一化处理，其中 q 为该指标的标准值。此处，流动比率和资产负债率均按此公式处理。对于反向指标可采用 $1/X$ 即其倒数处理。

在采用综合指数分析法时应注意：①所选择的指标性质必须一致，一般均为正向指标。如果其中有个别指标为反向或适度指标，则要用归一化方法进行处理，之后才能和其他指标加权处理，如流动比率、资产负债率等。②一般选定的关键指标不宜太多，一般以8~10个为好。因为过多的指标可能不便于查找出关键影响因素。③由于关键指标的选择以及权重、标准值的确定都与分析者的主观意向及偏好有一定的关系，所以评价结果也可能会有偏差，分析者只有经过不断地摸索、长期的实践，才可能积累丰富的经验，取得较好的分析结果。④在分析时，也可以给定性分析留有一定比例,选择一些定性指标,如采用专家打分法、问卷调查法或主观认定法等给这些定性指标赋值,然后再与定量分析的加权值加总,就可全面评价企业经营状况。

由于选择的关键指标都是正向指标,即指标值越大财务状况越好,且各项权重求和为100,所以综合指数越趋向于100企业财务状况越好。

经计算,A公司综合指数为88.67,说明企业经营状况和财务质量较好。

从以上介绍中可见,综合指数分析法的优点是简洁明了、计算方便、容易理解,且可以结合定性打分法对企业进行全面评价。但其缺点也是显而易见的,即该方法对指标的选择、权重的确定以及标准值的搜集和认定都带有很强的主观意向性,如果使用不当,就会为分析者个人意志所左右。而如果使用得当,就可以将定量分析与定性分析很好地结合起来,成为一个既简洁又全面的分析工具。

二、杜邦分析法

杜邦分析法的核心是依据财务指标之间的内在联系,揭示构成企业财务状况因果关系和企业经营成果的关键因素,解释各项主要财务指标的变动原因,为企业综合治理提供依据。

权益资本收益率是一项综合性很强的财务指标,它既表达了企业所有者投入资本的愿望寄托,也是企业经营者获利水平的反映,直接展示了企业的理财目标,所以是综合分析的出发点。该指标的大小,既受企业盈利能力的影响,也受企业资产营运状况及资本结构的影响,同时,债权人也可以通过该指标了解企业的偿债能力,因此,它是杜邦体系中的核心指标。

以权益资本收益率作为杜邦分析的核心和起点,不仅在于该指标的意义重大,还因为该指标具有很强的可比性和综合性。它可以用于不同行业、不同企业间的比较。由于资本具有逐利性,总是流向投资报酬率高的行业和企业,从而使得各企业间的权益资本收益率逐渐趋于平衡,而竞争将会使权益资本收益率低的企业淘汰出局,使得幸存者权益资本收益率提升到更高水平。

该方法从权益资本收益率出发,通过层层分解,将企业经营绩效的各相关因素用连乘或相加、相减的内在关系表示出来,一直分解到6至7层甚至更深层的具体指标上,这样就可以很好地将其与企业预算和计划目标相对照,查找差距,分析问题,找出根源所在。

第一层分解为:

$$\begin{aligned}\text{权益资本收益率} &= \text{总资产报酬率} \times \text{权益乘数} \\ &= \text{销售净利率} \times \text{总资产周转率} \times \text{权益乘数}\end{aligned} \tag{2-34}$$

由于权益资本收益率是指所有者投入资金应该得到的回报,所以其分子必定是税后利润(即净收益),分母按前述介绍的原理,本来应该采用期初期末平均数,这里为了与下层分析的权益乘数一致,故采用了期末数。

同理,总资产报酬率是反映全部资金获得盈利情况的综合指标,其中既包括所有者投入的权益资金,也包括债权人借给企业的负债资金,其分子应该用全部资金获得的报酬(即息税前利润)表示比较合适,其分母应该与分子息税前利润这一动态指标(期间数)口径相一致,用总资产的期初期末平均数计算比较合适。但是,为了便于套用杜邦分析层层分解的原理,将它上与权益资本收益率相联系,下与销售净利率、总资产周转率、权益乘数(分子分母均为期末数)相一致,故这里的分子采用税后利润(即净利润),分母则直接使用权益资本期末数。

对于该杜邦分析体系的第二层,销售净利率、总资产周转率、权益乘数还可以继续分解。其中,

$$销售净利率=\frac{净利润}{营业收入}$$

$$净利润=营业收入-营业成本-各项税金(税金及附加、所得税等)$$

$$总资产周转率=\frac{营业收入}{总资产平均占用额} \quad (2-35)$$

$$权益乘数=\frac{总资产}{所有者权益}$$

或分解为

$$权益乘数=\frac{1}{所有者权益比率}=\frac{1}{1-资产负债率} \quad (2-36)$$

这样就可以把企业的财务政策通过财务杠杆直观地反映出来。由于权益乘数与资产负债率同向变化,在总资产报酬率不变的情况下,提高财务杠杆可以增加权益收益率,但同时也增加了财务风险。过度增加资产负债率,可能会使债权人对企业望而却步,反而可能减少对企业贷款。所以,企业必须合理确定其资本结构,从长期发展的经营战略上确定其财务政策。

杜邦分析体系的第三层、第四层,按此因素连乘(或相加、相减)原理,环环相扣,可以直接分解到各项具体的资产、资本和收入、成本和费用项目等会计基本要素。

参照表 2-1~表 2-4 中的相关数据,对 A 公司财务状况和经营绩效进行分析如图 2-1 所示。

三、因素分析法

(一) 方法简介

因素分析法是对影响某些指标(变量)的构成因素做进一步分析的方法。使用这种方法分析其中一种变量的影响结果时,一般先假定其他因素在原来基础(计划值或基期值)上不变;当这一因素变化后,其他因素依次在此基础上变化成实际值(或计划期值)。由于这种方法是分别分析一个个的构成因素,并且通过逐一替换的办法进行,故又称为连环替代法。

假设分析对象有三个影响因素,这三个因素之间是相乘关系。在基期的数值分别是 A_0、B_0、C_0,而在分析期的数值分别是 A_1、B_1、C_1。那么这三个因素对分析对象的影响顺次为:

第一个因素的影响是:$\Delta A=(A_1-A_0)\times B_0\times C_0$

第二个因素的影响是:$\Delta B=A_1\times(B_1-B_0)\times C_0$

第三个因素的影响是:$\Delta C=A_1\times B_1\times(C_1-C_0)$

或

$$\Delta C=总差异-\Delta A-\Delta B$$

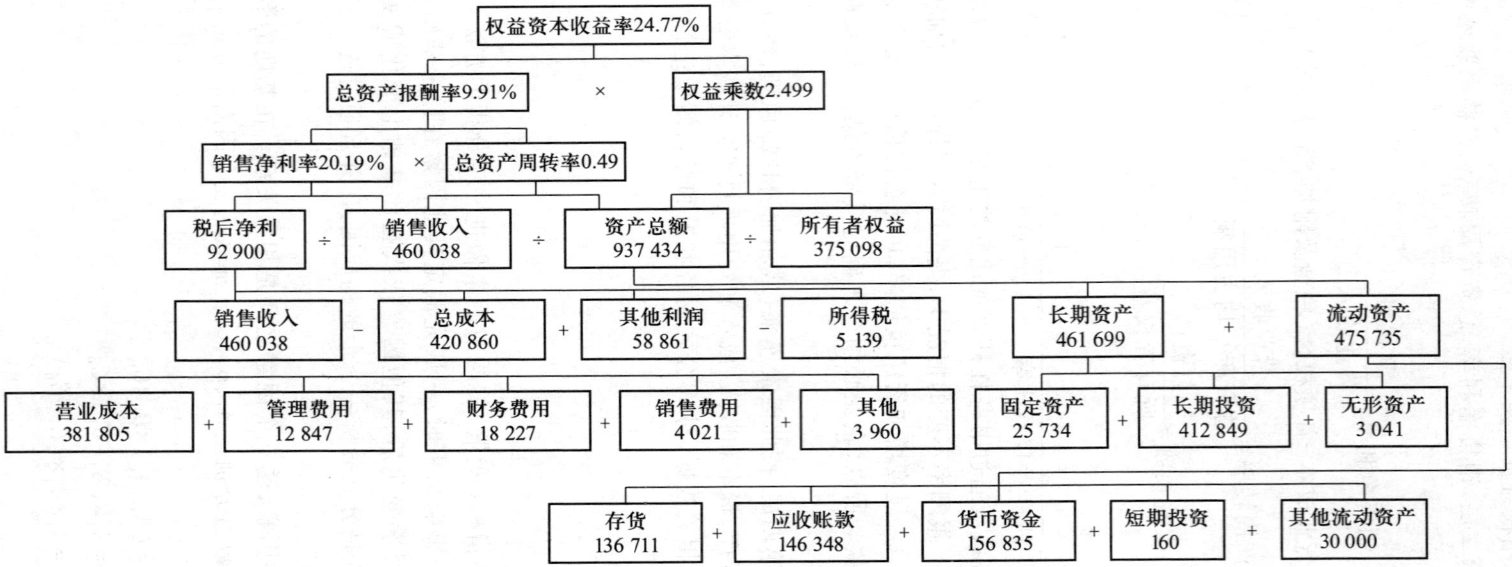

注：

1. “其他”包含税金及附加，资产减值损失、公允价值变动收益等；
2. “其他利润”中包含投资收益、营业外收入减营业外损失；
3. “长期投资”包含长期股权投资和投资性房地产。
4. 本图中数据一律使用了期末数。

图 2–1　杜邦分析指标体系图

采用后一个公式的优点在于将尾数差异全记入最后一个因素中,不会出现尾数差异。

(二) 方法举例

以下通过对 A 公司的权益资本收益率进行分解分析,以说明各因素对其影响程度,也是对此方法作以演示。从表 2-1 可知 A 公司上年所有者权益期末余额为 246 787 万元,净利润为 45 577 万元,权益资本收益率为 18.47%,而当年权益资本收益率已知为 24.77%,根据上述方法原理,按照杜邦分析法第一层的分解公式:

权益资本收益率=销售净利率×总资产周转率×权益乘数

代入相关数据,得

当年权益资本收益率 24.77%=20.19%×0.49×2.499

上年权益资本收益率 18.47%=15.58%×0.44×2.704

本年较上年上升了 6.3 个百分点。与上年相比,可明显地看出销售净利率和总资产周转率上升,即总资产净利率上升,而权益乘数有所上升,即资产负债率有所下降。前两者上升明显是有利因素,而后者是有利还是不利因素要具体情况具体分析。在企业资产负债率不高时,适当提高该比率,可以增加企业的总资产报酬率;但过度地增加负债也会使企业背上沉重的包袱,并不利于企业的发展。下面,利用连环替代法分析各因素对权益资本收益率变化的影响。

1. 销售净利率变化的影响

Δ 销售净利率=(20.19%-15.58%)×0.44×2.704=5.48%

或按当年销售净利率计算,

上年权益资本收益率=20.19%×0.44×2.704=24.02%

则销售净利率变化的影响=24.02%-18.47%=5.55%①。

2. 总资产周转率的影响

Δ 总资产周转率=20.19%×(0.49-0.44)×2.704=2.73%

或按当年销售净利率、总资产周转率计算,

上年权益资本收益率=20.19%×0.49×2.704=26.75%

总资产周转率变化的影响为 26.75%-24.02%=2.73%。

3. 权益乘数变化的影响

Δ 权益乘数=20.19%×0.49×(2.499-2.704)=-2.03%

或直接用当年数减去上一步的计算结果,可知权益乘数的变化影响为 24.77%-26.75%=-1.98%。

前边说过,财务杠杆下降是有利还是不利因素要具体情况具体分析。A 公司上年的资产负债率是 63.01%,到 201×年为 59.99%。虽然用连环替代法分析得到这一步的结果为负数,似乎是不利因素,但企业的资产负债率由高位下降到 59.99%,实际上对企业的外在形象、筹资潜力分析等都是有利的。所以,应该结合企业的实际情况,具体分析才能得出正确的结论。

① 这里两种方法的尾数差异是小数点保留的问题。下同。

四、经济附加值法

经济附加值(economic value added,EVA),又称经济利润、经济增加值,是一定时期的企业税后营业净利润(net operating profit after tax,NOPAT)与投入资本的资金成本的差额。[①] 其中资本成本不仅包括债务资本的成本,也包括股权资本的成本。经济附加值是基于税后营业净利润和产生这些利润所需投入总成本的一种企业绩效财务评价方法。

从计算角度说,EVA 等于税后经营利润减去债务和股权的资本成本,是所有成本被扣除后的剩余收入(residual income)。EVA 是对企业真正的"经济"利润的评价,或者说,是表示净营运利润与投资者用同样资本投资其他风险相近的有价证券的最低回报相比,超出或低于后者的量值。如果 EVA 的值为正,则表明公司获得的收益高于为获得此项收益而投入的资本成本,即公司为股东创造了新价值;相反,如果 EVA 的值为负,则表明股东的财富在减少。

EVA 和会计利润有很大的不同。EVA 是公司扣除了包括股权在内的所有资本成本之后的沉淀利润(剩余收入),而会计利润没有扣除股权资本成本。股权资本是有成本的,以 A 公司为例,持股人投资 A 公司的同时也就放弃了该资本投资其他公司的机会。投资者如果投资与 A 公司相同风险的其他公司,所应得到的回报就是 A 公司的股权资本成本。股权资本成本是一种机会成本,而非会计成本,一般在会计利润中并未扣除,但在计算 EVA 时应当扣除。

EVA 的计算公式如下:

$$\text{EVA}=\text{税后净营业利润(NOPAT)}-\text{加权平均资本成本(WACC)}\times\text{投入资本总额(TC)} \tag{2-37}$$

其中,税后净营业利润(NOPAT)= 营业利润+财务费用-EVA 税收调整

税后净营业利润(NOPAT)经过拓展后也可表示为如下公式:

$$\text{税后净营业利润}=\text{息税前利润(EBIT)}\times(1-\text{所得税率})+\text{递延税款的增加等} \tag{2-38}$$

$$\text{EVA 税收调整}=\text{利润表上所得税}+\text{税率}\times(\text{财务费用}+\text{营业外支出}-\text{营业外收入}) \tag{2-39}$$

$$\text{加权平均资本成本(WACC)}=\text{债务资本成本率}\times\frac{\text{债务资本市值}}{\text{总市值}}\times(1-\text{税率})+\text{股权资本成本率}\times\frac{\text{股权资本市值}}{\text{总市值}} \tag{2-40}$$

采用 EVA 指标评价财务业绩,具有以下优势:

第一,考虑了股权资本成本。我国现行的财务会计只确认和计量债务资本的成本,没有将股权资本成本从营业利润中扣除,这样计算出来的会计利润不能真实评价公司的经营业绩。同时也会使经营者误认为股权资本是一种免费资本,不重视资本的有效使用。EVA 能将股东利益与经理业绩紧密联系在一起。同时,由于经济增加

---

① 目前,以可口可乐为代表的一些世界著名跨国公司大都使用 EVA 指标评价企业业绩,国务院国有资产监督管理委员会(简称国资委)自 2010 年起也要求我国大型国企用 EVA 指标考评。

值是一个绝对值,所以,EVA的使用能有效解决决策次优化问题。

第二,能较准确地反映公司在一定时期内创造的价值。传统业绩评价体系以利润作为衡量企业经营业绩的主要指标,容易导致经营者为粉饰业绩而操纵利润。而EVA在计算时,需要对财务报表的相关内容进行适当的调整,避免了会计信息的失真。

第三,能较好地解决上市公司分散经营中的问题。公司下属的各部门均可根据各自的资本成本来确定部门的EVA财务目标,这些目标还应该通过部门间的沟通来互相协调和互补。每个部门可同时制定长、中、短期目标,用于不同的财务目的。公司总部则可根据公司的总体规划和总资产以及部门的EVA指标,综合制定公司的EVA目标。因此,许多经营上的问题,如是否接受新的投资项目、公司的分散经营范围如何确定、是否放弃某个部门或某项投资,其答案都取决于股东的价值是否增值、EVA能否实现。

第四,可作为财务预警指标。首先,EVA作为一种创值指标,由于它不仅考虑了公司使用的全部资本,充分利用了公司提供的全部公开信息,而且考虑了风险,含有企业外部的市场信息。而传统的创利指标完全依赖于企业内部的报表信息。所以相对于传统的财务指标,EVA更具有信息可靠性。其次,由于EVA针对现行的会计政策进行了一系列的调整,减少了企业通过改变会计政策的选择,改变资本结构进行盈余管理的空间,相对于传统会计指标,它能更真实地反映企业的经营状况。最后,EVA相对于传统的创利指标,特别是企业处于规模扩张的情况下,能较早地发现企业的经营状况不佳。

第五,这是一种有效的激励方式。目前国内大多数企业的薪酬制度是固定薪金制,不能对经营者形成有效激励。而EVA激励机制可以用EVA的增长数额来衡量经营者的贡献,并按此数额的固定比例作为奖励给经营者的奖金,使经营者利益和股东利益挂钩,激励经营者从企业角度出发,创造更多的价值,是一种有效的激励方式。

第六,注重公司的可持续发展。EVA不鼓励以牺牲长期业绩的代价来夸大短期效果,也就是不鼓励削减研究和开发费用的行为。由于EVA着眼于企业的长远发展,鼓励企业经营者进行能给企业带来长远利益的投资决策,如新产品的开发研究、人力资源的培养等,这样杜绝了企业经营者短期行为的发生。因此,应用EVA不但符合企业的长期发展利益,而且也符合知识经济时代的要求,有利于整个社会技术的进步,从整体上增进企业的核心竞争力并加快社会产业结构的调整。

尽管EVA法有很多优点,但它也存在着一定的局限性,主要表现在以下几方面:

第一,规模差异。由于EVA是一种绝对值指标,故EVA法不能充分反映企业或部门之间的规模差异。相比较而言,较大的企业或部门趋向于创造更高的EVA。

第二,短期导向。尽管EVA旨在鼓励企业注重长远发展,然而一个良好的绩效测评系统应该将员工的努力程度、创造力和取得的业绩与他们获得的报酬相匹配。由于EVA指标考核必然会重视现实效果,因此,使得管理者不愿意投资于创新性产品或过程技术。因为这些创新性投资项目具有共同的经济特征:相关联的成本或费用至少部分地被确认,产生的利润或收入在很多时候却不会被确认。因此,由于可预见的本会计期间有较低的EVA,管理者可能不愿意从事创新活动。

第三，财务导向。EVA是一个计算的数字，它依赖于收入实现和费用确认的财务会计处理方法。为了提高部门的EVA，部门经理可能通过设计决策的顺序来操纵这些数据。如部门经理通过可以选择满足或延迟客户的订单，来操纵本会计期间确认的营业收入。在本会计期间的后期，加速执行收入相对较高的订单，在商定的交货日期之前送到用户手中；而获利较少的订单就可能被延迟执行，在成本会计期间结束之后交货。这么做的最终结果虽然提高了本期间的EVA，却降低了用户的满意度和忠诚度。这就反映出公司仅仅以EVA来评价管理者的绩效也会造成激励失灵或功能失调。

所以，在用EVA指标评价企业时，还应该结合其他指标，综合衡量企业的业绩。

关键词

财务比率　趋势分析法　比较分析法　结构分析法　偿债能力　盈利能力　营运能力　发展能力　市场测试　综合分析　指数分析（沃尔分析）法　杜邦分析法　连环替代法　经济附加值法

要点回顾

本章首先介绍了财务报表分析的意义、为哪些人使用、构成内容以及报表分析局限性，以使读者对报表分析有初步认识。其次，重点介绍了报表分析的几种基本方法（包括比率分析法、趋势分析法、比较分析法、结构分析法），这是报表分析的基础，也是本章的重点。再次，引导读者对企业经营状况和财务质量的分类能力进行分析。这些能力（包括偿债能力、盈利能力、营运能力和发展能力等）反映了企业在某方面的经营状况或财务质量，是认识企业的开端。最后，进一步全面评价一个企业的综合实力，还要运用某些特定方法对企业做出综合评价。这些方法包括指数分析（沃尔分析）法、杜邦分析法、因素分析法（亦称连环替代法）以及经济附加值法。

分析人士在运用定量分析方法时应该结合企业的具体情况，进行定性和定量方法的结合，才能得出较为准确的评价结论。

即测即评

请扫描右侧二维码，进行即测即评。

思考题

1. 财务分析应该包括哪些内容？一份完整的财务报告应该包括哪些要件？
2. 财务报表分析对哪些人有用？
3. 财务分析的依据是什么？在分析时应该注意哪些问题？
4. 财务分析的基本方法有哪些？综合分析方法有哪些？
5. 如何进行企业某方面能力的分析？
6. 一个偿债能力很强的企业是否意味着其盈利能力也很强？反过来说，盈利能力强的企业是否偿债能力就一定很强？
7. 企业的营运能力、盈利能力与发展能力是怎样的关系？
8. 如何运用连环替代法进行分析？在分析时应该注意哪些问题？
9. 你对经济附加值法有何认识？

练习题

1. 单项指标分析。

资料：× 公司 2016 年简化的利润表和资产负债表如表 2-8 和表 2-9 所示。

表 2-8 利 润 表

2016 年度　　单位：万元

项目	本年累计数
主营业务收入	126 000
减：主营业务成本、费用、税金	56 700
主营业务利润	69 300
减：管理费用	12 300
财务费用（其中利息费用 16 000）	17 000
营业利润	40 000
加：投资净收益、营业外收支净额	10 000
利润总额	50 000
减：应交所得税	16 500
税后利润	33 500
加：年初未分配利润	4 000
可供分配利润	37 500
减：提取盈余公积金	3 350
应付投资人利润	24 000
年末未分配利润	10 150

表 2-9 资产负债表

2016 年 12 月 31 日　　单位：万元

资产	年初数	年末数	负债及所有者权益	年初数	年末数
银行存款	26 000	41 500	短期借款	6 000	26 000
应收账款	40 000	35 000	应付账款	4 000	2 000
存货	20 000	30 000	长期借款	30 000	20 000
固定资产	80 000	80 000	实收资本	100 000	100 000
减：累计折旧	16 000	19 000	盈余公积	6 000	9 350
固定资产净值	64 000	61 000	未分配利润	4 000	10 150
资产总计	150 000	167 500	负债及所有者权益	150 000	167 500

要求：计算该公司本年速动比率、流动比率、利息周转倍数、资产负债率、销售净利率、总资产净利率、权益资本收益率和利润留存比率（保留2位小数）。

2. 分类能力分析。

资料：使用上题资料。

要求：请计算该公司营运能力，并做初步判断和简单的评价。请总结该类指标的特点和计算规律，从而掌握每一类指标计算要领。

3. 综合分析。

目的：练习杜邦财务分析体系的应用。

资料：仍使用第1题资料。

要求：绘制×公司2016年度权益资本收益率杜邦分析图，并与上年进行简要对比分析，讨论偿债能力、资产管理效率及盈利能力变化的原因。

第三章　财务预测、预算与控制

学习目标

本章旨在使读者在掌握财务预测原理和方法的基础上，具体掌握销售预测、资金预测、成本和利润的预测；掌握财务预算原理及其编制；学会财务控制原理及其操作，从而与第二章的财务报表分析方法一起，形成财务管理的方法循环。这样，使读者在学习本章及本篇后对财务管理的基本方法有一个全面理解和把握。

本章重点是销售预测、资金预测、成本和利润的预测，财务预算特别是现金预算的编制、销售百分比法、财务控制方法。难点是销售百分比法。

凡事预则立，不预则废。企业在建设前期，需要预测市场需求，研究项目的可行性；在做出投资决策后，则要编制资本支出预算，然后才能开始建设；在项目完成投入生产的过程中，仍然要不断跟踪市场需求，预测销售量、资金、成本及利润，然后在此基础上进行决策，再编制全面预算，以便指导和监控企业的生产和经营。

如果说以预测和决策为基础制定的预算描绘了企业美好的蓝图，那么财务控制则是具体实施的重要手段。只有按照预算指标在生产经营中控制好每一环节，才能实现财务预算规划的目标，企业战略愿景的实现也就有了保证。

第一节　财务预测

财务预测是编制财务预算的前提和基础，只有做好企业经营活动的事前预测，才能使预算编制有据可依，预算才可能具有准确性和针对性。一般来说财务预测的意义在于：

第一，财务预测是企业财务决策的前提。一个企业的生产经营及其发展不能离开对市场的研判，而建立在此基础上的各项决策都离不开财务预测的支持。

第二，财务预测有助于改善投资决策，继而为该项投资进行融资，或者是为新一期的生产经营提供财务支持，实施企业的融资计划。

第三,财务预测有助于实现企业的战略目标。不管企业的战略目标何等辉煌,其实现要依赖于生产经营的每一步骤,而踏准节拍、把握市场脉搏依赖的就是财务预测。

按照预测的内容,财务预测可分为销售预测、成本预测、利润预测、资金预测等。下面主要以财务预测的内容为主线索,并把常见的一些预测方法融入其间,贯穿其中。

一、销售预测

销售预测是在企业对市场调研的基础上进行的,它是生产经营预测的基础,也是编制企业经营预算和财务预算的前提。企业只有把握好将来的生产需要和可能的销售量,生产经营才能有的放矢,目标明确。销售预测可以采用定性预测法,也可采用定量预测法。前者一般适用于新产品的市场投放,在没有前期数据可循或心中对市场需求把握不大的情况下使用;后者一般情况下应该具有较完整的历史销售数据,这时,可以使用移动平均法、移动加权平均法、因果分析法等。这里主要介绍定量预测法。

(一) 移动平均法

移动平均法是从 n 期的时间数列销售量中选取离预测期最近的 m 期 $\left(m<\dfrac{n}{2}\right)$ 数据作为样本值,计算其算术平均值,并将其作为第 $n+1$ 期销售量预期值的一种方法。这种方法假定预测值主要受到最近 m 期销售量的影响。其计算公式为:

$$\overline{Y}_{n+1}=\frac{X_{n-(m-1)}+X_{n-(m-2)}+\cdots+X_{n-1}+X_n}{m} \tag{3-1}$$

【例 3-1】 已知 A 公司在过去 5 年中甲产品的年销售量如表 3-1 所示。假定公司采用最近三期的平均值作为下一年销售预期值,请预测 A 公司 2017 年甲产品的销售量。

表 3-1 A 公司产品各期销售量

序号	年	甲产品销售量(台)	序号	年	甲产品销售量(台)
1	2012	5 000	4	2015	4 900
2	2013	5 500	5	2016	5 600
3	2014	5 100			

根据 A 公司近三年销售量,2017 年预期销售量 $=\dfrac{5\ 100+4\ 900+5\ 600}{3}=5\ 200$(台)

由于移动平均法只选取了最近的 m 期作为预测依据,故代表性较差。此方法主要适用于销售量略有波动的产品预测。

(二) 移动加权平均法

移动加权平均法同样是从 n 期的时间数列销售量中选取离预测期最近的 m 期 $\left(m<\dfrac{n}{2}\right)$ 数据作为样本值,预测下一期的销售量,但各期的权重并不相同。一般地,由于市场变化较大,离预测期越近的样本值对其影响越大,而离预测期越远的则影响越

小，所以权重的选取应遵循“近大远小”的原则。其计算公式为：

$$\overline{Y}_{n+1}=\sum_{i=n-(m-1)}^{n}W_iX_i \tag{3-2}$$

式中，$\overline{Y}_{n+1}$ 为 $n+1$ 期的预测值；W_i 为第 i 期的权重（$0<W_i\leqslant W_{i+1}<1$，且 $\sum W_i=1$）；X_i 为第 i 期的实际销售量；n 为期数。

【例 3-2】 沿用表 3-1 中资料，假定 A 公司采用最近三期的移动加权平均值来预测下一年销售量，其近三期的权重分别为 0.15、0.3、0.55。则 A 公司 2017 年甲产品的销售量预计为多少台？

根据上述资料可以计算出，2017 年甲产品的预计销售量 = 0.15×5 100+0.3×4 900+0.55×5 600 = 5 315（台）。

（三）因果分析法

因果分析法是指通过影响产品销售量（因变量）的相关因素（自变量）以及它们之间的函数关系，并利用这种函数关系进行产品销售预测的方法。常用的因果分析法是回归分析法，具体参见例 3-3。

二、成本预测

成本预测也可以采用因果分析法。因果分析法是根据需要预测的成本与其影响因素（如销量、单位变动成本和固定成本）间的因果关系预测其未来数值的一种方法，包括回归分析法、高低点法等。

（一）回归分析法

回归分析法是利用统计学原理描述社会经济现象中某些随机变量间相关关系的一种重要方法。它属于因果分析法的一类，具体是利用回归分析技术，根据一个或一组自变量的变动情况预测与其有相关关系的某种随机变量的未来值。

进行回归分析需要建立描述变量间相关关系的回归方程。根据自变量的个数，可以是一元回归，也可以是多元回归；根据所研究问题的性质，可以是线性回归，也可以是非线性回归。非线性回归方程一般可以通过数学方法转换为线性回归方程。

下面介绍财务预测中常用的一元回归分析。其模型为：

$$y=a+bx \tag{3-3}$$

式中，y 为被解释变量（因变量）；a 为常数项，是一元一次方程的截距；b 是解释变量（自变量）的系数，x 为解释变量。

根据企业历史数据首先确定出预测模型的相关参数，其中，

$$a=\frac{\sum y-b\sum x}{n} \tag{3-4}$$

$$b=\frac{n\sum xy-\sum x\sum y}{n\sum x^2-(\sum x)^2} \tag{3-5}$$

然后，代入确定的模型中予以预测。

一元一次方程是一种直线方程，在财务预测中既可以用时间做自变量，按时间序列法预测出因变量随着时间的推移按既往已呈现出的线性趋势；也可以用某个影响因素做自变量，按回归分析法预测因变量未来的变化结果。下面以回归分析法为例介绍该方法的使用。

【例 3-3】 表 3-2 为 B 公司生产某产品相关数据，即过去 12 个月总成本与产量之间的关系。请预测当产量为 18 000 台时的总成本。

表 3-2 B 公司甲产品 201×年每月成本与产量

月份	某产品产量（台）	某产品成本（元）	月份	某产品产量（台）	某产品成本（元）
1	12 500	233 375	7	13 300	240 500
2	12 700	234 500	8	13 500	240 650
3	12 800	234 600	9	13 600	242 680
4	13 200	236 500	10	13 800	244 000
5	13 400	238 560	11	13 900	245 000
6	13 500	240 600	12	13 800	246 000

先绘制散点图（如图 3-1 所示），目测确定出它们之间的相关性。从散点图中可以看出，成本与产量几乎在一条直线上，说明它们之间有很强的相关性，故可以采用回归分析法预测其成本。

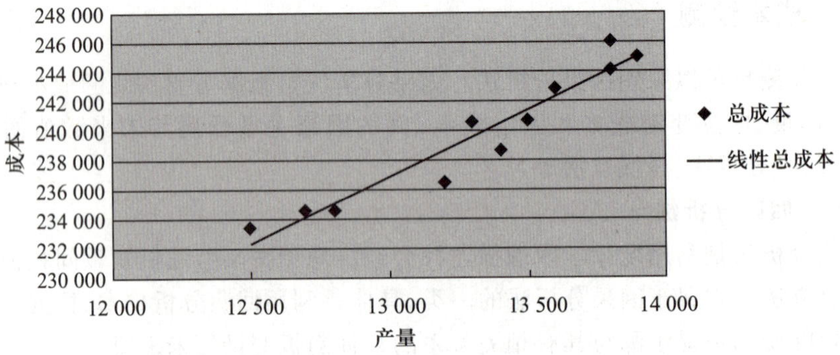

图 3-1 产品成本与产量散点图

根据表 3-2 进行回归分析计算，计算过程及结果如表 3-3 所示。

表 3-3 回归分析数据计算表

序号	总成本（y）	产量（x）	xy	x^2
1	233 375	12 500	2 917 187 500	156 250 000
2	234 500	12 700	2 978 150 000	161 290 000
3	234 600	12 800	3 002 880 000	163 840 000
4	236 500	13 200	3 121 800 000	174 240 000
5	238 560	13 400	3 196 704 000	179 560 000
6	240 600	13 500	3 248 100 000	182 250 000
7	240 500	13 300	3 198 650 000	176 890 000
8	240 650	13 500	3 248 775 000	182 250 000
9	242 680	13 600	3 300 448 000	184 960 000
10	244 000	13 800	3 367 200 000	190 440 000
11	245 000	13 900	3 405 500 000	193 210 000
12	246 000	13 800	3 394 800 000	190 440 000
合计	$\sum y=2\ 876\ 965$	$\sum x=160\ 000$	$\sum xy=38\ 380\ 194\ 500$	$\sum x^2=2\ 135\ 620\ 000$

根据公式(3-2)和公式(3-3)计算得出:

$$a=119\ 274$$

$$b=9.04$$

则一元一次回归模型为:$y=9.04x+119\ 274$。代入上述参数,求得当产量为18 000台时,总成本=119 274+9.04×18 000=281 994(元)。

(二)高低点法

高低点法是根据具有因果关系的两组数据(如成本与销售量)之间的历史数据回归出它们之间存在的内在关系,进而分解出其总成本中的固定成本与单位变动成本。然后,根据计算出的参数进一步预测计划期销售量所需要的总成本。

$$单位变动成本=\frac{高点成本-低点成本}{高点产量-低点产量} \tag{3-6}$$

计算出单位变动成本后,就可得出:

$$固定成本=高点成本-单位变动成本\times高点产量$$

或

$$=低点成本-单位变动成本\times低点产量 \tag{3-7}$$

【例3-4】 如上例改用高低点法,其计算过程如下:

$$单位变动成本=\frac{245\ 000-233\ 375}{13\ 900-12\ 500}=8.303\ 6$$

代入公式(3-7),可得出:

$$固定成本=245\ 000-8.303\ 6\times13\ 900=129\ 580(元)$$

或

$$=233\ 375-8.303\ 6\times12\ 500=129\ 580(元)$$

则预测方程为:总成本=129 580+8.303 6x。当产量为18 000台时,总成本=129 580+8.303 6×18 000=279 045(元)。

需要特别强调的是,由于产量是自变量,所以运用高低点法时,如果出现最高产量的月份其成本不是最高,也要按最高产量对应的成本计算;同理,最低产量对应的月份不是最低成本,也应该按它所对应的成本进行计算。这是因为,某些月份有可能出现意外因素导致成本有所波动,所以,选择时应该看自变量的观测数据。

从这种方法的计算结果也可以看出,高低点法与回归分析法有一些差距,准确性稍差,只能做粗线条的分析。

三、利润预测

利润预测经常使用的本量利预测法,就是根据成本—销售(或生产)量—利润之间的内在关系,预测未来某种因素(如产品产量、利润、成本)的变化。使用这种方法时,首先要把成本划分成固定成本和变动成本两大类。其中,固定成本是指不随产品产量变化的期间费用,一般是指管理费用、财务费用、销售费用,以及在经营中某些不随产品数量变化的固定制造费用,如照明费、折旧费、管理人员工资等;而变动成本则是指随着产品产量变化而相应发生变化的费用。如直接材料、直接人工、变动制造费用。其次,建立本量利预测模型。成本、数量与利润之间的关系模型表示如下:

$$利润=销售额-(固定成本+单位变动成本\times销售量)$$

即

$$m=y-(a+bx) \tag{3-8}$$

或

$$m=(p-b)x-a \tag{3-9}$$

其中,m 代表利润,y 代表销售额,p 代表单价,a 代表固定费用,b 代表单位变动成本,x 代表销售量。在这五个变量中知道任何四个变量,就可以求出另一个变量。

【例 3-5】 某企业生产销售 W 产品。已知其每年固定成本 600 000 元,生产 W 产品单位变动成本 15 元,该产品销售单价 25 元,预计今年销售 500 000 件,问该年可实现利润为多少?

可实现利润=(25-15)×500 000-600 000=4 400 000(元)

如果企业先制定目标利润,然后确定计划期销售量,可以通过对上式的变换,得出:

$$计划期销售量=\frac{固定成本+目标利润}{单价-单位变动成本}$$

即

$$x=\frac{a+m}{p-b} \tag{3-10}$$

假定该企业制定的目标利润为 6 000 000 元,则计划期销售量应该达到:

计划期销售量=(600 000+6 000 000)/(25-15)= 660 000(件)

四、资金预测

资金预测通常采用销售百分比法。销售百分比法是假定某些资产负债项目与销售额(营业额)保持一定的百分比率关系。随着计划年度销售的增长,这些资产和负债项目也随之增加,因此该方法对销售额的依赖性较大。运用此法时,第一,要用统计方法计算或经过市场调研分析估计出计划期预计销售额。第二,要注意区分经营性资产和金融性资产、经营性负债与金融性负债项目。经营性资产和经营性负债是与企业的生产经营息息相关的,故应该计算在内,而金融性资产和金融性负债则与企业的生产经营关系不是直接的线性关系,故不予计算在内。第三,判断各项目与销售额是否存在固定的比率关系,并且判断计划期这种固定比率关系与基期的比率是否一致,有无需要调整的项目等,这也是运用此法成功的关键。对于固定资产来说,要针对企业的具体情况做出决定。一般来说,若企业生产能力的利用已经饱和,则其占销售额的比率要予以计算;若生产能力不饱和,则无须计算此比率。第四,计算出新增加的销售百分比,即用资产方的相关项目占销售收入百分比,减去负债方相关项目占销售收入的百分比。第五,再用此比率乘以计划年销售额,再减去预计新增利润的留存数就可计算出需要新筹措的资金。

采用销售百分比法有两个基本假设:一是假设计划期税后销售净利率与基期销售净利率保持不变;二是假设企业在股利分配后的留存盈利可优先用于企业的生产经营,故可以从新增资金需求量中扣除。

销售百分比法主要用于需要新筹措资金的预测和编制预计资产负债表。

采用销售百分比法进行预测时,要按以下步骤进行:

第一,在资产和负债项目中,先要扣除其中的金融资产(包括货币资金和交易性金融资产)和金融负债(包括短期借款、交易性金融负债、长期负债和应付债券)。

第二,所有者权益和长期负债类项目较其他项目来说,是长期存在于企业的资金来源,且相对固定(有时也变化,但它的变化与生产经营无关,不会与计划期销售额的变化呈比例关系),故不予考虑在内。

第三,计划期盈利是企业扩大再生产的内部源泉,要按预计可实现新增收益减去分配股利计算出可使用的新增收益,然后从需要新增的筹资额中扣除。

具体计算步骤是:

(1)计算**基期**各**经营性**资产和**经营性负债**占销售额百分比。

(2)计算计划期销售额预测数。

销售额预测数=基期销售额×(1+销售额增长率)

(3)计算新增外部融资额。

新增外部融资额=新增销售额×(资产占销售额百分比-负债占销售额百分比)-计划销售额×基期销售净利率×(1-股利分配率)

可用公式表示为:

$$\Delta F=\Delta S\times\left(\frac{A_0}{S_0}-\frac{L_0}{S_0}\right)-S'\times SR\times(1-D) \qquad (3-11)$$

式中,ΔF 表示新增外部融资额;A_0 表示基期经营性资产;L_0 表示基期经营性负债;S_0 表示基期销售额;ΔS 表示计划年新增销售额;S' 表示计划年销售额;SR 表示基期销售净利率;D 表示计划年股利分配率。

【例 3-6】 以第二章表 2-5 的 A 公司为例,假设该企业设计生产能力已经饱和,以无形资产反映的专利技术和其他资产与销售额呈比例关系。

表 3-4 A 公司资产负债表(简化式)

201×年 12 月 31 日　　　　单位:万元

资产项目	201×年	占年销售额百分比(%)	负债权益项目	201×年	占年销售额百分比(%)
货币资金	156 835	—	短期借款	228 450	—
以公允价值计量且其变动计入当期损益的金融资产	160	—	以公允价值计量且其变动计入当期损益的金融负债		—
应收票据	801	0.17	应付票据	26 300	5.72
应收账款	86 492	18.80	应付账款	20 978	4.56
预付款项	59 055	12.84	预收款项	118 334	25.72
存货	136 711	29.72			
其他	35 681	7.76	其他	7 188	1.56
流动资产合计	475 735	69.29	流动负债合计	401 250	37.56
长期股权投资	411 244	89.39			
投资性房地产	1 605	0.35	长期借款	160 000	—
固定资产	25 734	5.59	应付债券		
在建工程	8 558	1.86	专项应付款	1 086	0.24
无形资产	3 041	0.66	非流动负债合计	161 086	—
其他	11 517	2.50			
非流动资产合计	461 699	100.35	所有者权益	375 098	—
资产合计	937 434	169.64	负债和所有者权益合计	937 434	37.8

假定该企业计划年销售额增加 10%，并假定计划期销售净利率与基期相同为 15%，股利分配率为 40%，则：

$$\begin{aligned}\text{计划年新增外部融资额} &= (169.64\%-37.8\%)\times 460\ 038\times 10\% \\ &\quad -460\ 038\times(1+10\%)\times 15\%\times(1-40\%) \\ &= 60\ 651.41-45\ 543.76 \\ &= 15\ 107.65(\text{万元})\end{aligned}$$

五、成长性预测

企业的成长性不但是企业自身发展壮大的内在要求，也是广大投资者进行投资决策关注的重点。如何分析和预测企业的未来成长性？这里从财务的角度介绍两个增长率概念和计算。

1. 内含增长率

内含增长率是指企业在没有任何外部融资的情况下，仅依靠当期留存收益提供的资金所能实现的销售增长率。由于没有外部融资，因此 $\Delta F=0$。根据公式 3-11，可以推导出内含增长率预测公式为：

$$\text{内含增长率 } g=\frac{ROA\times b}{1-ROA\times b}\text{①} \tag{3-12}$$

其中，令 b 为留存比率，即 $1-D$；ROA 为企业总资产报酬率。

从内含增长率公式可以发现，企业依靠自身盈余积累提供的资金实现的增长率受到其自身盈利能力和股利分配政策的影响。

2. 可持续增长率

在预测内含增长率时，假定企业不从外部筹集资金，仅靠自身盈余积累。如果是这样，则企业资产负债表中留存收益将增加，进而所有者权益将增加。在负债不增加的情况下，企业负债权益比将下降。如果企业希望维持原来负债权益比（或目标资本结构）不变，则企业必须增加相应负债，即外部融资额大于 0。可持续增长率是指在不增发新股且不改变现有负债权益比例的情况下可能实现的最高增长率。也就是说，企业只能增加与内部留存收益同比例的负债以保持企业的持续增长而不改变其资本结构。由可持续增长率概念和公式 3-11 可推导出可持续增长率计算公式：

$$\text{可持续增长率 } g=\frac{ROE\times b}{1-ROE\times b} \tag{3-13}$$

其中，ROE 为权益报酬率（净资产收益率）。

第二节　财务预算

预测是预算编制的前提和基础。当企业预测出销售量、生产和销售成本、目标利润、资金需求量等主要经营指标后，就可以据以编制企业预算。

一、预算编制原理

预算是用于控制未来经济活动的一项财务计划。预算历来都被视为一种限制支

① 在根据公式 3-11 推导内含增长率时，一般忽略经营性负债，即假定 $L_0=0$。

出的工具。但预算与一般的计划有区别。任何意义的设想都可以称为计划,而预算则是特指用数量或货币量度的财务计划。可见,预算是特定企业在一定期间计划的有机构成,它明确提出了对收入、支出及资金、资产的要求,反映了企业战略和经营计划的财务方面的内容。

(一) 全面预算体系

全面预算(comprehensive budget)是从企业全局出发,对企业一定时期内的销售、生产采购、成本费用以及财务状况等方面的预算进行汇总、协调而统一编制的预算。全面预算按其所涉及的内容包括经营预算(也称业务预算)、资本支出预算和财务预算三种。

1. 经营(业务)预算(operational budget)

经营预算是对企业在未来一定期间经常发生的各项经营活动的预算,主要包括销售预算、生产预算、经营成本预算和存货预算。其中经营成本预算又包括直接材料预算、直接人工预算、制造费用预算、销售费用预算和管理费用预算,但不包括财务费用预算(财务费用预算通常被包含在现金预算中)。

2. 资本支出预算(capital budget)

资本支出预算是对企业固定资产购建、更新,无形资产开发、引进等特殊业务活动的预算,也称为特殊业务预算或特种决策预算。固定资产购建、更新和无形资产开发、引进都属于一次性业务活动,不同于经常发生的经营活动,这些活动不仅涉及期间长,而且所用资金数额大,故应在企业预算中将其单独列示。与经营(业务)预算和特殊业务预算相对应的是财务预算。

3. 财务预算(financial budget)

财务预算是对企业未来一定期间发生的各项经营活动所应取得财务成果的反映,具体包括现金预算和预期财务报表两部分。其中预期财务报表又可以细分为预期资产负债表、预期损益表和预期现金流量表三种。由于现金预算和预期现金流量表只有格式上的不同而没有内容上的差异,故在实际工作中,常以现金预算代替预期现金流量表,所以预期财务报表一般只编制预期资产负债表和预期损益表。

全面预算按其所涉及的预算期应包括长期预算和短期预算两种。在财务管理中,长期与短期的划分通常是以一年为界限的,对预算的划分亦应执行这一标准。就此而言,长期预算是指预算期超过一年的预算,主要包括长期销售预算和资本支出预算两种,有时也包括长期资金筹集预算和研究与开发预算。短期预算是指预算期为一年或短于一年的预算,主要指业务预算,如直接材料预算、直接人工预算、现金预算等。

全面预算所包括的经营(业务)预算、财务预算、资本支出预算,或称短期预算与长期预算,都需要在企业总体目标的指导下,相互协调、相互影响、相互作用,从而形成一个完整的预算体系,即全面预算体系,如图 3-2 所示。

(二) 预算的编制方法

预算编制方法主要有固定预算、弹性预算、零基预算、概率预算和滚动预算五种。

1. 固定预算(fixed budget)

固定预算又称静态预算(static budget),是指按预算期内一定的业务量水平确定各种费用而编制的预算。固定预算的基本特征是:第一,不考虑预算期内业务活动水

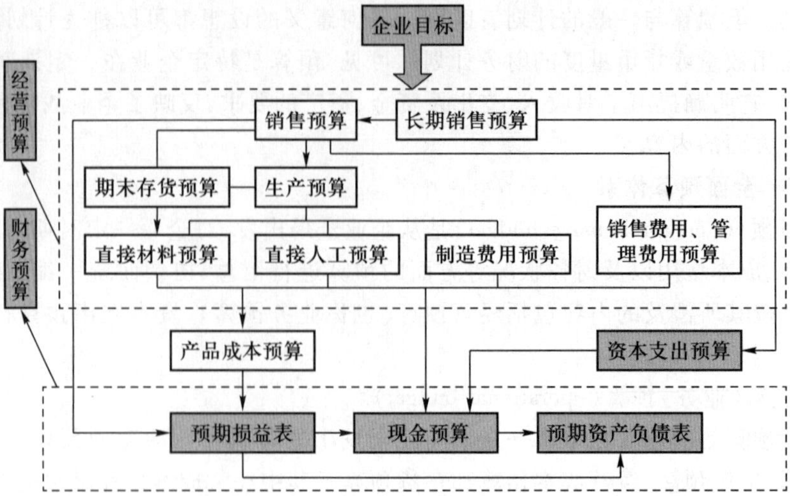

图 3-2　全面预算体系

平可能发生的变动，只以预算期内预定的某一共同的活动水平为基础确定相应的数据；第二，将实际结果与按预算内预定的某一共同的活动水平所确定的预算数进行比较分析，并据以进行业绩评价、考核。

这一预算编制思想认为业务量在预算期内不变或变化很小，且预算的成本也不变，按此思路编制有利于企业编制出全面系统的预算。然而如果由于内外部环境的影响，业务量水平将会受到影响，在这种情况下，固定预算就会失去它的控制和考核作用。

2. 弹性预算（flexible budget）

弹性预算又称变动预算（variable budget），是指在成本性态分析基础上，按照预算期内可能发生的不同业务量水平编制的预算。在弹性预算形式之下，预算不再是一套固定的数据，而是能够随着业务量的增减相应伸缩的多套数据，使得预算的各个项目富有弹性。在企业内部调整繁多、市场环境变化莫测的情况下，弹性预算能够在不同的实际生产经营活动水平下保持其适用性。另外，只要各种消耗标准、价格等编制预算的依据不变，弹性预算还可以按一系列业务量水平调整，因而可以连续使用，不必重复编制。弹性预算能够适应变化的市场条件，以有效地控制和考核不同业务量水平下的各项经济活动。它和固定预算相结合，就能客观和动态地反映和控制企业的经营活动。

3. 概率预算（probabilistic budget）

概率预算是根据有关变量的各个可能数值出现的概率确定各预算项目预算数值的预算形式。由于预算编制涉及的许多变量（如生产量、销售量、价格、成本等）具有一定不确定性，在编制预算时，预算人员有时难以对其在预算期的变动情况做出较为准确的把握，从而测算出其变动幅度或变动后的具体数值（如销售量将增加到多少、成本将降低到多少等），而只能对其作近似的估计，即估计它们的变动范围和在这个范围内有关数值出现的概率。为适应这种情况，预算的编制还需对有关变量可预期的概率进行具体分析，以便使所得的结果更加接近客观实际情况。

概率预算有两个较为明显的优点：其一，由于在有关预算项目形成过程中把各种预计的可能性都做了考虑,因而预算的结果将更能接近于客观实际;其二,有助于管理部门和管理人员集中精力于最大可能出现的事件上,因而能够收到事半功倍的效果。

4. 零基预算(zero-based budget)

零基预算是指以零为基数来确定各个预算项目预算数值的预算形式,是针对传统预算中的增量预算而设计的预算形式。其操作原理是:对于任何一个预算期间和预算项目的预算数值,都不是从原有的基数出发,也不考虑基期的预算和实际数据,而是一切以零为起点,从预算期实际出发考虑各个预算项目的必要性和规模。

零基预算的优势在于:能够防止预算人员不对有关因素进行深入分析和研究,从而降低预算管理功能的弊端。零基预算的编制,犹如企业的第一次创立,对企业的一切业务活动都要从企业的整体利益出发,考虑其重要程度,进行成本效益分析,然后按重要性排序,分配预算资源。

但需说明的是,零基预算作为一种极端的预算形式,不能也不应该用于任何预算编制。在通常情况下,主要用于编制间接费用预算。零基预算的编制由于没有现成的基础数据作为参考,其工作任务非常繁重。然而由于在预算编制过程中不受基期预算的约束,因而能够充分发挥预算人员的创造性,并激发各部门合理使用资金的积极性。

5. 滚动预算(rolling budget)

滚动预算是指使预算期始终维持一定的长度(比如 12 个月),每经过一个较短时期(比如 1 个月),都立即在最后增列相同时期的预算数值,依次定期向前滚动的预算形式。由于滚动预算能在任何时候都使预算保持相同的时间幅度,所以又称为“连续预算”或“永续预算”。

滚动预算也有两个明显的优点:第一,它使预算永远保持相对稳定的预算编制期间,从而有利于企业财务管理工作稳定而有秩序地进行;第二,在补充未来预算数值时,预算人员可以根据实际情况对原有预算进行调整,从而有利于提高财务预算的准确程度。除此之外,滚动预算还体现了“长计划,短安排”的特征,即滚动预算一般是对临近期间预算数值的详细确定和列示,以便于实行财务控制;而对较远期间的预算数值作粗略匡算和列示,以留有余地和便于调整。

滚动预算的编制,固然加大了预算人员的工作量,但有助于消除预算人员的短视行为,从而使预算始终领先于实际经济活动,并对实际经济活动实施有效的控制。

二、预算编制程序

编制全面预算是企业的一件大事,它决定着企业战略规划、年度经营计划的落实和管理过程控制标准的制定,所以需要慎重对待和严格管理。一般来说,预算的编制有自上而下、自上而下和上下结合三种类型。这三种类型有三种对应的预算模式。它们分别从属于不同的组织类型和管理控制模式。一般地,自上而下的预算编制程序属于集中型预算模式,它适用于集权型组织,在管理控制中用于战略规划模式;自下而上的程序属于分散型预算模式,适用于分权型组织,在管理控制中适用于财务控制型模式;而上下结合预算模式则适用于产业经营性企业集团,采用集权与分权相结合的方式在管理控制中用于战略控制。

以自下而上的程序为例,企业全面预算的编制程序如下:

（1）最高领导机构根据长期计划，利用本量利分析工具，提出企业一定时期的总目标，并下达规划指标。

（2）基层成本控制人员根据上级下达的任务，结合本单位的实际情况自行草编预算，使预算能较为符合实际。

（3）各部门汇总基层预算，初步协调本部门预算，编制出销售、生产、成本费用等业务预算。

（4）预算委员会审查、平衡各业务预算，汇总出公司的财务预算。

（5）经过企业领导批准、审议机构通过，或驳回重新修改预算。

（6）主要预算指标报告最高领导机构，讨论通过或驳回再修改。

（7）经过批准后的预算下达各部门执行。

自下而上的预算编制程序是一种比较传统的编制模式。从上述程序中可以看出，即便是这种程序也需要通过几上几下的反复讨论，最后才能达成一致意见，而不能完全由最高领导机构决定，只是其预算编制的主导思想基于集中管理而已。

三、经营（业务）预算的编制

经营（业务）预算一般以销售预算为起点。下面结合 W 公司甲产品各季度销售量分别介绍 201×年以销售预算为起点的经营业务预算编制。在此基础上，加入资本支出预算中的本年数据资料，方可编制当年财务预算。

【例 3–7】 假定 W 公司对甲产品采用赊销政策：每季度可收回当期销售收入的 70%和上期销售收入的 30%；同时供应商对该企业的赊购政策是本季度采购货款可按 60%支付，同时付清上季度 40%余款。每年年末支付一次股利，按已实现税后利润的 50%分配股利。

（一）销售预算的编制

销售收入是企业盈利的主要来源，也是企业现金流量中经营现金流量实现的保证。所以在编制现金预算时，通常还包括预计现金收入的计算，其目的是为编制现金预算提供必要的基础资料。W 公司销售预算的编制过程如表 3–5 所示。

表 3–5 W 公司销售预算

201×年度 单位：千元

项目		一季度	二季度	三季度	四季度	全年
预计销售量（台）		1 200	1 500	1 840	1 420	5 960
销售单价（元）		2 000	2 000	2 000	2 000	2 000
预计销售金额		2 400	3 000	3 680	2 840	11 920
预计现金收入	期初应收账款	320				320
	一季度销售收入	1 680	720			2 400
	二季度销售收入		2 100	900		3 000
	三季度销售收入			2 576	1 104	3 680
	四季度销售收入				1 988	1 988
	现金收入合计	2 000	2 820	3 476	3 092	11 388

（二）生产预算的编制

生产预算是在销售预算的基础上编制的，编制的主要目的是预计生产量。一般企业上下工序之间实行流水作业，故需要保持一定的存货，以保证可均衡生产。另外也能在发生意外需求时按时供货，通常情况下期末存货数量按下期销售量的一定百分比确定，年初存货数量可根据上年年末账面记录确定，年末存货数量则根据长期销售趋势来确定。

生产预算中的"预计销售量"来自销售预算，其中：

预计期末存货量=下期销售量×存货留存百分比 （3-14）

预计期初存货量=上期期末存货量 （3-15）

预计生产量=预计销售量+预计期末存货量-预计期初存货量 （3-16）

假定 W 公司生产预算如表 3-6 所示。本例中预计期末存货量为下季度销售的 20%。

表 3-6 W 公司生产预算

201×年度 单位：台

项目	一季度	二季度	三季度	四季度	合计
预计销售量	1 200	1 500	1 840	1 420	5 960
加：预计期末存货量	300	368	284	260	260
预计需要量合计	1 500	1 868	2 124	1 680	6 220
减：期初存货量	200	300	368	284	200
预计生产量	1 300	1 568	1 756	1 396	6 020

（三）直接材料预算的编制

直接材料预算是以生产预算为基础，同时要考虑原材料和备品备件的存货水平。直接材料采购资金主要取决于采购数量与市场价格，它与企业的生产批量、存货水平以及销售量有密切的关系。为此，财务主管人员应该收集企业的材料预算资料、各期的应付账款以及供应者的信用条件等详细资料。

在编制直接材料预算时，应以生产预算提出的预计生产量和企业消耗定额资料所确定的单位产品材料消耗定额来确定预算期材料的消耗量，并结合当前情况和长期销售预测估计得到的期初、期末的库存情况来确定采购数量。通常，期末材料的存量可根据下期生产需要的一定百分比确定。然后，按照预计的材料单价计算出所需要的采购资金数，同时在考虑前期应付购料款的偿还和本期购料款的支付等情况后，预计预算期间材料采购现金的支出额。

直接材料预算的"预计生产量"来自生产预算。其他数据可根据以下公式计算：

预计期末存料量=下期生产需要量×材料留存百分比 （3-17）

预计期初存料量=上期期末存料量 （3-18）

预计购料量=预计生产需要量+预计期末存料量-预计期初存料量 （3-19）

在直接材料预算中，通常还包括预计现金支出的计算，其目的是为编制现金预算提供必要的资料。本期现金支出包括两部分，即应付前期购料款的偿还数及本期购料款的当期支付数。根据前述假设，W 公司赊购比率为 60% ：40%，即采购后即付

60%现金,其余款项在下季度支付。另外,本例中预计期存料为下季度生产需要量的10%。W 公司直接材料预算编制过程如表 3-7 所示。

表 3-7　W 公司直接材料预算

201×年度　　　　金额单位:千元

项目		一季度	二季度	三季度	四季度	合计
预计生产量(台)		1 300	1 568	1 756	1 396	6 020
每台产品需要耗用甲材料(千克)		20	20	20	20	20
预计生产需要量(千克)		26 000	31 360	35 120	27 920	120 400
加:预计期末存料量(千克)		3 136	3 512	2 792	3 000*	3 000
预计需要量合计(千克)		29 136	34 872	37 912	30 920	123 400
减:期初存料量(千克)		4 000*	3 136	3 512	2 792	4 000
预计材料采购量(千克)		25 136	31 736	34 400	28 128	119 400
每千克材料计划价格(元)		10	10	10	10	10
预计购料金额		251.36	317.36	344	281.28	1 194
预计现金支出	期初应付账款	80				80
	一季度购料支出	150.816	100.544			251.36
	二季度购料支出		190.416	126.944		317.36
	三季度购料支出			206.4	137.6	344
	四季度购料支出				168.77	168.768
	现金支出合计	230.816	290.96	333.344	306.37	1 161.49

* 假定按下年一季度数据计算得出。

(四) 直接人工预算的编制

直接人工预算也是以生产预算为基础编制的。根据生产预算中提出的预计生产量,以及企业标准成本资料中的定额工时、小时工资率,就可以预计直接工资支出。在通常情况下,生产中直接人工的工种不一,单位工时的工资率各不相同,因此,应先按工种分别计算,然后进行汇总。实行月工资制度的企业,则根据直接人工数、出勤率及平均日工资额等数据资料进行预计。

直接人工预算的“预计生产量”来自生产预算。其他数据可根据以下公式计算:

$$预计生产需要工时总数=预计生产量\times单位产品工时 \quad (3-20)$$

$$预计直接人工总成本=预计生产需要工时总数\times小时工资率 \quad (3-21)$$

由于人工工资都需要使用现金支付,所以,不需要另外预计现金支出,预计直接人工总成本金额可直接加入现金预算的汇总。

直接人工预算编制过程如表 3-8 所示。

表 3-8 W 公司直接人工预算

201×年度

项目	一季度	二季度	三季度	四季度	合计
预计生产量(台)	1 300	1 568	1 756	1 396	6 020
每件产品工时(小时)	10	10	10	10	10
预计需要工时总数(小时)	13 000	15 680	17 560	13 960	60 200
工资率(元)	20	20	20	20	20
预计直接人工支出总额(千元)	260	313.6	351.2	279.2	1 204

(五) 制造费用预算的编制

制造费用预算是以生产预算为基础编制的,按照除直接材料、直接人工外应计入产品成本的全部费用编制而成的。根据成本习性应将制造费用划分为变动制造费用和固定制造费用两部分。其中,变动制造费用的编制,可按有无标准成本资料分别进行:如果有完善的标准成本资料,用单位产品的标准成本与预计生产量相乘,即可得到相应的预算金额;如果没有标准成本资料,则需逐项预计计划生产量需要的各项制造费用。固定制造费用部分,通常与预算期生产量无关,可以采用零基预算或增量预算的方法逐项预计。

为了方便以后现金预算的编制,需要预计制造费用现金的支出额。由于固定资产折旧不需要支付现金,所以在制造费用支出总额中应予以扣除,其余均以现金支付。

假定本例中年固定制造费用总额为 120 000 元,那么,每季度固定制造费用=120 000/4=30 000(元)。制造费用预算过程如表 3-9 所示。

表 3-9 W 公司制造费用预算

201×年度　　　　金额单位:千元

项目	一季度	二季度	三季度	四季度	合计
预计生产量(台)	1 300	1 568	1 756	1 396	6 020
每件产品工时(小时)	10	10	10	10	10
预计工时总数(小时)	13 000	15 680	17 560	13 960	60 200
每小时变动制造费用(元)	10	10	10	10	10
变动制造费用总额	130	156.8	175.6	139.6	602
固定制造费用总额	30	30	30	30	120
其中:折旧费	15	15	15	15	60
管理人员工资	10	10	10	10	40
保险费	3	3	3	3	12
其他固定费用	2	2	2	2	8
制造费用合计	160	186.8	205.6	169.6	722
减:折旧费	15	15	15	15	60
现金支出费用	145	171.8	190.6	154.6	662

（六）产品成本预算的编制

产品成本预算是前述各项预算的汇总。在该预算表中列示出预算年度产品的单位成本、总成本以及预算期内销售成本和期末存货成本。单位产品成本的有关数据来自直接材料预算、直接人工预算和制造费用预算。预计生产量、预计期末存货量均来自生产预算，预计销售量来自销售预算。预计生产成本、存货成本和销售成本等数据，根据单位成本和有关数量计算得出。生产成本预算过程如表3-10所示。

表3-10 W公司产品成本预算

201×年度

项目	单位成本（元）			生产成本（千元/6 020台）	期末存货成本（千元/260台）	销售成本（千元/5 960台）
	单价（元/小时）	用量（台时）	每台成本（元）			
直接材料	10	20	200	1 204	52	1 192
直接人工	20	10	200	1 204	52	1 192
变动制造费用	10	10	100	602	26	596
固定制造费用	1.993*	—	19.934	119.979	5.183	118.804
合计	—	—	519.934	3 129.979	135.183	3 098.804

*固定制造费用分配率 120 000÷6 020÷10＝1.993（元/小时）

（七）销售及管理费用预算的编制

1. 销售费用预算

销售费用预算是指为了实现销售预算所需支付的费用预算。它以销售预算为基础，同时综合分析销售收入、销售费用和销售利润的相互关系，力求实现销售费用的最有效使用。

在安排销售费用时，要尽可能利用本量利分析方法，按照销售工作量支付费用，以便将费用的发生尽量与销售量挂钩，促进销售量的增加进而使企业收益最大化。在预计销售费用时，应以过去的销售费用的实际支出（或上期预算）为基础，考察其支出的必要性和效果，结合预算期促销方式的变化以及其他未来情况发生的可能性，并且与销售预算相配合，按品种、地区、用途具体确定预算数额。销售费用预算过程如表3-11所示。

表3-11 W公司销售费用预算

201×年度　　单位：千元

项目	一季度	二季度	三季度	四季度	合计
工资	10	10	10	10	40
办公费	24	36	36	24	120
广告费	—	20	—	—	20
通信费	2.4	3.6	5.0	30	41
保管费	2	3	3	4	12
运输费	3	3	4	4	14
合计	41.4	75.6	58	72	247

2. 管理费用预算

管理费用预算是指企业日常生产经营中为搞好一般管理业务所必需的费用预算。随着企业规模的扩大,一般管理职能日益重要,因而其费用也相应增加。在编制管理费用预算时,要分析企业的业务成绩和一般经济状况,务必做到合理化。管理费用项目比较复杂,且多属固定成本,因此,可以先由各费用归口各部门上报费用预算。企业在比较、分析过去的实际开支的基础上,充分考虑预算期各费用项目变动情况及影响因素,确定各费用项目预计数额。值得注意的是,必须充分考虑各种费用是否必要,以提高费用支出效率。另外,为了给现金预算提供现金支出资料,在管理费用预算的最后,还可预计预算期管理费用的现金支出数额。管理费用中的固定资产折旧费、低值易耗品摊销、计提坏账准备金、无形资产摊销和递延资产摊销均属不需要现金支出的项目,在预计管理费用现金支出时,应予以扣除。在通常情况下,管理费用各期支出比较均衡,因此,各季的管理费用现金支出数为预计全年管理费用现金支出数的1/4。管理费用预算过程如表3-12所示。

表3-12 W公司管理费用预算

201×年度　　　　单位:千元

项目		金额
	工资	100
	折旧费	80
	办公费	85
	差旅费	200
	物料消耗	55
	无形资产摊销	20
	工会经费	20
	印花费	5
	其他	35
	合计	600
预计现金支出	减:折旧费	80
	无形资产摊销	20
	管理费用全年支出现金总额	500
	管理费用季度支出现金总额	125

(八) 财务费用预算的编制

财务费用预算,是指对预算期企业筹集生产经营所需资金等所发生的费用的预计。财务费用的发生主要与企业存、贷款数额和利率变动直接相关。在利率较平稳的情况下只要企业生产和销售规模不变,预算期财务费用与上年应基本一致。因此,可在上年财务费用开支数的基础之上,按预算期可预见的变化进行调整,以此作为预算期财务费用预算数。如表3-13所示。

表 3-13　W 公司财务费用预算

201×年度　　　　单位:千元

项目	金额	项目	金额
利息支出	327	汇兑净损失	-77
减:利息收入	54	手续费	12
利息净支出	273	其他	20
汇兑损失	58	财务费用合计	228
减:汇兑收益	135	预计财务费用每季现金支出总额	57

如果企业上年没有财务费用可以借鉴,可按下式计算:

预计财务费用=∑每次借款额×每次借款期限×每次借款利率-4×每季度平均银行存款累积计息积数×存款利率　(3-22)

财务费用各项目均需支付现金,费用的预算数即为预计财务费用现金支出数。

四、财务预算的编制

(一) 现金预算

在现代财务管理理念中,“现金为王”逐渐为广大企业所接受。从内部管理来说,在对营运资金的管理过程中,特别注重资金能否均衡循环和持续发展,这也成为对财务管理人员管理素质和水平衡量的重要尺度。在全面预算管理中现金预算是其体系的核心,起着提纲挈领的作用;而对外部内行的分析人士来说,看一家企业实力如何,不仅要看其利润表上已实现利润为多少,还要着重分析这家企业的现金流动性如何。所以,编制现金预算具有非常重要的意义。

现金预算的编制方法有三种:①现金收支法,是指以预算期内各项经济业务实际发生的现金收付为依据来编制现金预算,这是编制现金预算的主要方法。②调整净收益法,是指以权责发生制为基础计算出的税前净收益,调整为以现金收付实现制为基础计算的现金净收益。③预计资产负债表法,是指编制预算时对资产负债表除现金以外的各个项目进行一一预计,然后再根据会计恒等式的变形公式(现金余额=负债+所有者权益-非现金资产),推算出现金余额。

下面介绍用现金收支法编制现金预算的具体方法。在现金收支编制法下,现金预算是由现金收入、现金支出、现金多余或不足、资金的筹集和运用四部分组成。现金收入包括期初现金余额和预算期现金收入,其中,期初现金余额是编表时的上期余额或预计而来;预算期现金收入的主要来源是销售得到的现金销售收入,其数据来自销售预算表;可供使用的现金为期初现金余额加本期销售所得的现金收入;本期现金支出包括本期由于生产和销售所支付的各种成本费用,包括直接材料支出、直接人工支出、制造费用支出、销售和管理费用支出以及财务费用支出,同时也包括企业缴纳的所得税、购置设备等资本支出、股利分配等现金支出。

在以销售为起点、由各业务部门编制完成分部预算以后,财务部门根据各分预算列示出的现金收支预计数及有关资本预算支出资料汇总编制现金预算。

仍然以 W 公司为例,根据上述表 3-5—表 3-13 汇总现金预算如表 3-14 所示。

表 3-14　W 公司现金预算

201×年度　　　　　　　　　　　　单位:千元

项目	一季度	二季度	三季度	四季度	全年
期初现金余额	65	50	50	50	65
加:现金收入					
收回应收账款及销货现金收入	2 000	2 820	3 476	3 092	11 388
可供使用现金	2 065	2 870	3 526	3 142	11 453
减:现金支出					
其中:直接材料	230.82	290.96	333.34	306.37	1 161.49
直接人工	260	313.6	351.2	279.2	1 204
制造费用	145	171.8	190.6	154.6	662
销售费用	41.4	75.6	58	72	247
管理费用	125	125	125	125	500
财务费用	57	57	57	57	228
购买设备		480	160	160	800
所得税	252.8	252.8	252.8	252.80	1 011.20
销售税金	8.94	8.94	8.94	8.94	35.76
股利				2 578.6	2 578.6
现金支出合计	1 120.96	1 775.7	1 536.88	3 994.51	8 428.05
现金多余或不足	944.044	1 094.3	1 989.12	-852.51	3 174.95
资金筹集和运用:					
向银行借款				902.51	902.51
归还银行借款及利息					
短期股票投资	-894.04	-1 044.3	-1 939.12		-3 877.46
筹集运用资金合计	-894.04	-1 044.3	-1 939.12	902.51	-2 974.95
期末现金余额	50	50	50	50	50

本例中年初的现金余额是根据上年末资产负债表中的“货币资金”项目得到的,其他各季度期初现金余额来自编制预算时预计的上季度期末现金余额。收回应收账款及销货现金收入来自销售预算。其他现金收入指租金收入、固定资产出售收入、股利及利息收入等,购货现金支出来自直接材料、直接人工、制造费用、销售费用、管理费用和财务费用预算。

此外,编制 W 公司现金预算还需预算年度内其他相关资料:①第二季度计划购入一套设备价值 800 千元,本季付款 480 千元,第三季度付款 160 千元,余款 160 千元第四季度支付;②预计各季度支付所得税 252.8 千元,支付销售税金 8.94 千元,第四季度支付股利 2 578.6 千元;③假定该公司最低保留现金余额为 50 千元,上年度末资产负债表所示货币资金余额为 65 千元。

表中“现金多余或不足”是用现金收入合计数减现金支出合计数。如果此差额为正,则说明收入大于支出,扣除最低保留现金余额为 50 千元后,多余现金可用于偿还借款或进行短期投资;如果此差额为负,则说明支出大于收入,现金不足部分需向银行借款或用出售短期证券方式筹资。

（二）预计利润表

在编制预计财务报表时，要先编制预计利润表（如表 3-15 所示），然后才能编制预计资产负债表（如表 3-16 所示）。因为需要预计出预计利润表中的利润数，然后才能使其进入预计资产负债表相关项目。

表 3-15　W 公司预计利润表

201×年度　　　　单位：千元

项目	资料来源	全年金额
一、主营业务收入	销售预算	11 920
减：主营业务成本	产品成本预算	3 098.80
产品销售费用	销售费用预算	247
税金及附加		35.76
管理费用	管理费用预算	600
财务费用	财务费用预算	228
二、主营业务利润		7 710.44
加：营业外收入	营业外收支预算	0
减：营业外支出	营业外收支预算	0
三、利润总额		7 710.44
减：所得税	按 15%估计	1 156.57
净利润		6 553.87
利润分配：		
其中：盈余公积	按净利 10%计算	655.39
股利分配	按（净利润-盈余公积）×50%计算	2 949.24
未分配利润		2 949.24

表 3-16　W 公司预计资产负债表

201×年 12 月 31 日　　　　单位：千元

资产	资料来源	年末	负债及所有者权益	资料来源	年末
			流动负债：		
现金	现金预算	50	短期借款	测算	203.77
应收账款	从销售预算推出	852	应付账款	从直接材料预算推出	112.51
短期投资					
存货	直接材料预算	30			
	产品成本预算	135.18	长期借款	根据上年	1 500
			负债合计		1 816.28
流动资产合计		1 067.18	所有者权益：		
			股本	根据上年及本年预测	4 000

续表

资产	资料来源	年末	负债及所有者权益	资料来源	年末
固定资产		8 500	资本公积		146.276
减:累计折旧		2 500	盈余公积	预计利润表	655.39*
固定资产净值		6 000	未分配利润	预计利润表	2 949.24*
长期投资		1 000			
无形资产		1 500	所有者权益合计		7 750.90
资产合计		9 567.18	负债及所有者权益合计		9 567.18

注:①盈余公积和未分配利润的期末数应该等于计划年提取数加上基期余额,此处假定期初数为零,仅以当期数代之。②在第一节中,介绍了用销售百分比法编制预计资产负债表。故此表也可以直接按上年资产负债表中与销售相关的资产和负债项目占销售的百分比计算出各相关项目值后,再通过对其他项目的分析和平衡确定。

预计利润表中的"主营业务收入"来自销售预算,"主营业务成本"来自产品成本预算,"产品销售费用"来自销售费用预算,"税金及附加"根据相关资料的比率计算。之后,就可计算出"主营业务利润"项目。

(三) 预计资产负债表

编制资产负债表有几种方法,常见的有销售百分比法、预算余额法等。这里根据预算余额法编制。前面在编制经营预算和财务预算时,已经测算出资产负债表中一些项目,如从销售预算中推出应收账款余额,从直接材料预算和产品成本预算中推出存货余额,从直接材料预算中推出应付账款余额,等等;对上述预算编制中未涉及的项目,应该根据实际情况分析,进行一一预计,或者根据上年余额予以调整。然后再将现金预算数和预计利润表中的相关项目录入,就可编制完成预计资产负债表。

第三节 财务控制

一、财务控制的原理

(一) 财务控制的意义

财务控制是内部控制的一个重要组成部分。内部控制是指对一个组织活动进行的约束和指导,使之按既定目标运行的过程。要达到对企业经营活动实施控制目的,需要设立一系列控制制度、组织、方法和程序。比如,为保障企业财产不受侵害,对货币资金、物资、固定资产等设立的内部会计制度;为提高经营业务的工作效率,促使各个部门协调工作,确保企业经营目标和经营方针的贯彻执行而实行的行政业务控制;为检查内部控制的严密和完善程度及运用情况而设立的内部审计制度;如果侧重于对企业财务状况和资金运动过程进行的监督与跟踪检查则属于财务控制。

除上述控制之外,企业还存在着其他多种管理控制形式,如人事、生产、质量、销售控制等。它们体现着企业管理的不同分工,在控制体系中各自发挥着重要作用。

与其他管理控制相比，财务控制更具综合性和全面性，所以在企业内部控制中占据重要地位。

从狭义上说，财务控制是指财务人员（部门）通过财务法规、财务制度、财务定额、财务计划目标等对资金运动进行指导、组织督促和约束，确保财务计划（目标）实现的管理活动。它是财务管理的重要环节或基本职能，与财务预测、财务决策、财务分析与评价一起成为本书总论中所说的财务管理循环（或称财务管理环节）。财务控制的特征是：以价值形式为控制手段，以不同岗位、部门和层次的不同经济业务为综合控制对象，以控制资金运动特别是日常现金流为主要内容。现代的、更为广泛意义上的财务控制，则是指公司治理层面的、与财权配置相联系的制度或机制方面的设计和执行，甚至提升到出资人对企业财务进行综合的、全面的管理。一个健全的企业财务控制体系，实际上是完善的法人治理结构的体现。

本节主要从狭义上介绍财务控制。

（二）财务控制系统及控制原理

一般来说，建立企业内部控制制度目的是要防止错误和弊端的发生。设计内部控制制度的基本原理是将业务工作进行合理的分工和协调，并以一定的顺序、手续，明确当事人的责任和权限，将财产实物的经办人与会计工作人员完全独立开来。处理每一项经济业务的全过程，必须有两个或两个以上人员参与，以形成彼此制约、相互监督的作用。财务控制也仍然遵循此原理。

在财务控制系统中，包含了组织系统、信息系统、考核制度和激励机制等内容。首先，财务控制系统必须与企业组织机构相适应，财务控制的依据是企业预算，而预算是由若干分级的分预算组成的。每个分预算代表一个分部、车间、科室的财务计划。与此有关部门的财务控制也都是划小单位进行的，即形成所谓的责任预算。其次，财务控制系统的另一个组成部分——信息系统，是指企业的责任会计系统、MIS（管理信息系统）以及 IT（信息技术）等，主要负责计量、传送和报告财务控制使用的各种信息。最后，考核制度和激励制度是控制系统发挥作用的重要因素，它依据预算所确定的各种责任，在一个执行期末进行考核，从而对前一期的执行情况给予评价和反馈，所以，这是维持控制系统长期有效运行的保障机制。从而形成了一个从财务预测、财务决策，到财务控制和财务分析与考核激励的闭合式回馈系统。

（三）财务控制应遵循的基本原则

1. 相互制约

处理每一项经济业务的全过程，必须由两人或两人以上共同分工负责，彼此的工作可以相互对证，以起到相互牵制的作用。

2. 会计独立

资金实物形态的保管、处理必须与反映资金变化的记录完全独立开来，即会计工作与其他业务工作分开，会计部门不与其他部门合并。经营财产实物的部门必须由管理当局授权。

3. 记录完备

在会计制度设计中，从设计起即应规定：利用完备的会计记录对企业的经济业务进行分类、整理、总结、监督，以保证企业发生的所有重要经济业务都有详细的记录并反映在会计报表上。这些记录包括计划、预算、定额标准、会计凭证、账簿及各种辅助表格和会计报表。

4. 稽核对证

会计部门要充分利用内部稽核方法,保证账账相符,控制实物和货币支出不超出预算定额,并要经常进行实物盘点,及时与账簿记录相互复核对证。

5. 内部审计

在企业中要建立独立于会计部门之外的内部审计部门,对企业的会计记录和会计报告、会计制度执行情况进行经常性检查和监督。

(四) 财务控制的步骤

无论是哪一种控制方法,其基本步骤都有三个:第一,制定并下达控制标准。控制标准可以是定额、计划指标,也可以是制度规定或办事程序;第二,检查控制标准的执行情况,发现脱离控制标准的差异,包括数量差异和行为差异;第三,分析差异原因,采取适当措施消除差异。消除差异的方法,一是调整受控者的行为,二是调整原有的控制标准。企业目标或企业财务目标只有通过控制才能变成现实。

二、财务控制的主要内容

财务控制的内容主要是对成本与资金的控制。成本耗费一般发生在采购、生产和销售几个主要环节,而对资金的控制则涉及现金流动、货款回收、资金筹措和资金投放过程。以下主要介绍几个涉及现金流动的关键环节控制。

(一) 采购环节

采购环节包括商品、材料和固定资产的采购供应。它一般由签订供货合同、验收材料和商品入库等环节构成。每个企业的采购流程都应该有一套业务流程和业务规章制度。采购业务的财务控制主要包括以下几个方面:

1. 从各种采购凭证入手

核查凭证正确性,重点审查其数额、款项、种类、供应公司等,保证相互一致并手续完备。

2. 控制采购资金

除零星采购外,采购均需签订采购合同,财务部门要有所有合同的复印件。同时也要寻求经济订货数量、金额与时间。采购合同必须经过审查、核对,方可付款结算。

3. 严格采购程序

不得擅自改变采购内容,只能按批准的品种、规格、数量进行采购。

在采购过程中,应该注意政策的透明化,实行集体决策,统一监控。现在许多单位推行的集中采购和招投标制度对于遏制采购中的腐败问题是行之有效的控制手段;对于未实行集中采购和招投标制度的可以按采购金额大小,分级授权,明确规定个人权限的合理范围。

(二) 信用控制

信用控制是对企业在销售过程中赊销商品或其他原因而占用的应收账款、预付账款、应收票据、其他应收款等进行控制。随着生产竞争加剧,应收款在企业流动资产中占有的比例越来越大,应收款能否及时收回已经影响到企业资金的周转。信用控制主要包括以下几方面。

1. 加强对信用管理部门的管理

企业的信用管理部门应直接隶属于企业财务总监或财务副总,负责获取并分析信用资料,控制信用额度,管理和分析应收账款,协助催收逾期账款等工作。应建立并完善信用管理部门并加强对其的领导。

2. 任用称职的信用管理人员

称职的信用管理人员应具备以下素质:具有财会或金融专业知识及实践背景;充分掌握企业的产品、客户和服务内容及特点;善于与同事及客户进行交流;充分了解获取信用资料的方法和途径;具有迅速做出准确决定的经验知识和能力;了解相关的法律制度。

3. 完善信用管理程序

成功的信用管理需要明确步调一致的程序。其一般程序是:赊购申请—信用评估—信用额度确立—赊销关系的确立—额度监控—应收款账龄分析—收账程序。

4. 选用适当的信用政策

信用政策分为三种类型,企业可根据自身对待风险的态度,合理选用。第一,保守型政策,指企业不愿意承担风险,只向财务状况不容置疑、付款及时的客户赊销。第二,温和型政策,指企业愿意承担自认为能够控制的风险。第三,开放型政策,指企业基本向所有客户进行赊销。以上三种类型,企业可根据其产品生命周期和对风险的态度,选择自己适合的类型。

(三)现金收支控制

随着企业日常活动的开展,必然发生现金的收入和支出,如取得商品销售收入及其他收入,用于支付工资、购买原材料和固定资产、偿还债务、发放红利等。频繁的现金流入和流出使得现金成为流动资产中最活跃的因素,在数量上是一个很难把握的随机变量。企业持有现金的多少,实际上是财务管理者风险与收益态度的最集中体现。这是因为,如果现金持有过多将产生闲置现金,降低企业盈利能力;如果现金持有过少,将会给企业资金周转带来困难,增加财务风险。因此企业现金管理的目标就是要在资产的流动性和收益性之间做出选择,以实现利润最大化。

1. 现金控制的内容

现金控制包括:编制现金收支计划,以便合理地估计未来的现金需求;对日常的现金支出进行控制,力求加速收款、延缓付款;用特定的方法制定理想的现金余额,当企业实际的现金余额与最佳现金余额不一致时,采用短期融资、归还贷款或投资于有价证券等手段来达到理想的状况。

2. 现金收支管理

具体可采用以下几种方法:

(1) 力争现金流量同步。企业应尽量做出安排,力争使现金流入与流出在时间上趋于一致,这样就可以使其所持有的交易性现金余额降到最低水平。

(2) 加速收款。企业应力争缩短从顾客开出汇款或支票到企业收到汇款或将支票兑现的时间。

(3) 控制现金支出,主要表现在支付时间和金额两方面进行控制。通常采用的方法是:①使用现金浮游量。这是指从银行开出的支票总额超出其银行存款余额。因为从企业开票到收票人将款项划到其账户有一定的时间差,浮游量实际上是由企业与银行双方出账与入账的时间差造成的。当然,企业使用现金浮游量时一定要预先估计好差额并控制好时间,否则会发生银行透支。②推迟应付款的支付。这是指企业在不影响自身声誉的前提下,尽可能推迟应付款的支付期,充分利用供货方提供的信用优惠条件。如果急用现金,甚至可以放弃供货方提供的折扣优惠。企业还可以利用汇票这种支付方式来推迟现金支出的时间。因为汇票和支票不同,不能见票即付,还需由银行经购货单位承兑后才能付现。

三、财务控制的方法

在财务控制中,常用方法有以下五种基本控制方法。

(一) 制度控制法

制度控制法即按照国家和企业制定的法律、法规等进行的控制,包括财产物资、现金的管理及清查盘点制度,岗位责任制,财务管理基本业务程序制度等。制度控制通常规定只能做什么、不能做什么,具有防护性特征。

(二) 定额控制法

定额控制法是指以定额为标准,对经济活动或资金运动所进行的控制。符合定额的经济业务要给予支持,保证资金需要;超过定额的经济业务要分析超过的原因,再分别处理。一般地说,财务管理中的定额管理本质上是对财务管理的各方面的工作明确提出定量、定时的要求,建立各种各样有科学依据、切实可行的定额,并按照它们的内在联系组成一个定额体系。这个体系按内容分有资金定额、成本费用定额、设备定额、物资定额,按性质分有状态定额、消耗定额和效率定额。定额管理的实施要求企业做好两项基础性工作:一是计量与验收工作,二是原始记录工作。

(三) 授权控制法

授权控制法是指在某项财务活动发生之前,按既定的程序对其正确性、合理性、合法性加以核准并确定是否让其发生的控制。授权管理的原则是:对授权范围内的行为给予充分信任,但对授权以外的行为不予认可。

授权通常分为一般授权和特别授权。一般授权是指企业内较低层次的管理人员根据既定的预算、计划、制度等标准,在其权限范围内对正常的经济行为进行的授权。特别授权是指对非经常经济行为进行专门研究做出的授权。与一般授权不同,特别授权的对象是某些例外的经济业务。这些例外的经济业务往往是个别的、特殊的,一般没有既定的预算、计划等标准参照,需要根据具体情况进行具体的分析和研究。例如,授权购买一项重要设备、授权降价出售商品等都是特别授权的事例。一个企业的授权控制应做到以下几点:

(1) 企业的所有人员不经合法授权,不能行使授权。

(2) 企业的所有业务不经授权不能执行。

(3) 经营业务一经授权必须予以执行。

(四) 责任制度控制法

在科学的组织结构和合理分工管理的基础上,建立适当的责任制度,是组织控制的一项重要内容。责任制度控制是以明确责任、检查和考核责任履行情况为主要内容的。责任制度控制有三大特点:一是职责和权利结合,二是工作任务和方法结合,三是纵向和横向工作结合。

责任制度的具体形式主要有以下两种。

1. 部门责任制

部门责任制是按照企业各部门具备的职能来明确责任、考核责任的制度。实行部门责任制，首先要明确各个部门的工作内容、责任范围及部门之间的联系。其次要制定各个部门的工作标准，以及各部门之间的联系、协调制度，并经常检查执行情况，以使企业内部各部门既能各司其职，又能协调配合，从而有条不紊地完成各自的工作任务，实现企业的整体目标。

2. 岗位责任制

岗位责任制是按照岗位明确责任、考核责任的制度。建立岗位责任制的目的是使企业内部各级组织和人员都有明确而具体的职权范围和工作责任，以做到人人有专责，事事有人管，办事有标准，工作有检查。实施岗位责任制的具体要求是：第一，在工作内容上，要明确职责范围和权限；第二，质量标准要指标化；第三，在政策规定方面，要纪律严明，进行经常性检查和监督。

（五）预算控制法

预算是一种控制机制，表现了执行主体的责任和奋斗目标，因而能约束预算执行主体的行为，最大限度地保证预算目标的实现。通过预算目标与实际业绩的比较，能使经理人员随时了解预算主体范围内的企业实际业绩的进展情况，通过分析目标与实际的差异，揭示产生差异的原因，以便反映原始预算的现实性与可行性，并由此决定是否修改原始预算，以使目标变得科学与合理。通过实际业绩与预算业绩的定期比较，可以最大限度地提高企业的经营效率。在集团内实施预算控制，更有利于落实责任，有利于企业的控制与经营。财务的预算控制重点是围绕资金管理和成本管理两大主体进行的。

关键词

财务预测　全面预算　财务预算　资本支出预算　经营(业务)预算　固定预算　弹性预算　零基预算　滚动预算　现金预算　财务控制　采购控制　现金控制　信用控制　制度控制　定额控制　授权控制　预算控制　责任控制

要点回顾

本章主要介绍了财务预测、财务预算及财务控制，它们与上一章的财务分析一起，构成了本书介绍的两大循环之一——财务管理的方法循环。在财务预测中，主要介绍了财务预测的内容，包括销售预测、成本和利润预测、资金预测，并将财务预算的常见方法，如回归分析法、高低点分析法、销售百分比法等融入其中一并讲授。在财务预算一节中，介绍了预算编制原理和常用方法，阐述了全面预算体系，之后重点介绍了以销售为起点的全面预算编制和财务预算的编制过程。在财务控制一节中，阐述了财务控制原理、财务控制的重点内容，以及财务控制的常用方法。

本章的特点是，紧接上一章的财务分析，继续介绍财务预测、财务预算编制及财务控制，使读者掌握一个完整的循环系统中管理方法之间的传递、联系和相互作用，从理论上使读者形成深化管理的理念，为下一篇财务管理的内容循环——资金运作与管理打下良好的基础。

即测即评

请扫描右侧二维码,进行即测即评。

思考题

1. 什么是财务预算?
2. 全面预算包括哪些基本预算?各预算之间的关系如何?
3. 现金预算包括哪些具体内容?试述各项内容的资料来源。
4. 为什么编制全面预算要以销售预算为起点?编制销售预算的主要依据是什么?
5. 什么是预计财务报表?它包括哪些项目?
6. 如何编制弹性预算?
7. 滚动预算具有哪些优点?如何编制滚动预算?
8. 现金预算编制有哪几种主要方法?
9. 财务控制的内容主要是什么?财务控制有哪些方法?
10. 收集一个企业的预算资料,了解其编制过程,并结合财务分析考核该企业预算执行情况。

练习题

1. 某公司1月份现金收支资料预计如下:

(1) 1月份现金余额为13 700元,已收到未入账支票40 400元。

(2) 产品售价8元/件。上年11月销售20 000件,12月销售30 000件,预计本年1月销售40 000件,2月销售25 000件。根据以往经验,商品售出后当月可收回60%,次月可收回30%,再次月收回8%,坏账为2%。

(3) 进货成本为5元/件。当月购货后支付50%,而后于下个月再付余款。编制预算时月底存货为次月销售的10%加1 000件。12月底的实际存货为4 000件,应付账款余额为77 500元。

(4) 1月份的管理费用预算为85 000元,其中折旧为12 000元。企业费用须当月用现金支付。

(5) 预计1月份将购置一台设备,支出150 000元,须当月付清款项。

(6) 本月预交所得税20 000元。

(7) 现金不足时可以从银行借入,借款额度为10 000元的倍数,利息在还款时支付。期末现金余额不少于5 000元。

要求:编制1月份的现金预算(格式可以自己确定,既可以用算式直接计算得出,也可以借助现金预算表的形式填写计入)。

2. 甲企业201×年有关财务数据如表3-17所示。

表3-17 甲企业201×年有关财务数据表

项目	金额(万元)	占销售的百分比
流动资产	1 400	35%
长期支出	2 600	65%
资产合计	4 000	100%
短期借款	600	—
应付账款	400	10%
长期负债	1 000	—

续表

项目	金额(万元)	占销售的百分比
实收资本	1 200	—
留存收益	800	—
负债及所有者权益合计	4 000	10%
销售额	4 000	—
销售净利率	200	5%
现金股利	60	—

要求:假设该公司实收资本一直保持不变,计算回答以下互不相关的问题:

(1) 假设201×年公司计划销售收入为5 000万元,需要补充多少外部融资额?(已知该公司生产能力尚未饱和,保持目前的股利支付率、销售净利率和资产周转率不变)

(2) 若股利支付率为零,销售净利率提高到6%,目前销售额为4 500万元,需要补充多少外部融资额?(保持其他财务比率不变)

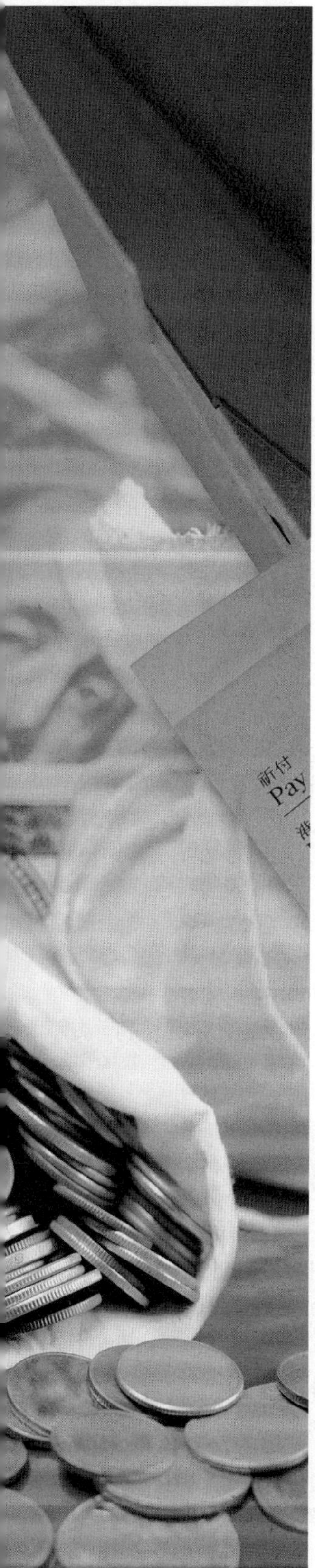

第四章　货币时间价值与证券估价

学习目标

在理解货币时间价值概念的基础上，掌握复利终值、复利现值、年金终值、年金现值等的计算；并掌握其在债券估价和股票估价及其投资中的应用。

对于普通的居民来说，其拥有的财富（货币）可以用于当前的消费，也可以将其存入银行或购买债券、股票一类的证券。当其将节约的货币存入银行或购买债券等进行投资时，他将获得利息或股利，未来流入的现金总额将增加。这意味着居民推迟消费将带来增值，也意味着不同时间点的一元钱是不等的。而财务管理是对资金及其流转的管理，因此，必须掌握不同时间点现金流的区别、不同时间点的现金流入如何加总等问题。这正是本章要阐述的问题。

第一节　货币时间价值的内涵与计算

一、货币时间价值的内涵

2016 年 1 月 1 日，某人存入银行 100 元，假定银行存款的年利率为 6%，则到年底他可以得到本金 100 元和 6 元的利息，共 106 元。经过 1 年的时间，他的存款增加了 6 元，这意味着推迟消费可以给他的财富带来增值。这就是货币时间价值，即货币经过一段时间后能够带来增值，是对消费者推迟消费的一种补偿。因为相对于未来消费，人们更喜欢当期消费。因此，要让人们推迟消费、让渡货币使用权，必须能在未来提供更多的消费。而人们推迟消费让渡出来的货币投入再生产将带来增值。因此，从本质上看货币时间价值所带来的增值的原因是投入再生产而产生的增值。

货币时间价值通常用相对数来表示，如利息率。当然，金融市场常用到的利率并不完全等于货币时间价值，因为它还包含通货膨胀和风险补偿部分。

（一）单利与复利

单利和复利是计算货币时间价值的两种计算基础，下面以例子来说明。

【例 4-1】 2016 年 1 月 1 日，某人将 100 元存入银行，银行的年利率为 6%，2018 年 12 月 31 日存款到期，到期一次还本付息，则他将从银行获得本金和利息之和为多少？

第一种计算方法：

$$100+100\times6\%+100\times6\%+100\times6\%=100+3\times100\times6\%=118(\text{元})$$

第二种计算方法：

$$100+100\times6\%+(100+100\times6\%)\times6\%+[100+100\times6\%+(100+100\times6\%)\times6\%]\times6\%=100\times(1+6\%)^3=119.1(\text{元})$$

第二种算法下得到的本利和比第一种算法下多出 1.1 元，这是为什么呢？因为两种计算方法的基础不同。在第一种算法下，每期计算利息时只计算本金的利息。而第二种算法下不仅计算本金的每期利息，还要计算前一期所获得的利息在本期的利息，即利息的利息。

第一种计算基础我们称之为单利（simple interest），即只对本金计利息，而对之前的利息不再计利息。在单利计息下，则 B 元本金经过 n 期的利息 I（增值）为：

$$I=n\times B\times i \tag{4-1}$$

式中，i 为利息率。

第二种计算基础叫复利（compound interest），即既对本金计算利息，还要对之前的利息计算利息。在复利计息下，B 元本金经过 n 期的利息 I（增值）为：

$$I=B\times(1+i)^n-B \tag{4-2}$$

请注意，本书以下在货币时间价值的计算中，如果不作特别提示，均指以采用复利计息为基础。

（二）年百分比利率与有效年利率

在复利计息方法下，一年内的付息次数是否会影响货币时间价值呢？

【例 4-2】 如例 4-1 中，假定银行每半年计息一次，到期还本付息，在采用复利计息方法下到期可得的本息之和为多少？

到期本息之和为

$$100\times(1+3\%)^6=119.41(\text{元})$$

同样是复利计息法，但例 4-1 中按年计息的本息和为 119.1 元，本例则为 119.41 元。结果显示，一年计息一次与半年计息一次所得的金额并不相同，半年计息一次所得要比一年计息一次所得多 0.31 元。差额在于利息的利息。因此，在其他条件相同的情况下，一年内计息次数越多，其利息也越多，这意味着其实际的增值也越多。

因此，在计算时间价值时必须要考虑年内付息次数的问题。进而，利率也就有年百分比利率（annual percentage rate）和有效年利率（effective annual rate）之分。①

---

① 与年百分比利率和有效年利率对应的另一组概念为名义利率（nominal rate）和实际利率（real rate）。名义利率是指一项投资获得的货币增长，而实际利率则是指一项投资获得的购买力增长，名义利率与实际利率间关系可以表述为：名义利率＝（1+实际利率）×（1+通货膨胀率）－1。

年百分比利率，是指在金融市场中，金融机构公布的各种存贷款（或资产收益率）对应的年利率，而不同期限的利率则通过年百分比利率换算得到，如：月度利率就是对应的年百分比利率除以 12，季度利率就是对应年百分比利率除以 4，半年利率就是对应年百分比利率除以 2。有效年利率则是考虑了年内复利因素的实际利息率。年百分比利率与有效年利率间的关系为：

$$有效年利率=\left(1+\frac{年百分比利率}{一年内付息次数}\right)^{一年内付息次数}-1 \quad (4-3)$$

因此，在年百分比利率一定的情况下，付息频率越高，则有效年利率也越高。

二、终值与现值

货币存在时间价值意味着不同时点的现金不能简单地比较，必须将其放在同一时点。计算一笔资金在不同时点的价值时，存在终值和现值两种情况。

（一） 终值

终值（future value，FV）是指在复利计息下，现在的一笔资金在将来某个时点的本利和。

【例 4-3】 假定某人现在向银行存入 10 000 元，银行存款的年利率为 10%，按年计息、到期一次还本付息，则 3 年后该笔存款的总额为多少？该题可以表述为如图 4-1 所示。

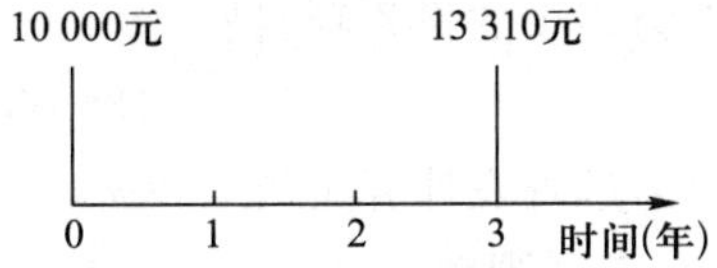

图 4-1 复利终值的计算

则 $FV_3=10\ 000\times(1+10\%)^3=13\ 310$（元）。

因此，在利率为 i 的情况下，计算一笔资金 PV 经过 n 期的终值的一般公式为：

$$FV_n=PV_0\times(1+i)^n \quad (4-4)$$

式中，$(1+i)^n$ 被称为复利终值系数，也可表示为 $(F/P,i,n)$。为了便于计算，可编制“复利终值系数表”，该表的行表示利率，列表示计息期数，相对应的复利终值系数 $(1+i)^n$ 在纵横相交处。

表 4-1 和图 4-2 显示了利率、期数和 1 元复利终值的关系。从中可以看出，在期数相同情况下，利率越高，终值越大；在利率相同情况下，经过时间越长，终值越大。

表 4-1 1 元复利终值 单位：元

年数	年利率					
	5%	6%	7%	8%	9%	10%
1	1.050	1.060	1.070	1.080	1.090	1.100
2	1.103	1.124	1.145	1.166	1.188	1.210
3	1.158	1.191	1.225	1.260	1.295	1.331
4	1.216	1.262	1.311	1.360	1.412	1.464
5	1.276	1.338	1.403	1.469	1.539	1.611

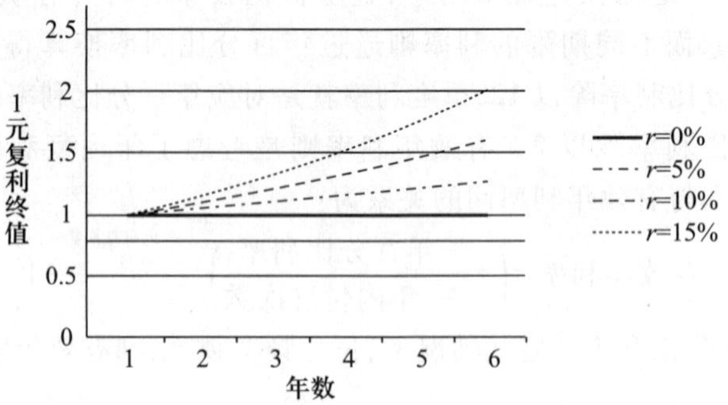

图 4-2　利率、年数与 1 元复利终值

复利终值在现实中用途广泛。

【例 4-4】 某人现有 50 000 元，拟投资于一个报酬率为 8%的项目，则经过多少年可以使现有资金增长为原来的 3.7 倍？

$$50\ 000\times3.7=50\ 000\times(F/P,8\%,n)$$

通过查表计算可得 $n=17$（年）。

【例 4-5】 某人现有 50 000 元，他希望 17 年后变成 185 000 元，则他应选择报酬率为多少的投资项目？

$$185\ 000=50\ 000\times(F/P,i,17)$$

通过查表计算可得 $i=8\%$。

（二）现值

现值（present value, PV）是指在复利计息下，未来的一笔资金折算到现在的价值。

【例 4-6】 银行存款的年利率为 10%，某人希望 3 年后有一笔 20 000 元的资金，则现在他应向银行存入多少？

该题可以表述为如图 4-3 所示。

则 $20\ 000=PV_0\times(1+10\%)^3$

$PV_0=20\ 000/(1+10\%)^3=15\ 026.3$（元）

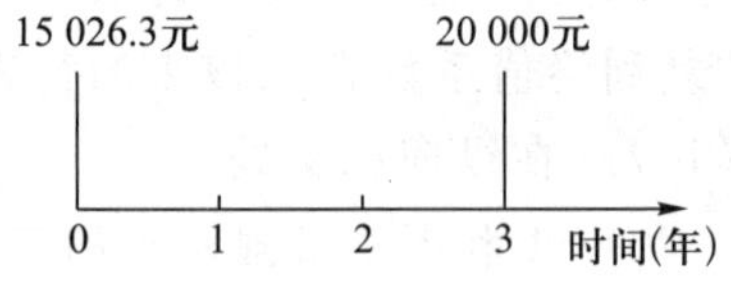

图 4-3　复利现值的计算

因此，在利率为 i 情况下，计算未来 n 期的一笔资金 FV 现在价值的一般公式为：

$$PV_0=FV_n/(1+i)^n \tag{4-5}$$

式中，$1/(1+i)^n$ 被称为复利现值系数，也可表示为 $(1+i)^{-n}$ 或 $(P/F,i,n)$。为了便于计算，同样可以编制"复利现值系数表"，该表的行表示利率，列表示计息期数，相对应的复利现值系数 $1/(1+i)^n$ 在纵横相交处。

表 4-2 和图 4-4 显示了利率、期数和 1 元复利现值的关系。从中可以看出，在期数相同情况下，利率越高，现值越小；在利率相同情况下，经过时间越长，现值越小。

表 4-2　1 元复利现值　　单位:元

年数	年利率					
	5%	6%	7%	8%	9%	10%
1	0. 952	0. 943	0. 935	0. 926	0. 917	0. 909
2	0. 907	0. 890	0. 873	0. 857	0. 842	0. 826
3	0. 864	0. 840	0. 816	0. 794	0. 772	0. 751
4	0. 823	0. 792	0. 763	0. 735	0. 708	0. 683
5	0. 784	0. 747	0. 713	0. 681	0. 650	0. 621

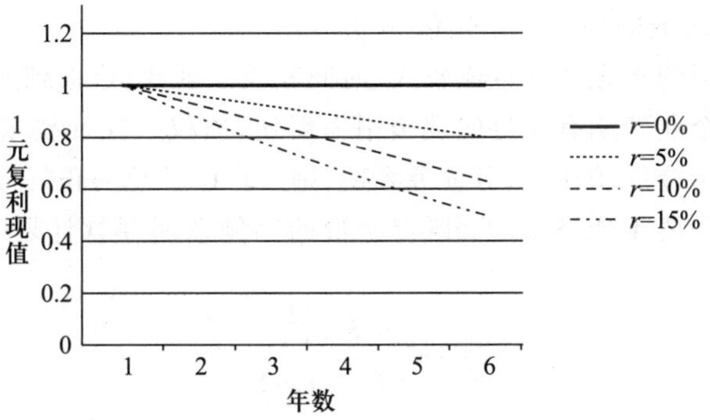

图 4-4　利率、年数与 1 元复利现值

三、年金

在现实经济生活中,许多金融工具、金融合约或投资项目的现金收入或支出是多期的、系列的,如何评价系列现金流呢?这里介绍一种特殊的系列现金流——年金(annuity)。年金是指等额的、定期的系列支付,即每次的现金收入或支出的金额是相同的,相邻支付之间的间隔时间是相同的。年金可进一步分为普通年金、先付年金、递延年金、永续年金等。

(一) 普通年金(后付年金)

普通年金(ordinary annuity)也叫后付年金,指各期的现金收付在各期的期末进行。其收付形式如图 4-5 所示。

1. 普通年金终值

普通年金的终值是指其最后一期收付时的所有本利和,它是每期收付的复利终值之和,其计算过程如图 4-6 所示。

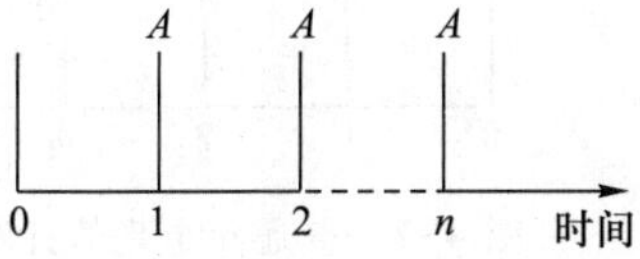

图 4-5　普通年金现金流图

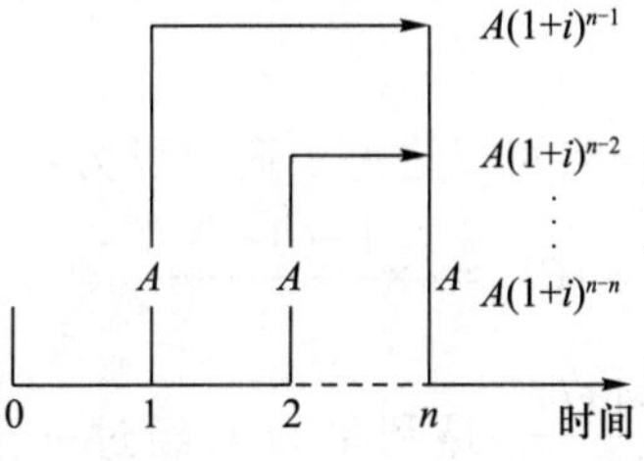

图 4-6　普通年金终值计算

这样，普通年金终值的计算公式为：

$$FV_A = A\times(1+i)^{n-1} + A\times(1+i)^{n-2} + \cdots + A\times(1+i)^{n-n} \quad (4-6)$$

式(4-6)进一步简化可得：

$$FV_A = A\times\frac{(1+i)^n-1}{i}$$

式中，$\frac{(1+i)^n-1}{i}$是利率为 i、经过 n 期的年金终值系数，也可记作$(F/A,i,n)$。为了方便使用，同样可以编制"年金终值系数表"，该表的行表示利率，列表示计息期数，相对应的年金终值系数$\frac{(1+i)^n-1}{i}$在纵横相交处。

2. 普通年金终值的应用——偿债基金

企业长期负债的本金往往数额较大、时间较长。因此，负债到期偿还时需要巨额现金。为了保证企业到期有充足的现金用来偿还，债权人往往要求企业定期地向一专门账户存入一定金额的存款，等债务到期，则账户中的总额正好等于要偿还的负债本金。这样一种为使年金终值达到既定金额的等额系列存款计划叫偿债基金，它可以用公式表示为：

$$A = \frac{FV_A}{(F/A,i,n)} \quad (4-7)$$

式中，FV_A 为到期需要偿还的本金；$\frac{1}{(F/A,i,n)}$为复利年金终值系数的倒数，也叫偿债基金系数。

【例 4-7】 某企业从银行贷款 1 000 万元，期限为 10 年。为了保证企业到期有 1 000 万元现金用来偿还负债，银行要求企业每年末要向指定账户存入一笔资金，假定存款利率为 6%，则企业每年应存入多少？

根据普通年金终值计算公式有：

$$1\,000 = A\times(F/A,6\%,10)$$

进一步可得 $A = 1\,000/(F/A,6\%,10) = 75.87$（万元）

因此，在存款利率为 6%时，每年存入 75.87 万元，10 年后可得 1 000 万元用来还清债务。

3. 普通年金现值

普通年金现值是指每年末的等额系列收付在第一年年初时的价值，等于每年年末收付的复利现值之和。其计算过程如图 4-7 所示。

这样，普通年金现值计算公式为：

$$PV_A = A\times(1+i)^{-1} + A\times(1+i)^{-2} + \cdots + A\times(1+i)^{-n} \quad (4-8)$$

式(4-8)可以进一步简化可为：

$$PV_A = A\times\frac{1-(1+i)^{-n}}{i}$$

式中，$\frac{1-(1+i)^{-n}}{i}$是利率为 i、经过 n 期的年

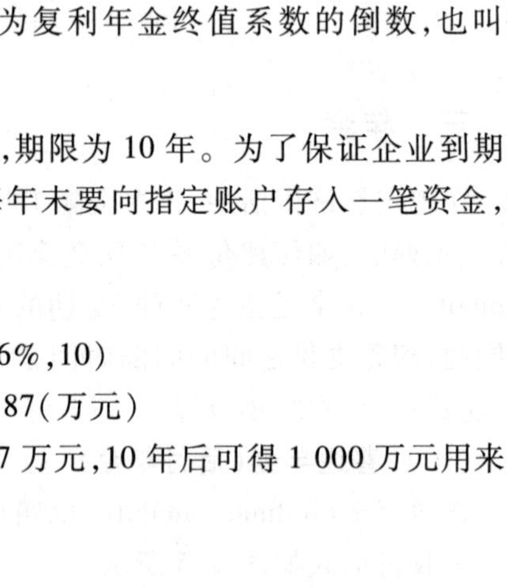

图 4-7　普通年金现值计算

金现值系数,也可记作$(P/A,i,n)$。同样,为了方便使用,可以编制"年金现值系数表",该表的行表示利率,列表示计息期数,相对应的年金现值系数$\frac{1-(1+i)^{-n}}{i}$在纵横相交处。

4. 普通年金现值的应用——资本回收

【例 4-8】 假定某人准备购买一套住房,总价为 100 万元,首付 30%,余下的通过银行贷款获得。如果银行的贷款利率为 7%,期限为 20 年,要求每年年末等额偿还,则每年偿还的金额为多少?

根据普通年金现值计算公式:

$$700\ 000=A\times(P/A,7\%,20)$$

$A=700\ 000/(P/A,7\%,20)=66\ 075.14$(元),因此,每年末要偿还 66 075.14 元。

知道初始投资、利率和投资年限,计算每年净现金流入量的问题为资本回收问题,从例 4-8 中可知,资本回收问题的计算公式为:

$$A=\frac{PV_A}{(P/A,i,n)} \tag{4-9}$$

式中,PV_A为初始投资额;$\frac{1}{(P/A,i,n)}$为复利年金现值系数的倒数,也叫资本回收系数。

(二) 先付年金

先付年金又称即付年金,即每期的现金收付发生在期初。其现金收付形式如图 4-8 所示。

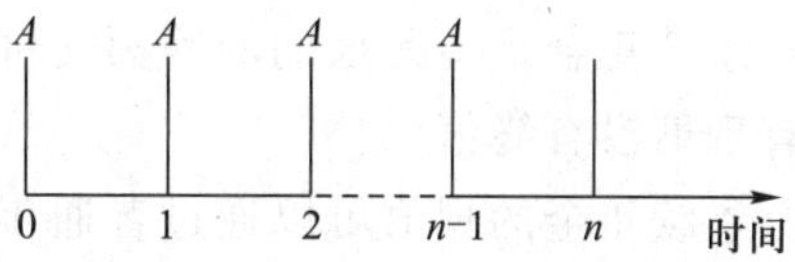

图 4-8 各期的即付年金收付图

1. 先付年金终值

根据先付年金的现金收付,其终值的计算公式为:

$$\begin{aligned}FV_A&=A\times(1+i)^n+A\times(1+i)^{n-1}\\&\quad+\cdots+A\times(1+i)\\&=A\times\left[\frac{(1+i)^{n+1}-1}{i}-1\right]\end{aligned} \tag{4-10}$$

式中,$\left[\frac{(1+i)^{n+1}-1}{i}-1\right]$为$n$期先付年金的终值系数,与普通年金终值系数相比,是$n+1$期普通年金终值系数减 1。由于年金终值系数表一般只编制普通年金终值系数,因此,先付年金终值系数可以通过普通年金终值系数换算获得。

从图 4-8 可以看出,先付年金各期的收付额均早于普通年金一期,因此,其计算也可直接用普通年金终值系数乘以$(1+i)$求得。

2. 先付年金现值

先付年金的现值计算公式为:

$$\begin{aligned}PV_A&=A+A/(1+i)+A/(1+i)^2+\cdots+A/(1+i)^{n-1}\\&=A\left[\frac{1-(1+i)^{-(n-1)}}{i}+1\right]\end{aligned} \tag{4-11}$$

式中，$\left[\frac{1-(1+i)^{-(n-1)}}{i}+1\right]$为 n 期先付年金现值系数。与普通年金现值系数相比，是 $n-1$ 期普通年金现值系数加 1。因此，先付年金现值系数也可以通过普通年金现值系数换算获得。

同年金终值一样，先付年金的现值也可以直接用普通年金现值系数乘以$(1+i)$求得。

（三）递延年金

递延年金是指连续收付的各期年金序列中有间断的情况。其现金收付形式如图 4-9 所示。

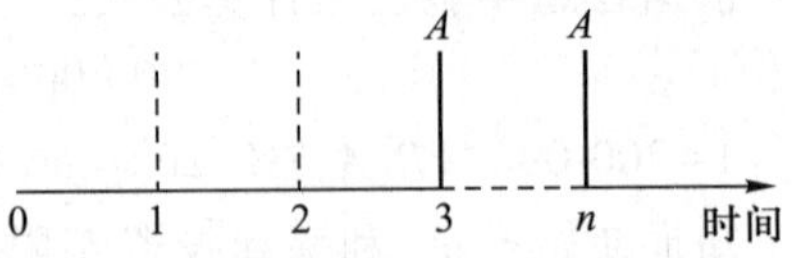

图 4-9　递延年金现金流图

从图 4-9 中可以看出，前两期没有支付。一般用 m 表示递延的期数，这里 $m=2$。递延年金终值的计算与普通年金类似。

递延年金现值的计算可以采用两种方法：

第一种方法，是把递延年金视为 $n-m$ 期普通年金，求出递延期末的现值，然后再将此现值采用复利现值的方式调整为第一期期初的现值。

第二种方法，是假设递延期中也进行正常支付，先求出 n 期普通年金现值，然后，扣除实际并未支付的递延期(m)的年金现值，即可得出最终的结果。

（四）永续年金

永续年金是指无限期的等额支付。由于永续年金没有终止时间，因此永续年金只有现值没有终值。

永续年金的现值可以通过普通年金现值公式导出：

$$PV_A=A\times\frac{1-(1+i)^{-n}}{i} \tag{4-12}$$

当 $n\to\infty$ 时，$(1+i)^{-n}$的极限为零，因此上式可以写成：

$$PV_A=\frac{A}{i} \tag{4-13}$$

常见的永续年金例子如奖学金的设立。

【例 4-9】 某企业拟在某学校设立一项永久性奖学金，计划每年颁发 10 000 元奖金。若利率为 10%，则企业应一次性存入多少钱？

$$PV_A=10\ 000\times\frac{1}{10\%}=100\ 000(\text{元})$$

第二节　债券及其估价

债券(Bond)是指政府或企业为筹集资金而向债权人发行的、在约定时间支付一定比例利息，并到期偿还本金的一种有价证券。债券是一种负债，因此，它定期向投资者支付利息，到期偿还本金。与银行借款等负债不同，债券发行后可以在二级市场流通。本节将利用货币时间价值概念对债券估价、债券到期收益率等计算方法进行论述。对于债券种类、特征等将在第七章详细论述。

一、债券基本要素

债券是一种有价证券，一般包括面值、票面利率、到期日等基本要素。

1. 债券面值

债券面值是指设定的票面金额，它代表发行人借入并承诺于未来某一特定日期偿付给债券持有人的金额。

2. 债券票面利率

债券票面利率是指债券发行者预计一年内向投资者支付的利息占票面金额的比率。票面利率是名义年利率，或年百分比利率。债券的利息有半年付息一次、一年付息一次等方式。因此，债券的票面利率与实际利率可能不同。

3. 债券到期日

债券到期日是指偿还本金的日期。债券在发行之初就规定了其到期日。

二、债券价值

投资者购买债券后，将获得定期的利息和到期的本金。因此，债券的价值应等于定期的利息和到期本金的折现值，其基本计算公式为：

$$V=\sum_{t=1}^{n}\frac{I_t}{(1+r)^t}+\frac{B}{(1+r)^n} \tag{4-14}$$

式中，I_t 为 t 期的利息；B 为到期偿还的本金；n 为债券的付息期数；r 为折现率，一般为当时的市场利率或投资者要求的必要报酬率。

（一）债券发行价格

【例 4-10】 某公司 2018 年 1 月 1 日发行债券，其面值为 1 000 元，票面利率为 8%，期限为 5 年，每年 12 月 31 日付息一次。假定发行时市场利率分别为 8%、10% 和 6%，则债券的发行价格分别为多少？

在发行时，投资者对该债券价值的评价即为对未来现金流按照投资者要求的报酬率进行折现，投资者要求的报酬率即为发行时的市场利率。具体如图 4-10 所示。

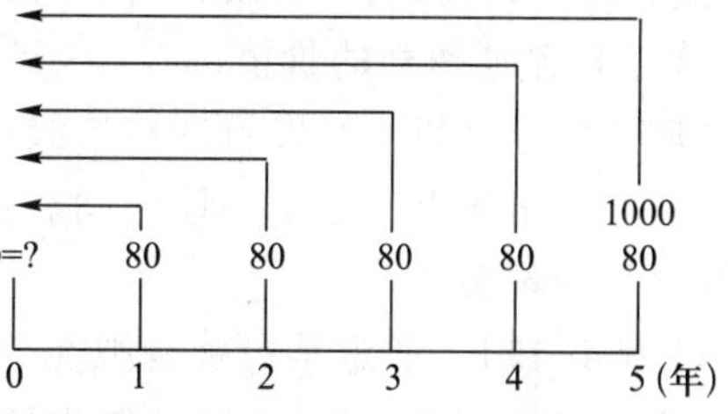

图 4-10 债券定期利息和到期本金的现值之和

（1）当市场利率 $i=8\%$ 时，

$$V=\frac{80}{1+8\%}+\frac{80}{(1+8\%)^2}+\frac{80}{(1+8\%)^3}+\frac{80}{(1+8\%)^4}+\frac{80}{(1+8\%)^5}+\frac{1\ 000}{(1+8\%)^5}$$
$$=80\times(P/A,8\%,5)+1\ 000\times(P/F,8\%,5)$$
$$=80\times3.993+1\ 000\times0.681=1\ 000.44\approx1\ 000(\text{元})$$

（2）当市场利率 $i=10\%$ 时，

$$V=\frac{80}{1+10\%}+\frac{80}{(1+10\%)^2}+\frac{80}{(1+10\%)^3}+\frac{80}{(1+10\%)^4}+\frac{80}{(1+10\%)^5}+\frac{1000}{(1+10\%)^5}$$
$$=80\times(P/A,10\%,5)+1\ 000\times(P/F,10\%,5)$$

$$= 80\times3.791+1\ 000\times0.621=924.28(\text{元})$$

（3）当市场利率 $i=6\%$时，

$$V=\frac{80}{1+6\%}+\frac{80}{(1+6\%)^2}+\frac{80}{(1+6\%)^3}+\frac{80}{(1+6\%)^4}+\frac{80}{(1+6\%)^5}+\frac{1000}{(1+6\%)^5}$$

$$=80\times(P/A,6\%,5)+1\ 000\times(P/F,6\%,5)$$

$$=80\times4.212+1\ 000\times0.747=1\ 083.96(\text{元})$$

债券发行价格与发行时的市场利率有关。当发行时市场利率与票面利率相同时，则债券发行价格等于其票面金额①，即平价发行；当发行时市场利率高于票面利率时，债券折价发行；当发行时市场利率低于票面利率时，债券溢价发行。

【例 4-11】 假定上述债券每半年付息一次，其他条件不变，分别计算三种市场利率下债券的发行价格。

（1）当市场利率 $i=8\%$时，

$$V=40\times(P/A,4\%,10)+1\ 000\times(P/F,4\%,10)$$
$$=40\times8.111+1\ 000\times0.676=1\ 000.44(\text{元})$$

（2）当市场利率 $i=10\%$时，

$$V=40\times(P/A,5\%,10)+1\ 000\times(P/F,5\%,10)$$
$$=40\times7.722+1\ 000\times0.614=922.88(\text{元})$$

（3）当市场利率 $i=6\%$时，

$$V=40\times(P/A,3\%,10)+1\ 000\times(P/F,3\%,10)$$
$$=40\times8.530+1\ 000\times0.744=1\ 085.20(\text{元})$$

可见，在市场利率与票面利率不同时，年内付息次数将影响债券价值。当债券折价发行时，年内付息次数越多，债券价值越低；当债券溢价发行时，年内付息次数越多，债券价值越高；当平价发行时，年内付息次数并不影响债券价值。

（二）流通债券的价值

流通债券是指已经发行并在二级市场上流通的债券。与新发行债券不同，流通债券已经在市场上流通了一段时间。在对其进行估价时，主要考虑此时的市场利率及其以后的现金流。

【例 4-12】 假定某投资者拟在 2019 年 1 月 1 日购买例 4-10 中的债券，这时，距离到期日还剩下 4 年，分别计算市场利率为 8%、10%和 6%时该债券的价值。

（1）当市场利率 $i=8\%$时，

$$V=80\times(P/A,8\%,4)+1\ 000\times(P/F,8\%,4)$$
$$=80\times3.312+1\ 000\times0.735=999.96(\text{元})\approx1\ 000(\text{元})$$

（2）当市场利率 $i=10\%$时，

$$V=80\times(P/A,10\%,4)+1\ 000\times(P/F,10\%,4)$$
$$=80\times3.170+1\ 000\times0.683=936.6(\text{元})$$

（3）当市场利率 $i=6\%$时，

$$V=80\times(P/A,6\%,4)+1\ 000\times(P/F,6\%,4)$$
$$=80\times3.465+1\ 000\times0.792=1\ 069.20(\text{元})$$

① 本例中由于年金现值系数和复利现值系数存在四舍五入，导致结果存在一定误差。

例 4-12 中，如果投资者准备在 2018 年 7 月 1 日购买，此时，市场利率为 10%，则债券价值如何估计呢？

2018 年 7 月 1 日后，与债券相关的现金流如图 4-11 所示：

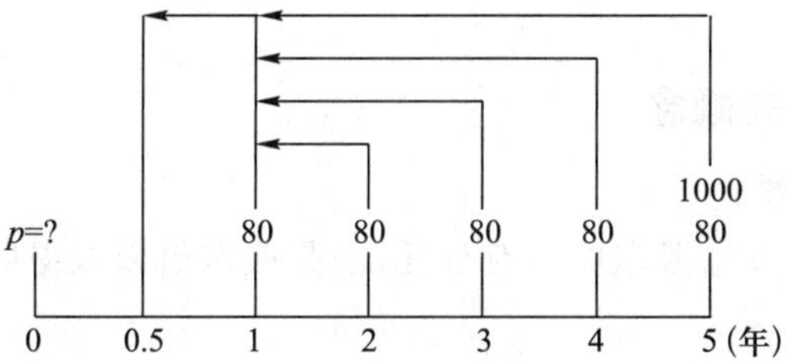

图 4-11　债券的非整数计息期间现金流图

可见，流通债券估价的时点并不一定在发行日，而可以是任何一个时点。因此，会产生"非整数计息期间"问题。在估价时，可以以最近一次付息时间为折算时间点，计算历次现金流量的现值，然后将其折算到现在时点。例 4-12 中，我们可以先计算 2018 年 12 月 31 日债券的价值：

$$V=80+80\times(P/A,10\%,4)+1\ 000\times(P/F,10\%,4)=1\ 016.6(\text{元})$$

然后，按实际持有期长短（此处为半年利率）再将其折现到 2018 年 7 月 1 日：

$$V=\frac{1016.6}{(1+5\%)}=968.19(\text{元})$$

三、债券到期收益率

债券到期收益率通常指投资者以特定价格购买债券后，持有至到期日所能获得的收益率，即持有至到期收益率（yield to maturity, YTM）。它是使未来现金流量等于债券购买价格的折现率。

【例 4-13】　某投资者于 2019 年 1 月 1 日以每张 920 元的价格购入例 4-10 中的债券并准备持有至到期日，则该投资者持有该债券的收益率为多少？

该投资者的收益率为将其购入后带来的现金流折现，使其等于购入价格时所采用的折现率。即：

$$920=80\times(P/A,i,4)+1\ 000\times(P/F,i,4)$$

式中的折现率通常通过试错法求得。根据债券目前价格和其票面利率，选择两个折现率分别计算该债券的折现价值，使得目前债券价格介于两个折现价值之间。如本例：

当 $i=10\%$ 时，

$$80\times(P/A,10\%,4)+1\ 000\times(P/F,10\%,4)=936.6(\text{元})$$

当 $i=11\%$ 时，

$$80\times(P/A,11\%,4)+1\ 000\times(P/F,11\%,4)=907.16(\text{元})$$

由于债券目前的价格 920 元介于 936.6 元与 907.16 元之间，因此，使得该债券折现价值等于 920 元的折现率（到期收益率）介于 10%和 11%之间。具体值可以通过插值法来计算，如图 4-12 所示。

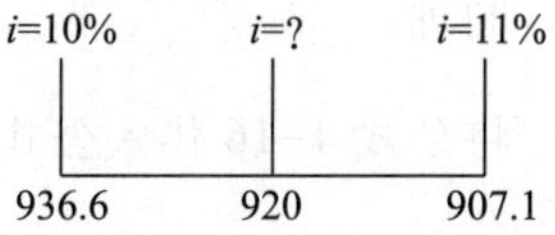

图 4-12　插值法示意图

插值法计算 i 的近似值：$i=10\%+\frac{936.6-920}{936.6-907.16}\times(11\%-10\%)=10.56\%$。

第三节　股票及其估价

一、股票的有关概念

（一）什么是股票

股票是股份公司发给股东的所有权凭证，是股东借以取得股利、行使投票权的一种有价证券。

股票可以按不同的方法和标准分类：按股东享有的权利，可以分为普通股和优先股；按股票是否标明持有人姓名，分为记名股票和不记名股票等。详细的论述将在第八章进行。

我国目前各公司发行的都是记名的普通股股票，只有少量公司过去曾经按当时的规定发行过优先股。

（二）股票价值

股票本身并没有价值，仅是一种凭证。它之所以有价值，可以买卖，是因为它可以给持有人带来预期现金流入。股票价值的大小决定了股票市场价格，但股票价格并不完全等于其价值。因为，股票价格还受到投资者主观心理等复杂因素的影响，随着经济环境和投资者预期等的变化而变化。

在股票市场交易中，股票的价格有开盘价、收盘价、最高价和最低价等。投资者在进行估价时一般参考收盘价。

（三）股利

股利是公司将税后盈余分配给股东的一种形式，也是投资者获得报酬的主要途径之一。与债券投资者的利息收入不同，股利的金额是不确定的，由公司的盈利状况和管理层的决策决定。

二、股票的估价

股票的价值是预期现金流入的现值，包括股利和出售时的售价。

（一）股票估价的基本模型

股票带给投资者的现金流入包括两部分：定期的股利收入和出售时的售价。因此，股票的价值由一系列的股利和将来出售时售价的现值所构成。

假定投资者只持有一年，则买入时的价格 P_0、第一年的股利 D_1 和一年后出售价格 P_1 之间的关系为：

$$P_0=\frac{D_1}{1+r}+\frac{P_1}{1+r} \tag{4-15}$$

式中，r 为折现率，即投资者的必要报酬率。

同理，

$$P_1=\frac{D_2}{1+r}+\frac{P_2}{1+r} \tag{4-16}$$

将公式 4-16 代入公式 4-15 可得：

$$P_0=\frac{D_1}{1+r}+\frac{D_2}{(1+r)^2}+\frac{P_2}{(1+r)^2}$$

如果不断继续上述代入过程,则可得出:

$$P_0 = \sum_{t=1}^{\infty} \frac{D_t}{(1+r)^t} \quad (4-17)$$

公式 4-17 为股票估价的基本模型。在实际应用时,面临的主要问题是如何预计未来每年的股利,以及如何确定折现率。

股利的多少取决于公司的盈利状况和股利政策。对其估计的方法是对历史资料的统计分析,如回归分析、时间序列的趋势分析等。股票估价的基本模型要求无限期地预计历年的股利,实际上是不可能做到的。因此,现实的做法都是采用简化的方法,如每年股利相同或固定比率增长等。

折现率应该是投资者要求的必要报酬率。那么,投资者要求的报酬率应当是多少呢?我们将在第五章和第八章做进一步讨论。

(二)股票估价的特殊模型

1. 股利零增长股票的估价

股利零增长是假定股票未来各期的股利是固定的。这样,与股票相关的现金流相当于是永续年金。因此,股利零增长股票的价值为:

$$P_0 = \frac{D}{r} \quad (4-18)$$

【例 4-14】 假定某公司采用固定的股利政策,每股每年支付股利 2 元,同时投资者投资于该股票要求的报酬率为 10%。则该股票的价值为多少?

$$该股票的价值 = \frac{2}{10\%} = 20(元)$$

股利零增长下的股票估价模型比较简单,一般可用于优先股估价。

2. 股利固定增长股票的估价

现实生活中更常见的是以固定增长率增长的股利分配政策,如果公司未来股利按照一个固定增长率 g 增长,假定公司上一期(或最近一期)股利为 D_0,则以后各期的股利分别为:

$$D_1 = D_0(1+g)$$

$$D_2 = D_1(1+g) = D_0(1+g)(1+g) = D_0(1+g)^2$$

……

$$D_n = D_0(1+g)^n$$

因此,股票的价格等于以固定增长率增长的未来股利的现值,即:

$$P_0 = \frac{D_0(1+g)}{1+r} + \frac{D_0(1+g)^2}{(1+r)^2} + \frac{D_0(1+g)^3}{(1+r)^3} + \cdots + \frac{D_0(1+g)^{\infty}}{(1+r)^{\infty}} \quad (4-19)$$

在满足下列两个条件的情况下:

(1) 该公司每期支付的股利都保持一个固定不变的增长率;

(2) 折现率 r 必须超过股利增长率 g。

公式(4-19)可以进一步简化为:

$$P_0 = \frac{D_0(1+g)}{r-g} \quad 或 \quad \frac{D_1}{r-g} \quad (4-20)$$

【例 4-15】 某公司最近一次股利为 2 元/股,且预期股利将以 5%的增长率增长,投资者要求的报酬率为 10%,则该股票的价值为多少?

$$P_0=\frac{2(1+5\%)}{10\%-5\%}=42(\text{元})$$

从固定增长率股票估价模型可以看出,当由于通货膨胀或经济风险增加而导致投资者要求的必要报酬率(折现率)增加时,在股利增长率不变的情况下,股票价格将下跌。上例中,如果投资者要求的报酬率增加为 15%,在其他条件不变情况下,则股票价格降为 21 元。

$$P_0=\frac{2(1+5\%)}{15\%-5\%}=21(\text{元})$$

在其他条件不变的情况下,股利增长率的提高将导致股票价格上升,反之下降。例 4-15 中,如果股利增长率提高到 6%,则股票价格将变为 52.5 元。

$$P_0=\frac{2(1+5\%)}{10\%-6\%}=52.5(\text{元})$$

3. 股利非固定增长股票的估价

现实中,多数公司的股利增长是不固定的。例如,在一段时间内高速增长,在另一段时间以固定增长率增长或固定不变。在这种情况下,就可以分阶段计算。

【例 4-16】 某公司最近一次股利为 2 元/股,预计在未来 3 年将以每年 20%的速度增长,此后将以 10%固定增长率增长。假定投资者要求的报酬率为 15%,则该股票的价值为多少?

首先,分析该股票的未来现金流,如图 4-13 所示:

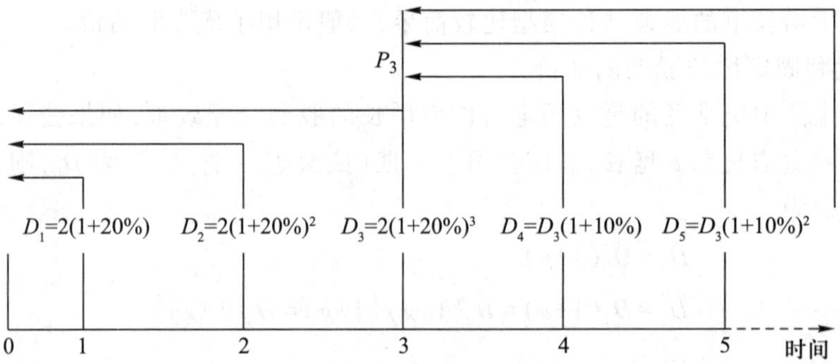

图 4-13 股利非固定增长股票的估价图

在计算该股票价值时,先将第四期及以后的股利按照固定增长率模型折现到第三期期末得:

$$P_3=\frac{3.456(1+10\%)}{15\%-10\%}=76.03(\text{元})$$

再将前三期的股利和第三期末时的价格折现到第 0 期(即估价的时刻),得目前股票的内在价值为:

$$P_0=\frac{2.4}{1+15\%}+\frac{2.88}{(1+15\%)^2}+\frac{3.456}{(1+15\%)^3}+\frac{76.03}{(1+15\%)^3}=56.53(\text{元})$$

三、股票的投资收益率

股票投资收益率是指投资者以特定价格购买并持有股票，其持有期间[①]的收益率包括持有期间收到的股利和价格变动。

【例 4-17】 假定某投资者以每股 20 元的价格购入某公司股票，一年后以每股 22 元价格将其出售，持有期间收到公司发放现金股利 2 元/股，则投资者的投资收益率为多少？

$$\text{根据投资收益率概念可得：}i=\frac{2+(22-20)}{20}=20\%$$

当投资者持有时间为多期时，其投资收益率采用折现现金流方法，将未来现金流折现，使折现现金流之和等于购买价格时的折现率即为投资报酬率。

【例 4-18】 假定某投资者以每股 20 元的价格购入某公司股票，第一年收到现金股利 2 元/股，第二年收到现金股利 1.6 元/股，第三年该股票没有发放现金股利。该投资者在第三年年末以每股 22 元价格将其出售。则投资者持有期间的年投资收益率为多少？

投资者持有期间的年投资收益率为使折现现金流之和等于购买价格时的折现率，因此，使下式成立的折现率即为投资者年收益率。

$$20=\frac{2}{1+i}+\frac{1.6}{(1+i)^{2}}+\frac{22}{(1+i)^{3}}$$

这里同样采用试错法来计算：

$$\text{当 } i=10\%,\frac{2}{1+i}+\frac{1.6}{(1+i)^{2}}+\frac{22}{(1+i)^{3}}=19.67$$

$$\text{当 } i=9\%,\frac{2}{1+i}+\frac{1.6}{(1+i)^{2}}+\frac{22}{(1+i)^{3}}=20.17$$

$$i=9\%+\frac{1\%}{20.17-19.67}\times(20.17-20)=9.34\%$$

如果投资者购买后长期持有，则可以采用股利折现模型来计算投资收益率。

【例 4-19】 假定某投资者以每股 20 元的价格购入某公司股票并长期持有，该股票在以后每年均发放固定的现金股利，为 2 元/股，则投资者的收益率为多少？

投资者的收益率为将其投资后所获得的现金流入折现等于购买价格时所采用的折现率。该公司每年支付固定的现金股利，可以视为永续年金（或固定股利估价模型），根据永续年金现值计算公式可得：

$$20=\frac{2}{i}$$

因此，投资者的收益率 $i=10\%$。

【例 4-20】 假定某投资者以每股 20 元的价格购入某公司股票并长期持有，该股票最近一次发放现金股利为 0.8 元/股，预计股利将以 5% 的固定增长率增长。则投资者的收益率为多少？

---

① 投资者的持有期间可以是年、季度、月，甚至周或日，因此，对应收益率也就有年收益率、季度收益率等，这里以年收益率为例。

根据股利固定增长率股票估价模型可得：

$$20=\frac{0.8\times(1+5\%)}{i-5\%}$$

投资者收益率 $i=9.2\%$。

关键词

货币时间价值　单利　复利　复利终值　复利现值　年金　年金终值　年金现值　普通年金　先付年金　偿债基金　永续年金　债券　到期收益率　股票　股利

要点回顾

货币经过一定时间可以带来增值，即货币时间价值。货币时间价值的存在导致不同时点的现金流不能进行简单的比较和加总。在货币时间价值概念基础上，本章重点讲述了货币时间价值的计算，包括复利终值、复利现值、年金终值、年金现值等。

投资者购买债券、股票这类金融资产进行投资，其目的是获取未来的现金流。因此，债券和股票的价值应该等于其未来现金流的折现值。在对债券进行估价时，由于其未来现金流是固定的，因此，计算相对容易。同时，债券估价基本模型还可以应用于持有至到期收益率的计算和债券投资决策中。

由于未来的股利是不确定的，因此，在对股票进行估价时，一般对股利模式进行简化，通常包括三种：固定股利模式、固定增长率股利模式和多阶段增长股利模式。

即测即评

请扫描右侧二维码，进行即测即评。

思考题

1. 什么是货币时间价值？
2. 什么是复利终值、复利现值？分别是如何计算的？
3. 什么是年金？年金的终值和现值是如何计算的？
4. 债券的内含价值是如何确定的？
5. 债券为什么存在平价、溢价和折价发行情况？
6. 什么是债券持有至到期收益率？其计算原理是什么？
7. 简述股利、股票价值与股票价格之间的关系。

练习题

1. 政府发行了到期一次还本付息债券，期限为 10 年，年利率为 6%，到期后每张债券将获得 1 000 元现金，则该债券现在的价值为多少？

2. 假定你准备利用现有的 10 万元资金进行投资，希望在 5 年后该笔投资可以达到 20 万元，则你的投资报酬率应为多少？

3. 假定你准备在大学毕业后 5 年购买一套公寓住房，首付需要 20 万元。如果银行存款的年利率为 4%，则你每年年末要等额存入多少钱才能保证在 5 年后有足够的钱来支付首付？

4. 某公司准备设立一项奖励基金，每年从中支取 10 000 元用来奖励在工作中表现突出的员工，假定基金投资的报酬率为 8%，则企业设立奖励基金的初始投入应为多少？

5. 某公司向银行申请 500 万元贷款，分期付息，到期一次还本，期限为 10 年。银行为了保证贷款本金的偿还，要求企业建立偿债基金，假定偿债基金存款的利率为 6%，则企业每年末应向偿债基金账户存入多少钱?

6. 某人向银行申请60万元的购房贷款,期限为30年,银行要求每年末等额偿还,假定银行要求的利息率为6%,则他每年末应偿还多少?

7. A公司在2018年1月1日发行了面值为1 000元、票面利率为8%的5年期债券,每年12月31日付息一次,到期还本。

要求:

(1) 假设2018年1月1日的市场利率为6%,计算该债券的发行价格;

(2) 假定B公司在2021年1月1日以950元的价格购买该债券,并打算持有到期,计算该债券的持有到期的收益率;

(3) 假设2021年1月1日该债券的市场价格为1 020元,计算此时购买该债券并持有到期的收益率;

(4) 假定2020年1月1日的市场利率为12%,债券市场价格为988元,此时投资者是否应该购买该债券?

8. A公司2017年6月5日发行公司债券,每张面值为1 000元,票面利率为10%,4年期。

要求:

(1) 假定每年6月4日付息一次,到期按面值偿还,B公司2019年6月5日按每张1 000元的价格购入该债券并持有到期,计算该债券的持有到期收益率;

(2) 假定每年6月4日付息一次,到期按面值偿还,B公司2019年6月5日按每张1 020元的价格购入该债券并持有到期,计算该债券持有到期的收益率;

(3) 假定到期一次还本付息,单利计息,B公司2019年6月5日按每张1 180元的价格购入该债券并持有到期,计算该债券持有到期的收益率;

(4) 假定每年6月4日付息一次,到期按面值偿还,B公司2018年6月5日计划购入该债券并打算持有到期,要求的必要报酬率为12%,计算该债券价格低于多少时才可以购买;

(5) 假定到期一次还本付息,单利计息,B公司2018年6月5日计划购入该债券并打算持有到期,要求的必要报酬率为12%,计算该债券价格低于多少时才可以购买。

9. 某投资者2018年年初准备投资购买股票,假定现有A、B、C三家公司股票可供选择,三家公司的相关资料如下:

(1) 2017年年初,A公司发放的现金股利为每股0.4元,该投资者预计A公司的股利将以2%的固定增长率增长;

(2) 2017年年初,B公司发放的现金股利为每股0.6元,该投资者预计B公司的股利将固定在该水平上;

(3) 2017年年初,C公司发放的现金股利为每股0.2元,预计C公司的股利在未来两年将以15%速度增长,此后转为4%的固定增长率。

要求:

(1) 假定投资者投资于三只股票的最低期望报酬率均为10%,分别计算三只股票的价值;

(2) 如果A、B、C三只股票目前市价分别为6元、5元和8元,则投资者应选择哪只股票?

10. 某上市公司在2019年、2020年和2021年的3月8日每股派发现金股利0.5元、0.6元和0.8元,假定投资者要求的必要报酬率为11%。

要求:

(1) 假设某投资者计划在2018年3月9日购入该股票进行投资,并于2021年3月9日以每股6元的价格将股票全部出售,计算当股票价格为多少时可以进行投资;

(2) 假设某投资者于2018年3月9日以510万元购入该股票100万股,并于2021年3月9日以每股6元的价格将股票全部出售,计算该投资者的投资报酬率。

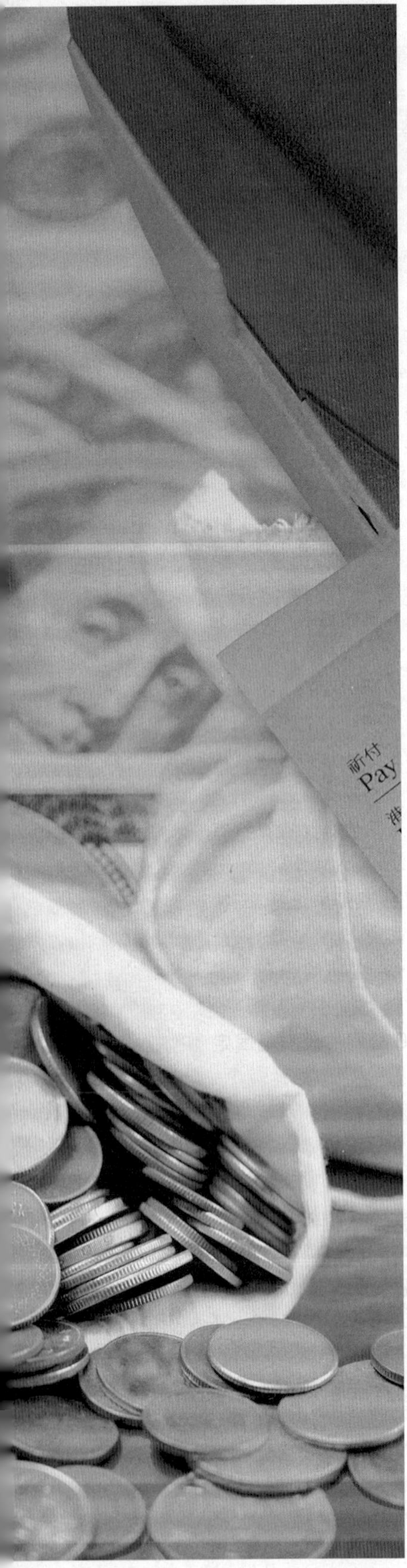

第五章　风险与报酬

学习目标

在了解风险概念的基础上，掌握单个资产风险的度量和收益的计算。理解企业风险来源与杠杆效应，并掌握经营杠杆和财务杠杆的计算。掌握资产组合的收益与风险的度量方法，特别是资本资产定价模型。

财务管理的目标是企业价值最大化，在学完了货币时间价值与证券估价后，可知企业的价值可以用折现现金流的方法将企业未来的现金流折现得到。但是，企业未来的现金流是不确定的，而且由于经营杠杆和财务杠杆的作用，这种不确定性将被放大。因此，在现实决策中如何考虑这种不确定性呢？本章将从风险概念出发，讲述单个资产风险的衡量、资产组合的风险与单个资产风险间的关系及其衡量方法，在此基础上讲述风险与报酬间的定量关系，即资本资产定价模型。

第一节　风险概述

一、风险的概念

什么是风险，迄今为止，学术界并无统一的认识。但一般将其与预期结果的不确定性相联系。狭义上将预期可能出现的结果及其对应的概率为已知的状态定义为风险。否则，称为不确定性。因此，风险可以用概率统计来计量，而不确定性则不能。但如果给定不确定下的各种状况以及概率，则不确定性问题就可转化为风险问题予以计量。因此，在现实中，由于很难对这两者进行严格区分，为简化分析，在大多数情况下，人们将风险与不确定性视为同义词。

（一）不确定事件的描述——概率

对于预期结果不确定事件的描述，一般采用概率工具。概率就是用来表示随机事件发生可能性大小的数值。通常把必然发生的事件的概率定为1，把不可能发生的事件的概率定义为0，而一般随机事件的概率介于0与1之间。概率越大就表示该事件发生的可能性越大。各种随机事件出现概率的总和相加为 1。

将随机事件的所有可能结果列在一起，并赋予相应的概率，即构成概率分布。如果随机事件的可能结果的数目是有限的，则称其为离散型概率分布。当随机变量有无数种可能情况时，则为连续型概率分布。常见的连续型概率分布有正态分布、τ 分布等。

（二）不确定事件的描述——统计量

对于不确定事件的描述，还可以采用预期值、方差等统计量。

1. 预期值

随机变量的各个取值以相应的概率为权数的加权平均数，叫作随机变量的预期值（数学期望或均值），它反映随机变量取值的平均化。其计算公式如下：

$$\overline{A}=\sum_{i=1}^{n}(P_i\cdot A_i) \tag{5-1}$$

式中，P_i 为第 i 种结果出现的概率；A_i 为第 i 种结果的值；n 为所有可能结果的数目。

2. 方差与标准差

随机变量的各个取值与预期值之间的差的平方，以相应概率为权数的加权平均数，叫随机变量的方差，它反映随机变量的离散程度，一般用 Var 或 σ^2 表示。

$$Var=\sum_{i=1}^{n}(A_i-\overline{A})^2\cdot P_i \tag{5-2}$$

标准差则是方差的平方根，即：

$$\sigma=\sqrt{\sum_{i=1}^{n}(A_i-\overline{A})^2\cdot P_i} \tag{5-3}$$

方差或标准差反映随机事件的实际结果偏离预期值的程度。对于随机事件，其方差越大，说明实际结果越分散；相反则越集中。

当然，描述随机事件分布特征的还有更高阶的统计量，如偏度、峰度等，这里我们不涉及。

（三）风险的衡量

风险是由预期结果不确定导致的，预期结果越不确定，则风险越大。因此，方差或标准差就可以作为衡量风险的指标。

【例 5-1】 某公司有两个投资机会 A 和 B，每个投资机会的收益率与经济情况相关，假定未来经济情况有繁荣、正常和衰退三种情况，每种情况出现的概率和各投资机会的收益率如表 5-1 所示：

表 5-1 经济情况与收益率

经济情况	发生概率	A 项目收益率	B 项目收益率
繁荣	0.3	90%	20%
正常	0.4	15%	15%
衰退	0.3	-60%	10%

A 项目的期望收益率：

$$\overline{r}_A=0.3\times90\%+0.4\times15\%+0.3\times(-60\%)=15\%$$

A 项目的方差及标准差：

$$Var_A = 0.3\times(90\% - 15\%)^2 + 0.4\times(15\% - 15\%)^2 + 0.3\times(-60\% - 15\%)^2 = 33.75\%$$

$$\sigma_A = 58.09\%$$

B 项目的期望收益率：

$$\bar{r}_B = 0.3\times20\% + 0.4\times15\% + 0.3\times10\% = 15\%$$

B 项目的方差及标准差：

$$Var_B = 0.3\times(20\% - 15\%)^2 + 0.4\times(15\% - 15\%)^2 + 0.3\times(10\% - 15\%)^2 = 0.15\%$$

$$\sigma_B = 3.87\%$$

比较 A 和 B 两个投资机会，其期望收益均为 15%，但其方差分别为 33.75% 和 0.15%，所以 A 项目的风险比 B 项目的风险要高。

在均值相同情况下，方差或标准差可以用来比较不同投资机会的风险。但当不同投资机会的均值不同时，则用方差或标准差就无法直接比较它们的风险，这时需要考虑均值的大小，因此，这里引入标准离差系数（也称变异系数、离散系数）：

$$标准离差系数 = \frac{标准差}{均值} \tag{5-4}$$

标准离差系数反映期望值为 1%时所承担的对应标准差。标准离差系数越大，风险越大。因此，标准离差系数可以用来比较不同项目的风险大小。

二、企业风险概述

企业是以盈利为目的的经济组织，其经营活动面临诸多的不确定性，如：市场需求、技术更新、产品成本等。因此，经营企业是有风险的，表现为企业盈利的不确定性。根据风险的成因，又可将企业风险分为商业风险（business risk）和财务风险（financial risk）。

（一）商业风险

商业风险是指与企业息税前利润相联系的风险。企业息税前利润等于销售收入扣减销售成本、营业费用和管理费用。销售收入由销售量和销售单价决定，而企业销售量和销售单价受到宏观经济形势、行业竞争、技术更新等因素的影响，因此，企业的销售收入是不确定的，这种不确定性也叫销售风险（sales risk）。而对于销售成本、营业费用和管理费用，按照其与销售量之间关系分为变动成本和固定成本，不同的成本构成将影响营业利润的不确定性，这种不确定性为经营风险（operating risk）。销售风险和经营风险共同决定了企业的商业风险。

（二）财务风险

企业面临的商业风险也可理解为企业应用资产负债表左边资产经营的风险，由企业所从事的行业决定。当企业购置资产的资金全部由股东提供时（即零负债），则企业的营业利润即为股东所享有的净利润，股东投资企业所承担的全部风险为商业风险。当企业购置资产的资金部分由负债筹集，部分由股东投入时，由于债权人享有固定的收益，股东享有的净利润为息税前利润扣减固定利息费用后的余额。因此，负债将增加股东承担的风险，这一风险即为财务风险。

对于企业风险的度量,一方面可以通过其息税前利润或净利润的方差或标准差衡量;另一方面,对于上市公司,也可以通过投资者购买该公司股票获得收益的方差或标准差衡量。稍后将重点介绍第二种方法。

第二节 金融资产收益与风险

一、单项资产的收益与风险

在第四章中,我们曾讲到债券收益和股票收益。以股票为例,其收益包括持有期间收到的现金股利和期末期初价格变化带来的资本利得(或资本损失),因此,股票持有期间的总收益=股利收入+资本利得(或资本损失)。然而,投资金额的大小将对总收益值产生影响,因此,一般用相对值描述资产的投资收益,即投资收益率。

(一) 单期收益率

$$\text{单期收益率}=\frac{\text{本期收到的现金股利}+\text{期末价格}-\text{期初价格}}{\text{期初价格}} \tag{5-5}$$

在实际经济生活中,这里的期间可以是日、月、季度、年甚至几年,如果要计算持有证券期间(如年或几年)若干个较短时期(如月或周)的总收益率,除了可以采用第四章中介绍的必要报酬率求解方法外,还可以采用如下方法:

$$1+r=(1+r_1)(1+r_2)\cdots(1+r_n)^{①} \tag{5-6}$$

式中,r 为多期的总收益率,而 r_i 为其子期间的收益率。

从式 5-6 可以看出,收益率的高低不但和持有证券的时间有关,而且和“再投资假设”有关。显然,年收益率的高低与月收益率有关,而月收益率的高低与日收益率有关。

(二) 多期平均收益率

由于资产各个期间的收益率不一定相同,特别是股票。因此,通常要计算其多期的平均收益率。多期平均收益率的计算方法有简单算术平均法和几何算术平均法两种。简单算术平均法是 N 个单期收益率的简单算术平均数,即:

$$r=\frac{\sum_{i=1}^{n} r_i}{n} \tag{5-7}$$

几何算术平均法计算多期平均收益率是多期复合收益率的连乘积的 n 次方根减去 1,即:

$$r=\sqrt[n]{(1+r)(1+r_2)\cdots(1+r_n)}-1 \tag{5-8}$$

(三) 期望收益率

当存在多种收益可能结果时,表示收益具有不确定性。因而期望收益是各种情况下收益的加权平均,即:

① 本章中资产收益率用 r 表示,R 也表示资产收益率,二者间关系为 $R=1+r$。

$$\bar{r} = \sum_{i=1}^{n} P_i r_i \quad (5-9)$$

在现实中,资产收益的可能结果有无数个,因此,一般用其多期算术平均收益率作为其预期收益率。

(四) 单个资产风险的计量

从前面风险的概念可知,单一资产的风险可以用其收益率的方差或标准差度量,即:

$$Var = \frac{\sum_{i=1}^{n} (r - \bar{r})^2}{n} \quad (5-10)$$

$$\sigma = \sqrt{Var} \quad (5-11)$$

式中,r_i 为各期间的收益率,$\bar{r}$ 为平均收益率,n 为总期数。

在比较不同资产的风险大小时,通常采用标准离差系数,即收益率的标准差除以期望收益率。

二、资产组合的收益与风险

(一) 资产组合的收益

投资者在进行投资时,可以只持有单一资产进行投资,也可以持有多种资产进行组合投资。当进行资产组合投资时,组合的期望收益率是组合中单项资产的预期收益率的加权平均数,其权数是各单项资产的投资比例。其计算公式如下:

$$r_p = \sum_{i=1}^{n} w_i r_i \quad (5-12)$$

式中,n 表示投资组合的证券数量,r_p 表示资产组合的期望收益率,r_i 表示第 i 种证券的期望收益率,w_i 表示投资于第 i 种证券的投资比例。

【例 5-2】 假设证券市场中存在两只股票 A 和 B,其中 A 的年平均收益率为 10%,B 的年平均收益率为 20%。某投资者将其资金的 60%投资于 A 股票,剩余 40%投资于 B 股票。则其股票投资的期望收益率为多少?

股票组合的期望收益率=0.6×10%+0.4×20%=14%

(二) 资产组合的风险

与单个资产风险一样,资产组合的风险也可以用其收益率的方差、标准差或离散系数来反映。这里首先介绍资产组合的方差计算。

【例 5-3】 例 5-2 中,投资者按照 6∶4 的比例将其资金投资于股票 A 和 B,假定 A、B 两只股票连续 5 年各年的收益率如表 5-2 所示:

表 5-2 投资于股票 A 和 B 各年收益率

年份	股票 A	股票 B	年份	股票 A	股票 B
1	20%	0	5	25%	30%
2	10%	25%	平均收益率	10%	20%
3	-20%	35%	方差	3.125%	2.125%
4	15%	10%			

则其投资组合的方差为多少？

根据 A、B 两只股票连续 5 年的收益率，可知投资组合 5 年内每年的收益率分别为 12%、16%、2%、13%、27%，期望收益率为 14%。

则组合的方差为：

$$Var=\frac{\begin{array}{c}(12\%-14\%)^2+(16\%-14\%)^2+(2\%-14\%)^2\\ \hline +(13\%-14\%)^2+(27\%-14\%)^2\end{array}}{4}$$

$$=0.805\%$$

计算结果显示，组合的方差既小于单只股票 A 和 B 的方差，也小于股票 A 的方差和股票 B 的方差按投资比例的加权平均值。下面通过公式推导对此进行考察。

$$\begin{aligned}Var(r_p)&=\mathrm{E}(r_p-\bar{r}_p)^2\\&=\mathrm{E}[(w_Ar_A+w_Br_B)-\mathrm{E}(w_Ar_A+w_Br_B)]^2\\&=\mathrm{E}(w_Ar_A-w_A\bar{r}_A)^2+\mathrm{E}(w_Br_B-w_B\bar{r}_B)^2\\&\quad+2\mathrm{E}[(w_Ar_A-w_A\bar{r}_A)(w_Br_B-w_B\bar{r}_B)]\\&=w_A^2\sigma_A^2+w_B^2\sigma_B^2+2w_Aw_B\mathrm{E}[(r_A-\bar{r}_A)(r_B-\bar{r}_B)]\end{aligned}\qquad(5-13)$$

式中，r_A、r_B 分别表示证券 A、证券 B 的收益率，$\bar{r}_A$、$\bar{r}_B$ 分别表示证券 A、证券 B 的期望收益率，w_A、w_B 分别表示投资于证券 A 和证券 B 的投资比例，σ_A^2、σ_B^2 则分别表示证券 A、证券 B 的收益率的方差。

从公式 5-13 可以看出，投资组合的方差不仅取决于单个资产的方差和投资比例，还取决于 $\mathrm{E}[(r_A-\bar{r}_A)(r_B-\bar{r}_B)]$ 项，即资产间的协方差。如果资产间协方差为负，则组合的方差将会小于单个资产方差的加权平均，这也正是进行投资组合的缘由。

（三）资产组合的协方差与相关系数

协方差是对两个变量之间变化关系的度量。其计算公式为：

$$Cov(\mathrm{A},\mathrm{B})=\mathrm{E}[(r_A-\bar{r}_A)(r_B-\bar{r}_B)]\qquad(5-14)$$

从公式 5-14 可以发现：

（1）如果 A、B 两种资产同向变动，公式右边括号内或者同时为正，或者同时为负，则其乘积永远为正值，即协方差为正。

（2）如果 A、B 两种资产反向变动，公式右边括号内一个为正，另一个就为负，则其乘积永远为负值，即协方差为负。

（3）如果 A、B 两种资产并非完全同向或反向，则其协方差可能为正、可能为负、也可能为零。

协方差的大小将直接影响组合方差的大小，因此，也就成为投资组合中关注的重点。为了便于理解，这里引入另一个相关概念——相关系数。

相关系数是标准化的协方差，反映相关变量间变化的关联性，其计算公式为：

$$\rho_{AB}=\frac{cov(\mathrm{A},\mathrm{B})}{\sigma_A\sigma_B}=\frac{\mathrm{E}[(r_A-\bar{r}_A)(r_B-\bar{r}_B)]}{\sigma_A\sigma_B}\qquad(5-15)$$

从公式 5-15 可以发现，相关系数具有如下性质：

（1）相关系数的变化范围在-1 与+1 之间；

（2）当 $\rho_{AB}=+1$ 时，表明二者之间完全正相关，即两种资产的变动方向一致；

（3）当 $\rho_{AB}=-1$ 时，表明二者之间完全负相关，即两种资产的变动方向相反；

（4）$\rho_{AB}=0$，表明二者之间不存在相关关系。

根据公式 5-15，可以将公式 5-13 转化为：

$$Var(r_p)=w_A^2\sigma_A^2+w_B^2\sigma_B^2+2w_Aw_B\rho_{AB}\sigma_A\sigma_B \quad (5-16)$$

因此，当两种资产 A 和 B 的相关系数为 1（完全正相关）时，则资产组合的方差 $Var(r_p)=(w_A\sigma_A+w_B\sigma_B)^2$。此时，资产组合的标准差为 $\sigma_p=w_A\sigma_A+w_B\sigma_B$，即组合的标准差等于单个资产标准差按照投资比例的加权平均数。

当两种资产 A 和 B 的相关系数为-1（完全负相关），则资产组合的方差 $Var(r_p)=(w_A\sigma_A-w_B\sigma_B)^2$，此时，资产组合的标准差为 $\sigma_p=|w_A\sigma_A-w_B\sigma_B|$。因此，组合的标准差小于单个资产的标准差。

当两种资产 A 和 B 的相关系数为零，则资产组合的方差为 $Var(r_p)=w_A^2\sigma_A^2+w_B^2\sigma_B^2$。

从两种资产组合的方差可以看出，由于相关系数最大不会超过 1，因此下式总是成立：

$$Var(r_p)\leqslant(w_A\sigma_A+w_B\sigma_B)^2\leqslant\max(\sigma_A^2,\sigma_B^2),$$

或

$$\sigma_p\leqslant(w_A\sigma_A+w_B\sigma_B)\leqslant\max(\sigma_A,\sigma_B)$$

从上式可以看出，资产组合的方差（标准差）不会超过单个资产的最大方差（标准差），通过资产组合可以分散单个资产风险中的部分风险。这说明，资产组合的风险不高于单个资产的最高风险，而且只要资产之间不存在完全正相关的关系，资产组合的风险往往小于单个资产的加权平均风险。这就是为什么“不要把鸡蛋放在一个篮子里”的原因。

对于多种资产组合的方差和标准差的计算可以视为两种资产组合的方差和标准差的计算公式的扩展。假定有 N 种资产，第 i 个资产收益率的标准差为 σ_i，其在组合中所占比例为 w_i，则组合的方差可以用公式表示如下：

$$\sigma_p^2=\sum_{i=1}^{n}w_i^2\sigma_i^2+\sum_{i=1}^{n}\sum_{j\neq i}w_iw_j\sigma_i\sigma_j\rho_{ij}=\sum_{i=1}^{n}w_i^2\sigma_i^2+\sum_{i=1}^{n}\sum_{j\neq i}w_iw_j\sigma_{ij} \quad (5-17)$$

小资料

均值—方差投资组合理论由马科维茨（Makowitz）于 1952 年提出。在此之前，一些投资者在实践中已应用分散投资的思想，但并没有人从理论上给出内在原理以及如何分散投资。马科维茨在假定投资者的预期效益函数为二次函数或股票收益率符合正态分布条件下，投资者进行投资选择的规则为尽可能获得高的收益，但承担尽可能小的方差（风险）。从而在理论上给出了投资选择的方法，这一理论被称为现代金融的奠基之作，马科维茨也因此获得了诺贝尔经济学奖。

三、资产的系统风险与非系统风险

从资产组合的收益与风险的讨论中可以发现，单个资产的风险，一部分可以通过投资组合被分散掉，一部分则不能。不能够被分散掉的部分被称为系统风险，而能够被分散掉的部分被称为非系统风险，如图 5-1 所示。

（一）系统风险

系统风险（systematic risk），是指通过资产组合不能够被分散掉的风险，是由影响所有公司的因素引起的风险。例如，战争、经济衰退、通货膨胀等非预期变动，这些变动对所有资产都会有影响，尽管影响的程度不同。例如，各种股票处于同一经济系统之中，当经济繁荣时，多数股票价格都会上涨；而当经济衰退时，多数股票的价格都会下跌。不管投资分散化有多充分，也不可能消除经济波动带来的风险。

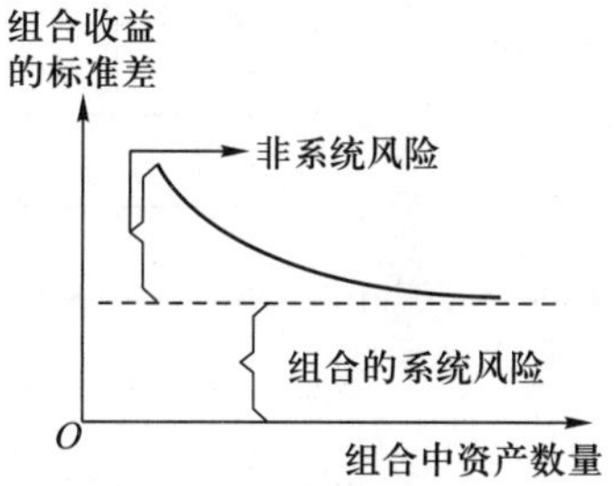

图 5-1　组合收益的方差与组合中资产数量之间关系

（二）非系统风险

非系统风险（unsystematic risk），是指通过资产组合可以分散掉的风险，是由影响个别公司的特有事件造成的风险。例如，某公司失去重要客户、诉讼失败、新产品开发未成功等。这类事件只影响一个或少数几个公司，通过资产组合可以分散掉。

因此，一种资产收益的方差可以分解为：某种资产的总风险（方差）= 在组合中的协方差（系统风险）+被分散掉的方差（非系统风险）。其中，总风险是持有一种资产的投资者所承受的风险；系统风险是指投资者在持有一个完全分散的投资组合之后仍需承受的风险；非系统风险是通过投资组合可以化解的风险。

由于非系统风险可以通过组合分散掉，因此一个充分的投资组合几乎没有非系统风险。假定投资者都是理性的，都会选择充分分散的投资组合，非系统风险将与市场无关。市场将只会对系统风险给予相应的补偿，而对于非系统风险将不会给予补偿。

第三节　系统风险与资本资产定价模型

在了解了资产的收益与风险、资产组合的收益与风险以及系统风险与非系统风险等相关概念后，接下来要解决的就是如何度量一个资产的系统风险、如何确定风险的均衡价格，进而确定资产的风险溢酬。

一、资产组合的可行集与有效集

【例 5-4】　对于例 5-3 中的 A、B 两只股票，计算投资于 A 股票和 B 股票比例分别为（0，100%）、（10%，90%）、（20%，80%）、（30%，70%）、（40%，60%）、（50%，50%）、（60%，40%）、（70%，30%）时组合的期望收益与标准差。

根据上述资料可以计算出组合的期望收益和标准差如表 5-3 所示：

表 5-3　资产组合的期望收益和标准差

组合	1	2	3	4	5	6	7	8
$\bar{r}$	20%	19%	18%	17%	16%	15%	14%	13%
σ_r	14.6%	12.3%	10.2%	8.6%	7.8%	7.9%	9%	10.7%

将上述组合的期望收益和对应的标准差放入二维坐标系中，可得图 5-2：

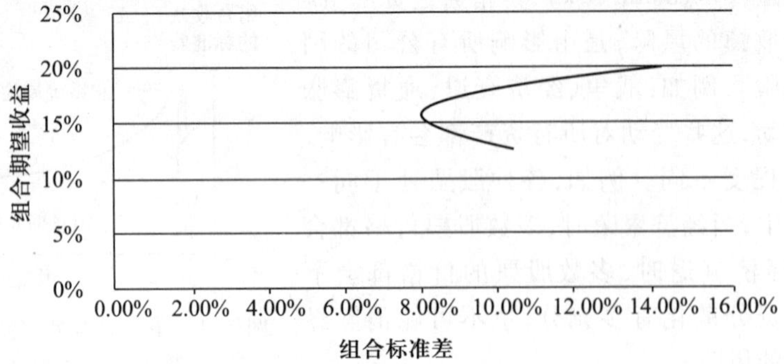

图 5-2　A、B 两只股票组合的可行集与有效集

图 5-2 中的曲线代表投资者投资于 A、B 两种股票所构成的各种可能组合，这些可能的投资组合称为投资机会集或可行集。换言之，投资者可以通过合理地构建这两种股票的组合而获得曲线上的任意一点。

在曲线的上半部分，随着组合标准差（风险）的增加，组合的期望收益也增加。而在曲线的下半部分，随着组合标准差（风险）的增加，组合的期望收益则在减少。对于理性的投资者来说，在进行投资选择时，他只会在曲线的上半部分进行选择，而不会选择下半部分的某个点。因此，上半部分被称为有效集。从有效集的变动趋势可以看出，随着组合的标准差增加，其期望收益也增加。

在有效集上，投资者应该选择哪个组合呢？这取决于投资者对风险的态度。如果他愿意通过承担高风险而获得高报酬，他可以选择靠近上半部分曲线的顶端；如果他不愿意承担高风险，则他可以选择靠近上半部分曲线的底端。

在现实中，两种资产的相关系数不同，其可行集的形状也不同，图 5-3 给出了不同相关系数的两种资产组合的可行集。

由图 5-3 可以看出，当相关系数为 1 时，投资组合的标准差与收益率呈直线关系；随着相关系数降低，曲线的弯曲程度越来越大；当相关系数为-1 时，曲线的弯曲程度达到最大。

上述给出的是投资者投资于两种证券时投资组合的有效集。当投资者投资于两种以上的多种证券时，图 5-4 曲线包围的区域给出了多种证券组合的投资机会集。该图形区域中任何一点代表若干种证券的组合。显然，组合是无穷无尽的。任何投资者都不可能选择收益率超过该区域的组合，同时，也不可能选择一个标准差低于该

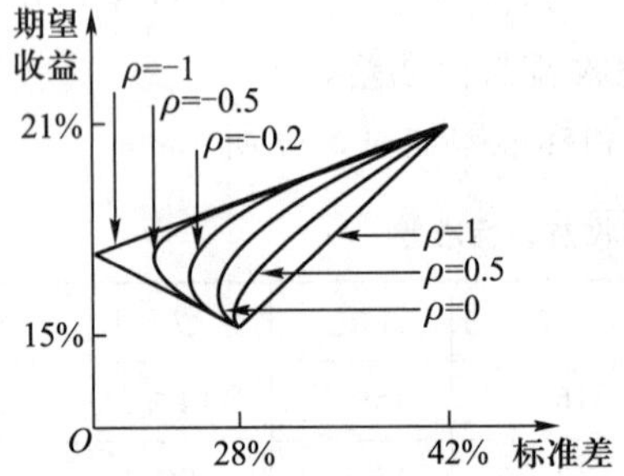

图 5-3　不同相关系数的两种证券组合的可行集

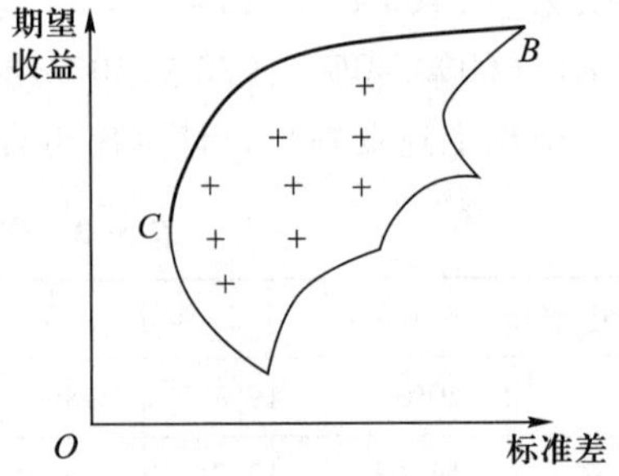

图 5-4　多种证券组合的可行集与有效集

区域的组合。换言之,投资者投资于该若干种证券时,投资组合的收益率和标准差均落在该区域中。值得注意的是,理性的投资者在 C 点到 B 点的边界上做出选择,即图中较粗的曲线(该曲线上的点称为有效集)。因为任何位于曲线 CB 下方区域内的点所对应的组合,在标准差相同的情况下,其收益率均小于该有效集上点对应的组合。

二、引入无风险资产的投资组合

构造上述投资组合时假定市场中所有的资产均是风险资产,但实际中可能存在无风险资产,如国库券。无风险资产的收益是固定的,其收益的标准差为0。因此,无风险资产与风险资产组合的再组合的收益为无风险资产收益和风险资产组合收益按照投资比例的加权平均,而组合的标准差为风险资产组合的标准差与其所占投资比例的乘积。

【例 5-5】 假定市场中存在一无风险资产 A 和风险资产组合 B。无风险资产 A 的收益率为 8%,风险资产组合 B 的期望收益率为 12%,收益标准差为 14%。分别计算资产 A 和 B 按照 9∶1、5∶5 和 1∶9 的比例构造的投资组合的期望收益和标准差。

(1) 当 A 和 B 按照 9∶1 比例构造投资组合时,其期望收益和标准差分别为:

$$\bar{r}_P = 8\% \times 90\% + 12\% \times 10\% = 8.4\%$$

$$\sigma_P = 14\% \times 10\% = 1.4\%$$

(2) 当 A 和 B 按照 5∶5 比例构造投资组合时,其期望收益和标准差分别为:

$$\bar{r}_P = 8\% \times 50\% + 12\% \times 50\% = 10\%$$

$$\sigma_P = 14\% \times 50\% = 7\%$$

(3) 当 A 和 B 按照 1∶9 比例构造投资组合时,其期望收益和标准差分别为:

$$\bar{r}_P = 8\% \times 10\% + 12\% \times 90\% = 11.6\%$$

$$\sigma_P = 14\% \times 90\% = 12.6\%$$

将上述组合结果放入以组合期望收益和标准差为纵轴和横轴的坐标中,其分布如图 5-5 所示:

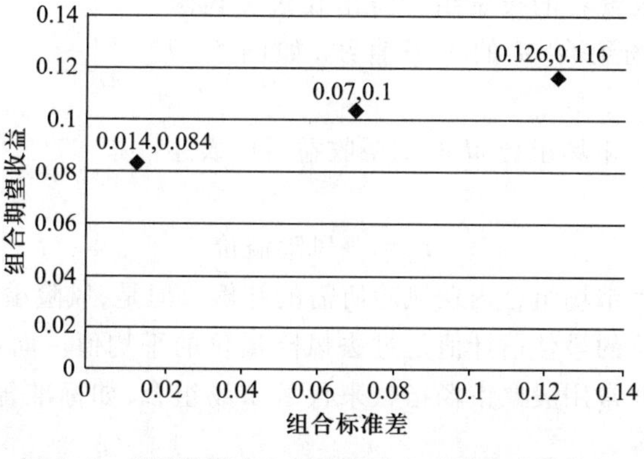

图 5-5 无风险资产和风险资产组合的组合散点图

从图 5-5 可以观察到,无风险资产与风险资产组合的期望收益与标准差之间为线性关系,即随着风险资产组合在整个组合中所占比例的增加,无风险资产与风险资产组合的再组合的期望收益与标准差间按照固定比例关系增长。

市场中存在很多可供选择的风险资产组合。因此，投资者可以选择任一风险资产组合与无风险资产进行再组合。但不同的风险资产组合是否有差别，或者说是否存在最优的风险资产组合呢？

当选择风险资产组合 S 与无风险资产进行组合时，形成的投资组合位于直线Ⅰ上，如图 5-6 所示。其中，把一部分资金投资于利率为 r_f 的无风险资产，把剩余资金投资于证券组合 S 时，投资组合的收益率和标准差位于直线Ⅰ上的 r_f 和 S 之间的部分；当借入资金投资于证券组合 S 时，组合的收益率与标准差位于直线Ⅰ上 S 点的右侧部分。直线Ⅱ为无风险资产与风险资产组合 M 的投资组合。比较直线Ⅰ和直线Ⅱ可以发现，当投资者选择风险资产组合 S 时，还存在比 S 更好的选择，即在承担相同风险的情况下，获得更高的收益。通过比较可以观察到，如果过点 r_f 作与投资组合有效集的切线，切点为 M。用风险组合 M 与无风险资产之间进行组合获得的收益率高于相同风险的其他组合。风险资产组合 M 被称为市场组合，而过 r_f 和 M 的射线被称为证券市场线(SML)。

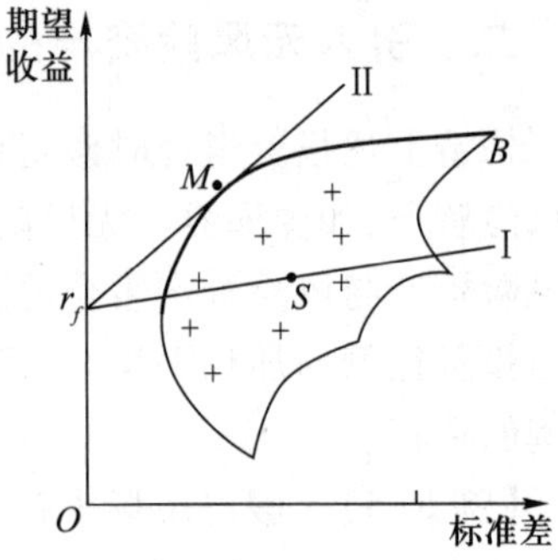

图 5-6　风险资产组合和无风险资产的投资组合

在引入无风险资产后，投资者的投资选择变得简单了，只需要在无风险资产和市场组合间确定资金投入比例即可。或者说，投资者只需要在证券市场线上做出选择。

三、资产的期望收益与风险：资本资产定价模型

一种资产的期望收益与其系统风险之间应该是正相关的。也就是说，只有当持有风险资产的收益可以补偿其系统风险，投资者才会持有这种风险资产。而由上述分析可知，当所有的投资者对风险资产的收益具有相同的期望时，则所有投资者的决策将是在无风险资产和市场组合之间进行组合。也就是说，投资者的投资组合将落在过无风险资产收益 r_f 和市场组合 M 的一条直线，如图 5-7 所示。

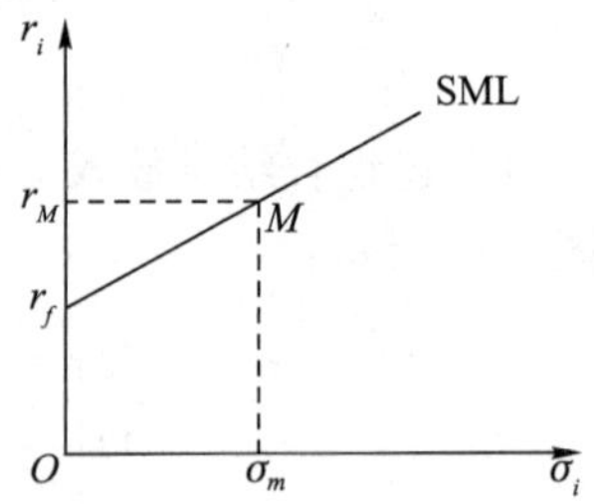

图 5-7　收益与风险间关系

由图 5-7 可知，市场组合 M 的期望收益可以表述如下：

$$\bar{r}_M = r_f + \text{风险溢价} \tag{5-18}$$

式中，风险溢价是因市场组合内在风险所需的补偿。但是，风险溢价是多少呢？一般认为，未来风险溢价的最佳估计值是过去风险溢价的平均值。而市场组合又该如何确定呢？现实中，通常用股票市场指数来代替市场组合，如标准普尔指数、道琼斯指数、沪深 300 指数等。

确定了市场组合，利用其历史收益即可估计出市场整体的期望收益。但是，对于单个资产来说，其风险和期望收益该如何估计呢？假定将市场组合的风险视为一个单位风险，如果可以定量出单个资产的风险与市场组合风险间的关系，即可确定单个

资产的期望收益。这一关系可以表述为如下模型：

$$r_i = r_f + \beta_i (r_m - r_f) \tag{5-19}$$

这个公式就是著名的资本资产定价模型（CAPM）。其中，β_i 为资产 i 的收益率与市场组合收益率之间的协方差与市场收益率的方差之比，反映资产 i 对市场变动的敏感性。如果 $\beta=1$，那么，该资产的价格波动与市场组合的价格波动相同，其风险等于市场组合的风险，因此，其预期收益率等于市场组合的预期收益率；如果 $\beta>1$，那么该资产的价格波动大于市场组合的价格波动，其风险大于市场组合的风险，其预期收益率大于市场组合预期收益率；当 $\beta=0$，则该资产价格不随市场波动而波动，因此风险等于 0，预期收益率则为无风险收益率。

单个资产期望收益与其 β 系数间关系如图 5-8 所示：

上述讨论侧重强调贝塔系数的直观含义。为了深入理解贝塔系数的内涵，可以将资本资产定价模型的公式 $r_i = r_f + \beta_i (r_M - r_f)$ 写成 $r_i - r_f = \beta_i (r_M - r_f)$。将该公式用图来反映，如图 5-9 所示，其中直线 OA 被称为特征线。特征线表明了投资于某种证券的风险收益与市场组合的风险收益之间的关系，它随市场组合的风险溢价的变动而发生变动。

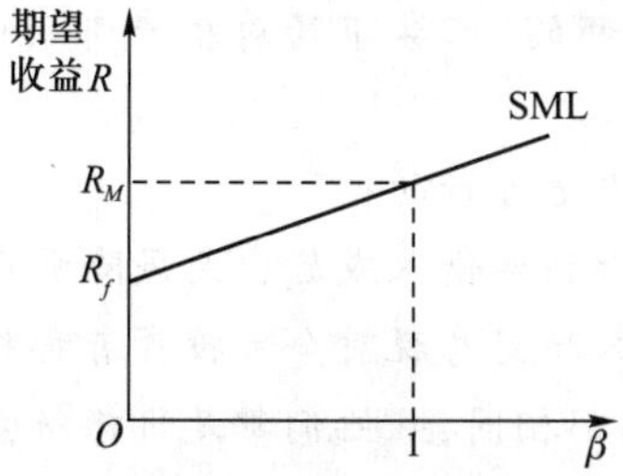

图 5-8　单个证券的期望收益与其贝塔系数之间的关系

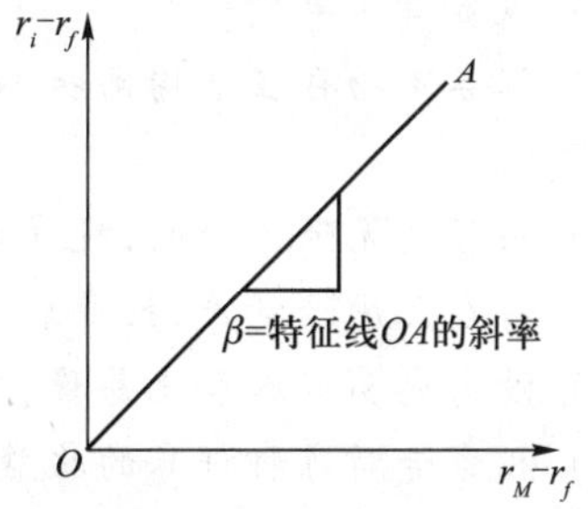

图 5-9　特征线

特征线不同于证券市场线，在特征线的方程中，市场组合的风险收益是自变量，β 是斜率。特征线是市场组合的风险收益与个别证券的风险收益二维坐标组成的直线，β 表明了特征线的倾斜度，证券的风险越大，特征线倾斜度越大。特征线表明，在证券风险一定的情况下，证券的收益随市场组合的收益增加而增加，随市场组合收益的减少而减少。特征线强调的是证券收益与市场收益之间的关系，这种关系用公式可以表示为：

$$\beta_i = \frac{Cov(R_i, R_M)}{\sigma^2(R_M)} \tag{5-20}$$

式中，$Cov(R_i, R_M)$ 是第 i 种证券的收益与市场组合收益之间的协方差；$\sigma^2(R_M)$ 是市场组合收益的方差。

资本资产定价模型的提出不仅使计量单个资产的系统风险及其对应的风险溢价成为可能，也使基于均值—方差的投资组合操作更为简单。投资者在构造投资组合时不需要再计算复杂的方差、协方差等，而可以直接根据单个资产的贝塔系数进行。对于投资组合而言，投资组合的贝塔系数等于各资产的贝塔系数的加权平均值，即

$$\beta_p = W_1\beta_1 + W_2\beta_2 + \cdots + W_n\beta_n \tag{5-21}$$

式中，W_i 表示资产 i 在组合中的投资比例；β_i 表示资产 i 的 β 系数；n 表示投资组合中的证券数量。

小资料

资本资产定价模型是马科维茨均值方差投资组合理论的进一步发展。由夏普(Sharp,1965)、林特纳(Lintern,1966)分别提出。马科维茨的均值方差投资组合理论从理论上给出了合理的投资决策方法，但在现实中，由于计算大量资产的协方差非常困难，因此在实践中很难操作。夏普等通过引入无风险资产，不仅简化了投资决策，而且找到了风险与报酬的均衡分析方法，使计量资产的风险与报酬变得容易。尽管在现实中无法确定市场组合，但可以通过选择市场指数作为市场组合的替代，这样，借助于计量分析软件就可以得到任一资产的系统风险大小(β 系数)及其对应的风险溢酬。

当然，资本资产定价模型成立是存在前提条件的，包括：

(1) 投资者根据预期收益率和标准差来选择投资组合；

(2) 投资者为风险规避者；

(3) 投资者为单期；

(4) 证券市场存在着均衡状态(该均衡是局部的，证券市场对生产部门的影响被忽略了)；

(5) 投资是无限可分的，投资规模不管多少都是可行的；

(6) 存在无风险资产，投资者可以按照无风险利率借入或贷出无风险资产；

(7) 没有交易成本和交易税，或者说交易成本和交易税对全部投资者都相同；

(8) 投资者对每种证券的收益和风险的预期都相同，且他们都是价格接受者；

(9) 市场组合包括全部证券种类。

由于上述假设条件在现实中很难满足，所以资本资产定价模型对市场的解释力是有限的。随后的研究者通过放松上述假设条件对其进行了完善，形成了许多新的模型。

第四节　企业风险与杠杆效应

企业经营面临商业风险和财务风险，如何分析和理解这两类风险？它如何影响股票投资者承担的风险？本节介绍经营杠杆(operating leverage)和财务杠杆(financial leverage)及其计算。

一、经营风险与经营杠杆

1. 商业风险

商业风险(business risk)，是指不考虑负债融资的影响时(或全部是股权投资情况下)公司经营的内在风险，它表现为公司息税前利润的波动性。息税前利润的计算公式为：

$$\text{息税前利润}=\text{销售量}\times(\text{单位售价}-\text{单位变动成本})-\text{固定成本} \tag{5-22}$$

从公式 5-22 可以看出，息税前利润的变动直接受到产品的销量、单位售价、单位变动成本和固定成本等因素变化的影响。产品的销量、售价变动导致的风险称之为销售风险(sales risk),它是由许多因素造成的,比如消费者偏好、市场竞争、产品质量、生产技术、通货膨胀等因素。所以,市场和生产方面的不确定性是商业风险的主要根源。如果销量、售价和成本在公司各经营期间变化不大,则各期息税前利润的波动程度就会很小,公司的商业风险就小。

2. 经营风险与经营杠杆

在销售量和销售单价变化一定的情况下,企业固定成本和变动成本构成同样会影响息税前利润的波动,固定成本的存在通过放大由销售收入变化引起的息税前利润的变化称为经营风险(operating risk)。

【例 5-6】 假定有两个企业 A 和 B,它们均生产相同的产品,且产品在市场上的售价相同,为 100 元/件。由于使用的生产技术不同,A 企业生产产品的年固定成本为 100 万元,变动成本为 50 元/件;而 B 企业生产同样产品的年固定成本为 50 万元,变动成本为 55 元/件。假定两家企业的年销售量均为 10 万件。分别计算 A、B 两家企业的息税前利润(EBIT)。如果销售量增加(或减少)10%,其他条件不变,分别计算 A、B 两家企业 EBIT 变化的幅度。

根据 A 和 B 两家企业的成本资料可以计算出销量为 10 万件时的息税前利润分别为:

$$EBIT_A = 10\times(100-50)-100=400(\text{万元})$$

$$EBIT_B = 10\times(100-55)-50=400(\text{万元})$$

销售量增加 10%到 11 万件时,A 和 B 两家企业的息税前利润分别为:

$$EBIT_A = 11\times(100-50)-100=450(\text{万元})$$

$$EBIT_B = 11\times(100-55)-50=445(\text{万元})$$

息税前利润的变动幅度分别为:

$$\frac{\Delta EBIT_A}{EBIT_A}=\frac{50}{400}=12.5\%$$

$$\frac{\Delta EBIT_B}{EBIT_B}=\frac{45}{400}=11.25\%$$

从结果可以看出,在销售量增加 10%的情况下,A 企业的息税前利润增加了 12.5%,而 B 企业则增加了 11.25%。同样,如果销售量下降 10%,则 A 企业的息税前利润下降了 12.5%,而 B 企业则下降了 11.25%。可见,销售量变化导致 A 企业息税前利润变化的幅度要大于 B 企业。

经营风险的大小可以用经营杠杆(operating leverage)来衡量。经营杠杆可以用息税前利润变动率与销售收入变动率的比值来计算,财务上将其称为经营杠杆系数(degree of operating leverage,DOL)。计算公式如下:

$$DOL=\frac{\Delta EBIT/EBIT}{\Delta S/S} \tag{5-23}$$

$$DOL=\frac{[\Delta Q\times(P-VC)]/[Q\times(P-VC)-FC]}{(\Delta Q\times P)/(Q\times P)}=\frac{Q(P-VC)}{Q(P-VC)-FC} \tag{5-24}$$

式中,Q 为销售量;P 为单位售价;VC 为单位变动成本;FC 为固定成本总额;Δ 表示变动量。

【例 5-7】 接例 5-6,对于 A 企业,分别计算以下情况下的经营杠杆:①销售量分别为 8 万件、12 万件、15 万件,其他条件不变;②单位变动成本分别为 45 元、55 元、60 元,其他条件不变;③固定成本分别为 0 万元、50 万元、150 万元,其他条件不变。

不同销售量水平下的经营杠杆:

$$DOL_{Q=8\text{万件}}=\frac{8\times(100-50)}{8\times(100-50)-100}=1.33$$

$$DOL_{Q=12\text{万件}}=\frac{12\times(100-50)}{12\times(100-50)-100}=1.2$$

$$DOL_{Q=15\text{万件}}=\frac{15\times(100-50)}{15\times(100-50)-100}=1.15$$

不同单位变动成本下的经营杠杆:

$$DOL_{VC=45}=\frac{10\times(100-45)}{10\times(100-45)-100}=1.22$$

$$DOL_{VC=55}=\frac{10\times(100-55)}{10\times(100-55)-100}=1.29$$

$$DOL_{VC=60}=\frac{10\times(100-60)}{10\times(100-60)-100}=1.33$$

不同固定成本下的经营杠杆:

$$DOL_{FC=0}=\frac{10\times(100-50)}{10\times(100-50)-0}=1$$

$$DOL_{FC=50}=\frac{10\times(100-50)}{10\times(100-50)-50}=1.11$$

$$DOL_{FC=150}=\frac{10\times(100-50)}{10\times(100-50)-150}=1.43$$

从例 5-7 的计算结果可以得出如下结论:

(1) 在固定成本和单位变动成本不变的情况下,销量或销售收入越高,经营杠杆系数越小,经营风险也越小;反之则越大。

(2) 在销售收入和固定成本不变的情况下,单位变动成本越高,经营杠杆系数越大;反之则越小。

(3) 在销售收入和单位变动成本不变的情况下,固定成本越高,经营杠杆系数越大;反之则越小。

(4) 当不存在固定成本时,无论销售收入是多少,经营杠杆系数都等于 1,商业风险等于销售风险。

商业风险和经营风险在不同行业间存在一定差别,但对于同一行业的不同企业则差别不大。对于股票投资者来说,当购买一家零负债的公司股票时,其所承担的系统风险主要是该行业的商业风险。

相关链接

企业产品成本的核算有完全成本与变动成本之分。完全成本是指产品的成本包括生产阶段的所有支出,如直接材料、直接人工和制造费用。在完全成本法下,企业的利润核算方法为:利润=收入-产品销售成本-期间费用。完全成本法为财务核算所采用的方法。而变动成本法是指产品的成本只包括生产阶段的变动部分,如直接材料、直接人工和变动制造费用,而固定制造费用则单独累计,从当期的收入中直接扣除。在变动成本法下,期间费用也分为变动和固定的两个部分。这样,企业的利润核算方法为:利润=收入-变动成本-固定成本=销售量(单价-单位变动成本)-固定成本。其中,单价-单位变动成本被称为边际贡献,边际贡献乘以销售量为总贡献。变动成本法一般在管理决策中使用。进一步阅读可以参考管理会计相关章节。

二、财务风险与财务杠杆

1. 财务风险

财务风险(financial risk),是指由于负债经营而导致股东收益波动被放大的风险。企业经营获得的息税前利润要扣减掉负债的利息,然后缴纳所得税,剩余的净利润为股东的收益。由于债务利息是不变的,因此,当利润增加时,每 1 元利润所负担的利息就会减少,从而投资者所享有的收益就会有更大幅度的提高,反之会有更大幅度的减少。

【例 5-8】 假定有两家企业 A 和 B,其年息税前利润相同,均为 10 万元。其中企业 A 的资金全部通过发行股票筹集,共发行 100 万股(2 元/股)。企业 B 则通过发行债券和股票来筹集,其中发行债券 100 万元,资本成本为 5%;发行股票 50 万股(2 元/股)。两公司的所得税税率为 30%,计算 A 和 B 两公司的每股收益。如果息税前利润增加(或减少)10%,则 A、B 两公司每股收益增加或减少多少?

当息税前利润为 10 万元时,A、B 两企业的每股收益为:

$$EPS_A=\frac{10\times(1-30\%)}{100}=0.07\text{ 元/股}$$

$$EPS_B=\frac{(10-100\times5\%)\times(1-30\%)}{50}=0.07\text{ 元/股}$$

当息税前利润增加 10%时,A、B 两企业的每股收益为:

$$EPS_A=\frac{11\times(1-30\%)}{100}=0.077\text{ 元/股}$$

$$EPS_B=\frac{(11-100\times5\%)\times(1-30\%)}{50}=0.084\text{ 元/股}$$

从结果来看,当息税前利润增加 10%时,A 企业的每股收益也增加了 10%,而 B 企业的每股收益则增加了 20%。这说明,A 企业的股东所承担的风险只有企业的商业风险;而 B 企业的股东所承担的风险远大于 A 企业股东承担的风险(或商业风险)。这种由于负债筹资安排所导致的股东风险增加即为财务风险。

2. 财务杠杆

财务杠杆(degree of financial leverage, DFL)是用来衡量负债经营对每股收益波动的放大效应,其大小可以表示为企业每股收益变动率与息税前利润变动率之比。计算公式如下:

$$DFL=\frac{\Delta EPS/EPS}{\Delta EBIT/EBIT} \tag{5-25}$$

也可表示为：
$$DFL=\frac{EBIT}{EBIT-I} \tag{5-26}$$
式中，$EBIT$ 为息税前利润；EPS 为每股收益；I 为利息费用；Δ 表示变动额。

从公式 5-26 可以看出，当企业不负债经营时，其利息费用为 0，财务杠杆为 1，每股收益的波动完全取决于 $EBIT$ 的变动。当企业有负债时，利息费用 $I>0$，财务杠杆系数大于 1，息税前利润的变动将导致股东收益更大幅度的变化，从而存在财务风险。

对于发行股利固定优先股的公司来说，在计算财务杠杆时，还应考虑优先股的影响，其财务杠杆的计算公式为：
$$DFL=\frac{EBIT}{EBIT-I-\dfrac{D}{1-T}} \tag{5-27}$$
式中，D 为优先股股利，T 为公司所得税税率。

因此，举债经营及固定利息费用的存在是引起财务杠杆效应的主要原因。

3. 财务杠杆与贝塔系数

在资本资产定价模型中，贝塔系数衡量股票投资者投资于公司所承担的系统风险。当公司所需资金全部通过股票（所有者权益）筹集时，对于股票投资者来说，其投资所承担的风险为公司的商业风险，可以表示为 $\beta_A=\beta_0$，其中，β_A 代表企业资产负债表左边资产的系统风险，也就是所从事行业的商业风险；β_0 代表企业股东在企业零负债情况下所承担的系统风险。当企业存在负债时，并不影响企业的商业风险，即 β_A 是不变的，但商业风险将由债权人和股东共同承担，即：
$$\beta_A=\frac{D}{D+E}\times\beta_D+\frac{E}{D+E}\times\beta_L \tag{5-28}$$
式中，D 为企业负债额；E 为企业所有者权益总额；β_D 为债权人承担的系统风险，相对于股东来说，债权人的收益是固定的，因此，其值为 0；β_L 为存在负债（财务杠杆）情况下股票投资者承担的系统风险。

因此，由公式 5-28 可以转换得到：
$$\beta_L=\left(1+\frac{D}{E}\right)\times\beta_A$$
（5-29①）

考虑负债利息可以在税前扣除，存在节税作用，公式 5-29 可以进一步写为：
$$\beta_L=\left[1+\frac{D}{E}\times(1-T)\right]\times\beta_A \tag{5-30}$$
式中，T 为企业的所得税税率。

由此可见，企业的负债导致财务杠杆，加大了股东所承担的系统风险。企业负债越高，相应股票系统风险——贝塔系数也越大。

【例 5-9】 某投资分析师正在对即将上市的 A 公司股票进行分析，他收集了相关资料如表 5-4 所示：

---

① β_A 也可以用 β_0 代替，因为二者值相同。

表 5-4　A 公司及其所在行业信息

	所得税税率	D/E 比率	贝塔系数
A 公司	30%	0.6	?
行业	30%	1.0	1.7

则 A 公司上市后其股票的贝塔系数为多少?

A 公司面临的商业风险与其行业相同,所不同的是负债权益比(财务杠杆)。因此,利用行业数据计算在不存在负债情况下(财务杠杆 = 1,$D/E=0$),行业的贝塔系数为:

$$\beta_0 = \frac{1.7}{1+1.0\times(1-30\%)} = 1.0$$

A 公司股票贝塔系数为:

$$\beta_A = 1.0\times[1+0.6\times(1-30\%)] = 1.42$$

三、总杠杆

从上述经营杠杆和财务杠杆的介绍可知,经营杠杆是因为固定成本的存在而放大了销售的波动对息税前利润波动的影响;而财务杠杆则是因为利息费用的存在而放大了息税前利润波动对每股收益波动的影响。因此,从股东的角度,他将受到经营杠杆和财务杠杆的双重影响。财务上通常将两种杠杆的共同作用称为总杠杆,即销售变动导致的每股收益产生的更大变动。

总杠杆系数可以用 DTL 表示,其计算公式为:

$$DTL = DOL\times DFL \tag{5-31}$$

$$= \frac{Q(P-VC)}{Q(P-VC)-FC-I} \tag{5-32}$$

总杠杆的意义在于:首先,可以反映不同行业、同一行业中的不同企业风险差异的原因;其次,反映了经营杠杆和财务杠杆之间的相互关系,为公司控制风险提供了依据。

关键词

收益　风险　资产组合　系统风险　非系统风险　可行集　有效集　市场组合　证券市场线　资本资产定价模型　β 系数　经营风险　经营杠杆　财务风险　财务杠杆

要点回顾

当事件的结果不确定时,我们一般称其存在风险。风险的衡量一般可以采用方差、标准差、离散系数等指标。企业的经营是面向未来的,由于未来的市场需求、价格、宏观经济等因素是不确定的,因此,企业的经营存在风险。这种风险还会因为固定成本、固定利息的存在而放大,即杠杆效应。

企业的风险将通过资本市场反映到其股票收益率的波动上,因此,利用股票收益的方差、标准差、离散系数等指标可以度量一个企业的风险。在证券市场中,投资者的投资选择往往不是单一的,而是分散的。当投资者进行分散投资时,单个资产的风险部分将被分散掉,部分将无法通过组合分散掉。因此，资产的风险可以分为系统风险和非系统风险。

由于投资者一般是厌恶风险的，因此，投资者承担了风险就应获得风险补偿。在充分竞争的市场中，只有无法分散的系统风险才能得到相应的补偿。通过引入无风险资产，推导出系统风险与报酬间的定量关系——资本资产定价模型。

即测即评

请扫描右侧二维码，进行即测即评。

思考题

1. 方差、标准差和离散系数在衡量风险上有何联系和区别？
2. 企业风险的来源有哪些？
3. 什么是经营杠杆？什么是财务杠杆？
4. 投资组合为什么可以分散单个资产的风险？
5. 什么是可行集？什么是有效集？
6. 什么是系统风险？什么是非系统风险？

练习题

1. 假定 A、B 两只股票最近 4 年收益率的有关资料如表 5-5 所示：

表 5-5　A、B 股票收益率

年份	A 股票收益率	B 股票收益率	年份	A 股票收益率	B 股票收益率
2016	5%	10%	2014	12%	6%
2017	8%	9%	2015	7%	11%

要求：

(1) 分别计算 A、B 两只股票的期望收益率；

(2) 分别计算 A、B 两只股票收益率的标准差和标准离差系数；

(3) 比较 A、B 两只股票的风险大小。

2. 假定某企业只生产和销售 A 产品，其单位售价为 5 元，单位变动成本为 3 元，年固定成本为 10 000 元，分别计算年销售量为 10 000 件、15 000 件、20 000 件时，企业的经营杠杆。

3. 假定某公司计划生产甲产品，单位售价为 12 元，现有两种方案可供选择：

A 方案：单位变动成本为 6.75 元，固定成本为 675 000 元；

B 方案：单位变动成本为 8.25 元，固定成本为 401 250 元。

该公司资产总额为 2 250 000 元，负债率为 40%，负债的平均年利率为 10%，预计销售量为 200 000 件，该企业目前处于免税期。

要求：

(1) 计算 A、B 两方案的经营杠杆系数，并预测当销售量下降 10%时，两种方案的息税前利润分别下降多少？

(2) 计算两方案的财务杠杆系数；

(3) 计算两方案的总杠杆系数，并比较其总风险。

4. 现有 A、B、C 三只股票，其 β 系数分别为 1.2、1.9 和 2，假定无风险报酬率为 4%，市场组合的平均收益率为 16%。

(1) 计算 A、B、C 三只股票的期望报酬率；

(2) 计算以 A、B、C 三只股票构造的投资组合的期望报酬率，三只股票在投资组合中所占比例分别为 20%、45%和 35%。

5. 某投资者准备从证券市场上购买 A、B、C、D 四种股票组成投资组合。已知四种股票的 β 系数分别为 0.7、1.2、1.6、2.1。现行国库券的收益率为 8%，市场平均股票必要收益率为 15%。

要求：

(1) 采用资本资产定价模型分别计算四种股票的预期收益率。

(2) 假定投资者准备长期持有 A 股票，A 股票去年的每股股利为 4 元，预计股利增长率为 6%，当前每股市价为 58 元，投资 A 股票是否核算？

(3) 若投资者按 5∶2∶3 的比例购买了 A、B、C 三种股票，计算该投资组合的 β 系数和预期收益率。

(4) 若该投资者按 3∶2∶5 比例分别购买了 B、C、D 三种股票，计算该投资组合的 β 系数和预期收益率。

(5) 根据上述(3)和(4)的结果，如果该投资者想降低风险，应选择哪一种投资组合？

本章附录：资本资产定价模型的推导

市场组合 M 是包括所有风险资产的组合，其风险(标准差)是由所有风险资产中不可被分散掉的风险组成。因此，计量一项资产的系统风险就是要计算在市场组合 M 的风险(标准差)中某个资产占有多少。当然，实际中是很难直接计算的，但是可以通过间接方法来计算。

假定某一风险资产 i，其期望收益为 r_i，标准差为 σ_i。市场组合 M 的预期收益为 r_m，标准差为 σ_m。用风险资产 i 与市场组合 M 构造一个新的投资组合，假定风险资产 i 的投资比例为 α，则市场组合 M 的比例为 $1-\alpha$。这样新组合的期望收益和标准差分别为：

$$r_p = r_i \times \alpha + r_m \times (1-\alpha)$$

$$\sigma_p = \sqrt{\alpha^2\sigma_i^2 + (1-\alpha)^2\sigma_m^2 + 2\alpha(1-\alpha)\sigma_{im}}$$

对上述公式分别求对 α 的一阶导数得：

$$\frac{\mathrm{d}r_p}{\mathrm{d}\alpha} = r_i - r_m$$

$$\frac{\mathrm{d}\sigma_p}{\mathrm{d}\alpha} = \frac{\alpha\sigma_i^2 - \sigma_m^2 + \alpha\sigma_m^2 + \sigma_{im} - 2\alpha\sigma_{im}}{(\alpha^2\sigma_i^2 + (1-\alpha)^2\sigma_m^2 + 2\alpha(1-\alpha)\sigma_{im})^{1/2}}$$

两式相除可得：

$$\frac{\mathrm{d}r_p/\mathrm{d}\alpha}{\mathrm{d}\sigma_p/\mathrm{d}\alpha} = \frac{\mathrm{d}r_p}{\mathrm{d}\sigma_p} = \frac{(r_i - r_m)(\alpha^2\sigma_i^2 + (1-\alpha)^2\sigma_m^2 + 2\alpha(1-\alpha)\sigma_{im})^{1/2}}{\alpha\sigma_i^2 - \sigma_m^2 + \alpha\sigma_m^2 + \sigma_{im} - 2\alpha\sigma_{im}}$$

进一步简化可得：

$$\frac{\mathrm{d}r_p}{\mathrm{d}\sigma_p} = \frac{(r_i - r_m)\sigma_m}{\sigma_{im} - \sigma_m^2}$$

在市场均衡条件下，风险的价格是唯一的，因此有：

$$\frac{(r_i - r_m)\sigma_m}{\sigma_{im} - \sigma_m^2} = \frac{r_m - r_f}{\sigma_m}$$

进一步转化可得：

$$r_i = r_f + \frac{r_m - r_f}{\sigma_m^2}\sigma_{im}$$

上式中，$\frac{r_m - r_f}{\sigma_m^2}$可以理解为风险的价格，$\sigma_{im}$即资产 i 的系统风险。将$\frac{\sigma_{im}}{\sigma_m^2}$定义为 β，上式可以转化为：

$$r_i = r_f + \beta_i(r_m - r_f)$$

上式即为资本资产定价模型（CAPM），其中，β_i 为资产 i 的收益率与市场组合收益率之间的协方差与市场收益率的方差之比，反映资产 i 对市场变动的敏感性。

中篇

资金运作与管理

本篇是财务管理的核心内容，主要介绍在四种基本的财务活动中企业如何运作和管理资金，如何通过成本与效益的比较进行财务决策并使之付诸实践，旨在实现企业价值最大化目标。

具体内容包括：

以投资决策为起点的投资管理；与投资需求相配合的筹资管理；为企业经营活动制定相应的流动资产管理政策和短期融资政策，进行各项营运资金的运作管理；以及对企业一定阶段经营成果的分配与管理。

学习本篇，不仅仅在于对基本概念、基本方法和技巧的理解和把握，还应该确立价值管理、风险管理、现金为尊、成本效益观等理财理念，学会制定灵活、适宜的财务政策，使企业在不断变化的环境中立于不败之地。

第六章　投资管理

学习目标

本章重在掌握投资决策评价的基本方法。特别是净现值法、现值指数法、内含报酬率法三种动态决策评价方法，而回收期法、会计报酬率法也不失为较好的辅助决策方法，都要求灵活应用。同时，要掌握投资项目现金流入、现金流出以及净现金流量的估算，并要求学会投资项目风险分析和处理方法。

乐视网信息技术股份有限公司成立于2004年，主要从事网络付费视频直播业务，并致力于打造基于视频产业、内容产业和智能终端的“平台+内容+终端+应用”完整生态系统。公司于2010年8月在中国创业板上市（股票代码300104），成为中国A股最早上市的视频公司。上市以来，公司通过定向增发、发行债券、银行借款等方式筹集大量资金用于公司规模扩张，投资项目涉及手机、电视、云计算、电动汽车、金融等领域。巨额的项目投资并没有为公司带来相应的回报，反使公司债务缠身，陷入财务危机的窘境。

乐视网财务危机的成因是多方面的，但盲目扩张、投资决策失败无疑是重要原因之一。投资决策事关企业未来发展，具有战略性和不可逆转性，在项目的选择和评价中，需要应用科学的方法进行分析和论证，这正是本章所要讨论的问题。

第一节　投资管理概述

一、投资的内涵

投资是指企业以未来收回现金并取得收益为目的而发生的现金流出活动，包括直接投资和间接投资。直接投资是指把资金投放于生产经营性资产，以获得收益的投资。间接投资则是把资金投放于证券等金融资产，通过股利或利息获得收益的投资。本书中的投资决策主要涉及直接投资。

直接投资按照其回收期限的长短可以分为短期投资和长期

投资。短期投资一般指现金的回流在一年以内,而长期投资则超过一年。由于长期投资往往投资数额巨大,时间跨度长,对企业影响深远,因此,在决策中考虑的因素也比较多。本章重点讲述长期投资。

二、长期投资分类

按照不同的分类标准,可以对长期投资进行不同的分类。

(一)按照长期投资的对象划分

(1)固定资产投资,即将资金投放于房屋和建筑物、机器设备、运输设备等固定资产。

(2)无形资产投资,即将资金投放于专利权、非专利技术、商标权等无形资产。

(3)其他资产投资,即指除以上资产投资外的长期投资。

(二)按照投资时序与作用划分

(1)新建企业投资,指为建立一个新的企业,包括在生产、经营、生活条件等方面所进行的投资。

(2)简单再生产投资,指为更新生产经营中已经提足折旧的生产经营性资产所进行的投资。其特点是把原来生产经营过程中收回的资金重新再投入到生产过程中,维持原有的经营规模。

(3)扩大再生产投资,指为扩大企业现有的经营规模所进行的投资。

(三)按照投资项目间的关系划分

(1)相关投资,指当采纳或放弃某个投资项目时,会对另外投资项目产生影响的投资。在对相关项目进行决策时,其对其他项目的影响应在决策中考虑。

(2)独立投资,指在彼此相互独立的若干个投资项目间进行选择的投资。在这种情况下,项目间不相互影响或取代。项目的取舍取决于项目本身的评价指标。

(3)互斥投资,指项目间互相排斥,不能同时选择的投资。在对互斥项目做出决策时,即使每个项目本身从经济上都是可行的,也不能同时选择,而只能选择较优者。

三、长期投资决策程序

长期投资决策一般按照下列步骤进行。

(一)确定目标

在进行投资决策时,首先要清楚所进行的长期投资所要达到的目的或者需要解决的问题,如增加生产能力、改进生产技术等。

(二)提出备选方案

投资目标确定后,就要提出所有可选的方案。为了实现目标,有时有一个方案,有时会有若干个备选的解决方案。备选方案的提出是决策的重要环节。

(三)搜集相关信息

根据所提出的备选方案,尽可能多地搜集相关信息,如投资项目的未来现金流入量、流出量等。

(四)比较分析

利用所收集的信息,选择适当的评价方法,计算各备选方案的相关评价指标,并依据评价标准进行决策。

第二节　长期投资决策的基本方法

一、动态评价方法

【例 6-1】 某企业面临一个投资项目,该投资需要初始投资 900 万元,投资项目寿命为 3 年,1~3 年中每年的净现金流如表 6-1 所示。假定投资项目的必要报酬率为 10%,请对该项目的可行性做出评价。

表 6-1　投资项目的现金流　　单位:万元

年份	0	1	2	3
现金流	-900	200	400	600

在对项目的可行性做出评价之前,首先要理解必要报酬率的含义。这里可以将其理解为机会成本,即企业将这笔资金投资于任何一个与此项目相当的投资机会均可获得 10%的报酬率;或者将其理解为企业为了投资该项目,向投资者筹集这些资金时要向投资者支付的利息成本。因此,在评价该项目可行性时必须考虑这些成本。如何考虑这些成本呢? 这里采用折现方法。该项目在未来三年共带来净现金流入 1 200 万元,用折现的方法扣除掉机会成本(或支付投资者报酬)后,如果带来的净现金流入大于现金流出(初始投资),即净现金流量为正值,则该项目给企业带来增值,是可行的,否则不可行。具体计算如下:

$$现金流入的现值=\frac{200}{1+10\%}+\frac{400}{(1+10\%)^2}+\frac{600}{(1+10\%)^3}=963.19(万元)$$

该投资项目在扣除机会成本后的现金流入为 963.19 万元,大于初始投资 900 万元,因此该项目是可行的。

(一) 净现值法

1. 净现值的含义及计算

根据上述例题分析,这里介绍长期投资决策评价的第一个指标——净现值指标(net present value,NPV)。净现值是投资项目投产后的净现金流入量,按照项目的必要报酬率折现后的现值,再减去初始投资后的余额。其计算公式为:

$$NPV=\left[\frac{NCF_1}{1+r}+\frac{NCF_2}{(1+r)^2}+\cdots+\frac{NCF_n}{(1+r)^n}\right]-I_0 = \sum_{t=1}^{n}\frac{NCF_t}{(1+r)^t}-I_0 \qquad (6-1)$$

式中,NPV 为净现值;NCF_t 为第 t 期的净现金流量;r 为贴现率(资金成本或投资者要求的必要报酬率);n 为投资项目的预计使用年限;I_0 为初始投资额。

如果投资项目的初始投资不是一次投资建成,而是经过多个期间,则初始投资也要进行折现,其计算公式为:

$$NPV=\sum_{t=m+1}^{n}\frac{NCF_t}{(1+r)^t}-\sum_{t=0}^{m}\frac{I_t}{(1+r)^t} \qquad (6-2)$$

式中，m 代表建设期；I_t 为建设期内各期投资额。

【例 6-2】 某项目总投资额为 2 000 万元，需建设两年，于第二年年末投产。项目投产后各年净现金流量如表 6-2 所示。假定项目投资现金流出发生在期初，运营期现金流发生在期末。计算该项目的净现值并决策。

表 6-2 投资项目的现金流 单位：万元

年份	0	1	2	3	…	10
现金流	-1 000	-1 000	0	400	…	400

根据公式 6-2，该投资项目的净现值为：

$$NPV = 400\times(P/A,10\%,8)\times(P/S,10\%,2)-1\ 000-1\ 000\times(P/S,10\%,1)$$
$$= -145.6(\text{万元})$$

由于净现值小于 0，故应放弃该项目。

2. 净现值法的决策规则

在用净现值法进行决策时，要根据项目的性质进行决策。

（1）对于独立的投资项目，以净现值是否大于 0 作为判断标准。如果投资项目的净现值大于 0，则说明投资项目带来的现金流入在支付资金成本后有剩余，则投资项目可行；如果净现值小于或等于 0，则不可行。

（2）对于互斥项目，应选择净现值大于 0 中最大的投资项目。

【例 6-3】 新科公司面临 A、B 两个互斥的投资方案，其现金流量分布如表 6-3 所示。

表 6-3 A、B 两个投资方案的现金流 单位：元

时间	0	1	2	3	4	5
A 方案现金流	-200 000	55 000	55 000	55 000	55 000	55 000
B 方案现金流	-250 000	56 000	65 000	75 000	75 000	75 000

假定投资方案 A 和 B 的必要报酬率均为 10%，请为新科公司做出选择。

根据 A、B 两个方案的现金流及必要报酬率，可以分别计算其 NPV：

$$NPV_A = 55\ 000\times(P/A,10\%,5)-200\ 000 = 8\ 505(\text{元})$$

$$NPV_B = \frac{56\ 000}{1+10\%}+\frac{65\ 000}{(1+10\%)^2}+\frac{75\ 000}{(1+10\%)^3}+\frac{75\ 000}{(1+10\%)^4}+\frac{75\ 000}{(1+10\%)^5}-250\ 000$$
$$= 8\ 771.82(\text{元})$$

由于 A、B 两个方案是互斥项目，且 $NPV_B > NPV_A$，因此，按照净现值决策规则，应选择 B 方案。

3. 净现值法的优缺点

净现值法的优点主要表现在：

（1）考虑了货币时间价值，并能反映预计投资收益具体金额的现值。

（2）考虑了投资风险的影响，因为投资者要求的必要报酬率中包括了风险报酬，风险大的投资项目，投资者要求的必要报酬率也较高。

（3）净现值与股东财富最大化这一财务管理目标直接联系。

当然,净现值法也存在一定的缺点,主要表现在:

(1) 净现值法只能反映投资项目增值的总额,不能反映投资项目本身的增值能力。因此,在决策中容易造成选择投资额大和收益总额大的项目,而忽略投资额小、报酬率高的投资方案。

(2) 折现率的确定比较困难,而其正确与否对净现值的影响至关重要。

(二) 现值指数法

【例 6-4】 在例 6-3 中,假定 A、B 两个方案是独立方案,但公司预算投资额为 300 000 元。如果投资方案 A 和投资方案 B 是可分的,则公司应如何决策呢?是将资金优先安排给净现值大的 B 方案,剩余部分安排给 A 方案,还是相反?

如果公司选择完整的 B 方案,然后将剩余的 5 万元投资于 A 方案,则可获得的净现值为:

$$NPV_{T}=NPV_{B}+NPV_{A}\times\frac{50\ 000}{200\ 000}=8\ 771.82+8\ 505\times\frac{1}{4}=10\ 898.07(\text{元})$$

如果公司选择完整的 A 方案,然后将剩余的 10 万元投资于 B 方案,则可获得的净现值为:

$$NPV_{T}=NPV_{A}+NPV_{B}\times\frac{100\ 000}{250\ 000}=8\ 505+8\ 771.82\times\frac{2}{5}=12\ 013.73(\text{元})$$

从结果来看,应该将资金优先安排给 A 方案。但实际中应用净现值指标无法对这类选择方案进行决策,因为一个完整的项目往往无法分解开来进行投资,所以这里引入现值指数法。

1. 现值指数的含义及其计算

现值指数(profitability index,PI)法又称获利指数法,是指投资项目未来现金流入的现值与初始投资额的现值之比,它反映了投入 1 元初始投资所获得的未来现金流入现值。其计算公式为:

$$PI=\frac{\sum_{t=1}^{n}\frac{NCF_t}{(1+r)^t}}{I_0} \tag{6-3}$$

2. 现值指数法的决策规则

与净现值法相同,现值指数法的决策规则亦要视项目性质而定。

(1) 对于独立项目,现值指数大于 1,表明项目未来现金流入现值超过初始投资现值,项目可行;反之,则项目不可行。在资金受限制情况下,公司应将资金优先安排给现值指数高的投资项目。

(2) 对于互斥项目,在投资规模相同情况下,应选择现值指数高的项目。而对于规模不同的项目,则应采用净现值法进行决策。

利用现值指数法可以对例 6-4 进行决策,首先计算 A 方案和 B 方案的现值指数:

$$PI_{A}=\frac{55\ 000\times(P/A,10\%,5)}{200\ 000}=1.043$$

$$PI_{B}=\frac{\frac{56\ 000}{1+10\%}+\frac{65\ 000}{(1+10\%)^2}+\frac{75\ 000}{(1+10\%)^3}+\frac{75\ 000}{(1+10\%)^4}+\frac{75\ 000}{(1+10\%)^5}}{250\ 000}=1.035$$

由于 $PI_A > PI_B$，因此，在初始投资相同的情况下，A 项目带来的净现金流入现值大于 B 项目。在总投资额为 300 000 元的情况下，应将资金优先投资于 A 项目，余下的投资于 B 项目，这样，总的增值最大。

3. 现值指数法的优缺点

现值指数法的优点是考虑了货币的时间价值和风险，能够真实地反映投资项目的增值能力。但由于现值指数是用相对数来表示的，所以，对规模不同的互斥项目难以做出正确的决策。

（三）内含报酬率法

1. 内含报酬率的含义及其计算

内含报酬率（internal rate of return，IRR）是使投资项目的净现值等于 0 时的折现率，其计算公式为：

$$\sum_{t=1}^{n} \frac{NCF_t}{(1+IRR)^t} - I_0 = 0 \tag{6-4}$$

2. 内含报酬率法决策规则

在利用内含报酬率进行投资项目决策时，对于一般的独立项目，当内含报酬率超过项目的必要报酬率时，项目可行，否则，项目不可行。但在一些特殊情况下，内含报酬率法无法做出正确结论。

【例 6-5】 根据例 6-1 计算该项目的内含报酬率。

根据内含报酬率定义，有：

$$\frac{200}{1+IRR} + \frac{400}{(1+IRR)^2} + \frac{600}{(1+IRR)^3} - 900 = 0$$

在求 IRR 时，一般采用插值法（或叫试错法），即：

（1）当 $IRR = 12\%$，

$$NPV = \frac{200}{1+12\%} + \frac{400}{(1+12\%)^2} + \frac{600}{(1+12\%)^3} - 900 = 24.52$$

（2）当 $IRR = 14\%$，

$$NPV = \frac{200}{1+14\%} + \frac{400}{(1+14\%)^2} + \frac{600}{(1+14\%)^3} - 900 = -11.79$$

因此，该项目的内含报酬率介于 12% 与 14% 之间，这时可以采用插值法，即：

$$IRR = 14\% - \frac{2\%}{24.52-(-11.79)} \times 11.79 = 13.35\%$$

项目内含报酬率为 13.35%，高于项目的必要报酬率 10%，因此，该项目可行。

3. 内含报酬率法的缺陷

利用内含报酬率进行投资项目决策时，在一些特殊情况下往往无法得到正确结论。表 6-4 为三个不同投资项目的现金流量，根据现金流量可以算出各项目的内含报酬率和净现值。根据一般项目的决策规划，净现值与内含报酬率之间存在矛盾。

（1）项目融资决策。A 项目的净现金流出发生在第一期期初，净现金流入发生在第一期期末。而 B 项目正好相反。两项目的内含报酬率相同，均为 30%。但在设定折现率为 10% 的情况下，A 项目的净现值为 18.2 元，而 B 项目的净现值为 -18.2 元。随着折现率的提高，A 项目的净现值下降，而 B 项目的净现值上升。因此，内含报酬率法与净现值法出现矛盾。

表 6-4　内含报酬率与净现值

时期	项目 A			项目 B			项目 C		
	0	1	2	0	1	2	0	1	2
现金流量	-100 元	130 元	—	100 元	-130 元	—	-100 元	230 元	-132 元
IRR	30%			30%			10%		20%
NPV(10%)	18.2 元			-18.2 元			0		

对于 B 这类特殊的投资项目(也可视为融资项目),在采用内含报酬率法进行决策时,其决策规则与一般的投资项目(如 A 项目)相反,即内含报酬率小于设定折现率时,项目可以接受,内含报酬率高于设定折现率时,应该放弃。

(2) 多个内含报酬率。C 项目在寿命期内现金流从负(净流出)到正(净流入),再到负(净流出)。根据这一现金流可以计算出两个内含报酬率,分别为 10% 和 20%。利用内含报酬率无法做出决策。之所以出现这种情况,原因在于净现金流的多次改号。根据代数理论,若现金流量改号 M 次,那么就可能会有最多 M 个正的内部收益率。因此,内含报酬率法对这类“非正常投资项目”无法做出正确决策。

(3) 互斥项目的规模问题。对于常规的互斥项目,在投资规模相同情况下,应选择内含报酬率较高的项目;但对于规模不同的互斥项目,净现值法与内含报酬率法则可能得出相反的结论。这时应以净现值为准,或根据增量现金流的净现值或增量内含报酬率进行决策。

【例 6-6】 新科公司面临 A、B 两个互斥的投资方案,其现金流量及增量现金流分布如表 6-5 所示,假定公司要求的最低报酬率为 10%。

要求:

(1) 计算 A、B 两方案的净现值、内含报酬率;

(2) 计算增量现金流的净现值、内含报酬率;

(3) 根据上述指标进行决策。

表 6-5　A、B 两个投资方案的相关现金流　　单位:元

时间	0	1	2	3	4	5
A 方案现金流	-200 000	55 000	55 000	55 000	55 000	55 000
B 方案现金流	-250 000	56 000	65 000	75 000	75 000	75 000
增量现金流	-50 000	1 000	10 000	20 000	20 000	20 000

(1) 由例 6-3 知,$NPV_A = 8\ 505$(元),$NPV_B = 8\ 771.82$(元)。采用内插法可得 $IRR_A = 11.66\%$,$IRR_B = 11.31\%$。

(2) 根据增量现金流,可以计算出 $\Delta NPV = 278.55$(元),$\Delta IRR = 10.17\%$。

(3) 根据净现值法,应该选择 B 方案。但根据内含报酬率法,则应该选择 A 方案。这里,净现值法与内含报酬率法之间存在矛盾。那么到底应该如何决策呢?一般来说,对于互斥项目,应该以净现值法为标准,因为其增值总额最大。根据增量现金流,其净现值为 278.55 元,内含报酬率为 10.17%,大于最低报酬率 10%,说明增量现金流可行,意味着多出的投资金额是值得的。因此,应采用投资额大的方案,即 B

方案。可见,对于规模不同的互斥方案,应采用净现值法或根据增量现金流的净现值或内含报酬率判断。

二、静态评价方法

静态评价方法是相对于考虑货币时间价值的动态方法而言的,是指不考虑货币时间价值的方法,包括投资回收期法、会计收益率法等。

(一) 投资回收期法

1. 投资回收期的含义及计算

投资回收期(payback period,PP)是指投资项目收回全部初始投资所需要的时间,一般以年为单位。

由于投资项目每年预计产生的经营净现金流量可能相等,也可能不等。因此,计算投资回收期的方法有两种:

(1) 如果每年的经营净现金流量(NCF)相等,则回收期的计算公式为:

$$PP=\frac{I_0}{NCF} \tag{6-5}$$

(2) 如果每年的经营净现金流量不相等,则回收期的计算公式为:

$$PP=n+\frac{\text{第 } n \text{ 年年末累计尚未回收额}}{\text{第}(n+1)\text{年净现金流}} \tag{6-6}$$

【例 6-7】 根据例 6-3 中数据,分别计算项目 A 和项目 B 的投资回收期。

A 项目的年净现金流量相等,因此,$PP_A=\frac{200\ 000}{5\ 500}=3.64$(年)。

B 项目的年现金流量不相等,因此,采用第二种方法计算。这里首先要计算累计现金净流量和每年年末尚未收回的投资额,然后计算投资回收期。B 项目的尚未回收投资额计算如表 6-6 所示。

表 6-6 B 项目年末尚未回收额计算表 单位:元

年份	每年净现金流	累计现金净流量	年末尚未回收的投资额
0	-250 000	-250 000	
1	56 000	-194 000	194 000
2	65 000	-129 000	129 000
3	75 000	-54 000	54 000
4	75 000	21 000	0
5	75 000	96 000	0

$$PP_B=3+\frac{54\ 000}{75\ 000}=3.72\text{(年)}$$

2. 投资回收期决策规则

决策者在判定投资项目是否可行时,一般会设定一个可接受的投资回收期作为基准回收期。对于独立项目,当其投资回收期短于基准回收期,则项目可行;反之,则不可行。对于互斥项目,则选择回收期最短的项目。

对于例 6-6，如果设定的基准回收期为 3 年，则 A 项目和 B 项目均不可行。如果仅就 A 项目和 B 项目进行比较，则 A 项目要优于 B 项目。

由于回收期法并不涉及项目的盈利或增值能力，也没有绝对的判断标准，因此，在实际中往往作为项目选择的辅助判断指标。

3. 投资回收期法的优缺点

投资回收期法的优点在于计算简便，容易理解；可以用来衡量投资方案的相对风险。一般来讲，投资回收期越短，初始投资额回收越快，说明该投资项目风险越小，从而可以避免未来经营环境变化的不利影响；反之，风险越大。

投资回收期法的缺点主要有：第一，只注重前期的现金流，而忽略了回收期后的现金流；第二，没有考虑货币的时间价值。

【例 6-8】 众投公司有 A、B、C 三个项目，其预期现金流如表 6-7 所示。

表 6-7 众投公司投资项目现金流 单位：万元

年份	A	B	C	年份	A	B	C
0	-100	-100	-100	3	50	20	20
1	20	50	50	4	60	60	80
2	30	30	30	回收期（年）	3	3	3

从表 6-7 可以看出，A、B、C 三个项目的回收期均为 3 年，这三个项目是否就一样呢？通过比较，可以发现并非如此。对于 A 和 B 两个项目，其前三年总现金流为 100 万元，但是 A 是从 20 万元到 50 万元，而 B 则相反。如果考虑货币时间价值，则 B 的净现值要高于 A。对于 B 和 C 两个项目，其前三年的现金流及回收期均相同，但在第四年，C 项目的现金流量要高于 B 项目。所以，投资回收期法忽略了回收期以后的现金流量。

（二）会计收益率法

1. 会计收益率含义及其计算

会计收益率（accounting rate of return，ARR），是指项目投资期内平均会计收益与平均投资额的比值，其计算公式为：

$$ARR=\frac{年平均会计收益}{年平均投资}\times 100\% \tag{6-7}$$

【例 6-9】 众投公司面临一投资项目，初始投资额为 60 000 元，项目寿命期为 3 年，期末无残值，采用直线折旧法，与税法规定相同。投产后，项目每年的收入分别为 40 000 元、50 000 元和 60 000 元，付现成本分别为 20 000 元、22 000 元和 25 000 元。公司所得税税率为 30%。

要求：

（1）计算该投资项目的会计收益率；

（2）如果公司要求最低会计收益率为 25%，请为公司做出是否投资的决策。

根据项目相关资料，则期内会计利润如表 6-8 所示。

（1）本例中，初始投资时账面资产价值为 60 000 元，项目终了账面资产价值为 0 元，因此，年平均投资为 30 000 元。而投资期平均会计利润为 5 366.67 元。因此，年会计收益率 $ARR=5\ 366.67/30\ 000=17.89\%$。

表 6-8　众投公司投资项目会计利润　　单位:元

年份	1	2	3
销售收入	40 000	50 000	60 000
付现成本	20 000	22 000	25 000
年折旧额	20 000	20 000	20 000
税前利润	0	8 000	15 000
所得税	0	2 400	4 500
净利润	0	5 600	10 500

(2) 该项目的会计收益率小于公司要求的最低收益率 25%,因此,应放弃该项目。

2. 会计收益率法的决策规则

在利用会计收益率法进行投资项目决策时,公司一般设定最低会计收益率。对于独立项目,当会计收益率大于可接受的最低收益率时,该投资项目可行;否则,不可行。对于互斥项目,在项目会计收益率高于可接受的最低会计收益率的情况下,应选择会计收益率较高的项目。

3. 会计收益率法的优缺点

会计收益率的优点是简单、易算、易懂。缺点是没有考虑资金的时间价值,不能反映不同投资方案的相对风险。

三、长期投资决策评价方法的比较

前面介绍了长期投资决策评价的动态方法和静态方法,不同的方法下有不同的指标。下面对不同方法、指标进行进一步的比较和分析。

(一) 静态法与动态法的比较

早期,各国企业在进行投资决策时,一般以静态法为主要评价方法。20 世纪 70 年代后,由于动态方法考虑了资金的时间价值,使不同时期的资金具有可比性,因此,动态评价方法的运用范围越来越广,逐渐形成了以动态法为主要方法、静态法为辅助方法的决策体系。动态法与静态法比较如下:

(1) 静态法没有考虑资金的时间价值,使不同时点的现金流量缺乏可比性。而动态法把不同时点的现金流量,按贴现率换算到同一时点,使不同时点的现金流量具有可比性。

(2) 静态法由于没有考虑资金的时间价值,因而计算的各种指标夸大了项目的真实水平(盈利能力或回收速度)。而动态法考虑了资金的时间价值,能够比较真实地反映投资项目或方案的真实盈利水平。

(3) 静态法对寿命不同、资金投入时间不同,以及现金流量的流入、流出年份不同的项目缺乏鉴别能力,因而静态法所做的结论与动态法可能出现矛盾。而动态法可以采用各种指标进行综合分析,从而能够做出正确、合理决策。

(4) 静态法运用投资回收期这一指标进行决策时,决定取舍的依据——回收期缺乏客观依据,而动态投资回收期的决策依据一般以资金成本作为折现基础,取舍标准符合实际。

(5) 动态法能求出方案本身的内部收益率或增额投资报酬率,这是筹措资金的重要依据。而静态法却无能为力。

尽管静态评价方法存在诸多不足,但其容易理解,计算简便。因此,在实践中,仍被广泛应用。

(二) 动态评价指标的比较

动态评价方法由于考虑了资金的时间价值,使不同时期的现金流入和流出有了可比的基础,因而是相对科学的决策方法。动态评价方法包括净现值法、现值指数法、内含报酬率法等,下面对这些方法作一比较。

1. 净现值法与现值指数法的比较

从净现值指标和现值指数指标的计算方法可以看出,二者是一致的。净现值大于0的投资项目,其现值指数必然大于1;净现值小于0的项目,其现值指数必然小于1。因此,在决策中,当投资额不受限制时,对于独立投资项目,净现值法与现值能力指数法所得结论一致。当投资额受到限制时,不能简单依据单个项目的净现值进行决策,还必须结合各项目的现值指数进行项目的取舍。

对互斥项目的投资决策,如果规模不同,净现值法与现值指数法进行决策所获得的结论可能不一致。产生不一致的原因在于方法本身。最高的净收益符合企业的最大利益,也就是说,净现值越高,企业收益越大,而现值指数只反映投入1元初始投资所获得的未来现金流入现值,而没有反映投资回报的总额。当二者的结论不一致时,应以净现值法为准。

2. 净现值法与内含报酬率法的比较

一般情况下,投资方案的净现值大于0,则其内含报酬率大于设定折现率;投资方案净现值小于0,则内含报酬率小于设定的折现率。因此,对于一般的常规项目,净现值法和内含报酬率法的结论一致。

但是,在净现值计算中,假定各期所获得的净现金流可以以设定折现率进行再投资。而在内含报酬率计算中,则假定各期所获得的净现金流可以以内含报酬率进行再投资。当设定折现率与内含报酬率不同时,净现值指标和内含报酬率指标间存在一定误差。相对来说,净现值指标更合理。另外,对于非常规项目,往往存在多个内含报酬率,从而使内含报酬率法失效。

因此,对于独立的、常规的项目而言,净现值法与内含报酬率法所得结论一致;对于非常规项目,净现值法总能做出决策,但内含报酬率法有时无法做出有效决策。

对于互斥投资项目,两种方法得到的结论可能不一致,这种情况下应当依据净现值或增量现金流的净现值或内含报酬率进行决策。

综上所述,动态法优于静态法。对于特殊的投资项目,在采用动态方法时,净现值法优于内含报酬率法等其他动态方法。

第三节 投资项目现金流量估算

在介绍长期投资决策评价方法中,假定投资项目的现金流是已知的,但在实际中,投资项目的现金流是需要财务人员来预计的。本节讨论如何估算投资项目的现金流。

一、投资项目现金流量的分类

投资项目的现金流量是指其在寿命期内发生的现金流入量和现金流出量的总称,可以按照现金流的流向或投资项目所处时期划分。

(一) 按照现金流向不同划分

按照现金流向不同,现金流可以分为现金流出量、现金流入量和净现金流量。

1. 现金流出量

现金流出量是指一项投资所引起的公司现金支出的增加额,如建设投资、增加的营运资本、经营成本(付现成本)、所得税等。

2. 现金流入量

现金流入量是指一项投资所引起的公司现金收入的增加额,如营业现金收入、固定资产变现收入、营运资本回收等。

3. 净现金流量

净现金流量是指一定期间内现金流入量与现金流出量之间的差额。这里的"一定期间"一般指一年,有时是指投资项目持续的整个期间。现金流入量大于现金流出量时,净现金流量为正值,反之为负值。

(二) 按照投资项目所处时期不同划分

按投资项目所处时期不同,现金流量分为初始现金流量、经营期现金流量和项目终结现金流量。

1. 初始现金流量

初始现金流量是指投资开始时发生的现金流量,即建设期现金流量。它主要包括:

(1) 固定资产投资,通常指房屋、建筑物、生产设备等的购入或建造成本、运输成本和安装成本等。

(2) 无形资产投资,主要包括土地使用权、专利权、商标权、特许权等方面的投资。

(3) 垫付营运资金投资,主要是指对材料、在产品、产成品和现金等流动资产的垫付。

(4) 其他投资费用,是指与长期投资项目有关的咨询费、注册费、人员培训费等。

(5) 原有固定资产的变现收入,主要是指固定资产更新时原有固定资产变卖所得的现金收入。

2. 经营期现金流量

经营期间现金流量是指投资项目在建成投产后,在其寿命期内开展正常生产经营活动而产生的现金流入扣减掉现金流出后的净现金流量。这种现金流量一般按照年度进行计算。它主要包括以下项目:

(1) 经营现金收入,指项目投产后,因生产产品或提供劳务而使公司每年增加的现金流入,这是经营期最主要的现金流入项目。

(2) 付现成本,是指所有以现金支出的各种成本和费用,如材料费、人工费、设备维修费等，以及增值税、消费税等流转税。这里注意固定资产折旧、无形资产摊销等项目，在权责发生制的财务会计中是一项费用，但并不需要支付现金，因此不是一项付现成本。

在不考虑所得税的情况下，经营期各期净现金流量的具体计算公式如下：

$$\begin{aligned}\text{经营净现金流量}&=\text{经营现金流入}-\text{经营现金流出}\\&=\text{经营现金流入}-\text{付现成本}\\&=\text{利润}+\text{折旧}\end{aligned} \tag{6-8}$$

当考虑所得税时，所得税为当期的现金流出，则经营期各期净现金流量的具体计算公式如下：

$$\begin{aligned}\text{经营净现金流量}&=\text{经营现金流入}-\text{付现成本}-\text{所得税}\\&=\text{经营现金流入}-\text{付现成本}\\&\quad-(\text{经营现金流入}-\text{付现成本}-\text{折旧费})\times\text{所得税税率}\\&=\text{净利润}+\text{折旧费}\end{aligned} \tag{6-9}$$

3. 项目终结现金流量

项目终结现金流量主要是指投资项目最终结束时所发生的现金流量，除了当期正常经营活动获得的净现金流量外，还包括固定资产残值变现收入、投入净营运资金的回收等。

相关链接

计算项目现金流量应注意的成本概念：

（1）相关成本与无关成本。相关成本指的是与特定决策相关的成本，而无关成本则指与特定决策不相关的成本。在计算项目现金流量时，应只考虑相关成本。

（2）可避免成本与不可避免成本。可避免成本是指通过某项决策能够改变其数额的成本，而不可避免成本则是指通过某项决策不能够改变的成本。可避免成本是相关成本，而不可避免成本是无关成本。

（3）沉没成本。沉没成本是指过去已经发生、现在决策无法挽回的成本。这种成本与当前决策是无关的，在计算项目现金流量时不予考虑。

（4）机会成本。机会成本是指从多个可供选择的方案中选择最优而放弃其他方案，则次优方案的收益为被选择方案的机会成本。

在现金流计算中，要能够区分不同成本的概念，并充分考虑其对现金流计算的影响。

二、现金流量的估算

【例 6-10】 某公司拟新建一条生产线，固定资产需投资 240 000 元，于项目建设初期一次性投入，假定项目建设期为 0。项目投产后，需投入净营运资金 100 000 元。该生产线寿命期为 5 年，寿终残值为 20 000 元，用直线法计提折旧，且与税法规定相同。投产后，预计每年销售收入可达 240 000 元，每年需支付的直接材料、直接人工等变动成本为 128 000 元，每年的设备维修费为 10 000 元。假定该公司的所得税税率为 30%，项目的折现率为 10%。请估算该项目各期间的现金流。

在估算投资项目的净现金流量时，一般按照年进行。对于初始投资，一般假定在期初流出，而对于经营期，则假定净现金流在期末一次流入。这样，该投资项目的现金流量估算如下：

第 0 年的净现金流为：

固定资产投资+投入净营运资金 = -240 000-100 000 = -340 000（元）

第 1 年至第 5 年的经营净现金流为：

经营净现金流 = (240 000-128 000-10 000-44 000)×(1-30%)+44 000
= 84 600（元）

第 5 年年末回收的残值和回收投入的净营运资金为：

固定资产残值+投入的净营运资金 = 20 000+100 000 = 120 000（元）

这样，该投资项目的净现金流量如表 6-9 所示。

表 6-9　投资项目现金流量　　单位：元

年份	0	1	2	3	4	5
净现金流量	-340 000	84 600	84 600	84 600	84 600	204 600

在确定了各年的现金流量以后，可以采用前面讲述的评价方法进行评价和决策。

第四节　投资项目的风险分析

长期投资项目的持续期间一般较长，其在未来经营过程中将面临经济环境波动、市场竞争加剧和技术的发展，预计的现金流将存在不确定性。因此，在进行决策时必须考虑风险对投资项目的影响。这里介绍考虑投资项目风险的方法。

一、敏感性分析

投资项目评价是建立在对未来现金流的预期基础上的，而未来现金流受到产品销售量、售价、成本等的影响。敏感性分析就是假定除某一变量外，其余所有变量均是不变的，然后分析项目决策标准对该变量变化的敏感程度，通常采用决策标准变动百分比与该变量变动百分比来衡量。如果该比值越大，说明该变量变动对投资项目的影响越大；反之，则影响越小。

【例 6-11】　例 6-10 中，假定生产线投产后，预期年销售量为 8 000 件，单位售价为 30 元，单位变动成本为 16 元，其他情况不变。试分析销量、单价和单位变动成本三个因素中，哪个对项目的影响最大。

在销售量为 8 000 件、单价为 30 元、单位变动成本为 16 元的情况下，该项目各年经营净现金流量为：

经营净现金流量 = [8 000×(30-16)-10 000-44 000]×(1-30%)+44 000
= 84 600（元）

该项目的净现值为：

$$NPV = 84\ 600\times(P/A,10\%,5)+120\ 000\times(P/S,10\%,5)-340\ 000 = 55\ 238.6\text{（元）}$$

（1）假定销售量下降 10%，即为 7 200 件，其他不变，则各年经营净现金流量为：

经营净现金流量 = [7 200×(30-16)-10 000-44 000]×(1-30%)+44 000

$$=76\ 760(\text{元})$$

该项目的净现值为：

$$NPV=76\ 760\times(P/A,10\%,5)+120\ 000\times(P/S,10\%,5)-340\ 000$$
$$=25\ 517.16(\text{元})$$

NPV 变动百分比与销售量变动百分比之比为：

$$\left(\frac{55\ 238.6-25\ 517.16}{55\ 238.6}\right)\Big/10\%=5.38$$

即 NPV 下降幅度是销售量下降幅度的 5.38 倍。

（2）假定单位售价下降 10%，即为 27 元，其他不变，则各年经营净现金流量为：

$$\text{经营净现金流量}=[8\ 000\times(27-16)-10\ 000-44\ 000]\times(1-30\%)+44\ 000$$
$$=67\ 800(\text{元})$$

该项目的净现值为：

$$NPV=67\ 800\times(P/A,10\%,5)+120\ 000\times(P/S,10\%,5)-340\ 000$$
$$=-8\ 450.2(\text{元})$$

NPV 变动百分比与单位售价变动百分比之比为：

$$\left(\frac{55\ 238.6-(-8\ 450.2)}{55\ 238.6}\right)\Big/10\%=11.53$$

即 NPV 下降幅度是单位售价下降幅度的 11.53 倍。

（3）假定单位变动成本上升 10%，即为 17.6 元，其他不变，则各年经营净现金流量为：

$$\text{经营净现金流量}=[8\ 000\times(30-17.6)-10\ 000-44\ 000]\times(1-30\%)+44\ 000$$
$$=75\ 640(\text{元})$$

该项目的净现值为：

$$NPV=75\ 640\times(P/A,10\%,5)+120\ 000\times(P/S,10\%,5)-340\ 000$$
$$=21\ 244.11(\text{元})$$

NPV 变动百分比与单位变动成本变动百分比之比为：

$$\left(\frac{55\ 238.6-21\ 244.11}{55\ 238.6}\right)\Big/10\%=6.15$$

即 NPV 下降幅度是单位变动成本上升幅度的 6.15 倍。

从分析结果来看，单位售价的变动对 NPV 的影响最大，其次是单位变动成本。因此，在对投资项目进行可行性评价时，应搜集更为详细的有关单位售价和单位变动成本的信息，并进行谨慎的预测和控制。

不过敏感性分析也存在一定的缺陷，例如：它主观地设定变化率；孤立地考虑每个因素的变化，没有考虑到各因素之间的联动性等。因此，下面介绍情境分析。

二、情境分析

针对敏感性分析的不足，决策者经常引入情境分析。所谓情境分析，是指考察一些可能出现的不同场景，每种场景综合了各种变量的影响。

【例 6-12】 例 6-10 中,公司预计,生产线投产后销售量可能为 6 000 件、8 000 件或 10 000 件,对应的售价、成本等如表 6-10 所示。

表 6-10 不同销售量下的收入、成本等 单位:元

第 0 年	第 1 至 5 年经营性净现金									
初始投资	销量(件)	单价	收入	单位变动成本	固定成本	折旧	所得税	净利润	净现金流量	*NPV*
340 000	6 000	32	192 000	17	10 000	44 000	10 800	25 200	69 200	-3 168. 64
340 000	8 000	30	240 000	16	10 000	44 000	17 400	40 600	84 600	55 238. 6
340 000	10 000	29	290 000	15. 5	10 000	44 000	24 300	56 700	100 700	116 241. 56

其中,NPV=年净现金流量×(P/A,10%,5)+120 000×(P/S,10%,5)-340 000

通过情境分析,可以更精确地了解不同场景下项目的净现值及其变化,从而可以避免错误的投资决策。

三、盈亏临界点分析

在投资决策中,除了敏感性分析和情境分析外,决策者还往往希望知道某个关键变量或情境最差的时候,投资项目的结果会如何;或希望知道为使项目可行,销售量至少应达到多少件;或必要报酬率至多是多少时,项目净现值为零等问题。因此,进一步了解当某经济变量恶化到什么程度时该项目将不具有投资价值是分析投资项目风险的另一种方法,这种方法叫盈亏临界点分析。

对于投资项目来说,盈亏临界点是指在其他变量不变的情况下使投资项目的净现值为 0 的某个变量的水平。

【例 6-13】 根据例 6-10 的资料,如果预期销售量、销售单价和单位变动成本分别为 8 000 件、30 元/件和 16 元/件,计算该投资项目的销售量、销售单价和单位变动成本的盈亏临界点,并对该项目的风险做出评价。

(1) 在销售单价和单位变动成本不变的情况下,销售量的盈亏临界点计算如下:

年销量为 X 的情况下,项目年净现金=[X×(30-16)-10 000-44 000]×(1-30%)+44 000

根据 0={[X×(30-16)-10 000-44 000]×(1-30%)+44 000}×(P/A,10%,5)+120 000×(P/S,10%,5)-340 000

可以计算出 X=6 513. 86(件)。

(2) 在销售量和单位变动成本不变的情况下,销售单价的盈亏临界点计算如下:

售价为 P 的情况下,项目年净现金=[8 000×(P-16)-10 000-44 000]×(1-30%)+44 000

根据算式 0={[8 000×(P-16)-10 000-44 000]×(1-30%)+44 000}×(P/A,10%,5)+120 000×(P/S,10%,5)-340 000

可以计算出 P=27. 4(元)。

(3) 在销售量和单价不变的情况下,单位变动成本 C 的盈亏临界点计算如下:

单位变动成本为 C 的情况下,项目年净现金 = [8 000×(30−C)−10 000−44 000]×(1−30%)+44 000

根据算式 0 = {[8 000×(30−C)−10 000−44 000]×(1−30%)+44 000}×(P/A, 10%,5)+120 000×(P/S,10%,5)−340 000

可以计算出 C = 18.6(元)。

在计算盈亏临界点后,可以将变量预期值与盈亏临界点比较,二者相差越大,项目风险越小,反之风险越大。这一差额也叫安全边际,其计算公式如下:

$$安全边际 = 变量预期值 - 盈亏临界点值 \tag{6-10}$$

为了避免变量单位的影响,也可以用百分比,即安全边际率,其计算公式为:

$$安全边际率 = \frac{变量预期值 - 盈亏临界点值}{变量预期值} \times 100\% \tag{6-11}$$

上例中盈亏临界点分析结果如表 6-11 所示。

表 6-11　盈亏临界点分析

变量	期望值	盈亏临界点	安全边际	安全边际率
销售量(件)	8 000	6 513.86	1 486.14	18.58%
销售单价(元)	30	27.4	2.6	8.67%
单位变动成本(元)	16	18.6	−2.6①	−16.25%

从计算结果来看,预期销售量和单位变动成本的安全边际率分别为 18.58% 和 −16.25%,风险相对较小。但销售单价的安全边际率只有 8.67%,相对风险较大,应该重点关注。

四、决策树分析

在实践中,有的项目往往是分阶段的,而且各阶段的现金流是相互依存的。例如企业的新产品研发和生产决策可以分为研发阶段决策和生产阶段决策。研发阶段企业要解决的问题是是否要进行新产品研发投资,如果进行研发投资,可能成功,也可能失败。如果失败,则后续的生产阶段投资就不会发生;如果成功,则会发生后续的决策问题。对于这类多阶段的、多状态的项目投资,决策树分析法是一种较好的分析方法。决策树分析法是以形象的树枝分布状列出各项决策可能出现的状态、概率,进而采用净现值等方法进行决策。

【例 6-14】 某医药公司正在讨论一新药研发投资决策。该新药研发阶段需要投入 100 万元,时间 1 年。研发成功的概率为 60%,失败的概率为 40%。如果失败,则研发投入即成为沉没成本;如果成功,则投产可以带来的净现值为 500 万元。假定公司投资者要求的必要报酬率为 12%,请为公司做出是否进行该新药的研发投资项目的决策。该项目决策可以画成决策树,如图 6-1 所示。

在采用决策树对这类项目进行分析时,一般采用逆向分析,即首先分析是否应进

① 在安全边际计算中,正负符号与安全性的判断必须与变量性质结合起来,如本例中,成本的安全边际为负,意味是安全的,而销售量与销售单价在理论上应该为正。

行后期的投资。如果结论是不应投资，则可以避免前期投入；如果结论是应该投资，则根据各种情况下的结果进行前期决策。在进行该项目决策时，如果成功，投产带来的500万元净现值成为前一阶段的净现金流入。这样，预期净现金流入为500×60%+0×40%=300(万元)。整个项目的*NPV*=300×(P/S,12%,1)-100=167.86(万元)，*NPV*大于0，因此应该投资。

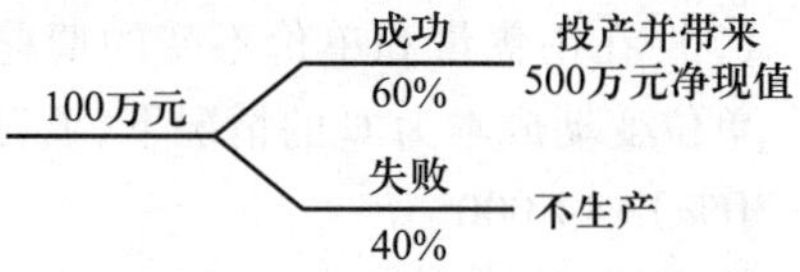

图6-1　项目决策

决策树分析考虑到了投资项目各阶段现金流量间的相互依存性，全面反映了投资项目的风险特征。但决策树方法无法全面把握不断变化的环境所有可能的选择，而且随着可能出现结果的增加，计算将越来越复杂。

五、投资决策中的风险考虑

投资决策是面向未来的，其结果是不确定的，因此存在一定的风险，如何在决策中考虑这些风险呢？这里介绍两种方法：一是调整现金流量法，另一种是调整折现率法。

（一）调整现金流量法

调整现金流量法，是指按特定项目风险程度的大小，对未来各年的预期现金流量进行调整，将不确定的现金流乘以肯定当量系数转换成相当于确定的现金流，并据此按照无风险的折现率计算净现值、现值指数等指标。

在进行调整时，可根据风险的大小选择不同的肯定当量系数。当现金流量确定时，则肯定当量系数为1；随着现金流量不确定性增加，肯定当量系数减小。一般而言，当现金流量风险较小时，选择的肯定当量系数在1到0.8之间；当现金流量的风险一般时，选择的肯定当量系数在0.8到0.4之间；当现金流量风险很大时，则肯定当量系数在0.4到0之间。而对于同一项目，离决策时点越近的年份，肯定当量系数越大；反之，则越小。

【例6-15】　例6-10中，假定无风险折现率为5%，试采用调整现金流量法对该项目进行决策。

对该项目的预期现金流量进行调整，具体如表6-12所示。

表6-12　投资项目现金流量　　单位：元

年份	0	1	2	3	4	5
净现金流量	-340 000	84 600	84 600	84 600	84 600	204 600
肯定当量系数	1.0	0.9	0.8	0.7	0.6	0.5
调整后净现金流量	-340 000	76 140	67 680	59 220	50 760	102 300

由于风险已经在预期现金流中考虑了，因此，就可以采用无风险的折现率来计算投资项目的净现值、现值指数等指标。

$$
\begin{aligned}
NPV &= 76\,140\times(P/S,5\%,1)+67\,680\times(P/S,5\%,2)+59\,220\times(P/S,5\%,3)+\\
&\quad 50\,760\times(P/S,5\%,4)+102\,300\times(P/S,5\%,5)-340\,000\\
&= -33\,031.96(\text{元})
\end{aligned}
$$

净现值小于 0,因此应该放弃该项目。

（二）调整折现率法

调整折现率法是根据项目风险大小调整投资项目的折现率来考虑投资项目的风险。当投资项目风险较大时,采用的折现率较高;反之,则较低。常见的风险调整折现率方法有以下几种。

1. 资本资产定价模型法(CAPM)

在上一章,我们知道,投资者要求的报酬与其所承担的风险成正比关系,具体可以表示为:

$$r_i=r_f+\beta_i\times(r_m-r_f)$$

式中,r_i 为投资者要求的必要报酬率或风险调整折现率;r_f为无风险利率;β_i 为资产或项目 i 的系统风险;r_m为市场组合的预期收益率。

在运用资本资产定价模型调整项目折现率时,关键在于确定其中的 β 系数。由于 β 系数受到负债水平的影响,因此,可以分不同情况来确定。

（1）无负债企业。对于无负债企业,其风险主要来自经营风险,取决于项目所在的行业和类型。

① 规模扩张型投资。如果投资项目是企业现有经营活动的规模扩张,则项目风险与企业风险相同,可以用企业的 β 系数作为项目的 β 系数,进而确定项目的折现率。而企业的 β 系数可以通过企业股票市场交易数据来估算,或用同行业相似的上市公司历史数据估算。

② 新设投资。如果投资项目不是规模扩张型的,而是新设的,或是与现有经营活动不同的投资项目,则应按照与项目本身相适应的 β 系数来调整折现率。具体可以采用该项目所在行业的平均 β 系数,或同行业较为相近的公司 β 系数。

（2）负债企业。负债导致的财务杠杆将放大公司股东的风险,此外,不同的负债,相应的财务风险也不同。因此,在采用行业平均 β 系数或同行业类似上市公司 β 系数代替该项目的风险时,必须根据负债水平做出调整,其具体方法为:

① 先将包含资本结构因素的参考公司的 β 系数调整为无负债状态下的 β 系数,所应用的转换公式为:

$$\beta_0=\frac{\beta_1}{1+(1-T)(D/E)} \tag{6-12}$$

式中,β_0 为无负债状态下的 β 系数;β_1为参考公司含有负债的 β 系数;T 为所得税税率,D 和 E 则分别表示资本中的负债和所有者权益。

② 根据投资项目的资本结构,将无负债状态下的 β 系数调整为适用于投资项目的 β 系数。

③ 利用资本资产定价模型,确定投资项目的权益资本成本。

④ 根据投资项目的债务比例和债务成本,确定项目的加权资本成本,即风险调整后的折现率。

利用风险调整后的折现率即可对投资项目进行评价。

【例 6-16】 已知 A 公司的资本结构为:1/2 的权益资本,1/2 的债务,所得税税率为 40%,其 β 系数为 1.2。市场中无风险收益率为 5%,市场组合的收益率为 8%。现有一个与 A 公司经营相同产品的投资项目,其资本结构为 70%的权益资本和 30%

的负债,其中,负债的利息率为 6%。则该项目的折现率应该是多少?

首先确定无负债的 β 系数:

$$\beta_0=\frac{1.2}{1+(1-40\%)(1/1)}=0.75$$

则该项目的 β 系数为:

$$\beta_1=0.75\times[1+(1-40\%)(3/7)]=0.94$$

根据资本资产定价模型得到该项目的股东要求的必要报酬率为:

$$r_i=5\%+0.94(8\%-5\%)=7.82\%$$

最后,计算出该项目的综合资本成本,即风险调整折现率:

$$r=6\%\times30\%+7.82\%\times70\%=7.27\%$$

2. 公司加权平均资本成本加增量风险溢价法

从公司角度来考虑,由于新项目与当前资产具有不同的经营风险和财务风险,而且难以通过公司整体资产组合来分散这些项目风险。在这种情况下,项目中隐含的经营和财务风险就是相对独立的,它需要单独计量其风险,并通过调整(高)折现率来补偿其风险。因此,可以采用公司加权平均资本成本加增量风险溢价法来调整折现率。而增量风险溢价可以采用专家评估法、现金流量离散系数法等。

(三)两种方法的比较

在风险调整折现率法下,风险调整折现率等于无风险报酬率加上风险溢价。由于这些过程是以复利形式来进行的,所以随着时间的推移和延续,风险溢价也越来越高;也就是说,这种方法夸大了远期风险。因此,这一方法较适用于风险随着时间推移而增加的项目。

肯定当量系数法克服了风险调整折现率法夸大远期风险的缺点,可以根据各年不同的风险程度,分别采用不同的肯定当量系数对现金流量进行直接调整,将风险与时间因素分开。但如何确定肯定当量系数并没有一个客观标准,因此,具有一定的主观随意性。

第五节 投资决策方法的拓展

前述介绍投资决策评价时,一般假定互斥方案的规模和经营期限相同、资本投资预算不受限制、原始投资一次投入并完成等。但现实中,备选的投资方案千差万别,这就需要灵活应用上述评价方法。本节介绍特殊情况下投资项目的评价方法。

一、规模不同的互斥方案与增量现金流量法

【例 6-17】 某企业有一台旧设备,原购置成本为 40 000 元,已使用 5 年,估计还可使用 5 年,已提折旧 20 000 元,使用期满无残值。如果继续使用,则每年需支付维护成本 8 000 元;如果出售,则售价为 10 000 元。现有一新设备,其购置成本为 30 000元,可使用 5 年,期满无残值。使用新设备,每年的维护成本为 4 000 元。假定公司的资金成本为 10%,所得税税率为 30%,设备均采用直线法计提折旧,且计提方法与税法相同。试对该公司是否更新设备做出决策。

在对投资决策进行评价时，首先，要对其现金流量进行估算。这里在对新旧设备初始投资现金流估算时要注意，对于旧设备来说，其初始现金流出是其账面净值20 000元还是现实变现价值 10 000 元呢？根据决策相关成本概念，应该是 10 000 元，而不是 20 000 元。对于新设备，其初始现金流出除了考虑设备的购买价格外，还要考虑到，使用新设备后，旧设备将被出售。由于旧设备出售存在固定资产处置损失 10 000 元，根据税法规定，固定资产处置损失将使公司少支付所得税 3 000 元。这一节税是一项机会成本，而使用旧设备将不存在节税，因此，它是继续使用旧设备的机会成本，可以作为使用旧设备的现金流出，也可以作为购买新设备的现金流入。这里将其视为使用新设备的现金流入，因此，使用新设备的初始投资为 27 000 元。

分析：对于每年的净现金流量，除了考虑每年的维护成本外，还要考虑到新旧设备折旧带来的所得税抵扣。因此，旧设备每年的净现金流量等于税后维护成本 8 000×(1-30%) = 5 600 元减去折旧抵税 4 000×30% = 1 200 元，净流出为 4 400 元。同样，新设备每年的净现金流量等于税后维护成本 4 000×(1-30%) = 2 800 元减去折旧抵税 6 000×30% = 1 800 元，净流出为 1 000 元。

具体现金流量如表 6-13 所示：

表 6-13　使用新旧设备下的现金流量　　单位：元

年份	0	1	2	3	4	5
旧设备	-10 000	-4 400	-4 400	-4 400	-4 400	-4 400
新设备	-27 000	-1 000	-1 000	-1 000	-1 000	-1 000

从现金流量分析可以发现，该投资决策在整个寿命期内均为净现金流出，即在新旧设备功能相同的情况下，无须计算项目的收益，而只需要计算出它们各自的成本（包括一次性投资和每年的运行维护费）。另外，由于新旧设备原始投资额不同，因此，无法直接采用净现值、现值指数和内含报酬率指标进行直接决策。对于这类投资规模不同的互斥方案，可以采用差额现金流进行决策。使用新旧设备的各年差额现金流量如表 6-14 所示。

表 6-14　使用新旧设备的差额现金流量　　单位：元

年份	0	1	2	3	4	5
新设备	-27 000	-1 000	-1 000	-1 000	-1 000	-1 000
旧设备	-10 000	-4 400	-4 400	-4 400	-4 400	-4 400
差额	-17 000	3 400	3 400	3 400	3 400	3 400

从表 6-14 可知，使用新设备，意味着比旧设备要多投入 17 000 元，但每年可以节约（净现金流入）3 400 元的维护成本。这样，就可以通过计算差额现金流量的净现值、现值指数或内含报酬率指标来进行决策。这里只计算净现值：

$$NPV = 3\ 400\times(P/A, 10\%, 5) - 17\ 000 = -4\ 110.6(\text{元})$$

计算出来的净现值小于 0，说明多投入的 17 000 元并不能带来增值，因此，应该继续使用旧设备。

对于固定资产更新这类投资决策，由于只有净现金流出量，而且使用年限相同，因此，也可以采用总成本来进行决策。这里的总成本是指使用期间现金流出量的现值之和。对于上述决策，可以计算出新旧设备的总使用成本分别为：

$$TC_{旧}=4\ 400\times(P/A,10\%,5)+10\ 000=26\ 680.4(元)$$

$$TC_{新}=1\ 000\times(P/A,10\%,5)+27\ 000=30\ 791(元)$$

在功能相同的情况下，旧设备的总成本小于新设备的总成本，因此，应该使用旧设备。

二、经营期限不同的投资决策方法

（一）最小公倍数法

对于互斥方案，如果其经营期限不同，则无法采用前述方法进行直接评价。这时，可以采用不同投资方案经营期限的最小公倍数作为共同的计算期，并假定每一方案在这一期间内可以反复实施，据此计算出各方案的净现值等指标进行决策。

【例 6-18】 例 6-17 中，假定新设备可以使用 10 年，其他数据不变。试对设备是否更新进行决策。

这里，新设备可以使用 10 年，因此，年折旧额为 30 000/10=3 000 元，折旧抵税额为 3 000×30%=900 元。新设备年净现金流出为税后维护成本 2 800 元减去 900 元，即 1 900 元。而旧设备使用期 5 年，假设它可以进行再投资，再使用 5 年，这样，在第 5 年年末，使用旧设备需再次投资，因此现金流出为 14 400 元。具体如表 6-15 所示。

表 6-15　使用新旧设备的现金流量及差额　　　　单位：万元

年份	0	1	2	3	4	5	6	7	8	9	10
旧设备	-1	-0.44	-0.44	-0.44	-0.44	-1.44	-0.44	-0.44	-0.44	-0.44	-0.44
新设备	-2.7	-0.19	-0.19	-0.19	-0.19	-0.19	-0.19	-0.19	-0.19	-0.19	-0.19
差额	-1.7	0.25	0.25	0.25	0.25	1.25	0.25	0.25	0.25	0.25	0.25

这样，同样可以根据差额现金流或总成本进行决策。

$$\Delta NPV=0.25\times(P/A,10\%,10)+1\times(P/S,10\%,5)-1.7=0.46(万元)$$

差额现金流的净现值大于 0，因此应更新旧设备。

总成本法的结果为：

$$TC_{旧}=0.44\times(P/A,10\%,10)+1\times(P/S,10\%,5)+1=4.32(万元)$$

$$TC_{新}=0.19\times(P/A,10\%,10)+2.7=3.87(万元)$$

新设备总成本小于旧设备，应该更新旧设备。

（二）年平均成本法

除了上述方法外，对于固定资产更新决策，当固定资产寿命不同时，还可以使用年平均成本法。年平均成本法是指总成本除以对应的年金现值系数。仍然以例 6-17 为例：

$$TC_{旧}=4\ 400\times(P/A,10\%,5)+10\ 000=26\ 680.4(元)$$

$$AC_{旧}=\frac{26\ 680.4}{(P/A,10\%,5)}=7\ 037.83(元)$$

$$TC_{新}=1\ 900\times(P/A,10\%,10)+27\ 000=38\ 674.74(元)$$

$$AC_{新}=\frac{38\ 674.74}{(P/A,10\%,10)}=6\ 294.1(元)$$

新设备的年平均使用成本低于旧设备,因此,应更新旧设备。

三、资本限制下的投资决策方法

企业在一定时期用于项目投资的资金总是有限的,而企业可选择的投资项目会有很多。在资本受到限制的情况下,企业应该如何选择最佳投资项目呢?

【例 6-19】 某企业面临 A、B、C 三个独立的投资项目,各投资项目的净现金流量如表 6-16 所示:

表 6-16　A、B、C 三个投资项目的净现金流量　　单位:元

年份	0	1	2	3	4	5
A	-100 000	30 000	30 000	30 000	30 000	30 000
B	-300 000	80 000	80 000	80 000	80 000	80 000
C	-200 000	50 000	55 000	55 000	55 000	55 000

假定企业要求的必要报酬率为 10%,资本预算为 400 000 元,则企业应如何在 A、B、C 三个项目中进行选择?

根据相关资料,可以分别计算出三个项目的净现值、现值指数和内含报酬率,具体如表 6-17 所示。

表 6-17　A、B、C 三个投资项目的净现值和现值指数

项目	*NPV*(元)	*PI*	*IRR*
A	13 730	1.137	15.24%
B	3 280	1.011	10.44%
C	8 505	1.043	11.66%

从结果来看,三个投资项目的净现值均大于 0,因此,在资本预算不受限制的情况下,三个项目应该都选择。但现在,企业预算资金只有 400 000 元,因此,企业应该将资金优先安排在增值能力最强的项目上,然后依次选择,即按照现值指数或内含报酬率由高到低依次选择。在项目可分情况下,企业应该选择全部的 A 项目,然后选择 C 项目,最后将剩余的 100 000 元投资于部分的 B 项目。如果项目不可分,则企业既可以选择 A 和 B 组合,也可以选择 A 和 C 组合。然而由于 A 和 C 组合的净现值总额要大于 A 和 B 组合,因此,企业应该选择 A 和 C 组合。总之,在应用上述评价指标时,当指标间结论出现矛盾时,一般以净现值指标为基础指标。

■ 关键词

净现值　现值指数　内含报酬率　投资回收期　会计收益率　现金流量估算　独立方案　互斥方案　肯定当量系数　调整折现率

要点回顾

财务管理的目标是企业价值最大化，那么，什么样的投资项目才能实现这一目标呢？本章介绍了基于这一目标的投资决策评价基本方法：净现值法、现值指数法、内含报酬率法等。由于这三种方法充分考虑了货币时间价值和风险因素，因此，也被称为动态方法。

净现值法在决策中以其是否大于零作为决策标准，当投资项目的净现值大于零时即可行，反之不可行。现值指数法以其是否大于 1 作为决策标准，当投资项目的现值指数大于 1 则可行，反之不可行。内含报酬率法则以是否大于投资者要求的最低报酬率作为决策标准。对于一般的独立方案，这三种方法决策的结果是一致的。但对于特殊的项目，如投资项目规模、期限不同等情况，则应灵活使用。

除了动态方法外，本章还介绍了不考虑货币时间价值的回收期法和会计收益率法。尽管这两种方法与企业价值最大化目标不直接联系，但在实践中常被作为辅助评价指标。

投资项目评价结论的准确与否取决于对项目未来现金流量估算和风险的处理。因此，本章还分别介绍了投资项目现金流量的估算和投资项目风险的分析与处理方法，包括敏感性分析、情境分析、盈亏临界点分析和决策树分析以及风险考虑方法。

即测即评

请扫描右侧二维码，进行即测即评。

思考题

1. 简述净现值、内含报酬率指标在投资决策评价中是如何与企业价值最大化这一理财目标相联系的。
2. 简述净现值、现值指数和内含报酬率的内在联系与区别。
3. 投资决策评价中考虑风险的方法有哪些？
4. 什么是敏感性分析？在投资决策评价中为什么要进行敏感性分析？
5. 简述投资回收期法的优缺点。
6. 长期投资决策中为什么使用净现金流量而不用会计利润？

练习题

1. 某公司目前有一个投资项目，其现金流量如表 6-18 所示。

表 6-18　项目现金流量　　单位：元

年份	现金流量	年份	现金流量
0	-8 000	2	3 000
1	4 000	3	2 000

要求：

（1）计算该项目的内含报酬率。

（2）假定公司要求的最低报酬率为 8%，该项目是否能被接受？

2. 某公司目前有两个投资项目可供选择，其现金流量如表 6-19 所示。

表 6-19　项目现金流量　　单位：元

年份	项目 A	项目 B	年份	项目 A	项目 B
0	-7 500	-5 000	2	3 500	1 200
1	4 000	2 500	3	1 500	3 000

要求:

(1) 如果该公司要求投资项目必须在两年内回收,应选择哪个项目?

(2) 假定公司资本成本为 15%,计算 A、B 两个项目的净现值,并做出选择决策。

(3) 对两种决策结果做出评价。

3. 某公司正考虑两个互斥的投资项目,有关这两个项目的数据如表 6-20 所示。

表 6-20 投资项目净现金流量 单位:元

各年净现金流量	项目 1	项目 2	各年净现金流量	项目 1	项目 2
0	-100 000	-60 000	3	40 000	29 000
1	40 000	20 000	残值	3 000	1 000
2	40 000	25 000			

假定该公司的资本成本为 10%,请为该公司做出选择决策。

4. 某公司拟投产一新产品,需要购置一套专用设备,预计价款为 900 000 元,追加流动资金为 150 000 元。公司的会计政策与税法规定相同,设备按 5 年计提折旧,采用直线法计提,净残值为零。该新产品预计销售单价为 20 元/件,单位变动成本为 12 元/件,每年固定付现成本为 500 000 元,年销售量预计为 120 000 件。该公司所得税税率为 40%,最低投资报酬率为 10%。

要求:分别采用净现值法、现值指数法、内含报酬率法对该项目进行评价。

5. 某公司于 3 年前购置设备一台,购置价为 260 000 元,估计使用寿命为 13 年,期满无残值,采用直线法计提折旧,目前该设备的账面价值为 200 000 元,市场价值为 160 000 元。现有一新设备,价格为 390 000 元,可使用 10 年,期满无残值,采用直线法计提折旧。假定使用旧设备的每年维护成本为 10 000 元,新设备为 6 000 元,公司所得税税率为 30%,企业要求的最低报酬率为 12%。

要求:请为企业做出是否更新设备的决策。

6. 某公司正在考虑三个可能的投资项目,三个项目的预期现金流量如表 6-21 所示。

表 6-21 预期现金流量 单位:元

预期现金流量	A 项目	B 项目	C 项目
0	-17 000	-20 000	-24 000
1	11 000	12 000	9 000
2	5 000	7 000	9 000
3	7 000	7 000	11 000
4	6 000	6 000	13 000

假定公司融资成本为 10%,下一年的资本支出预算为 50 000 元。

要求:分别在下面两种情况下,为公司做出投资决策。

(1) 当每个项目是可分时。

(2) 当每个项目是不可分时。

7. 某公司正在计划进行一项投资,预计在工厂建设上花费 90 万元,投产后各年的现金流和预计发生的概率如表 6-22 所示。

假定各年的估计值是相互独立的,公司资本成本为 10%。

要求:

(1) 计算该项目的期望净现值。

（2）计算发生最差可能结果时的净现值。

（3）公司是否应该投资该项目？为什么？

表 6-22 预计现金流量及概率

年份	预计现金流量(万元)	发生概率
0	-90	1.0
1	20	0.2
	35	0.6
	40	0.2
2	25	0.3
	30	0.4
	50	0.3
3	30	0.2
	40	0.7
	50	0.1
4	25	0.2
	30	0.5
	60	0.3

第七章　长期筹资管理

学习目标

本章需了解长期筹资的种类，掌握长期筹资方式中普通股、债券等筹资方式的基本概念、发行条件、发行程序以及其各自的优缺点。掌握租赁融资的相关概念、分类以及融资租赁的决策方法。

1999年，马云和他的创业团队用自有的50万元注册成立了阿里巴巴，但区区50万元无法满足公司的运营和发展需要。为此，公司先后吸收了以美国高盛、日本软银为主的风险资本。有了风险资本的支持，公司很快步入发展快车道。2007年，公司将阿里巴巴B2B业务分拆，在香港联交所主板成功上市，筹集17亿美元，市值达到200亿美元，成为亚洲市值第二的互联网公司。但是，5年后，阿里巴巴集团提出私有化要约，从香港证券交易所退市。经过一系列组织结构调整和公司业务模块的整合，阿里巴巴集团于2014年9月19日在纽约证券交易所正式挂牌上市，成为全球知名互联网公司。阿里巴巴的成长离不开强大资金支持，但这一切是如何做到的？

第一节　筹资管理概述

筹资是指企业为了满足其经营活动、投资活动等需要，运用一定的筹资方式筹集其所需资金的一种行为。新建企业要按照所确定的企业规模筹集所需资金，以满足厂房建设、设备购置以及资金周转的需要。现存企业往往因扩大经营规模或对外投资需要大量资金。因此，筹资是企业一项重要的财务活动。

一、筹资分类

企业筹资可以按照不同的标准进行分类。

（一）股权筹资、债务筹资及衍生工具筹资

按企业所取得资金的权益性质不同，企业筹资可以分为股权筹资、债务筹资及衍生工具筹资三类。

股权筹资形成股权资本，是企业依法长期拥有、能够自主调配运用的资本。股权资本在企业持续经营期间内，投资者不得抽回，因而也称为企业的自有资本或所有者权益、权益资本。股权资本是企业从事生产经营活动和偿还债务的本钱，是代表企业基本资信状况的一个主要指标。企业的股权资本通过吸收直接投资、发行股票、内部积累等方式取得。股权资本由于一般不用还本，形成了企业的永久性资本，因而财务风险小；然而，由于要给股东分红，故付出的资本成本相对较高。

以股权筹资形成的所有者权益项目包括：实收资本（股本）、资本公积、盈余公积和未分配利润等。其中，实收资本（股本）是投资者的原始投入部分，而资本公积既有实收资本形成的溢价部分，也有捐赠和企业资产评估获得的溢价等；盈余公积、未分配利润和部分资本公积是原始投入资本在企业持续经营中形成的经营积累。

债务筹资，是企业通过借款、发行债券、融资租赁等方式取得资金，形成在规定期限内要清偿的债务。由于债务筹资到期要归还本金和支付利息，对企业经营状况不承担责任，因而具有较大的财务风险。从经济意义上说，债务筹资也是债权人对企业的一种投资，也要依法享有企业使用债务所取得的经济利益，因而也称为债权人权益。

衍生工具筹资包括兼具股权与债务性质的混合融资，包括可转换债券、认股权证等。

（二）直接筹资与间接筹资

按其是否以金融机构为媒介，企业筹资可分为直接筹资和间接筹资两种类型。

直接筹资，是企业直接与资金供应者协商融通资本的一种筹资活动。直接筹资方式主要有吸收直接投资、发行股票、发行债券等。按照法律规定，发行股票、债券筹资往往通过证券公司等中介机构，但证券公司所起到的只是承销的作用，资金拥有者并未向证券公司让渡资金使用权，因此发行股票、债券属于直接向社会筹资。

间接筹资，是企业借助银行等金融机构融通资本的筹资活动，包括银行借款、融资租赁等方式。在间接筹资方式下，银行等金融机构发挥了中介的作用，预先筹集资金，资金拥有者首先向银行等金融机构让渡资金使用权，然后由银行等金融机构将资金提供给企业。

（三）内部筹资与外部筹资

按资金的来源范围不同，企业筹资分为内部筹资和外部筹资两种类型。

内部筹资是指企业通过利润留存而形成的资金来源。内部筹资数额的大小主要取决于企业可分配利润的多少和利润分配政策（股利政策）。

外部筹资是指企业向外部筹措资金而形成的筹资来源。对于初创期和成长期企业来说，由于内部资金来源有限，往往依靠外部筹集资金。

（四）长期筹资与短期筹资

按企业筹集资金所使用的期限不同，企业筹资可以分为长期筹资和短期筹资两种类型。

长期筹资，是指企业筹集使用期限在 1 年以上的资金的活动。长期筹资的目的主要在于形成和更新企业的生产和经营能力，或扩大企业的生产经营规模，或为对外投资而筹集资金。长期筹资通常采取吸收直接投资、发行股票、发行债券、取得长期借款、融资租赁等方式。

短期筹资,是指企业筹集使用期限在1年以内的资金的活动。短期筹资主要用于企业的流动资产和日常资金周转,一般需要在短期偿还。

本章主要介绍长期筹资。

二、企业筹资的原则

企业筹资管理的基本要求,是在严格遵守国家法律法规的基础上,分析影响筹资的各种因素,权衡资金的性质、数量、成本和风险,合理选择筹资方式,提高筹资效果。因此,企业在筹资管理中,应遵循如下原则。

(一) 遵循国家法律法规,合法筹资

企业的筹资活动不仅为自身的生产经营提供资金来源,而且也会影响投资者的经济利益,进而影响社会经济秩序。因此,企业的筹资行为和筹资活动必须遵循国家的相关法律法规,依法履行法律法规和投资约定的责任。

(二) 正确预测资金需求量

企业筹集资金,首先要合理预测资金的需要量。筹资规模与资金需要量应当匹配一致,既要避免因筹资不足而影响生产经营的正常进行,又要防止筹资过多,造成资金闲置。

(三) 合理安排筹资时间

企业筹资还需要合理预测确定资金需要的时间。要根据资金需求的具体情况,合理安排资金的筹集时间,适时获取所需资金。使筹资与投资在时间上相衔接,既避免过早筹集资金形成的资金投放前闲置,又防止取得资金的时间滞后,错过资金投放的最佳时间。

(四) 合理选择资金来源

企业筹集资金要付出成本,不同的筹资渠道和筹资方式所取得的资金,其成本不同。企业应当在考虑筹资难易程度的基础上,针对不同来源资金的成本进行分析,尽可能选择经济、可行的筹资渠道与方式,以降低筹资成本。

(五) 优化资本结构

企业筹资要综合考虑股权筹资与债务筹资的关系、长期资金与短期资金的关系、内部筹资与外部筹资的关系,合理安排资本结构,保持适当偿债能力,防止企业陷入财务危机,提高筹资效益。

三、企业资本金制度

资本金制度是国家就企业资本金筹集、管理以及所有者的责、权、利等方面所做的法律规范。资本金是企业权益资本的主要部分,是企业长期稳定拥有的基本资金。此外,一定数额的资本金也是企业取得债务资本的必要保证。

(一) 资本金的本质特征

设立企业必须有法定的资本金。资本金,是指企业在工商行政部门登记的注册资金,是投资者用以进行企业生产经营、承担民事责任而投入的资金。资本金在不同类型的企业中表现形式有所不同,股份有限公司的资本金被称为股本,股份有限公司以外的一般企业的资本金被称为实收资本。

从性质上看,资本金是投资者创建企业所投入的资本,是原始启动资金;从功能

上看，资本金是投资者用以享有权益和承担责任的资金，有限责任公司和股份有限公司以其资本金为限对所负债务承担有限责任；从法律地位来看，资本金要在工商行政管理部门办理注册登记，投资者只能按所投入的资本金而不是所投入的实际资本数额享有权益和承担责任，已注册的资本金如果追加或减少，必须办理变更登记；从时效上来看，除了企业清算、减资、转让回购股权等特殊情况外，投资者不得随意从企业收回资本金，企业可以无限期地占用和使用投资者的出资额。

（二）资本金的出资方式

根据我国《公司法》第二十七条的规定，股东可以用货币资产出资，也可以用实物、知识产权、土地使用权等可以用货币估价并可以依法转让的非货币财产作价出资。

股东应当按期足额缴纳公司章程中规定的各自所认缴的出资额。股东以货币出资的，应当将货币出资额存入有限责任公司在银行开设的账户；以非货币财产出资的，应当依法办理其财产权的转移手续。

第二节　股东权益融资

企业所能采用的筹资方式，一方面受到法律环境和金融市场的制约，另一方面也受到企业性质的制约。中小企业的筹资方式比较受限制，而股份有限公司和有限责任公司的筹资方式相对多样。

股东权益融资是企业最基本的筹资方式，包括吸收直接投资、发行股票、利用留存收益三种主要形式。

一、吸收直接投资

吸收直接投资，是指企业按照“共同投资、共同经营、共担风险、共享收益”原则，直接吸收国家、法人、个人和外商投入资金的一种筹资方式。吸收直接投资是股份制企业筹集权益资本的基本方式，采用吸收直接投资的企业，资本不分为等份额，无须公开发行股票。吸收直接投资的实际出资额，注册资本部分形成实收资本，超过部分属于资本溢价，形成资本公积。

（一）吸收直接投资的种类

1. 吸收国家直接投资

国家投资是指有权代表国家投资的政府部门或机构，以国有资产投入公司，这种情况下形成的资本叫国有资本。吸收国家投资一般具有以下特点：①产权归属国家；②资金的运用和处置受到国家约束较大。

2. 吸收法人投资

法人投资是指具有法人资格的单位以其依法可支配的资产投入公司，这种情况下形成的资本为法人资本。吸收法人投资一般具有以下特点：①发生在法人单位之间；②以参与公司利润分配或控制为目的；③出资方式灵活多样。

3. 吸收外商直接投资

企业可以通过合资经营或合作经营的方式吸收外商直接投资，即与其他国家的投资者共同出资，创办中外合资经营企业或中外合作经营企业，共同经营、共担风险、共负盈亏、共享收益。

4. 吸收社会公众投资

社会公众投资是指社会个人或本公司职工以个人合法财产投入公司,这种情况下形成的资本称为个人资本。吸收个人投资一般具有以下特点:①参加投资的人员较多;②每人投资的数额相对较小;③以参与公司利润分配为基本目的。

(二)吸收直接投资的出资方式

1. 以货币资产出资

以货币资产出资是吸收直接投资中最重要的出资方式。

2. 以实物资产出资

实物资产是指投资者以房屋、建筑物、设备等固定资产和材料、商品产品等流动资产所进行的投资。用实物资产投资应满足以下条件:①适合企业生产、经营、研发等活动的需要;②技术性能良好;③作价公平合理。

3. 以土地使用权出资

土地使用权是指土地经营者对依法取得的土地在一定期限内有进行建筑、生产经营或其他活动的权利。土地使用权具有相对独立性,在土地使用权存续期间,包括土地所有者在内的其他任何人和单位,不能任意收回土地和非法干预使用权人的经营活动。企业吸收土地使用权应符合如下条件:①适合企业科研、生产、经营、研发等活动的需要;②地理、交通条件适宜;③作价公平合理。

4. 以工业产权出资

工业产权通常是指专有技术、商标权、专利权、非专利技术等无形资产。投资者以工业产权出资应符合以下条件:①有助于企业研究、开发和生产出新的高科技产品;②有助于企业提高生产效率,改进产品质量;③有助于企业降低生产消耗、能源消耗等各种消耗;④作价公平合理。

(三)吸收直接投资的程序

1. 确定筹资数量

企业在新建或扩大经营时,首先要确定资金需要量。资金的需要量应根据企业的生产经营规模和供销条件等来核定,确保筹资数量与资金需要量相适应。

2. 寻找投资单位

企业既要广泛了解有关投资者的资信、财力和投资意向,又要通过信息交流和宣传,使出资方了解企业的经营能力、财务状况以及未来预期,以便于公司从中寻找最合适的合作伙伴。

3. 协商和签署投资协议

找到合适的投资合作伙伴后,双方进行具体协商,确定出资额、出资方式和出资时间。签署投资协议或合同,以明确双方的权利和责任。

4. 取得所筹集资金

签署协议后,企业应按规定或计划取得资金。

(四)吸收直接投资的筹资特点

(1)能够快速形成生产能力。吸收直接投资不仅可以取得一部分货币资金,而且能够直接获得所需要的设备和技术,尽快形成生产经营能力。

(2)容易进行信息沟通。吸收直接投资的投资者比较单一,股权没有社会化、分散化，甚至有的投资者直接担任公司管理层职务，公司与投资者易于沟通，有利于集中管理与控制。

(3) 吸收直接投资的手续相对比较简便，筹资费用较低。

(4) 企业控制权集中，不利于企业治理。采用吸收直接投资方式筹资，投资者一般都要求获得与投资数额相适应的经营管理权。如果个人投资者的投资额比例较大，则该投资者对企业的经营管理就会有相当大的控制权，容易损害其他投资者的利益。

(5) 不利于产权交易。吸收直接投资由于没有证券公司为媒介，不利于产权交易，难以进行产权转让。

二、发行普通股

普通股(common stock)是股份有限公司发行的无特别权利的最基本的股份。通常股份有限公司只发行普通股。持有公司普通股票的投资者被称为普通股股东。普通股是公司融资的主要方式，也是公司资金的主要来源。

(一) 普通股股票分类

普通股按照不同的标准可以划分为不同的类别。

1. 按投资主体划分

我国上市公司的普通股按照投资主体的不同可以分为国有股、法人股和社会公众股。这是我国股票特有的分类方法。

国有股是指由国家作为所有者持有的股份，是由代表国家投资的部门或机构以国有资产向公司投资形成的。国家对上市公司的国家股部分享有所有权，包括占有权、使用权、收益权及处分权。国有股的形成是与我国部分股份制企业由原国有大中型企业改制而来有关。

法人股是指企业法人或具有法人资格的事业单位和社会团体以其依法可经营资产向公司投资所形成的股份。它也是法人经营自身财产的一种投资行为，代表着一种所有权关系。

社会公众股指我国境内个人或机构投资者以其合法财产向公司投资所形成的股份。这部分股份在公司股票上市后即可流通。我国投资者通过股东账户在股票市场买卖的股票都属社会公众股。

2. 按股票是否记名划分

普通股按照其是否标记持有者的名字分为记名股票和无记名股票。记名股票是指在股票票面上记载股东的姓名或名称并将其记入公司股东名册的股票。记名股票要同时附有股权手册，只有同时具备股票和股权手册，才能领取股息和红利。记名股票的转让、继承都要办理过户手续。

无记名股票是指在股票上不记载持有者姓名或名称的股票。无记名股票的转让、继承无须办理过户手续。

公司向发起人、国家授权投资的机构、法人发行的股票应为记名股票。对社会公众发行的股票，可以是记名股票，也可以是无记名股票。

3. 按股票是否标明面值划分

普通股按照其是否标明面值划分为有面值股票和无面值股票。有面值股票是指在票面上标有一定金额的股票。股东持有股票面值额占公司发行在外的股票面值总额的比例,是确定股东权利义务大小的依据。无面值股票是指不在票面上标有一定金额、只载明所占公司股本总额的比例或股份数的股票。股票标明的比例代表着股东权利义务的大小。

股票面值与股票账面价值不同,每股账面价值是指每股所代表的公司净资产额。股票面值与股价没有直接关系,股价的变动受到公司盈利能力、市场供求状况等多种因素的影响,它可能高于或低于面值。

4. 按股票上市地点划分

按照股票上市地点不同,我国上市公司的普通股股票分为 A 股、B 股、H 股等。

在我国上海证券交易所和深圳证券交易所上市的股票包括 A 股和 B 股。A 股,又称人民币普通股票,是以人民币标明票面金额并以人民币认购和交易的股票,主要是供我国大陆地区个人和法人买卖的。B 股,又称人民币特种股票,是以人民币标明票面金额,但以外币认购和交易的股票。上海证券交易所挂牌的 B 股以美元计价,深圳证券交易所挂牌的 B 股以港元计价。2001 年 2 月 19 日之前,B 股仅供外国和我国港、澳、台地区投资者购买;2001 年 2 月 19 日之后,内地居民个人也可以使用境内现汇存款和外币现钞存款购买 B 股。

H 股,是以港元计价并在中国香港联合交易所发行上市的中国内地企业的股票。还有一些境内公司选择在美国纽约、新加坡等地发行上市,并标以 N 股、S 股等。

(二) 普通股股东的权利

依照《公司法》的规定,普通股股东享有如下权利。

1. 表决权

股东出席或委托代理人出席股东大会,并依据公司章程规定,对公司筹资、投资、利润分配、选举董事等重要议案进行投票表决。行使表决权是普通股股东参与公司经营管理的基本方式。

2. 利润分配权

普通股股东作为公司的投资者,在公司偿还债务人利息以及向优先股股东分配固定股息后,有权从公司的利润分配中获得红利收入。股利是股东获得投资收益的主要方式之一。但如果股利的发放超过公司留存收益,则超过部分不是股利分配,而是资本返还。

3. 剩余资产分配权

当公司破产清算时,公司在偿还债权人及对优先股股东进行剩余资产分配后,若有剩余,则普通股股东还有权按股份比例分配剩余资产。但如果公司资不抵债,股东则可能颗粒无收。

4. 优先认股权

优先认股权,是指公司增发股票时,给予现有股东按照其原持股比例优先购买新股的权利。优先认股权是一种选择权,原有股东也可以放弃该权利。

普通股股东除了拥有上述四种基本权利之外,还拥有股份转让权、对公司账面和股东大会决议审查权、对公司事务质询权等权利。

(三) 股票发行

公司发行股票可以分为初次发行(initial public offerings,IPO)和增发(seasoning

public offerings,SPO)。初次发行是指股份公司在设立时公开发行股票,而增发是指股份公司在设立之后再次发行股票。股票发行涉及发行条件、发行程序、发行方式与销售方式和发行价格等方面的问题。

1. 发行条件

在我国,公司发行股票必须满足《公司法》和《证券法》的相关规定和条件,具体包括:

(1) 公司公开发行新股,必须具备健全且运行良好的组织结构;具有持续的盈利能力;财务状况良好;最近3年财务会计文件无虚假记载,无其他重大违法行为。

(2) 公司公开发行股票,同次发行的股票,每股的发行条件和价格应当相同。

(3) 股票发行价格可以按照票面金额发行,也可以按超过票面金额发行,但不得低于票面金额。

(4) 股票票面应当载明公司名称、公司登记日期、股票种类、票面金额及代表的股份数、股票编号等主要事项。

2. 发行程序

公司初次发行股票筹资,应遵循如下程序:

(1) 提出募集股份申请。

(2) 公告招股说明书,制作认股书,签订承销协议和代收股款协议。

(3) 招认股份,缴纳股款。

(4) 召开创立大会,选举董事会、监事会。

(5) 办理设立登记,交割股票。

3. 发行方式与销售方式

(1) 股票发行方式。股票发行方式是指公司通过何种途径发行股票。总的来讲,股票的发行方式有公开间接发行和不公开直接发行两种。

① 公开间接发行,是指通过中介机构,公开向社会公众发行股票。我国股份公司采用募集设立方式向社会公开发行新股时,须由证券经营机构承销的做法就属于股票的公开间接发行。这种发行方式的发行范围广、发行对象多,易于足额募集资本。股票公开发行还有助于提高发行公司的知名度和扩大其影响力。但这种发行方式手续繁杂,发行成本较高。

公开发行由于发行范围广、发行对象多,对社会的影响较大,需要对其进行限定。我国《证券法》规定有下列情形之一的属于公开发行:向不特定对象发行证券;向累计超过200人的特定对象发行证券;法律、行政法规规定的其他发行行为。

② 不公开直接发行,是指不公开对外发行股票,只向少数特定的对象直接发行,因而不需要经中介机构承销。我国股份有限公司采用发起设立和以不向社会公开募集的方式发行新股的做法,即属于股票的不公开直接发行。这种发行方式弹性较大,发行成本低,但发行范围小。

非公开发行证券,不得采用广告、公开劝诱和变相公开方式。

(2) 股票销售方式。股票销售方式,是指股份有限公司向社会公开发行股票时所采取的股票销售方法。股票销售方式一般有自行销售和委托销售两种方式。

① 自行销售方式。股票发行的自行销售方式是指发行公司自己直接将股票销售给认购者。这种销售方式可由发行公司直接控制发行过程,实现发行意图,并可以

节省发行费用；但往往筹资时间长，发行公司承担全部发行风险，并需要发行公司有较高的知名度、信誉和实力。

② 委托销售方式。委托销售方式是指发行公司将股票销售业务委托给证券经营机构代理。这种销售方式是发行股票所普遍采用的。《公司法》规定，发起人向社会公开募集股份，应当由依法设立的证券公司承销，签订承销协议。委托销售又分为包销和代销两种具体方法。包销，是根据承销协议商定的价格，证券经营机构一次性全部购进发行公司公开募集的全部股份，然后以较高的价格出售给社会上的认购者。对发行公司来说，包销的办法可及时筹足资本，免于承担发行风险；但股票以较低价格售给承销商会损失部分溢价。代销，是证券经营机构代替发行公司销售股票，并由此获得一定的佣金，但不承担发行失败的风险。

4. 发行价格的确定

股票发行价格的确定是发行中的重点和难点，也是决定发行成功与否的最重要因素。发行价格低，发行人的筹资需求很难满足，甚至会损害原有股东的利益。发行价格高，发行人可以用较少的股份募集较多的资金，降低筹资成本。但可能影响投资者购买的热情，增加发行风险。

《公司法》规定，股票发行价格可以按票面金额（平价发行），也可以超过票面金额（溢价发行），但不得低于票面金额（折价发行）。具体确定方式有竞价法和议价法。竞价法是指投资者首先对发行人的盈利水平等做出理性估计，并在指定时间内通过交易柜台或指定的交易媒体自由报价报量，以投标的方式相互竞争，最后确定股票发行价格。议价法则指股票发行价格由发行人和承销商协商确定。

在实际操作中，发行人一般会参考公司经营业绩、账面净资产、发展潜力、行业特点、股市状态等，确定发行价格。具体方法有市盈率法、市净率法、折现现金流量法等。

（四）股票上市

股票上市，是指股份有限公司公开发行的股票经批准在证券交易所进行挂牌交易。经批准在交易所上市交易的股票则被称为上市股票。按照国际通行的做法，非公开募集发行的股票或未向证券交易所申请上市的非上市证券，应在证券交易所外的柜台市场（over the counter market，OTC market）上流通转让；只有公开募集发行并经批准上市的股票才能进入证券交易所流通转让。

1. 股票上市的目的

股份公司股票上市，一般出于以下目的：

（1）资本大众化，分散风险。股票上市后，会有更多的投资者认购公司股份，公司则可以将部分股份转售给这些投资者，再将得到的资金用于其他方面，从而分散公司的风险。

（2）提高股票的变现力。股票上市后便于投资者买卖，自然提高了股票的流动性和变现力。

（3）便于筹措新资金。股票上市必须经过有关机构的审查批准并接受相应的管理，执行各种信息披露和股票上市的规定，这就大大增强了社会公众对公司的信赖，使之乐于购买公司的股票。同时，由于一般人认为上市公司实力雄厚，也便于公司采用其他方式筹措资金。

(4) 提高公司的知名度,吸引更多的顾客。股票上市公司为社会所知,并被认为经营优良,会带来良好声誉,吸引更多顾客,从而扩大销量。

(5) 便于确定公司价值。股票上市后,公司股价有市价可循,便于确定公司的价值,有利于促进公司财富最大化。

当然,股票上市也会给公司带来负面影响,如公司将负担较高的信息披露成本,可能会暴露公司的商业秘密,可能会分散公司的控制权,等等。

2. 股票上市的条件

《证券法》规定,股份有限公司申请股票上市,必须符合如下条件:

(1) 股票经国务院证券监督管理机构核准已公开发行。

(2) 公司股本总额不少于人民币 3 000 万元。

(3) 公开发行的股份达到公司股份总数的 25%以上;公司股本总额超过人民币 4 亿元的,公开发行股份的比例为 10%以上。

(4) 公司最近 3 年无重大违法行为,财务会计报告无虚假记载。

具备上述条件的股份公司经过申请,由国务院或国务院授权的证券管理部门批准,其股票方可上市。

(五) 股票上市的暂停与终止

当上市公司出现经营状况恶化、存在重大违法违规行为或其他原因导致不符合上市条件时,就可能被暂停或退市。

《证券法》规定,上市公司有下列情形之一的,由证券交易所决定暂停其股票上市交易:

(1) 公司股本总额、股权分布等发生变化不再具备上市条件。

(2) 公司不按照规定公开其财务状况,或者对财务会计报告作虚假记载,可能误导投资者。

(3) 公司有重大违法行为。

(4) 公司最近 3 年连续亏损。

(5) 证券交易所上市规则规定的其他情形。

《证券法》规定,上市公司有下列情形之一的,由证券交易所决定终止其股票上市交易:

(1) 公司股本总额、股权分布等发生变化不再具备上市条件,在证券交易所规定的期限内仍不能达到上市条件。

(2) 公司不按照规定公开其财务状况,或者对财务会计报告作虚假记载,且拒绝纠正。

(3) 公司最近 3 年连续亏损,在其后一个年度内未能恢复盈利。

(4) 公司解散或者被宣告破产。

(5) 证券交易所上市规则规定的其他情形。

依据《证券法》,我国上海证券交易所和深圳证券交易所于 2012 年 6 月发布了两市关于完善退市制度的方案。

(六) 普通股筹资的特点

1. 普通股筹资的优点

与其他筹资方式相比,发行普通股筹措资金具有如下优点:

(1) 普通股无到期日,不用偿还本金。这对保证公司对资本的最低需求、维持公司长期稳定发展极为有利。

(2) 普通股没有固定的股利负担。股利的支付与否和支付多少,视公司有无盈利和经营需要而定,经营波动给公司带来的财务负担相对较小,因此,筹资风险小。

(3) 增强公司举债能力。普通股资本是公司最基本的资金来源,它反映了公司的实力,可作为其他筹资方式的基础,尤其可为债权人提供保障。因此,普通股筹资可以增强企业的举债能力。

2. 普通股筹资的缺点

(1) 普通股资本成本较高。首先,从投资者角度看,投资于普通股风险较高,相应地要求有较高的投资报酬率。其次,对于筹资公司来讲,普通股股利从税后利润中支付,不像债券利息那样作为费用从税前扣除,因而不具有抵税作用。此外,普通股的发行费用一般也高于其他证券。

(2) 以普通股筹资会增加新股东,这可能会分散现有股东对公司的控制权。

三、留存收益

留存收益是企业盈利中保留下来的税后净利润,它是所有者权益的一部分,也是企业资金的重要来源。

(一) 留存收益融资途径

1. 提取盈余公积金

盈余公积金,是指有指定用途的留存净利润。盈余公积金是从当期企业净利润中提取的积累资金,其提取的基数是本年度的净利润。盈余公积金主要用于企业未来的经营发展,经投资者审议后也可以用于转增股本和弥补以前年度经营亏损。

2. 未分配利润

未分配利润是指未限定用途的留存净利润。未分配利润有两层含义:第一,这部分净利润本年没有分配给公司的股东;第二,这部分净利润未指定用途,可用于企业未来的经营发展、转增股本、弥补以前年度经营亏损及以后年度的利润分配。

(二) 留存收益融资特点

1. 不用发生筹资费用

企业从内部筹集长期资本,与普通股筹资相比较,留存收益筹资不需要发生筹资费用。

2. 维持公司的控制权分布

利用留存收益融资,不用对外发行新股或吸收新的投资者,因此不会稀释原有股东的控制权。

3. 融资数额有限

留存收益的最大数额是企业到期的净利润和以前年度的未分配利润之和,不像外部筹资一次性可以筹集大量资金。

四、优先股

优先股(preferred stock)属于公司所有者权益,是长期资金来源之一,但不同于普通股。因为与普通股相比,它在股利支付和公司破产清偿时的财产索取方面都具有优先权。

（一）优先股特征

优先股是介于普通服与公司债券之间的一种筹资工具。优先股的特征体现在：

1. 资本不得收回

优先股股东对公司的投资在公司注册成立后不得收回,其投资收益从公司的税后利润中提取,在公司清算时,其对公司财产的要求权也排在公司债权人之后。另外,从公司资本结构上看,优先股属于公司的资本。

2. 利润分配和财产清偿优先于普通股股东

在利润分配上,股份公司要在支付优先股股东应得的股利之后,才能向普通股股东支付股利。另外,优先股股利通常是按照其面值的固定比例支付的,无特殊情况下,不随公司经营业绩的波动而波动。当公司因故解散清算时,在清偿全部债务和清算费用之后,优先股股东按照股票面值先于普通股股东分配公司的剩余资产。这些优先于普通股的权利,使优先股又具有一定的公司债的性质。

3. 优先股必须具有面值

优先股的面值是计算优先股股利的基础,代表着优先股股东在公司清算时应得的资产数额。

（二）优先股的权利

1. 利润分配权

优先股股东在利润分配上有优先于普通股股东的权利。一些国家的股份公司的章程都规定,在公司未发放优先股股利以前,不得发放普通股股利。

2. 剩余财产请求权

当公司因经营不善而破产时,在偿还全部债务和付清清理费用之后,如有剩余财产,优先股股东有权按票面价值先于普通股股东得到偿还。

3. 有限管理权

在公司的股东大会上,优先股股东没有表决权,但是,当公司研究与优先股有关的问题时有权参加表决。

（三）优先股融资的评价

1. 优先股融资的优点

从发行公司的角度来看,优先股融资的主要优点有：

（1）通常没有固定的到期日,不用偿还本金。公司事实上等于获得了一笔无限期的贷款,且一般优先股又附有收回条款,这就使得资金更具有弹性,可以控制公司的资本结构,从而使公司获得较稳定的资金,又可减少财务风险。

（2）股利支付既固定,又具有一定弹性。一般而言,优先股固定股利的支付并不构成公司的法定义务。如果公司财务状况不佳,则可暂时不支付优先股股利。

（3）不影响普通股股东的控制权。由于优先股股东一般无表决权,所以发行优先股既可增加企业的资本金,又能够维持原股东的控制格局,使公司可按拟定规划稳定发展。

（4）具有财务杠杆作用。若公司所获得的报酬率超出股票资金的特定成本,则采用举债或优先股融资的每股收益将高于普通股,从而获得财务杠杆效应。

（5）降低负债比例,增强举债基础。发行优先股增加了公司的股本,提高了公司的信誉,并且增强了举债能力。

(6) 有利于兼并谈判的成功。若被兼并企业的股东希望获得高水平和稳定的收入,则兼并企业可用优先股换取被兼并企业的普通股,以利于谈判的成功。

2. 优先股筹资的主要缺点

(1) 优先股融资成本很高。优先股所支付的股利要从税后盈余中支付,不同于债券利息,因此,优先股成本较高,对公司造成一定的财务负担。

(2) 如果公司不能获取超过优先股股息的报酬,就会降低普通股每股收益,从而抵消了这种融资的优点。

(3) 发行优先股可能会给公司的经营发展造成一定的限制。比如规定了企业留存收益的标准和某些财务比率的水平,若企业未能达到这些标准和水平,就不能分配普通股股利等。

(4) 发行优先股可能会引起一些有关控制和所有权的问题。如转换成普通股的优先股可能会改变普通股所有权的构成比例,加入的新股东可能会对公司管理上所采取的一系列方针、政策持反对态度。

第三节 长期负债融资

一、长期借款

长期借款(long-term debt)是指企业向银行、非银行金融机构或其他单位借入的,期限在一年以上的借款,它是借贷双方按事先约定到期偿还本息的一种合约。长期借款的利率形式、偿还方式和限制性条款是合约中最基本也是最重要的内容。下面分别对其进行介绍。

(一) 长期借款的利率形式

长期借款的利息率取决于资本市场的供求关系、借款的期限、借款有无担保及企业的资信状况等。一般情况下,长期借款的利息率要高于短期借款的利息率。目前,我国企业长期借款的利息率可采用固定利率和变动利率两种。

固定利率是指在债务存续期间内采用固定不变的利率。固定利率的大小通常由借贷双方按市场利率并视公司信誉情况确定,它一般在资金市场利率波动不大、资金供应比较平稳的情况下才使用。变动利率是指在债务存续期间根据市场利率而做出调整的利率,调整以后贷款余额按新确定的利率计息。变动利率在高通货膨胀以及市场利率上升的情况下被广泛采用。在国际上,定期借款多采用变动利率。

变动利率一般又有分期调整利率和浮动利率两种。分期调整利率一般是在某基准利率的基础上,根据资金市场的变化情况每半年或一年时间调整一次的利息率。尚未归还贷款的利息应按调整后的利息率计算。这种利率将通过借贷双方协商后在借款合同中规定。浮动利率是指借贷双方通过协商,在借款协议中规定利率可随市场利率的变动而随时调整的利率。它通常以市场上信誉较好的企业的商业票据利率作为参考,或以市场上相同借款期的公认利率为准,然后在此基础上加成计算浮动比,如加 0.5 到 2 个百分点。在这种计息方式下,利息率随基准利率变动而浮动,定期支付的利息要按浮动利率计算。

（二）长期借款的偿还方式

长期借款可以采用多种偿还方式，包括到期一次还本付息、分期偿还本息和分期付息到期一次还本等多种方式，一般由企业和银行在签订的借款合同中做出具体规定。企业对其长期借款应编制“还款计划表”，以确保偿还工作的顺利进行。下面分别举例说明。

1. 一次还本付息

此种偿还方式一般按复利计息，每年计息一次，期满时一次还本付息。这是最常见的偿还方式。

【例 7-1】 某公司向银行贷款 100 万元，期限 5 年，年利率 10%，银行要求该企业按复利计息，到期一次还本付息。则该笔贷款的偿还计划如表 7-1 所示。

表 7-1　长期借款偿还计划表　　单位：万元

年度	年利息额	年偿还额	年付息额	年偿还本金额	本金余额
1	10	—	—	—	100
2	11	—	—	—	100
3	12.1	—	—	—	100
4	13.31	—	—	—	100
5	14.641	161.051	61.051	100	0
合计	61.051	161.051	61.051	100	—

这种偿还方式可以减少企业日常的财务压力，但由于到期一次性支付金额比较大，会给企业的现金管理带来巨大冲击。因此，这种偿还方式一般要求企业建立偿债基金，以减少到期偿还的压力。

2. 分期还本付息

分期还本付息是指每期按规定偿还一定的本金和利息的还款方式。还款计划可以按季、半年或年进行。

承上例，假设银行要求企业每年年末等额偿还本金，则该笔贷款的分期偿还计划如表 7-2 所示。

表 7-2　长期借款偿还计划表　　单位：万元

年度	年利息额	年偿还额	年付息额	年偿还本金额	本金余额
0					100
1	10	30	10	20	80
2	8	28	8	20	60
3	6	26	6	20	40
4	4	24	4	20	20
5	2	22	2	20	0
合计	30	130	30	100	—

与一次还本付息相反，分期还本付息要求企业有稳定的现金流以保证每期的债务偿还，增加了企业日常财务压力，但避免了到期一次支付的压力。

3. 分期付息到期一次还本

分期付息到期一次还本是介于上述两种还款方式之间的一种较为常见且操作方便的偿还方式,即每年年末单利付息一次,到期一次还本,利随本消。

承上例,假设银行要求企业按单利分期付息,到期一次还本。则该笔贷款的分期偿还计划如表 7-3 所示。

表 7-3　长期借款偿还计划表　　单位:万元

年度	年利息额	年偿还额	年付息额	年偿还本金额	本金余额
1	10	10	10	—	100
2	10	10	10	—	100
3	10	10	10	—	100
4	10	10	10	—	100
5	10	110	10	100	0
合计	50	150	50	100	—

(三) 长期借款的限制性条款

由于长期借款期限长、风险高、金额大,银行通常对借款企业提出一些旨在保障贷款安全性的条款。这些条款归纳起来共有三类:一般性保障条款、例行性保护条款和特殊性保护条款。

1. 一般性保障条款

(1) 对借款企业流动资金保持量有规定。

(2) 对借款企业股利支出、工资支出和回购股票有限制,以防止借款期间现金外流。

(3) 对资本支出规模有限制,以防止投资收益不确定给银行带来更多的风险。

(4) 对其他长期债务有限制。

2. 例行性保护条款

(1) 要求企业定期向银行提交财务报表,以便银行随时掌握企业的财务状况。

(2) 不准在正常情况下出售较多资产,以保护企业正常的生产经营能力。

(3) 如期清偿应交的税金和到期债务,以防止罚款造成现金流失。

(4) 限制租赁固定资产的规模,防止企业高额的成本费用开支,降低偿债能力。

3. 特殊性保护条款

(1) 要求贷款专款专用。

(2) 要求企业主要领导人在合同有效期内不得调离领导岗位。

(3) 不准企业投资于短期内不能收回资金的项目。

(4) 规定借款的补偿性余额等。

(四) 长期借款融资的优缺点

长期借款相对于其他长期资金融通方式,具有如下优点:

(1) 筹资速度快、借款成本低。长期借款是由借贷双方直接洽谈商定,手续大为简化,故可迅速取得资金。筹措费用和资金成本也较低。

(2) 借款弹性大。长期借款筹资富有弹性,借贷双方可根据情况的变化修改契约，达成新的协议。

（3）长期借款可发挥财务杠杆作用。

长期借款也有缺点，主要体现在限制条件较多和筹资数量有限两个方面。

二、公司债券

债券（bond）是筹资单位为筹集资金而发行的，约定在一定时期内向债券持有人还本付息的有价证券。股份有限公司和有限责任公司发行的债券称为公司债券。非公司发行的债券称为企业债券。

（一）公司债券的分类

1. 按公司债券发行方式分类

按发行方式的不同，公司债券可以分为记名债券（registered bonds）和无记名债券（bearer bond）。记名债券指发行债券时发行公司保留一份标有债券持有者姓名和地址记录的债券。当债券的持有者变更时，发行公司及时更改记录。到付息日时，发行公司根据记录中的名单支付利息。无记名债券也称息票债券（coupon bonds），即在发行公司信托管理人那里不保留债券持有者的名单，但在公司债券上附有息票，债券持有者凭息票领取利息，凭到期债券收取本金。

2. 按公司债券有无担保分类

按有无担保，公司债券可以分为担保债券（secured bonds）和无担保债券（debenture bonds）。担保债券以被抵押的特定财产作为发行债券的保证。当债券发行公司违约时，信托管理人就可以将抵押财产变卖，而后支付债券持有者的欠款。无担保债券又称"信用债券"，指没有抵押财产作为保证的债券，其发行完全凭公司的信用。由于这种债券的风险较大，利率一般较高。一般来说，只有声誉卓著和前景乐观的公司才有可能成功地发行这种公司债券。

3. 按公司债券的偿还方式分类

按偿还方式，公司债券可以分为定期偿还债券（term bonds）和分期偿还债券（serial bonds）。定期偿还公司债券全部都在同一到期日清偿；而分期偿还债券，其到期日则在连续几年错开，按组发行。

4. 按公司债券可否转换为股权分类

按照债券是否可转换为股权，公司债券可以分不可转换债券和可转换债券。不可转换债券是指在债券存续期内不可以转换为公司股票的债券，大多数公司债券属于这种类型。可转换债券是指债券持有者在规定时间内可以将债券按规定价格转换为发债公司的股票。这种债券在发行时，对债券转换为股票的价格和比率都作了详细的规定。

此外，为了更灵活地应用资金，公司通常发行一种可以提前收回的债券即可赎回债券（callable bonds）。如果公司预期在将来可以按低于原先发行债券的利率筹集资金时，发行这种债券无疑是可取的。

（二）公司债券的要素

公司债券的要素一般包括如下几项：

1. 债券面值

债券面值（par value）又称票面金额（face amount），是债券发行公司到期应该偿还的本金，因此，它又叫债券的到期价值。

2. 到期日

到期日是债券发行公司清偿到期价值的日期。

3. 付息日

付息日是债券发行公司支付债券利息的日期。通常，债券的利息每半年支付一次。

4. 债券利率

债券利率又称票面利率，是指公司发行债券应该支付利息的年利率，它在债券发行契约或合同中已经作了规定。与之相对应的是市场利率。市场利率指债券发行时金融市场上的通行利率。它由金融市场资金供求关系决定。债券利率与市场利率通常不一致，因此，公司债券的发行价格通常与其面值不同。因此，债券发行公司才要根据金融市场情况、债券利率与市场利率的差异确定债券发行价格。

（三）公司债券发行价格的确定

如前所述，由于市场利率与债券利率不同，因而，公司债券的发行价格与其面值也不同。在确定公司债券发行价格时，通常以市场利率为折现率将未来应支付的利息与债券面值折算为现值，用公式表示为：

$$\text{债券发行价格}=\sum_{t=1}^{n}\frac{\text{年利息}}{(1+\text{市场利率})^{t}}+\frac{\text{面值}}{(1+\text{市场利率})^{n}} \tag{7-1}$$

从公式可看出，由于票面利率与市场利率存在差异，因此债券的发行价格可能出现三种情况，即等价、溢价与折价。一般而言，当发行债券时的市场利率高于债券票面利率时，发行公司应以低于面值的价格（折价）发行，以弥补投资者低于市场利率计算的利息收入的损失。反之，当债券发行的市场利率低于债券票面利率时，则发行公司可以高于面值的价格（溢价）发行，以抵补发行公司以高于市场利率计算的利息支出的损失。如果发行时的市场利率与债券票面利率持平，则债券发行价格将与票面面值一致，即平价发行债券。

下面举例说明公司债券发行价格的确定方法：

【例 7-2】 某公司发行面值为 1 000 元、票面利率为 10%、期限为 10 年的债券，每年年末付息一次。试分别确定：当市场利率为 10%、11%、9%时该公司债券的发行价格。

（1）当市场利率为 10%时：

$$\begin{aligned}\text{债券发行价格}&=\sum_{t=1}^{10}\frac{1\ 000\times 10\%}{(1+10\%)^{t}}+\frac{1\ 000}{(1+10\%)^{10}}\\&=100\times 6.145+1\ 000\times 0.385\\&=1\ 000(\text{元})\end{aligned}$$

因为市场利率等于债券名义利率，投资者按面值购买即可获得平均利率，所以债券发行价格等于其面值，即按面值发行。

（2）当市场利率为 11%时：

$$\begin{aligned}\text{债券发行价格}&=\sum_{t=1}^{10}\frac{1\ 000\times 10\%}{(1+11\%)^{t}}+\frac{1\ 000}{(1+11\%)^{10}}\\&=100\times 5.889+1\ 000\times 0.350\end{aligned}$$

$$=938.9(元)$$

因为市场利率高于债券名义利率,投资者只有以低于债券面值的价格购买才可获得平均利率,故债券发行价格低于面值,即折价发行。

(3) 当市场利率为 9%时:

$$债券发行价格=\sum_{t=1}^{10}\frac{1\ 000\times10\%}{(1+9\%)^t}+\frac{1\ 000}{(1+9\%)^{10}}$$
$$=100\times6.418+1\ 000\times0.422$$
$$=1\ 063.8(元)$$

因为市场利率低于债券名义利率,投资者以高于债券面值的价格购入亦可获得市场平均利率,故债券发行价格高于面值,即溢价发行。

(四) 公司债券的评级

债券评级最早于 20 世纪初产生于美国,现在各国都有其相应的信用评级机构。在美国,主要的债券评级机构有:标准·普尔公司、穆迪投资服务公司、贝斯特公司等。在我国,由中国人民银行确定的具有评定公司债券资信评级资格的公司有中国诚信证券评估有限公司、大公国际资信评估有限责任公司、深圳市资信评估公司等。

公司发行债券,一般要经独立的信用评级机构评级,以反映该债券的风险程度。债券等级对企业很重要。首先,债券等级是债券风险的指示器,债券等级对债券利率和公司的资本成本有着直接的、显著的影响;其次,公司债券等级的变化对公司长期资本的借款能力以及这些资本的成本有着举足轻重的影响。债券评级机构要定期检查市场流通的债券。因此,在考虑发行债券筹资时,财务经理必须认真对待预期的债券等级。

不同的国家对债券的评级不尽相同,即使同一国家内的不同评级机构,其评级也不相同。但总的来说,债券等级取决于:①公司违约的可能性;②公司违约时,贷款合同所能提供给债权人的保护。下面以美国标准·普尔公司和穆迪投资服务公司提供的债券等级分类为例说明,如表 7-4、表 7-5 所示。

表 7-4 债 券 等 级

级别	高等级	较高等级	投机级	低级
标准·普尔	AAA AA	A BBB	BB B CCC CC	C D
穆迪	Aaa Aa	A Baa	Ba B Caa Ca	C D

有时,穆迪和标准·普尔会调整债券等级。标准·普尔使用加、减号:A+代表 A 级中的最高级别,A-则代表 A 级中的最低级别。穆迪采用的符号是 1、2 或 3,其中 1 代表最高级别。

(五) 公司债券的赎回和调换

公司债券的赎回是指按照债券发行时的相关条款,公司在某一规定期间内以事先确定的价格购回全部债券。而公司债券的调换则指以新债取代全部或部分已发行在外的债券,它通常包括债券赎回和新债发行。

公司债券的赎回或调换通常基于以下原因:

表 7-5 债券等级说明

穆迪	标准·普尔	说明
Aaa	AAA	Aaa 级和 AAA 级是债券中的最高级别，表明债券具有极强的偿付本利的能力
Aa	AA	Aa 级和 AA 级债券有较强的本利偿付能力，它同最高等级债券一起构成债券的最高类别
A	A	A 级债券偿付本利能力强，但是它比较容易随环境和经济状况的变动而发生不利变动
Baa	BBB	评为 Baa 级和 BBB 级的债券被看作是具有足够的能力偿还本金和利息。因为它一般都规定有充分的保护措施，因此比起高级别债券，不利的经济状况或环境的变化更能削弱该级别债券的本利偿付能力。这类债券属中级债券
Ba	BB	一般认为该等级债券具有显著的投机性。Ba 级和 BB 级债券的投机性最低，Ca 级和 CC 级债券的投机性最高。尽管这种债券可能具有某种特质与保护特点，然而最重要的是，它们带有更大的不确定性或更有可能经历不利的情况
B	B	
Caa	CCC	
Ca	CC	
C	C	该等级归属从未支付利息的收益债券
D	D	无力清偿债务的债券被判定为 D 级债券，该种债券无法按时支付利息以及归还本金

资料来源：斯蒂芬·A. 罗斯. 公司理财. 吴世农，译. 6 版. 北京：机械工业出版社，2007.

（1）原债券发行时资本市场利率偏高，而目前市场利率趋于下降。此时可以以低利率的新公司债券替换高利率的旧公司债券，减少债务的利息，也就是减少长期债务所负担的费用。

（2）进行公司债的赎回或调换，可以消除债券信托契约中某些限制性条款。如果原债券信托契约中某些条款束缚了公司的发展，而目前公司财务状况、信誉良好，则公司可以考虑发行一种约束条款比较宽松的债券换回原债券，以有利于公司的发展。

（3）进行公司债的调换可以推迟债务的到期日，以改善企业的现金流动。债券到期在即，但公司由于种种原因导致还本资金不足，而公司债调换相当于原有债务的延展，可推迟还本，以保证当前的资金需要。

（4）进行公司债的赎回或调换，可以保持当前最佳的资本结构和税负效果。

（六）公司债券融资的评价

公司债券融资的优点主要体现在以下几方面：

（1）债券成本较低。债券的利息费用可在税前支付，起到了抵减所得税的作用，使得债券实际的资本较低。

（2）可利用财务杠杆。因为债券的利息率是固定的，且在所得税前支付。

（3）保障股东控制权。债券持有人并非公司股东，无权参与公司经营管理，只能从公司获取固定股利，从这个角度来看，发行债券不会影响股东对公司的控制权。

（4）融资具有一定的灵活性。公司可根据本身的融资要求，结合资金市场的实际情况确定债券的利率、发行价格、偿还期限和偿还方式。

公司债券融资的缺点主要体现在财务风险较高。债券要按期还本付息,这将成为公司的一种固定性负担,在公司财务状况不佳时,将成为沉重的债务负担。

第四节 租 赁 融 资

租赁(lease)是承租人和出租人之间的一项契约性协议。协议中规定承租人拥有使用租赁资产的权利,同时必须定期向资产的所有者——出租人支付租金。出租人可以是资产的制造商,也可以是专门的租赁公司。

租赁对于承租方来说,可视为一种融资活动,是企业重要的融资方式之一。

一、租赁的特征与分类

(一) 租赁的基本特征

1. 所有权与使用权相分离

租赁资产的所有权与使用权分离是租赁的主要特点之一。银行信用虽然也是所有权与使用权相分离,但载体是货币资金,租赁则是在资金与实物相结合基础上的分离。

2. 融资与融物相结合

租赁是以商品形态与货币形态相结合提供的信用活动,出租人在向企业出租资产的同时,解决了企业的资金需求,具有信用和贸易双重性质。它不同于一般的借钱还钱、借物还物的信用形式,而是借物还钱,并以分期支付租金的方式来体现。租赁的这一特点使银行信贷和财产信贷融合在一起,成为企业融资的一种新形式。

3. 租金的分期支付

在租金的偿还方式上,租金与银行贷款到期还本付息不一样,采取了分期偿还的方式。出租方的资金一次投入,分期收回。对于承租方而言,通过租赁可以提前获得资产的使用价值,分期支付租金便于分期规划未来的现金流出量。

(二) 租赁的分类

按照租赁资产所有权有关的风险和报酬是否转移,租赁可以分为融资租赁和经营租赁。

1. 融资租赁

融资租赁(financial lease),又称财务租赁或资本租赁,是由租赁公司按照承租公司的要求融资购买设备,并在契约或合同规定的较长期限内提供给承租公司使用的信用性业务。这一租赁方式,由于由租赁公司支付设备的全部价款,等于向承租人提供100%的长期信贷,故称为融资租赁。它是现代租赁的主要类型。承租公司采用融资租赁的主要目的是为了融资。一般融资的对象是资金,而融资租赁即融资与融物于一身,具有借款性质,是承租公司筹集长期借入资金的一种特殊方式。融资租赁的特点主要是:

(1) 融资租赁是一种不可解约的租赁,在合同有效期内双方均无权单方面撤销合同。只有在租赁设备损坏或被证明丧失使用功能的情况下方可终止合同。

(2) 租赁物一般由承租公司亲自挑选,然后由租赁公司融资购进设备租给承租公司使用。

(3) 租赁期较长,大多为设备耐用年限的一半以上。

(4) 有关租赁物的维修、保险、管理等均由承租人负责,但不能自行拆卸改装。

融资租赁按其具体形式又可进一步分为直接租赁、售后回租、杠杆租赁等。

(1) 直接租赁。直接租赁是融资租赁的主要形式,承租方提出租赁申请时,出租方按照承租方的要求选购,然后再出租给承租方。

(2) 售后回租。售后回租是指承租方由于急需资金等各种原因,将自己的资产售给出租方,然后以租赁的形式从出租方租回资产的使用权。

(3) 杠杆租赁。杠杆租赁是指涉及承租人、出租人和资金出借人三方的融资租赁业务。一般来说,当所涉及的资产价值昂贵时,出租方自己只投入部分资金,通常为资产价值的20%~40%,其余资金则通过将该资产以抵押担保的方式向第三方(通常为银行)申请贷款解决。然后租赁公司将购进的设备出租给承租方,用收取的租金偿还贷款,该资产的所有权属于出租方。出租人既是债权人也是债务人,如果出租人到期不能按期偿还借款,资产所有权则转移给资金的出借者。

2. 经营租赁

经营租赁(operating lease),是指由出租人向承租人提供租用资产设备,并承担其维修、保养、人员培训等专门技术服务的租赁方式。此类租赁一般用于满足承租人对资产的临时性需要,它具有短期筹资功能,是一种传统方式的租赁。其主要特点是:

(1) 租赁期限较短。经营租赁的租期一般短于租赁资产的有效寿命期,承租人可以逐期租用,而出租人所收取的租金不足以收回出租物的全部成本,只能用以后续租的租金或出售该资产的收入来收回剩余的成本。

(2) 契约的可解除性。在设备租赁期内,如有合理原因,承租人可预先通知出租人提前解除租约,承租人可以因此而免于承担设备陈旧的风险。

(3) 租赁的租金较高。出租人除了承担资产设备维修、保养、设备磨损、过时等风险外,还得承担因承租人到期不愿续约或中途解约使资产所有者另找租户期间蒙受损失的风险。鉴于此,经营租赁的租赁费较高。

相关链接

对于承租人来说,融资租赁与经营租赁的性质是不同的。因此,两种租赁的会计处理也是不同的。对于融资租赁,承租人要在其会计系统中确认资产,同时确认一项负债(应付融资租赁款)。而对于经营租赁,承租人不需要记录相应资产和负债,只需在其辅助账中记录租入资产即可,租金在支付时直接记入当期费用。经营租赁不直接反映在承租人的财务报表中,因此也被称为表外融资。

二、融资租赁与购买的财务决策

企业可以通过购买取得所需要的设备,也可以通过融资租赁方式取得。那么,哪种方式更有利呢?

【例7-3】 某公司拟添置一台设备,该设备预计需要使用5年,现在有两种方式取得该设备:

(1) 现金购买,预计购买成本为100万元,该固定资产使用年限与折旧年限一致,期末无残值,税法规定采用直线法计提折旧。

(2) 融资租赁取得,租赁公司要求每年租金为 30 万元,租期 5 年,租金在每年年末支付。

假定公司所得税税率为 40%,综合资本成本为 10%,请为公司决定是购买还是租赁。

在进行决策时,首先要计算不同方式下的现金流量。现金购买下的现金流量及其现值如表 7-6 所示。

表 7-6　现金购买下现金流量及其现值　　单位:万元

年份	购买支出①	年折旧额②	折旧抵税③=②×40%	现值系数①④	现值⑤=③×④
0	-100			1	-100
1		20	8	0.909	7.27
2		20	8	0.826	6.61
3		20	8	0.751	6.01
4		20	8	0.683	5.46
5		20	8	0.621	4.97
支出现值合计					-69.68

表 7-7 列示了融资租赁下的现金流量及其现值。

在融资租赁取得方式下,企业每年支付的租金 30 万元包含偿还的本金和利息。而承租人支付的利息和固定资产折旧一起具有抵税作用,因此,首先要计算出每年的利息。具体计算如下:

(1) 通过 100=30×(P/A,r,5)计算出出租人内含报酬率为 15%。

(2) 承租人每年负担的利息=年初本金余额×出租人内含报酬率

第一年:

利息=100×15%=15(万元)

偿还的本金=30-15=15(万元)

第一年年末(第二年年初)本金=100-15=85(万元)

表 7-7　融资租赁下现金流量及其现值　　单位:万元

年份	支付租金①	年折旧额②	利息②③	抵税额④=(②+③)×40%	税后现金流量⑤=①-④	现值系数⑥	现值⑦=⑤×⑥
0							
1	-30	20	15	14	-16	0.909	-14.54
2	-30	20	12.75	13.1	-16.9	0.826	-13.96
3	-30	20	10.15	12.06	-17.94	0.751	-13.47
4	-30	20	7.17	10.87	-19.13	0.683	-13.07
5	-30	20	5.03	10.01	-19.99	0.621	-12.41
支出现值合计							-67.46

① 现值系数是以企业综合资本成本为折现率的复利现值系数,即(P/S,10%,n),表 7-7 同。

② 在计算各期支付的租金中包含的利息时,首先计算出租人的内含报酬率,然后按照此报酬率计算各期支付的利息和偿还的本金。

第二年：

$$\text{利息}=85\times15\%=12.75(\text{万元})$$

$$\text{偿还的本金}=30-12.75=17.25(\text{万元})$$

$$\text{第二年年末(第三年年初)本金}=85-17.25=72.25(\text{万元})$$

第三年、第四年和第五年依次计算。

根据表 7-6 和表 7-7 的计算结果，租赁设备的税后现金流量的现值为 67.46 万元，小于现金购买方式下的税后现金流量现值 69.68 万元。因此，从财务角度，应该选择融资租赁方式。

从上述分析可以总结出，在进行资产的购买与租赁决策时，一般的分析过程可以归纳为以下几个基本步骤：

第一步，计算购买的净现金流出量。计算购买的现金流出量时，除了购买的价款支出外，主要是要考虑折旧带来的抵税，为每年折旧额乘以所得税税率。

第二步，计算融资租赁的净现金流出量。融资租赁的现金流出量主要是每年支付的租金，由于税法规定融资租赁的利息支出是可以抵税的，因此，这里要考虑利息抵税以及固定资产折旧抵税。

第三步，比较两种筹资方式支出现值。应用公司综合资本成本将不同方式下的现金流出折现计算现金支出现值合计，比较其大小。选择现金支出现值合计较小的方案。

关键词

普通股　优先股　长期借款　债券　经营租赁　融资租赁

要点回顾

筹资决策是公司财务决策的重要内容。本章在介绍筹资概念及分类、资本金制度等基础上，主要介绍了长期筹资中的普通股融资、优先股融资、负债融资和租赁融资等具体融资方式。

普通股是最基本也是最重要的融资方式。本章介绍了普通股的分类，普通股股东的权利，普通股发行的条件和程序，以及普通股筹资的优缺点。相对于普通股来说，优先股也是企业权益筹资的一种方式，但优先股在股利分配、财产清偿等方面具有优先权，而在参与企业决策上只享有有限的权利。

负债是另一个重要的融资方式，主要包括长期借款和债券。本章介绍了长期借款利率确定方法、偿还方法以及长期借款融资的特点。对于债券，重点介绍了债券的种类、基本要素、发行价格确定方法以及债券的评级、赎回等。

除了发行股票、债券和安排长期借款外，实践中还存在许多融资方式，租赁是较为典型和被普遍使用的一种。这里介绍了租赁的概念、分类以及财务决策方法。

即测即评

请扫描右侧二维码，进行即测即评。

思考题

1. 简述普通股筹资的特点。

2. 简述股票上市的优缺点。

3. 简述普通股与优先股之间的区别和联系。

4. 简述《公司法》关于公司发行股票的相关规定。

5. 债券发行为什么会出现溢价或折价发行的情况?

练习题

1. B公司拟发行债券筹集资金,债券面值为1 000元/张,票面利率为12%,期限10年。信用评级机构给出B公司的信用等级为AAA级。目前,市场上同类信用等级的债券收益率为10%,请计算该公司债券的发行价格。

2. 某企业投资一个项目,运营期为8年,需要一台不需要安装的设备,该设备的市场价格为170 000元,该项目结束期满后,设备变现收入净值为10 000元。若从租赁公司按融资租赁方式租入同样的设备,需要每年年末支付30 000元的租金,可连续租赁8年,期满结束后,资产无偿转移给承租方,价值为10 000元。假定公司综合资本成本为10%,适用的企业所得税税率为40%,固定资产采用直线法折旧,且与税法规定一致。

要求:为公司做出购买或租赁的决策。

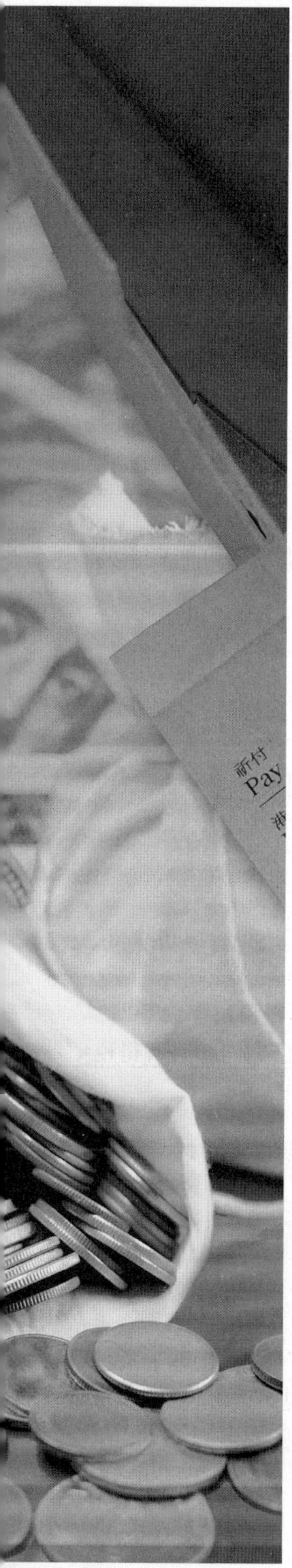

第八章　资本成本与资本结构

学习目标

理解资本成本的经济内涵，并将其与前面章节中的投资者必要报酬率、风险与报酬等概念相联系。掌握不同筹资方式的个别资本成本的计算以及企业综合资本成本的计算方法。在此基础上，理解企业不同筹资方式、资本结构通过资本成本影响企业价值的相关理论，并掌握实务中确定资本结构的基本方法。

从上章可知，企业生产经营所需资金可以通过银行贷款、发行债券、发行股票等方式来筹集，也可以采用上述方式的组合。管理者必须审慎而及时地做出决策。当管理者做出具体决策时，必须首先回答如下问题：不同筹资方式是否会影响企业价值？如果影响，应该如何考虑？

本章将从资本成本概念出发，分析资本成本、资本结构与企业价值之间的关系，进而回答上述问题。

第一节　资 本 成 本

一、资本成本的概念及其计算公式

资本成本是企业为筹集和使用资本而付出的代价，是资本所有权和使用权分离的结果。在资本市场中，投资者作为资金的提供者，让渡资金的使用权，必须要求获得一定的补偿；而企业作为资金的需求者，它使用资金需要付出一定的代价。在一个充分竞争的、理想的市场中，企业付出的成本将等于投资者得到的报酬。但现实中，企业筹资成本包括筹资费和占用费。

1. 筹资费

筹资费是指在资金筹措过程中为获取资本而支付的费用，如向银行支付的借款手续费、债券和股票的发行费、资信评估费、审计费等。筹资费用通常在资本筹措时一次发生，在资本使用过程中不再发生，因此，视为筹资数额的一项扣除。

2. 占用费

占用费是指企业在资本使用过程中因占用资本而付出的代价，如向银行等债权人支付的利息、向股东支付的股利等。占用费是因为占用了他人资金而必须支付的，是资本成本的主要内容。

因此，资本成本的一般计算公式可以表示为：

$$k=\frac{I}{P-F} \tag{8-1}$$

式中，k 为资本成本；I 为年占用成本，如年利息或年股利；P 为筹措的资金总额；F 为筹资费用。

二、个别资本成本的估算

根据资本成本的概念和通用计算公式，在计算时，应区分不同的筹资方式。

（一）债务资本成本

1. 银行借款资本成本

通常，银行借款的资本成本就是银行要求的利率。考虑到在借款中可能发生的借款手续费，则银行借款的资本成本计算公式为：

$$K_d=\frac{i}{1-f} \tag{8-2}$$

式中，K_d表示借款的资本成本；i 表示银行借款的利率；f 表示手续费率，通常是借款额的一定百分比。

【例 8-1】 某企业向银行申请 100 万元的贷款，银行要求的利率为 4%。贷款协议签订时，企业向银行支付 0.1%的手续费。则企业贷款的资本成本为多少？

$$K_d=\frac{4\%}{1-0.1\%}=4.004\%$$

对于负债来说，各国的税法一般都允许企业借款的利息支出在所得税前扣除，这是否会影响企业借款的资本成本呢？我们通过下例予以分析。

【例 8-2】 假定上述企业的息税前利润（EBIT）为 10 万元，所得税税率为 30%。分别计算企业安排该笔借款和不安排该笔借款下的所得税和息税前利润扣除所得税后的净额。

（1）企业如果不安排该借款，则：

$$T=10\times30\%=3（万元）$$

$$EBIT-T=10-3=7（万元）$$

（2）企业如果安排该借款，则：

$$T=[10-(100\times4\%)]\times30\%=1.8（万元）$$

$$EBIT-T=10-1.8=8.2（万元）$$

计算结果显示，从企业角度，负债要比不负债多得盈利 1.2 万元，正好等于负债利息与所得税税率的乘积。这说明，通过负债可以减少应交所得税。或者说，因为负债利息可以在所得税前扣除，因此，企业实际负担的利息费用减少了。

因此，借款的税后资本成本为：

$$K'_d=\frac{i(1-T)}{1-f} \tag{8-3}$$

式中,T 为企业所得税税率。

2. 公司债券资本成本

在不考虑发行费用和所得税情况下,公司债券的资本成本等于债权人的到期收益率,即:

$$P_0=\sum_{t=1}^{n}\frac{I_t}{(1+K_b)^t}+\frac{B}{(1+K_b)^n} \tag{8-4}$$

式中,P_0 表示债券的发行价格;I_t 表示 t 期的利息;B 表示到期偿还的本金;n 表示债券的付息次数;K_b 表示对应期间的债券税前资本成本。

当考虑到发行费用和所得税时,债券的资本成本为:

$$P_0(1-f)=\sum_{t=1}^{n}\frac{I_t(1-T)}{(1+K_b')^t}+\frac{B}{(1+K_b')^n} \tag{8-5}$$

式中,f 表示手续费率;K_b' 为债券税后资本成本。

【例 8-3】 某公司 2016 年 1 月 1 日按面值 1 000 元发行债券,票面利率为 8%,期限为 5 年,每年 12 月 31 日付息一次。债券的发行费率为千分之一,公司所得税税率为 30%。则公司债券筹资的资本成本是多少?

根据上述债券资本成本计算公式,则:

$$1\,000(1-0.001)=\sum_{t=1}^{5}\frac{80(1-0.3)}{(1+K_b')^t}+\frac{1\,000}{(1+K_b')^5}$$

应用插值法可计算出该债券筹资的资本成本为 $K_b'=5.63\%$。

(二)权益资本成本

1. 优先股资本成本

优先股属于权益资本,但与普通的所有者权益不同的是,其股利往往是固定的。因此,其资本成本的计算公式为:

$$K_p=\frac{D_p}{P_0(1-f)} \tag{8-6}$$

式中,K_p 为优先股资本成本;D_p 为优先股每年的股利;P_0 为优先股发行价格;f 表示筹资费用率。

【例 8-4】 某公司向投资者发行优先股,每股每年支付 0.4 元的固定股利,该优先股的发行价格为 8 元/股,发行费用率为 1%。试计算该优先股的资本成本。

$$K_p=\frac{0.4}{8(1-1\%)}=5.05\%$$

2. 普通股资本成本

普通股资本成本主要是向股东支付的各期股利。因此,普通股的资本成本可以按贴现模式计算。由于各期股利并不一定固定,为此,通常假定各期股利具有一定的规律性,如固定股利或固定增长率股利等。对于公开上市的公司,其普通股资本成本还可以利用资本资产定价模型法进行估计。

(1) 固定股利增长率模型法。假定资本市场是有效的,股票的市场价格等于其价值。如果公司股利按照固定的增长率增长,则其资本成本为:

$$K_s=\frac{D_0(1+g)}{P_0(1-f)}+g=\frac{D_1}{P_0(1-f)}+g \tag{8-7}$$

式中，K_s为普通股资本成本；D_0 为最近一次每股股利；D_1为第一期股利；P_0 为普通股发行价格；f 为筹资费用率；g 为股利增长率。

【例 8-5】 某公司向市场公开发行普通股筹集资金，发行价格为 10 元/股，发行费用率为 1%。公司最近一次股利为每股 0.4 元，预计以后将以 4%的增长率增长。试计算该普通股的资本成本。

$$K_s=\frac{0.4(1+4\%)}{10(1-1\%)}+4\%=8.2\%$$

（2）资本资产定价模型法。投资者持有公司股票所要求的收益率包括无风险收益和风险溢价。因此，可以利用资本资产定价模型估算普通股资本成本。

【例 8-6】 某公司普通股 β 系数为 1.2，市场中一年期国债的利率为 5%，市场组合平均收益率为 9%。估算该公司普通股资本成本。

根据资本资产定价模型，$K_s=5\%+1.2\times(9\%-5\%)=9.8\%$。

3. 留存收益资本成本

留存收益是企业税后净利润形成的，留存收益也是普通股权益的一部分，代表着所有者对公司相应资产的要求权，其实质是所有者向企业的追加投资，因此是有成本的。如果企业将留存收益用于再投资，所获得的收益率低于股东自己进行一项风险相似的投资项目的收益率，企业就应该将其分配给股东。留存收益率的资本成本表现为股东追加投资要求的报酬率，其计算与普通股成本相同，可以采用贴现法或资本资产定价模型法，不同点在于留存收益的资本成本不涉及筹资费。

三、综合资本成本的估算

由于受到多种因素影响，企业不可能只使用某种单一的筹资方式，往往需要通过多种方式筹集所需资本。为了进行投资、筹资决策，就要计算确定企业全部长期资金的综合资本成本，也叫加权平均资本成本。综合成本一般是以各种资本占全部资本的比重为权数，对个别资本成本进行加权平均确定的。其计算公式为：

$$K_w=\sum_{j=1}^{n}K_jW_j \tag{8-8}$$

式中，K_w 为综合资本；K_j 为第 j 种个别资本成本；W_j 为第 j 种个别资本占全部资本的比重（权数）。

在计算综合资本成本时，权重的确定有三种方法：

（1）按账面价值加以确定。这是以账面价值为基础计算权重，所需数据可以直接从资产负债表中获得，方法简单易行。但由于债券、股票等的市场价值往往严重脱离账面价值，因而这种方法计算出来的权重有效性差。

（2）按市场价值加以确定。这是以债券、股票的现行市场价格为基础确定权重，计算综合资本成本的。采用以市场价值为基础确定权重的好处在于，能够有效反映出企业当前实际资本成本的水平，有利于做出正确的筹资决策；其不利之处在于，股票、债券的现行市场价格经常处于变动中，难以选择，为此通常采用某一时期的平均市场价格。另外，无论是以账面价值还是以市场价值为基础确定权重，均反映的是企业过去和现在的筹资状况，并不一定适用于企业未来筹资。

（3）按目标筹资结构加以确定。这是按企业的长期目标筹资结构为基础确定的权重,它适用于企业追加资本时的筹资决策。

通常认为,以市场价值为基础和以目标筹资结构为基础确定的权重优于按账面价值确定的权重。但是,实务中往往很难以市场价值为目标筹资结构客观合理地确定权重,因此,多数企业仍采用账面价值为基础确定权重。

【例 8-7】 某企业账面全部资本为 500 万元,其中借款 100 万元,应付债券 50 万元,普通股 250 万元,留存收益 100 万元;其个别资本成本分别为 6.7%(税后)、9.17%(税后)、11.26%、11%。则该企业的综合资本成本为多少?

利用综合资本成本公式可得:

$$K_w = 6.7\% \times \frac{100}{500} + 9.17\% \times \frac{50}{500} + 11.26\% \times \frac{250}{500} + 11\% \times \frac{100}{500} = 10.09\%$$

四、边际资本成本

企业个别资本成本是企业过去筹集的单项资本的成本;综合资本成本则是目前使用的全部资本的平均成本。无论是个别资本成本还是综合资本成本都不是固定不变的,而是要受到筹资规模、新的筹资决策的影响。因此,这里介绍一个新的概念——边际资本成本。边际资本成本是指企业新增一个单位的筹资额的加权平均资本成本,是企业追加筹资时的决策依据。

计算边际资本成本首先要根据目标资本结构计算不同筹资方式的筹资临界点。

$$B_i = \frac{A_i}{w_i} \tag{8-9}$$

式中,B_i 为第 i 种筹资方式的筹资临界点,A_i 为第 i 种筹资方式在给定资本成本下最大筹资额,w_i 为第 i 种筹资方式在资本结构中的比例。

然后,根据筹资临界点和目标资本结构计算边际资本成本。

【例 8-8】 某公司目标资本结构(最优资本结构)为负债 40%,所有者权益 60%。已知该公司负债规模在 4 000 万元以下时,其资本成本为 6%,超过 4 000 万元时,其资本成本为 8%。所有者权益的规模在 3 000 万元以下时,其资本成本为 10%,超过 3 000 万元时,其资本成本为 12%。请计算该公司长期资本的边际资本成本。

首先要计算不同筹资方式的临界点:

$$负债的筹资临界点\ B_D = \frac{4\ 000}{40\%} = 10\ 000(万元)$$

$$所有者权益的筹资临界点\ B_E = \frac{3\ 000}{60\%} = 5\ 000(万元)$$

然后,根据目标资本结构、筹资临界点和个别资本成本,计算边际资本成本,具体如表 8-1 所示:

表 8-1 边际资本成本

筹资总额(万元)	筹资方式	目标资本结构	资本成本	加权平均资本成本
<5 000	负债	40%	6%	2.4%
	权益	60%	10%	6%
				8.4%

续表

筹资总额(万元)	筹资方式	目标资本结构	资本成本	加权平均资本成本
5 000(含)~10 000(含)	负债	40%	6%	2.4%
	权益	60%	12%	7.2%
				9.6%
>10 000	负债	40%	8%	3.2%
	权益	60%	12%	7.2%
				10.4%

因此,当公司筹资规模小于 5 000 万元时,其边际资本成本为 8.4%;当其筹资规模介于 5 000 万元与 10 000 万元之间时,其边际资本成本为 9.6%;当其筹资规模大于 10 000 万元时,其边际资本成本为 10.4%。

第二节　资本结构理论

一、资本结构理论的含义

企业长期资本筹措的方式有很多,但归纳起来可以分为两大类:长期负债和所有者权益。这里,资本结构就是指企业长期资金来源中,长期债务资本和权益资本的构成,一般用长期债务资本占全部长期资本的比例来表示。

企业财务管理的目标是企业价值最大化,那么企业应如何围绕财务管理目标而安排长期资本的筹措呢?资本结构理论就是研究资本结构与企业价值之间关系的理论。

二、早期资本结构理论

由证券估价的折现现金流量法可知,企业的价值可以表示为未来现金流量的折现值,即 $V=\sum_{t=1}^{\infty}\frac{NCF_t}{(1+K_w)^t}$。从企业价值估算公式可知,要增加企业的价值,除了提高分子中的各期净现金流量外,还可以通过降低分母中的折现率(综合资本成本)来实现。因此,资本结构将通过影响综合资本成本而影响企业价值。早期的研究者在现实观察和经验判断基础上,给出了一些理论,包括净收益理论、营业收益理论和传统理论。

(一) 净收益理论

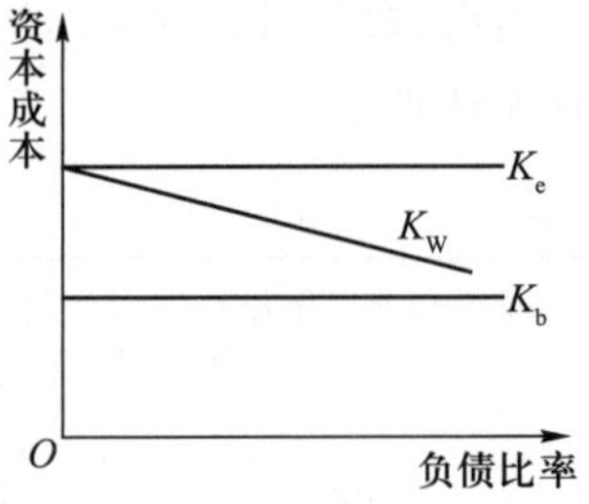

图 8-1　资本成本曲线

净收益理论是建立在两个假设条件之上的:①负债的资本成本低于权益的资本成本;②企业负债资本成本和权益资本成本不受负债多少的影响,是不变的。因此,如果上述假设成立,则企业的综合资本成本将随着负债的增加而降低,而企业价值将随着负债的增加而增加,如图 8-1 和图 8-2 所示。因此,在实务中,企业应该尽可能多地负债,当债务资本为100%时,企业价值最大。这一理论与现实显然不相符合。

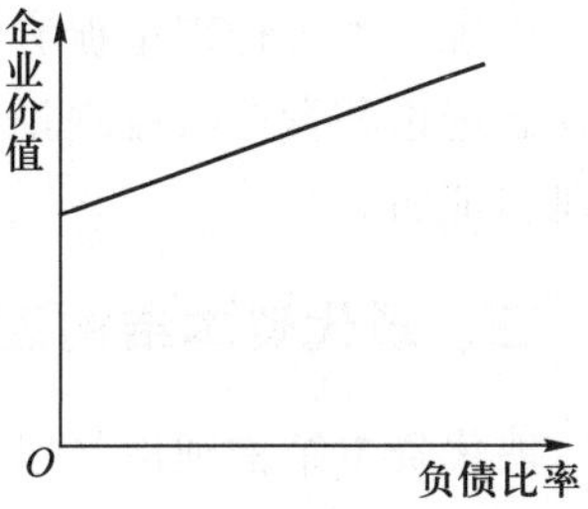

图 8-2　企业价值线

（二）营业收益理论

营业收益理论是建立在以下假定基础上的:①负债的资本成本低于权益的资本成本,且随着负债的增加而不变;②企业权益资本成本随着负债比例增加而增加;③企业的综合资本成本随着负债的增加而不变。因此,企业价值将不受负债的多少影响,是不变的。如图8-3和图8-4所示。因此,在实务中,企业的财务管理人员不必关心如何筹集资金。可见,营业收益理论与净收益理论的观点是完全相反的。

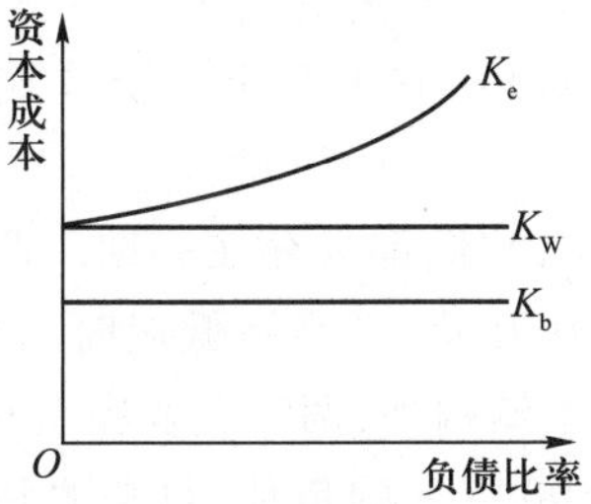

图 8-3　资本成本曲线

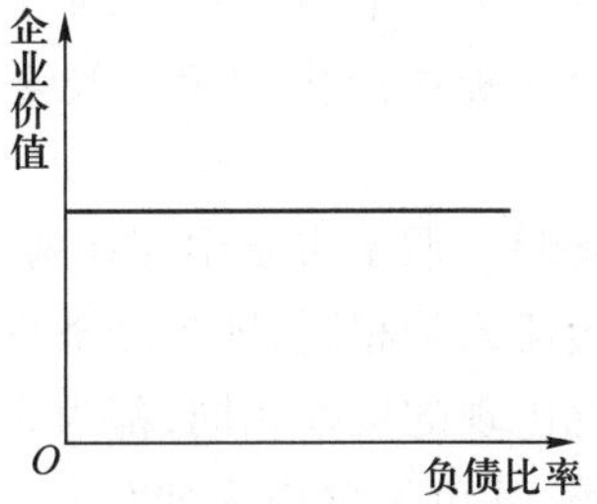

图 8-4　企业价值线

（三）传统理论

20世纪50年代初,针对净收益理论和营业收益理论这两个极端结论,一些研究者采用介于二者之间的思路,致力于构建与现实相符合的资本结构理论模型,并取得一定成果。这种理论被称为传统理论。

传统理论认为:①适度的负债不会明显增加公司的财务风险,所以在一定的负债比率范围内,债务资本成本相对稳定。但当负债比率超过一定程度,必将导致财务风险的增加,从而使债务资本成本上升。②适度的负债对权益资本成本也是没有影响的。但当负债比率超过一定程度后,企业财务风险将加大,从而导致权益资本上升。因此,在适度范围内,企业的综合资本成本将随着负债的增加而降低。但负债超过一定程度后,由于负债资本成本和权益资本成本均增加,综合资本成本将随着负债增加而增加。企业价值则在适度范围内随着负债增加而增加,超过一定程度后,将随着负债增加而降低。如图8-5和图8-6所示,这意味着企业存在最佳资本结构。

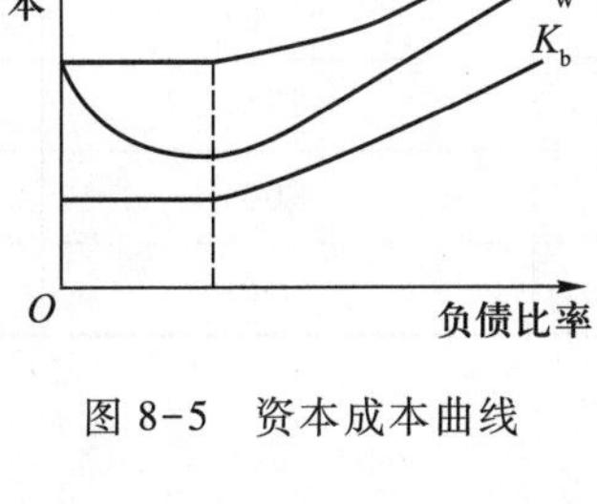

图 8-5　资本成本曲线

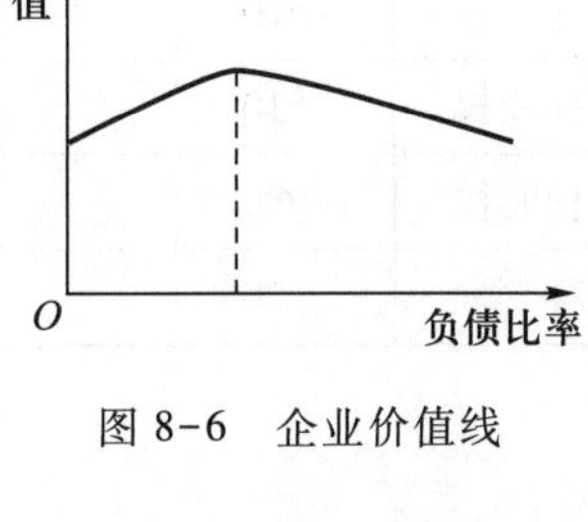

图 8-6　企业价值线

传统资本结构理论摒弃了对资本成本不变的假定,更为符合现实情况。但是,与净收益理论和营业收益理论一样,其结论都是建立在主观判断基础上的,缺乏严格的推理和证明。

三、现代资本结构理论及其发展

现代资本结构理论是以 MM 理论的出现为标志的。MM 理论是指由美国学者莫迪利安尼(Modigliani)和米勒(Miller)于 1958 年提出的学说。最初的 MM 理论在严格的假设条件下,推导出资本结构与企业价值无关的结论。此后,在最初的 MM 理论基础上,通过不断放松假设条件,形成了含税的 MM 理论、权衡理论等。

(一) MM 理论

莫迪利安尼和米勒在其 1958 年的文章中指出,在完美的资本市场中,企业的总价值等于企业资产产生的全部现金流量的市场价值,它不受企业资本结构选择的影响。

【例 8-9】 假定市场中存在两家企业 A 和 B,它们都只存在一期。两家企业期末的净现金流入量相同,即当经济繁荣时为 1 400 万元,当经济低迷时为 900 万元。且两种情况出现的概率相同,都为 50%。除了资本结构外,两家企业完全相同。A 企业没有负债,其市场价格为 990 万元;B 企业有 500 万元的负债,每期的利率为 5%,其股权的市场价格为 510 万。

按照 MM 理论,企业 A 和 B 的价值应该相同,如果现实情况如例中所述,即 A 企业的价值为 990 万元,B 企业的价值为 1 010 万元(负债价值 500 万元加上权益价值 510 万元),则市场中的投资者是否可以利用其来获利呢?

假定允许投资者进行卖空和买空操作,则投资者可以从银行借入 500 万元(假定企业借款和个人借款利率相同),然后在市场上卖出 B 公司的股权,则可以获得 1 010万元,再在市场上买入 A 公司股权,则投资者只需要支付 990 万元,这样可以获得 20 万元的差额。下面再来分析投资者期末的净现金流量。由于投资者持有 A 公司的股权,因此,期末可以获得 1 400 万元或 900 万元。由于投资者从银行借了 500 万元,并卖空 B 公司的股权,相当于卖空整个 B 公司,因此期末要支付 1 400 万元或 900 万元。这样,期末投资者的现金净流入量等于现金净流出量。因此,投资者的净现金流量为 0,不存在任何风险。但在期初可以通过这样一个操作稳获 20 万元。如表 8-2 所示:

表 8-2 买空与卖空操作现金流 单位:万元

项目	第 0 期现金流量	第 1 期		
		经济强势(概率 50%)	经济弱势(概率 50%)	预期
借款	500	-525	-525	-525
卖出有杠杆股权	510	-875	-375	-625
购买无杠杆股权	-990	1 400	900	1 150
净现金流量	20	0	0	0

当大量投资者发现这样的机会后，他们都会选择同样的操作。这样，A 企业的价值就会上升，B 企业的价值就会下降，直到二者相同。

正是基于这样的市场竞争机制，MM 理论得出了企业资本结构与其价值无关的结论，即命题Ⅰ（无税）：

$$V_U = V_L \tag{8-10}$$

式中，V_U为无杠杆公司价值，V_L为杠杆公司的价值。

在此基础上，MM 理论得出了第二个命题：股东的期望收益率随着财务杠杆的增加而增加，即命题Ⅱ：

$$r_E = r_0 + \frac{D}{E} \times (r_0 - r_D) \tag{8-11}$$

对于命题Ⅱ不难理解。在风险与报酬一章中，我们知道负债会因为财务杠杆的作用而导致每股收益波动的加大，负债公司股票投资者的风险要大于无负债公司股票投资者，因此，其要求的报酬率也越高。投资者要求的报酬率与负债比例间的关系可以通过命题Ⅰ推导出来。式中，r_0 为无杠杆公司权益成本；r_w 为杠杆公司加权平均资本成本；r_D 为债务成本；r_E 为杠杆公司权益成本；D 和 E 分别为负债融资金额和权益融资金额；NCF_t 为企业各期净现金流量。

由命题Ⅰ得知：

$$V_U = V_L$$

即从整个企业角度看，在其他情况相同下，则杠杆公司和无杠杆公司的净现金流量应该相同，因此，可以将其转化为折现现金流量为：

$$\sum_{t=1}^{\infty} \frac{NCF_t}{(1+r_0)^t} = \sum_{t=1}^{\infty} \frac{NCF_t}{(1+r_W)^t} \tag{8-12}$$

因此有：

$$r_0 = r_W \tag{8-13}$$

即：

$$r_0 = r_D \times \frac{D}{D+E} + r_E \times \frac{E}{D+E} \tag{8-14}$$

进一步整理得：

$$r_0 \times (D+E) = r_D \times D + r_E \times E \tag{8-15}$$

$$(r_0 - r_D) \times D = (r_E - r_0) \times E \tag{8-16}$$

$$r_E - r_0 = \frac{D}{E} \times (r_0 - r_D) \tag{8-17}$$

最后可得：

$$r_E = r_0 + \frac{D}{E} \times (r_0 - r_D) \tag{8-18}$$

公式（8-18）即为命题Ⅱ的数学表达式。

从 MM 理论的两个结论来看，与早期的营业收益理论相同。但不同的是营业收益理论是建立在主观经验基础上的，而 MM 理论则是在一定前提条件下，通过严密推导而得出的。

尽管 MM 理论具有严谨性和逻辑性，但是，MM 理论分析仍然依赖于众多严格的

假设,主要包括:

(1) 理想的资本市场假说。这一假设意味着不存在股票交易成本并且投资者和公司都可以以相同的利率不受限制地借款。

(2) 没有破产成本。这一假设是指如果公司破产清算,那么不会发生法律和管理费用,并且能按某一价格出售资产,该出售价格能使股东获得与在清算之前所持股票的市值相等的现金。

(3) 经营风险相同。MM 理论假设所有的公司都面临相同的经营风险,尽管其借款规模有所不同。

(4) 不存在税收。即公司不需要缴纳所得税。

显然,不存在公司所得税是一个不现实的假设,MM 理论也因此遭到了众多的批评。因此,有必要考察引入税收因素对 MM 理论的影响。

(二) 现代资本结构理论的发展

1. 有公司所得税下的 MM 理论

MM 理论在分析中没有考虑所得税,这与实际明显不符。为此,莫迪利安尼和米勒在 1963 年的文章《税收和资本成本:校正》中提出了有公司所得税时的 MM 模型。

当考虑公司所得税时,由于负债的利息具有抵税作用,因此,得到如下命题:

命题Ⅰ(含税):负债公司的价值等于相同无负债公司的价值加上税负节约价值(又叫税盾效应)。

当存在公司所得税时,无负债公司每年的税后现金流量为 $EBIT(1-T)$,其中 $EBIT$ 为息税前利润;T 为公司所得税税率。无负债公司的价值为:

$$V_U=\frac{EBIT(1-T)}{r_0} \tag{8-19}$$

与无负债公司相比,负债公司每年的税后现金流量为 $(EBIT-D\times r_D)(1-T)+D\times r_D=EBIT(1-T)+D\times r_D\times T$,比无负债公司多出 $D\times r_D\times T$,即税盾。因此,只要将该税盾价值加到无负债公司价值上,就可以得到负债公司价值。即:

$$V_L=\frac{EBIT(1-T)}{r_0}+\frac{D\times r_D\times T}{r_D}=V_U+D\times T \tag{8-20}$$

无税的 MM 命题Ⅱ假定权益的期望收益率与财务杠杆之间存在正相关关系。该结论产生的原因在于权益的风险随财务杠杆而增大。在考虑公司所得税的情况下,结论同样成立。

命题Ⅱ(含税):在考虑公司所得税的情况下,负债企业的股权成本等于同风险等级无负债公司的股权成本加风险溢价。该风险溢价取决于无杠杆公司的股权成本和债务成本的差、负债比率和所得税税率。

$$r_E=r_0+\frac{D}{E}\times(1-T)\times(r_0-r_D) \tag{8-21}$$

依据含税的 MM 理论,公司负债比例越高,公司所得到的纳税抵扣利益就越多,公司价值越大。因此,公司都应选择百分之百的债务融资。但现实中,公司往往选择适度的负债水平,而且不同的公司负债水平相差明显。此后,研究者进一步引入破产成本、代理成本等对其进行修正。

2. 考虑破产成本的权衡理论

随着负债的增加，公司破产的概率加大，由此引发的成本被称为破产成本或财务拮据成本。包括：债权人提高利息要求导致的利息成本增加；由于信用状况下降失去潜在的客户带来的损失；公司破产清算导致的资产处置损失等。

破产成本的增加将减少负债抵税的价值，当二者相等时，即边际收益等于边际成本时，公司价值最大。因此，在考虑破产成本和节税价值后，公司存在最优资本结构。图 8-7 描述了考虑破产成本下的资本结构与公司价值之间的关系。

图 8-7 显示了税收效应和破产成本的综合作用。当公司由完全权益结构移向少量债务时，由于发生债务危机的概率很小，财务拮据成本的现值很小。随着负债的增加，这些成本将快速上升。当额外负债导致破产成本的增加等于税盾现值的增加时，即边际成本等于边际收益时，这时公司的价值最大，换言之，这时的负债比例是最优的。此后，财务拮据成本的增加速度将快于税盾的增加，公司价值将随着负债增加而减少。

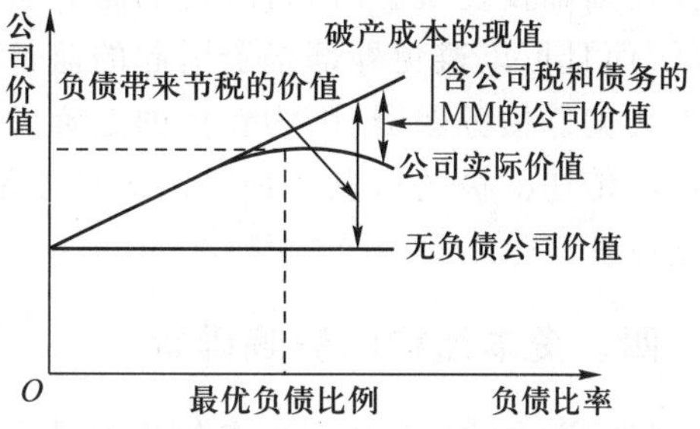

图 8-7　考虑破产成本下的资本结构与公司价值

3. 考虑代理成本的权衡理论

负债是债权人将资金让渡给股东使用而获得固定利息收入的一种合约。由于债权人不直接参与对资金的使用，因此，债权人和股东之间就存在委托代理关系。股东可能采取有损于债权人而有利于自己的行为。例如，利用债务资本从事高风险项目的投资，亏损由债权人承担，而盈利则属于股东自身；在不受限制的情况下，股东过多举债从而减少对原有债权人的利益保护。股东的这些行为会直接导致公司信用等级的降低，从而使债权人的债务市值减少。

当然，债权人不会对股东的这种行为熟视无睹。按照委托代理理论，当不存在或存在较少的债权人利益保护条款，以及债权人较少干预管理者的情况下，债权人会提高其预期利息率或通过债务契约中的限制条款来得到相应的补偿。限制性条款越多、越严，公司自主经营的程度就越小，并由此带来管理者的低效率和机会成本的发生，即代理成本。代理成本是负债比率的增函数，即负债程度越高，代理成本越高。

代理成本将减少负债带来的节税利益，其作用于资本结构的机理与考虑破产成本的权衡理论相同。

4. 信号传递理论

在现代公司制企业中，所有权与经营权相分离是其重要的特点。相对于管理者，股东在信息方面总是处于劣势，管理者作为内部控制人拥有外界投资者不具备的相关信息。尽管如此，好企业的管理者有动力向投资者披露有关企业未来的信息，而负债比例的高低可以预示企业未来发展潜力。

相关研究表明，新股发行将对公司股票产生消极影响，而新债发行对公司股东来说是个好消息。这是因为新的股权稀释了拥有权益的管理者的所有权，增加了管理者浪费公司资源的动机。而当企业应用负债融资时,公司必须按时偿还利息和本金,从而限制管理者浪费资源。或者说,当企业通过举债为新项目融资时,说明管理者对公司未来充满信心。

因此,公司资本结构可以向投资者传递公司未来前景的信息。

5. 优序融资理论

优序融资理论由美国学者梅耶斯(Myers)提出。该理论认为,公司的资本结构是由内部现金流、公司投资机会等决定的,现实中并不存在所谓的最优资本结构。当公司面临投资机会时,管理者的融资首选是留存收益。因为留存收益的融资成本低,而且可以避免外部融资引起的监督与控制。当内部融资无法满足需求时,管理者会偏好债务融资,因为新债的融资成本低于新股的融资成本,而且新股发行将向市场传递消极的信息。最后的选择才是股票融资。这一结论得到许多实证研究的支持。

四、资本结构的影响因素

尽管资本结构理论是财务管理中最重要和深奥的理论之一,然而理论成果在实际应用中却无法令人满意。无论是权衡理论还是优序融资理论,资本结构的确定规则仍是不明确的。目前,还没有准确的公式可用于确定最优的负债比例。

通过对不同资本结构理论的比较和分析可以发现,公司管理层在融资决策时受到许多因素的影响,是众多因素的综合结果。

1. 企业经营状况的稳定性和成长率

企业产销业务量的稳定程度对资本结构有重要影响:如果产销业务量稳定,企业可较多地负担固定的财务费用;如果产销业务量和盈余有周期性,则要负担固定的财务费用将承担较大的财务风险。经营发展能力表现为未来产销业务量的增长率,如果产销业务量能够以较高的水平增长,企业可以采用高负债的资本结构,以提升权益资本的报酬。

2. 企业财务状况和信用等级

企业财务状况良好,信用等级高,债权人愿意向企业提供信用,企业容易获得债务资本。相反,如果企业财务状况欠佳,信用等级不高,债权人投资风险大,这样会降低企业信用的能力,加大债务资本筹资的资本成本。

3. 企业资产结构

资产结构是企业筹集资本后进行资源配置和使用后的资金占用结构,包括长短期资产构成和比例,以及长短期资产内部的构成和比例。资产结构对企业资本结构的影响主要包括:拥有大量固定资产的企业主要通过长期负债和发行股票筹集资金;拥有较多流动资产的企业更多地依赖流动负债筹集资金;资产适用于抵押贷款的企业负债较多;以技术研发为主的企业则负债较少。

4. 企业投资人和管理当局的态度

从企业所有者角度看,如果企业股权分散,企业可能更多地采用权益资本筹集资金以分散风险。如果企业为少数股东控制,股东通常重视企业控股权问题,为防止控股权稀释,企业一般尽量避免普通股筹资,而是采用优先股或债务资本筹资。从企业管理当局的角度看,高负债资本结构的财务风险高,一旦经营失败或出现财务危机,管理当局将面临市场接管的威胁或被董事会解聘。因此,稳健的管理当局偏好于选择低负债比例的资本结构。

5. 行业特征和企业发展周期

不同行业资本结构差异很大。产品市场稳定的成熟产业经营风险低,因此可以提高债务资本比重,发挥财务杠杆作用。高新技术企业的产品、技术、市场尚不成熟,经营风险高,因此可以通过低债务资本比重降低财务风险。在同一企业不同发展阶段,资本结构安排也不同。企业初创阶段,经营风险高,在资本结构安排上应控制负债比例;企业发展成熟阶段,产品产销业务量稳定并持续增长,经营风险低,可适度增加债务资本比重,发挥财务杠杆效应;企业收缩阶段,产品市场占有率下降,经营风险逐步加大,应逐步降低债务资本比重,保证经营现金流量能够偿付到期债务,保持企业持续经营能力,减少破产风险。

6. 经济环境的税务政策和货币政策

资本结构决策必然要研究理财环境因素,特别是宏观经济状况。政府调控经济的手段包括财政税收政策和货币政策,当所得税税率较高时,债务资本的抵税作用大,企业往往通过增加负债来提高企业价值。货币政策影响资本供给,从而影响利率水平的变动。当国家执行紧缩的货币政策时,市场利率较高,企业债务资本成本增大,从而应降低企业负债比例;反之企业负债应增加。

第三节　资本结构决策方法

由于现有资本结构理论在实践中缺乏可操作性,加之影响资本结构的因素众多。因此,在管理实践中,一般采用一些简化的方法进行资本结构决策。

一、每股收益无差别点分析法

根据每股收益的定义,有如下公式:

$$EPS=\frac{[(EBIT-I)\times(1-T)]}{N} \tag{8-22}$$

在企业同时发行优先股的情况下,上述公式可写为:

$$EPS=\frac{[(EBIT-I)\times(1-T)-D]}{N} \tag{8-23}$$

式中,EPS 表示每股收益,$EBIT$ 表示息前税前收益,T 表示公司所得税税率,I 表示借款利息,D 表示优先股股息。

【例 8-10】 某公司原有资本 700 万元,其中债务资本为 200 万元(年利率为 12%),普通股本 500 万元(发行 10 万股,每股面值 50 元)。由于扩大业务,现需追加筹资 300 万元,其筹资方式有两种:

(1) 全部发行股票(新发 6 万股);

(2) 应用债务筹资(年利息率 12%)。

公司变动成本率为 60%,固定成本为 180 万元,所得税税率为 33%,预计下一年的销售额将为 1 000 万元。试分析该公司应选择哪种方案进行融资。

假定公司采用第一种方案,则每股收益为:

$$EPS_1=\frac{[1\ 000\times(1-60\%)-180-200\times12\%](1-33\%)}{10+6}=8.21(元/股)$$

假定采用第二种法案，则每股收益为：

$$EPS_2=\frac{[1\ 000\times(1-60\%)-180-500\times12\%](1-33\%)}{10}=10.72(元/股)$$

由于采用负债融资的每股收益大于采用股票融资时的每股收益，因此，应该采用负债融资。

实践中，对于未来的销售额往往是无法精确预测的，可能只是个分布区间的估计。因此，在决策中，首先计算不同方案每股收益均相等时的销售额(量)——每股收益无差别点，然后根据未来销售的预测与每股收益无差别点的比较进行决策。

在例 8-10 中，通过计算可得 $EPS_1=EPS_2$ 时的销售额为 750 万元。由于采用负债融资将增加其财务杠杆，因此，第二种方案下公司的财务杠杆将大于第一种方案下的财务杠杆。这意味在销售额增长相同的情况下，EPS_2 的增长速度将高于 EPS_1 的增长速度。如图 8-8 所示：

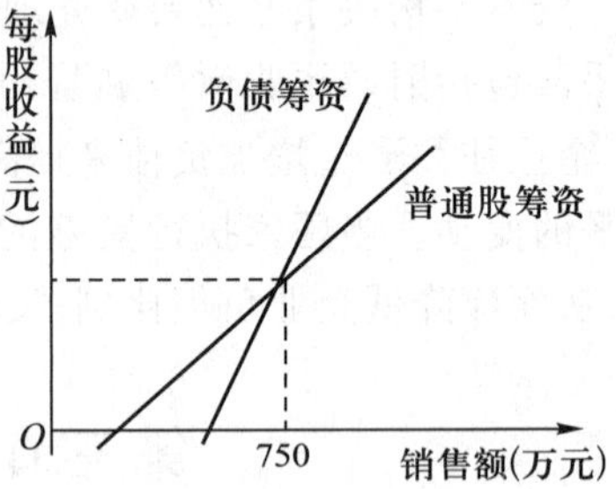

图 8-8　每股收益与销售量

从图 8-8 还可以看出，当销售额高于 750 万元时，采用负债融资可以获得较高的每股收益；当销售额低于 750 万元时，采用股票融资可以获得较高的每股收益。

当企业需要资本额较大时，可能会采用多种筹资方式组合融资。这时就需要两两互相比较，选择使每股收益最高的筹资方式。

【例 8-11】　某公司目前资本结构为：总资本 1 000 万元，其中债务资本 400 万元(年利率 10%)；普通股资本 600 万元(200 万股，每股发行价 3 元)，公司所得税税率为 40%。由于扩大经营规模，公司需追加筹资 800 万元，现有三种筹资方案：

甲方案：增发普通股 200 万股，每股发行价 3 元；同时向银行借款 200 万元，利率仍为 10%。

乙方案：增发普通股 100 万股，每股发行价 3 元，同时按面值发行 500 万元债券，票面利率为 12%。

丙方案：不增发股票，全部按面值发行债券 800 万元，票面利率 13%。

要求：

(1) 计算甲乙两方案、甲丙两方案、乙丙两方案每股收益无差别点下的息税前利润；

(2) 如果公司预计增资后 $EBIT$ 将达到 300 万元，为公司进行融资决策。

甲乙两方案：$\frac{(EBIT-40-20)\times(1-40\%)}{200+200}=\frac{(EBIT-40-60)\times(1-40\%)}{200+100}$

解得甲乙两方案间的每股收益无差别点下的息税前利润：$EBIT=220$(万元)。

甲丙两方案：$\frac{(EBIT-40-20)\times(1-40\%)}{200+200}=\frac{(EBIT-40-104)\times(1-40\%)}{200}$

解得甲丙两方案间的每股收益无差别点下的息税前利润：$EBIT=228$（万元）。

乙丙两方案：$\frac{(EBIT-40-60)\times(1-40\%)}{200+100}=\frac{(EBIT-40-104)\times(1-40\%)}{200}$

解得乙丙两方案间的每股收益无差别点下的息税前利润：$EBIT=332$（万元）。

上述两两方案比较如图 8-9 所示。

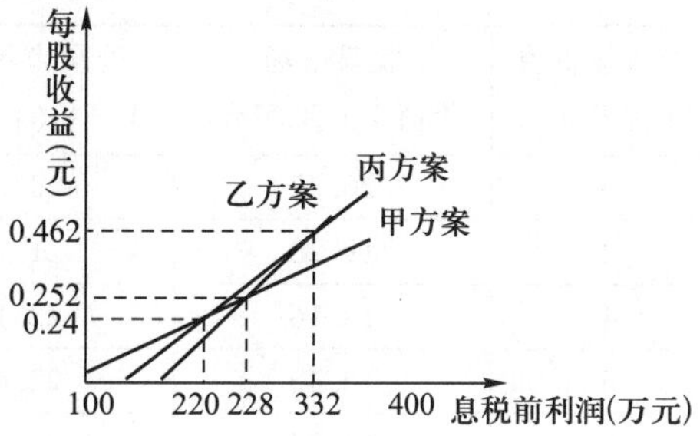

图 8-9　每股收益与 $EBIT$

根据两两方案间每股收益无差别点下的 $EBIT$ 以及图 8-9 可以得出如下结论：当预期 $EBIT$ 低于 220 万元时，应采用甲方案筹资；当预期 $EBIT$ 介于 220 万元与 332 万元之间时，应采用乙方案筹资；当预期 $EBIT$ 大于 332 万元时，应采用丙方案筹资。

由于公司预期 $EBIT$ 为 300 万元，因此应采用乙方案筹资。

二、平均资本成本比较分析法

平均资本成本比较分析法是通过计算和比较各种可能的筹资组合方案的平均资本成本，选择平均资本成本最低的方案，即使平均资本成本最低的资本结构就是最优的筹资结构。

【例 8-12】　某公司资金全部通过发行普通股筹集，所得税税率为 40%。该公司认为目前的资本结构不够合理，准备用发行债券购回部分股票的办法予以调整，相关资料如表 8-3 所示：

表 8-3　不同债务水平下公司债务资本成本和权益资本成本

债券市场价值 V_B(百万元)	股票市场价值 V_S(百万元)	税前债务 r_B 成本(%)	股票贝塔值(β)	无风险报酬率 r_f(%)	市场组合报酬率 r_m(%)
0	20.27	—	1.2	10	14
2	19.20	10	1.25	10	14
4	18.16	10	1.3	10	14
6	16.46	12	1.4	10	14
8	14.37	14	1.55	10	14
10	11.09	16	2.1	10	14

要求：为该公司确定最优负债水平。

分析：

第一步，根据不同债务水平下公司股票的 β 系数值，利用资本资产定价模型 $r_i=r_f+\beta_i\times(r_m-r_f)$ 可以计算出公司股票资本成本 r_s。

第二步，利用公司债务的资本成本和权益的资本成本可以计算出公司的加权资本成本 $r_w=r_B\times(1-40\%)\times\frac{V_B}{V_B+V_S}+r_s\times\frac{V_S}{V_B+V_S}$。

第三步，选择加权平均资本成本最低的点位，即为公司价值最大化的时点。结果如表 8-4 所示。

表 8-4　不同负债水平下公司加权资本成本

债券市场价值 V_B（百万元）	股票市场价值 V_S（百万元）	公司市场价值 V_B+V_S（百万元）	税前债务成本 r_B（%）	权益资本成本 r_s	加权资本成本（r_w）
0	20.27	20.27	—	14.8	14.8
2	19.20	21.20	10	15	14.15
4	18.16	22.16	10	15.2	13.54
6	16.46	22.46	12	15.6	13.36
8	14.37	22.37	14	16.2	13.41
10	11.09	21.09	16	18.4	14.23

从表中可以观察到，在没有债务的情况下，公司的加权资本成本为 14.8%，随着负债的增加，公司加权资本成本下降。当负债水平为 600 万元时，加权平均资本成本最低，为 13.36%，此后，随着负债的增加，公司加权平均资本成本开始上升。因此，负债为 600 万元时的资本结构是公司最佳的资本结构。

三、公司价值分析法

每股收益无差别点分析法和平均资本成本比较分析法均从某一个方面分析资本结构决策问题，并没有从公司价值最大化这一理财目标出发。因此，这里介绍公司价值分析方法。

为简化分析，假定公司各期的 *EBIT* 保持不变，债务资本的市场价值等于其面值，权益资本的市场价值可以通过下式计算：

$$V_S=\frac{(EBIT-I)(1-T)}{r_s} \tag{8-24}$$

式中，r_s为权益资本成本率。

【例 8-13】　接前例，假定上述公司息税前利润为 500 万元，资金全部通过发行普通股筹集，所得税税率为 40%。该公司认为目前的资本结构不够合理，准备用发行债券购回部分股票的办法予以调整，目前债务利率和权益资本成本如表 8-5 所示：

表 8-5　不同债务水平下公司债务资本成本和权益资本成本

债券市场价值 V_B（百万元）	税前债务成本 r_B（%）	股票贝塔值（β）	无风险报酬率 r_f（%）	市场组合报酬率 r_m（%）	股票权益资本成本（%） $r_i=r_f+\beta_i\times(r_m-r_f)$
0	—	1.2	10	14	14.8
2	10	1.25	10	14	15
4	10	1.3	10	14	15.2
6	12	1.4	10	14	15.6
8	14	1.55	10	14	16.2
10	16	2.1	10	14	18.4

根据公式 8-16 可以算出不同债务水平下股权市场价值，进而算出公司价值，具体如表 8-6 所示。

表 8-6　不同债务水平下公司价值　　　　单位：百万元

债券市场价值 V_B	股票市场价值 V_S	公司市场价值 V_B+V_S
0	20.27	20.27
2	19.20	21.20
4	18.16	22.16
6	16.46	22.46
8	14.37	22.37
10	11.09	21.09

从上表可以观察到，在没有债务的情况下，公司的总价值等于其原有股票的市场价值。当公司用债务资本部分地替代权益资本时，随着负债增加，公司总价值上升；在负债达到 600 万元时，公司总价值最大；此后，公司总价值随着负债增加开始下降。因此，负债为 600 万元时的资本结构是公司最佳的资本结构。

■ 关键词

资本成本　个别资本成本　综合资本成本　资本结构　资本结构理论　MM 理论　权衡理论　信号理论　融资优序理论　每股收益无差别点

■ 要点回顾

资本成本是企业为取得资本而付出的代价。在一个充分竞争、完美的资本市场中，投资者让渡资金使用权而期望获得的最低报酬就是企业使用资金需要付出的成本。但现实中，企业筹集资金除了要支付投资者要求的报酬率之外，还考虑筹资费用、所得税等因素。因此，本章在证券估价方法的基础上，介绍了负债、普通股、优先股、留存收益等个别筹资方式的资本成本计算方法，综合资本成本以及边际资本成本的概念和计算方法。

由折现现金流量模型可知，资本成本是影响企业价值的重要因素。而企业资本成本又由不同的筹资方式所决定。那么企业的融资结构与企业价值间的关系如何？本章介绍了 MM 理论及其发展。其中，MM 理论是财务管理中最重要和最基本的理论，是财务管理理论的基石。尽管其结论与现实相差甚远，但它为解决该问题提供了一个基本的分析框架。

由于资本结构受到众多因素的影响，而现有的资本结构理论只是从某个或几个因素出发进行分析，且操作性差。因此，实践中往往采用一些便于操作的方法进行决策，这里介绍了每股收益无差别点分析方法、平均资本成本比较分析法以及公司价值分析法等。

■ 即测即评

请扫描右侧二维码，进行即测即评。

■ 思考题

1. 简述资本成本与投资者必要报酬率之间的联系与区别。

2. 简述无税 MM 理论的基本命题、实现机理及假设条件。

3. 简述含税 MM 理论的基本命题、实现机理及假设条件。

4. 列举影响企业资本结构的潜在因素，并说明原因。

练习题

1. 某企业计划筹资 100 万元，所得税税率为 33%，有关资料如下：

(1) 向银行借款 10 万元，借款年利息率为 7%，期限为 3 年，每年支付一次利息，到期还本；

(2) 按溢价发行债券，债券面值为 14 万元，发行价格为 15 万元，票面利率为 9%，期限为 5 年，每年支付利息一次，到期还本；

(3) 发行普通股 40 万元，每股发行价为 10 元，预计第一年每股股利为 1.2 元，以后按 8% 递增；

(4) 其余所需资金通过留存收益取得。

要求：

(1) 计算个别资本成本；

(2) 计算该企业加权资本成本。

2. 假定某公司的资本来源包括以下两种形式：

(1) 100 万股面值为 1 元的普通股。假设公司下一年的预期股利是每股 0.1 元，并且以后将以 10%的速度增长。该普通股目前的市场价格为 1.8 元。

(2) 按面值发行、票面利率为 8%、期限为 5 年的债券 50 万元，目前该债券的市场价值等于其票面金额。

假设不考虑筹资费用，公司的所得税税率为 33%。

要求：

(1) 分别计算该公司普通股的资本成本和债券的资本成本；

(2) 以市场价值作为权数计算该公司的综合资本成本。

3. 已知某公司当前资本结构如表 8-7 所示：

表 8-7 某公司当前资本结构

筹资方式	金额(万元)	筹资方式	金额(万元)
长期债券(年利率 8%)	1 000	留存收益	2 000
普通股(4 500 万股)	4 500	合计	7 500

因发展需要，公司年初准备增加资本 2 500 万元，现有两个筹资方案可供选择：甲方案为增加发行 1 000 万股普通股，每股市价为 2.5 元；乙方案为按面值发行每年年末付息、票面利率为 10%的公司债券 2 500 万元。假定股票与债券的发行费用均可忽略不计；企业适用的所得税税率为 33%。

要求：

(1) 计算两种方案下每股收益无差别点的息税前利润额；

(2) 如果公司预计息税前利润为 1 200 万元，则公司应该采用哪种筹资方案；

(3) 如果公司预计息税前利润为 1 600 万元，则公司应该采用哪种筹资方案。

4. 某公司目前年息税前利润为 1 000 万元，资本全部由普通股构成，权益资本总额为 2 000 万元，适用的所得税税率为 30%。该公司认为目前的资本结构不合理，准备用平价发行债券（每年付息一次，到期还本，不考虑筹资费用）回购部分股票的方式予以调整。假设债务的市场价值与账面价值相等；公司将保持现有的资本规模和资本息税前利润水平不变，且每年将全部税后净利润分派给股东。

公司可以选择的调整方案及其资料如表 8-8 所示：

要求：

（1）计算确定各种情况下，公司股票的资本成本、股票的价值；

（2）以市场价值为权数计算各种情况下公司的综合资本成本；

（3）为公司确定最佳负债比例。

表 8-8　调整方案及其资料

债券市场价值(百万元)	债券票面利率	股票β值	无风险报酬率	市场组合报酬率
0	—	1.2	10%	12%
2	6%	1.25	10%	12%
4	6%	1.3	10%	12%
6	7%	1.4	10%	12%
8	8%	1.5	10%	12%
10	10%	1.6	10%	12%

第九章　营运资金管理

学习目标

通过本章的学习，旨在使读者了解营运资金管理的意义，掌握营运资金管理政策的制定；学习最佳现金持有量的确定；掌握应收账款信用分析方法，针对不同信用政策下的风险与收益确定最佳信用政策；明确存货管理方法；掌握商业信用、短期银行借款等短期融资方法。

企业日常财务控制主要是对营运资金进行管理。营运资金管理包括流动资产管理和流动负债管理两个方面：一是公司对流动资产的投资规模，即营运资金投资政策的制定和营运资金投资的日常管理；二是流动资产的融资，即如何安排流动资产的资金来源。

有效的营运资金管理，要求企业以一定量的净营运资金为基础，正常地从事生产经营活动。企业应在风险和收益之间进行权衡，既要防止营运资金不足，又要避免营运资金过多，从而将营运资金的数量控制在一定的范围内。

联想集团(00992)是中国领先的IT企业，主要从事台式计算机、笔记本计算机和移动手持设备、服务器和外设的生产、销售。对企业来说，存货管理一直是一个挑战。过去，联想的国际采购由联想香港国际采购中心对外订购货物，供应商在我国香港交货，货物再根据生产计划调拨到北京、上海、惠州等地的工厂。

2000年8月，联想在国内第一家实施ERP系统，将生产运作放到IT系统上进行操作和控制。随后的两年联想开始为自己的供应链实施供应链管理(SCM)系统，通过实施SCM系统，利用自动化仓储设备、自动化生产线等设备，将采购、生产、产品配送以及客户服务等诸多环节纳入自己的管理范围之内，对供应链上的每个环节加以管理，力求让整条供应链的成本和效率达到最优水平。

在实施SCM系统之后，为了加强与供应商的信息沟通，尽可能地消除与供应商的信息梯度，联想集团建立了供应商管理库存(VMI)，VMI模式突破了传统企业与企业之间的孤立的合作模式。以前联想的两周库存模式导致供应商为了及时补货,会预先库存部分物料,而这部分库存成本供应商会通过提高物料价格转嫁给联想。现在通过供应商工厂建立VMI动态仓库,而这部分库存物料属于供应商,联想只是建立了一个隶属于自己的中转仓库。联想有需要就到VMI仓库提货,这样可以保证联想在上游不会发生供货不足导致滞产。在VMI仓库管理上,联想通过与主要供应商每天的数据交换,调整真实需求与库存水平的误差,双方通过可视化库存管理共同监测仓库中的存货状态。供应商一旦发现VMI仓库的物料消耗达到警戒线就会及时补充。

VMI模式使联想按单生产的库存从14天缩短至5天,降低了库存量和库存成本,加快了资金的库存周转,实现最佳库存量。因此,如何降低存货等流动资产的占用,降低持有成本,规避占用风险是公司日常财务管理关注的主要内容。

第一节 营运资金管理概述

一、营运资金的概念与内容

营运资金又称营运资本,是指企业在生产经营活动中投放在流动资产上的资金。由于在企业的流动资产中,来源于流动负债的部分面临短期债权人的索偿权,无法供企业在较长期限内自由使用,只有扣除流动负债后的剩余流动资产,才能为企业提供较宽裕的自由使用期间。所以营运资金通常指流动资产减去流动负债的差额,也称净营运资金。营运资金的管理既包括流动资产的管理,也包括流动负债的管理。

(一) 流动资产

流动资产是指在一个年度内或超过一年的一个营业周期内可以变现或耗用的资产。具体包括:

1. 现金

现金是指企业生产过程中暂时停留在货币形态的资金,是可立即用来购买商品、货物、劳务或用来偿还债务的支付手段。主要包括库存现金、银行存款、银行本票、银行汇票等,有价证券是现金的一种转换形式,可以看作是现金的一部分。现金是企业变现能力和流动性最强的资产,但现金带来的报酬极低,在现金管理中应控制好其余额。

2. 应收账款

应收账款是指企业因销售商品、材料、提供劳务等形成的应向购货方或接受劳务的单位收取的款项,包括应收账款、应收票据、其他应收款等。应收账款是企业流动资产中一个重要项目,是商业信用的产物。在激烈的市场竞争中,保持一定数量的应收账款是必要的,但如果数额过多,将会影响企业资金的周转,带来一定的损失。因此,企业对应收账款应进行严格控制,尽可能降低应收账款的成本,加速应收账款的回收,最大限度地发挥其作用。

3. 存货

存货是指企业在生产经营过程中为销售或耗用而储备的物资,包括材料、燃料、低值易耗品、在产品、半成品、产成品、商品等。存货占流动资产的比重最大,但又是流动性最差的流动资产。存货的管理对企业流动资产的周转和企业财务状况都产生较大影响。因此,企业应加强存货的管理与控制,使存货量保持在最佳水平。

(二) 流动负债

流动负债是指需要在一年或超过一年的一个营业周期偿还的债务,包括短期借款、应付票据、应付账款、应交税费、应付职工薪酬、应付利润、应付利息等。流动负债又称短期融资,具有成本低、偿还期限短、流动性强等特点。

二、营运资金的特点

营运资金一般有以下特点:

1. 营运资金的周转期限短

企业占用在流动资产上的资金,周转一次所需要的时间较短,一般会在一年或在一个营业周期内收回,流动性较强。因此,流动资产投资所需要的资金一般可通过商业信用、短期银行借款等短期融资方式来加以解决。

2. 营运资金的实物形态易变动且具有并存性

流动资产在循环周转过程中,其实物形态是经常变化的,即按"现金——材料——在产品——产成品——应收账款——现金"的顺序转化,只要企业生产经营连续不断进行,这种循环就不会停止。而且各种形态的流动资产在空间上同时并存,在时间上依次继起,所以,合理配置流动资产各项目的比例,是保证流动资产顺利周转的必要条件。

3. 营运资金的数量具有波动性

流动资产的数量会随着企业销售及内外其他条件的变化而变化,其资金占用量的波动性很大。如季节性生产企业,生产旺季时所需流动资产数量会随着生产量及销售量的增加而增加;而到了生产的淡季则会相对减少。所以企业应有效地预测和控制这种波动,防止其影响正常的生产经营。

4. 营运资金的来源具有灵活性与多样性

因为企业营运资金周转速度快、流动性强、变现能力强、波动性大,所以营运资金筹集方式灵活多样,如短期银行借款、商业信用、应付账款、应付票据、应交税费、预收账款等。

三、营运资金的管理原则

1. 合理确定营运资金需要量

企业营运资金的需要量与企业生产经营活动有直接关系,当企业产销两旺时,流动资产会不断增加,流动负债也会相应增加;而当企业产销量不断减少时,流动资产和流动负债也会相应减少。因此,企业财务人员应分析生产经营状况,采用一定的方法预测营运资金的需要量,以便合理使用营运资金。

2. 在满足生产经营的前提下节约使用营运资金

在营运资金管理中,应正确处理保证生产经营需要和节约使用资金二者之间的关系。要在保证生产经营需要的前提下,遵守勤俭节约的原则,挖掘资金潜力,精打细算地使用资金。

3. 通过加速资金周转以提高资金的利用效果

营运资金周转是指企业的营运资金从现金投入生产经营开始,到最终转化为现金的过程。在其他因素不变的情况下,加速营运资金的周转,也就相应地提高了资金的利用效果。因此,企业要加速存货、应收账款等流动资产的周转,以便用有限的资金,取得最优的经济效益。

4. 保证有足够的短期偿债能力

流动资产、流动负债以及二者之间的关系能较好地反映企业的短期偿债能力。流动负债是在短期内需要偿还的债务,而流动资产则是在短期内可以转化为现金的资产。因此,如果一个企业的流动资产比较多,流动负债比较少,说明企业的短期偿债能力较强;反之,则说明短期偿债能力较弱。但如果企业的流动资产太多,流动负债太少,也并不是正常现象,这可能是因流动资产闲置或流动负债利用不足所致。因此,在营运资金管理中,要合理安排流动资产和流动负债的比例关系,以便既节约使用资金,又保证企业有足够的偿债能力。

四、营运资金持有策略

(一) 企业资产组合

企业资产按其在生产经营中的性质和存在形态,可分为流动资产和非流动资产,其中流动资产包括现金、应收账款、存货等;非流动资产包括固定资产、长期股权投资、无形资产等。企业资产的这些组合也称资产结构,它是指流动资产与非流动资产在企业资产总额中的比重关系,优化资产组合即资产结构是营运资金管理的重要内容。

企业要优化资产结构主要受制于以下影响因素:

1. 风险与报酬

一般而言,持有大量的流动资产可以降低企业的风险,因为企业出现不能及时清偿债务时,流动资产可以迅速地转化为现金,而固定资产的变现能力则较差。因而,在筹资组合不变的情况下,较多地投资于流动资产,可以减少企业的风险。但是,如果流动资产太多,大部分资金都投放在流动资产上,以致库存积压,就会影响企业资产的周转进而降低投资报酬率。所以要对风险和报酬进行权衡,选择最佳的资产组合。

2. 行业

不同行业的经营范围不同,资产组合有较大的差异。流动资产中大部分是应收账款和存货,而这两种资产的占用水平主要取决于生产经营所处的行业。

3. 经营规模

企业规模对资产组合也有重要影响。随着企业规模的扩大,流动资产的比重相对下降,这是因为:大企业与小企业相比,有较强的筹资能力,当企业出现不能偿付的风险时,可以迅速筹集资金,因而能承担较大风险。所以,可以只使用较少的流动资产而使用更多的固定资产。此外,大企业因实力雄厚,机械设备的自动化水平较高,故在固定资产上进行比较多的投资。

4. 利息率

一般而言,在利息率比较高的情况下,企业为了减少利息支出,会千方百计地减少对流动资产的投资,这便会减少流动资产在总资产中的比重;反之,当利息率下降时,则会呈相反方向变化。

（二）企业营运资产的持有策略

企业流动资产的数量按其功能可以分成两大部分：一是正常需要量，它是指为满足正常生产经营需要而占用的流动资产；二是保险储备量，它是指为应付意外情况的发生在正常生产经营需要量以外而储备的流动资产。企业在制定资产组合策略时，要在获利能力和偿债风险之间进行权衡。

在现实中，不同行业、不同经营规模、不同利率水平等因素，都可能使企业的流动资产占用水平不同。一般认为，企业在流动资产占用上存在三种可能的投资策略。不同的资产组合策略如图 9-1 所示。

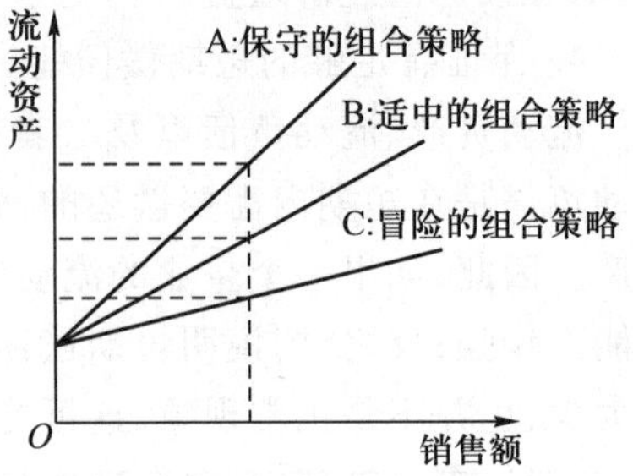

图 9-1　企业资产组合策略

1. 保守（宽松）的资产组合

保守的资产组合策略就是企业在安排流动资产数量时，在正常生产经营需要量和正常保险储备量的基础上，再加上一部分额外的储备量，以便降低企业的风险。如图 9-1 中的 A 策略，便属于保守组合策略。采用保守的资产组合策略时，企业在一定销售额下由于占用过多的流动资产使得周转速度慢而盈利性降低，故投资报酬率一般较低，但由于流动资产变现能力强，其短期偿债风险也较小。

2. 适中（折中）的资产组合

适中的资产组合策略就是在保证正常需要的情况下，再适当地留有一定保险储备，以防不测。图 9-1 中的 B 策略便属于适中的资产组合策略。在采用适中的资产组合策略时，企业的投资报酬一般，风险也一般，正常情况下企业都采用此种策略。

3. 冒险（激进）的资产组合

冒险的资产组合策略就是企业在安排流动资产数量时，只安排正常生产经营需要量而不安排或只安排很少的保险储备量，以便提高企业的投资报酬率。如在图 9-1 中的 C 策略便属于冒险的资产组合策略。采用冒险的策略时，因为流动资产所占比重较低，企业的投资报酬率较高，但企业整体资产变现能力较弱，其短期偿债风险也较大。

（三）不同的企业资产组合对企业报酬和风险的影响

企业的固定资产和流动资产，对企业的风险和报酬有不同的影响。较多地投资于流动资产可降低企业的财务风险。这是因为，当企业出现不能及时偿付债务时，流动资产可以迅速地转化为现金以偿还债务。但是，如果流动资产投资过多，造成流动资产的相对闲置，而固定资产又相对不足，这就会使企业生产能力减少，从而减少企业盈利。

因此，在资产总额和筹资组合都保持不变的情况下，如果固定资产减少而流动资产增加，就会减少企业的风险，但也会减少企业盈利；反之，如果固定资产增加，流动资产减少，则会增加企业的风险和盈利。所以，在确定资产组合时，面临风险和报酬的权衡。

五、营运资金筹资策略

企业的流动资产一般分为临时性资产(波动性流动资产)和永久性资产(稳定性流动资产)。前者是指由于季节性需求或商业周期波动的临时需要而占用在流动资产上的资金,如销售旺季增加的应收账款和存货等;后者是指满足公司长期稳定需求而占用在流动资产上的资金,如安全储备中的存货或现金等。永久性的流动资产与占用在固定资产上的资金相似,其所占用的资金是长期的,并随企业规模的扩大增加。

与此分类相对应企业的资金来源也分为临时性资金来源和永久性资金来源,前者一般通过短期融资来满足,后者一般通过长期负债和权益资本融资来满足。

营运资金筹资策略就是指如何配置流动资产与其资金来源的问题。按照营运资金与长、短期资金来源的配合关系,依其风险和收益的不同,营运资金筹资策略主要有三种类型:稳健型、激进型和配合型。

1. 稳健型(保守型)筹资策略

稳健型的筹资策略的特点是:临时性负债只满足部分临时性流动资产的需要,另一部分临时性流动资产和永久性流动资产则由长期负债和权益资本等融资方式来满足。稳健型的筹资策略如图 9-2 所示。

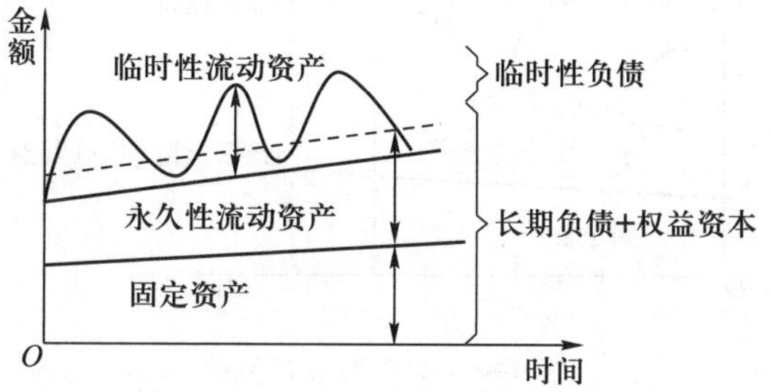

图 9-2　稳健型筹资策略

稳健型的筹资策略是一种低风险、低收益、高成本的筹资策略,图中虚线位置越高,就越保守。从图中可以看出,企业大部分资金就需要以长期资金来融通。当临时性流动资产出现高峰时,企业只需要融通少量的流动负债就可以解决,因此这种融资策略使流动负债占全部资金的比重较低,企业短期偿债的风险大大降低;而由于长期资金(永久性流动资产和固定资产所占用资金)占全部资金的比重增加,导致企业资金成本水平上升,企业收益水平下降。所以这种筹资策略的主要目的是规避风险。

2. 激进型(冒险型)筹资策略

激进型筹资策略的特点是:临时性负债不仅要融通临时性流动资产的资金需要,还要解决部分永久性资产的资金需要。激进型筹资策略如图 9-3 所示。

激进型筹资策略是一种高风险、高收益、低成本的筹资策略,图中虚线越低,说明所冒风险越大。从图中可以看出,企业长期资本不能满足永久性资产的需求,要依赖短期负债来弥补,短期负债除了满足临时性流动资产的需要外,还要满足永久性流动资产的需求,从而使企业的短期负债所占比重较大,使得企业更为经常地举债和还

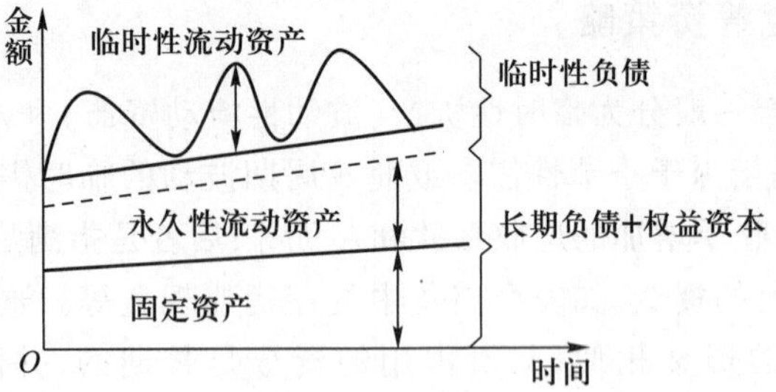

图 9-3　激进型筹资策略

债,从而加大筹资困难和风险。此外由于短期负债利率具有波动性,也增加了企业盈利的不确定性。虽然短期负债的资本成本一般低于长期负债和权益资本的资本成本,但是,短期负债的低成本所带来的收益可能被这些高风险所抵消。

3. 配合型(折中型)筹资策略

配合型筹资策略的特点是:对于临时性流动资产运用临时性负债筹集资金来满足其需要;对于永久性资产(永久性流动资产和固定资产)运用长期资本融资方式来满足。这种策略处于保守与激进之间的策略。配合型筹资策略如图 9-4 所示。

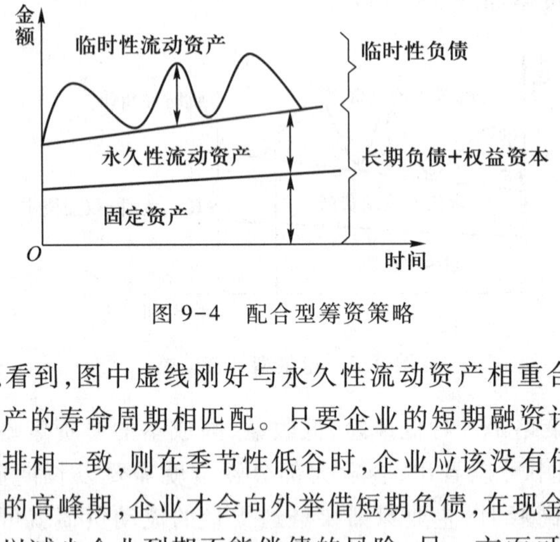

图 9-4　配合型筹资策略

从图 9-4 可以看到,图中虚线刚好与永久性流动资产相重合,要求企业负债的到期结构与企业资产的寿命周期相匹配。只要企业的短期融资计划做得好,实现现金流动与预期的安排相一致,则在季节性低谷时,企业应该没有任何流动负债;只有在波动性资金需求的高峰期,企业才会向外举借短期负债,在现金有余时偿还。这种筹资策略一方面可以减少企业到期不能偿债的风险,另一方面可以减少企业限制资本占用量,提高资本的利用率。这种策略仅仅是一种理想的筹资模式,在现实经济活动中较难完美实现。

第二节　现金管理

现金是可以立即投入流通的交换媒介。企业无论采取何种营运资金政策,都是想通过对营运资金的有效管理,以获得充足的现金流。企业现金管理的目标就是要在资产的流动性和盈利能力之间做出抉择以保证企业经营活动的现金需要,降低企业闲置的现金数量,提高企业资金收益率,以获取最大的利润。

一、企业持有现金的动机及成本

（一）企业持有现金的动机

企业持有一定数量现金动机，主要是满足交易性需要、预防性需要和投机性需要。

1. 交易性动机

交易性动机是指企业为了应付正常的交易活动必须保持一定量的现金余额。企业日常产生的现金流入和现金流出并不是完全同步的，而且现金流很难准确预测。流入量大于流出量，形成现金闲置；流入量小于流出量，则现金不足，需要补充现金。保持一定量的现金余额是维持企业正常运转的先决条件。一般来说，企业为交易性动机持有的现金余额主要取决于销售水平。此外，季节性生产企业也会造成现金需要量的临时增加。

2. 预防性动机

预防性动机是指企业为应付紧急情况的现金需求。由于企业内外环境的变化，使得企业对现金需要量很难准确预测，现金流量具有一定的不确定性，所以企业在正常活动现金需要量的基础上，应当考虑追加一定数量的现金余额以支付未来现金流入和流出的随机波动。

企业应保持多少现金存量以满足意外现金需求的财务弹性，一般由三个因素决定：第一个因素是企业愿意承担风险的程度；第二个因素是企业临时举债能力的强弱；第三个因素是企业对现金流量预测的可靠程度。

3. 投机性动机

投机性动机是指企业持有现金用于不寻常的购买机会。如遇有廉价原材料，便可用闲置现金大量购买；企业预测到利率或有价证券价格有利时，可用手头现金及时购买以获得较高的投资收益。投机性动机只是企业在确定现金余额时考虑的次要因素。

（二）企业持有现金的成本

企业持有一定数量的现金，与此相关的成本主要由以下四部分组成：

1. 机会成本

机会成本是企业因持有现金而丧失的再投资机会。企业把一定的资金投放在现金资产上是有一定代价的，这个代价就是放弃有更高报酬率的投资机会。现金持有量越大，机会成本越高，机会成本与现金的持有量成正比例关系。

机会成本=货币资金持有量×有价证券收益率（或企业要求的报酬率）（9-1）

2. 管理成本

管理成本是企业持有现金而发生的管理费用，包括安全设施的建造、管理人员的工资等。管理成本是一种相对固定的成本，与企业现金持有量之间不存在明显的线性关系，但是如果现金持有量超过一定范围大幅度变化，这时管理成本也会相应发生变化。

3. 短缺成本

短缺成本是指企业由于缺乏必要的现金资产而不能满足业务开展的需要，从而使企业付出的代价。短缺成本与现金的持有量成反向变动的关系，现金持有量越大，短缺成本就越低。

4. 交易成本

交易成本是指企业用现金购入有价证券或转让有价证券换取现金所花费的经济费用。如委托买卖佣金、委托手续费、证券过户费、交割手续费等。转换成本并不都是固定费用,有的具有变动成本的性质,如委托买卖佣金或手续费等。转换成本随现金持有量的增大而减小,与现金持有量成反向变动关系。

二、最佳现金持有量的确定

现金管理的核心在于确定一个最佳现金持有量,在保证企业经营效率和效益的前提下,尽可能减少在现金上的占用。从财务角度看,最佳现金持有量的确定,就是要在持有过多现金产生的机会成本与持有现金不足而带来的短缺成本和交易成本之间进行权衡。其确定方法主要有成本分析模式、存货模式、随机模式和现金周转期模式等。

(一)成本分析模式

成本分析模式是通过分析持有现金的相关成本,寻求持有成本最低的现金持有量。此模式下,一般要考虑企业持有现金的三种相关成本:

机会成本、管理成本和短缺成本。这三项成本之和最小的现金持有量,就是最佳现金持有量。这三种成本与总成本、现金持有量之间的关系如图 9-5 所示。

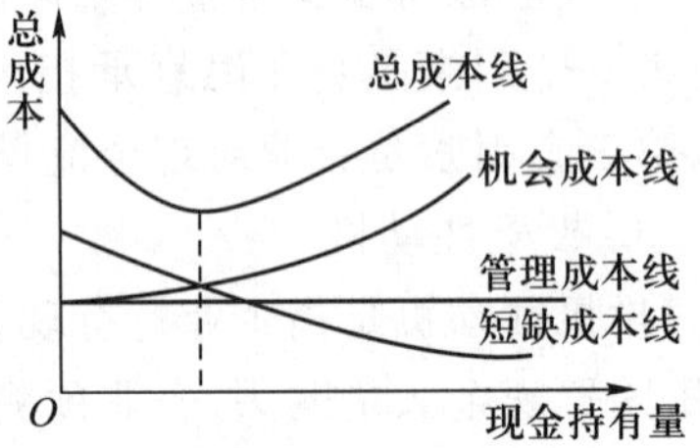

图 9-5 成本模式下现金的成本构成

从图 9-5 可以看出,机会成本向右上方倾斜,短缺成本线向右下方倾斜,管理成本线平行于横轴,总成本线是一条抛物线,该抛物线的最低点即为持有现金的最低总成本,相对应的持有量就是最佳现金的持有量。

【例 9-1】 某企业有四种现金持有方案,其相关成本资料如表 9-1 所示。

表 9-1 甲、乙、丙、丁现金持有方案及现金持有总成本 单位:元

现金方案	甲	乙	丙	丁
现金持有量	10 000	30 000	60 000	90 000
机会成本	2 000	4 000	6 000	8 000
管理成本	2 500	2 500	2 500	2 500
短缺成本	9 000	6 000	1 500	0
总成本	13 500	12 500	10 000	10 500

将以上方案的总成本加以比较可以看出,丙方案的总成本最低,即当企业持有 60 000 元现金时,持有现金的总成本最低,对企业最合算,所以 60 000 元就是该企业最佳现金持有量。

(二)存货模式(鲍曼模型)

存货模式也称鲍曼模型,是美国学者威廉·鲍曼提出的用以确定目标现金持有量的模型。在确定最佳现金持有量时,运用企业管理存货的经济批量模型将持

有现金的机会成本（类似存货的储存费用）与转换有价证券的交易成本（类似每次的采购费用）进行权衡，求得二者之和总成本最小时的现金持有量作为最佳现金持有量。

运用存货模式确定现金最佳持有量，是建立在以下假设前提之上的：①企业在一定时期内现金的流入与流出均匀、稳定，呈周期性变化，并能可靠地预测。②企业所需现金可通过证券变现取得，且证券变现的不确定性很小。③证券的利率或报酬率可以获悉。④在预测期内，假定企业不发生现金短缺，故无短缺成本。当企业每次获取大量现金流入时，会投资于有价证券，以获取较高的利息收入，等到需要使用时，将其转换为实际的货币资金。实际现金流动模式如图 9-6 所示。

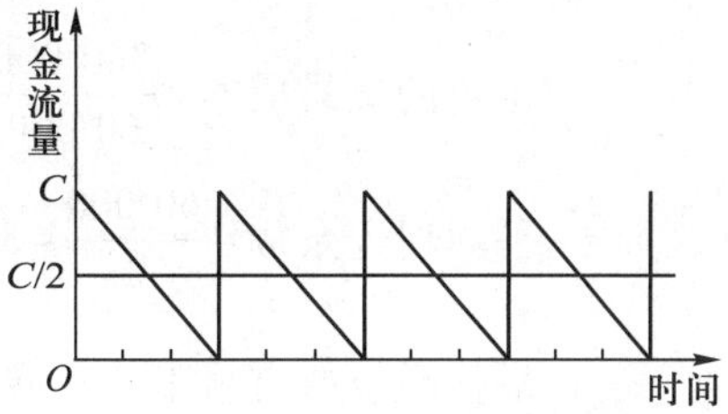

图 9-6　实际现金流动模式

从图中可以看出，企业起初持有一定量的现金 C，随着每天现金的支出，到一定时间后现金的余额就会逐渐降至零，企业这时就得出售有价证券进行补充，使下一周期的期初现金余额恢复至最高点 C，而后这笔资金在供生产逐渐支用，待其余额降至零时又进行补充，如此周而复始。

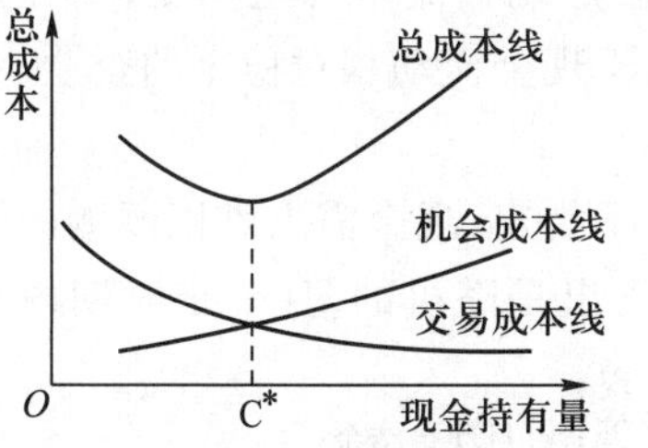

图 9-7　存货模式下现金的成本构成

存货模式中所考虑的成本包括机会成本和证券的交易成本。机会成本与现金持有量成正方向变化，交易成本与现金持有量成反方向变化。机会成本、交易成本与现金总成本、现金持有量之间的关系如图 9-7 所示。

根据图 9-6 和图 9-7 可得出存货模式下持有现金的总成本计算公式：

现金持有总成本＝机会成本＋交易成本＝现金平均余额×有价证券收益率＋变现次数×有价证券每次交易成本

$$TC=(C/2)\times K+(T/C)\times F \tag{9-2}$$

式中，TC——现金持有总成本；C/2——平均现金余额；K——有价证券收益率；T——一定时期内现金的总需求量；F——有价证券每次交易成本。

从图 9-7 中已知，最佳现金持有量 C^* 是机会成本线与交易成本线交叉所对应的现金持有量，所以 C^* 应当满足：

机会成本＝交易成本，即

$$(C^*/2)\times K=(T/C^*)\times F \tag{9-3}$$

整理后，可得出：

$$C^*=\sqrt{\frac{2TF}{K}} \tag{9-4}$$

【例 9-2】　某企业现金收支状况比较稳定，预计全年（按 360 天计算）需要现金 360 000 元，现金与有价证券的转换成本为每次 300 元，有价证券收益率为 6%。则：

$$最佳现金持有量=\sqrt{\frac{2\times360\ 000\times300}{6\%}}=60\ 000(元)$$

$$最低现金持有成本=\frac{60\ 000}{2}\times6\%+\frac{360\ 000}{60\ 000}\times300=3\ 600(元)$$

$$现金的年机会成本=\frac{60\ 000}{2}\times6\%=1\ 800(元)$$

$$每年的交易成本=\frac{360\ 000}{60\ 000}\times300=1\ 800(元)$$

$$平均现金余额=\frac{60\ 000}{2}=30\ 000(元)$$

$$最佳现金持有量下全年有价证券交易次数=\frac{360\ 000}{60\ 000}=6(次)$$

$$有价证券交易间隔期=\frac{360}{6}=60(天)$$

现金持有量的存货模式简单、直观，但它是一个主观模式，存在大量的假设，所以在具体应用中，有其一定的局限性，主要是该模式假定现金流量稳定不变，实际上企业现金流量的变化具有不确定性。所以，它只适用于现金流动相对稳定的企业。

（三）随机模式（米勒·奥尔模型）

随机模式又称米勒·奥尔模型，是在现金支付不稳定，现金需求难以预测的情况下确定现金最佳持有量的模型。如果企业的现金支出是随机的，且一定时期内现金需求量无法预知，企业可以根据历史经验和现实需要，事先设定一个现金持有量的控制限额，当现金量达到控制限额的上限时，将现金转换为有价证券；当现金量达到控制限额的下限时，将有价证券转换为现金；当现金量在控制限额的上下限之间时，不必进行现金和有价证券的转换。这种现金持有量的控制方式，如图 9-8 所示。

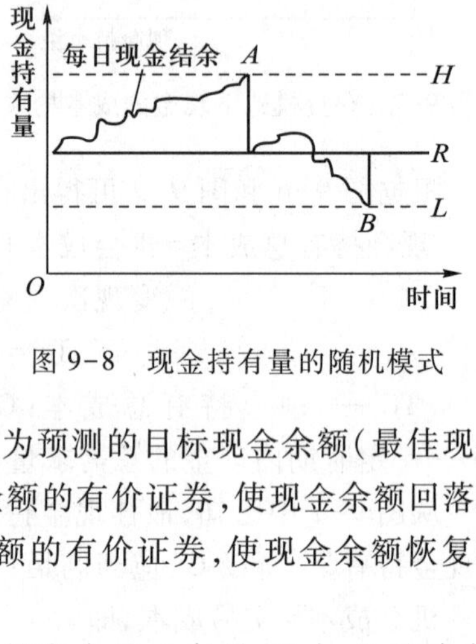

图 9-8　现金持有量的随机模式

在图 9-8 中，H 为控制上限，L 为控制下限，R 为预测的目标现金余额（最佳现金持有量）。当现金余额升至 H 时，则购进（H-R）金额的有价证券，使现金余额回落到 R 线上；当现金余额降至 L 时，则需出售（R-L）金额的有价证券，使现金余额恢复到 R 线上，达到最佳水平。

随机模式中 L 一般是根据企业风险情况确定的安全现金存量，H 与 R 的确定，不仅根据机会成本和相关成本，而且将现金余额可能出现的波动幅度（标准差）也考虑进去，然后通过数学模型来预测最佳现金持有量。其计算公式如下：

$$R=\sqrt[3]{\frac{3b\delta^2}{4i}}+L \tag{9-5}$$

$$H=3R-2L \tag{9-6}$$

式中，b——每次有价证券的固定转换成本；i——有价证券的日收益率；δ——预期每日现金余额波动的标准差（可根据历史资料测算）；R——现金返回线；H——现金存量的上限；L——现金存量的下限。

【例 9-3】 假设某企业每天净现金余额波动的标准差为 5 000 元，有价证券的年收益率为 10%，每次固定转换成本为 100 元，企业规定任何时候其银行活期存款和现金余额不能低于 10 000 元。在随机模式下，该企业现金返回线、控制上限为：

$$R=\sqrt[3]{\frac{3\times100\times5\ 000^2}{4\times\frac{10\%}{360}}}+10\ 000=28\ 899(\text{元})$$

$$H=3\times28\ 899-2\times10\ 000=66\ 697(\text{元})$$

以上计算说明，当该企业的现金余额达到 66 697 元时，即应以 37 798 元（66 697-28 899）的现金去购买有价证券，使现金持有量回落到 28 899 元；当该企业的现金余额降至 10 000 元时，则应出售 18 899（28 899-10 000）的有价证券，使现金持有量上升至 28 899 元。

（四）现金周转期模式

现金周转期模式是根据现金周转期来计算最佳现金持有量的模式。该模式在运用中包括以下三个步骤：

1. 计算现金周转期

现金周转期是指企业从现金投入生产经营开始，到销售商品收回现金为止所需要的时间，即现金周转一次所需要的天数。现金周转期越短，则企业的现金持有量越小。

$$\text{现金周转期}=\text{存货周转期}+\text{应收账款周转期}-\text{应付账款周转期} \tag{9-7}$$

其中，存货周转期是指从购买原材料开始，到将原材料生产为产成品再销售出去为止所需要的时间；应收账款周转期是指从应收账款形成到收回现金所需要的时间；应付账款周转期是指从购买原材料形成应付账款开始到以现金偿还应付账款为止所需要的时间。它们之间的关系如图 9-9 所示。

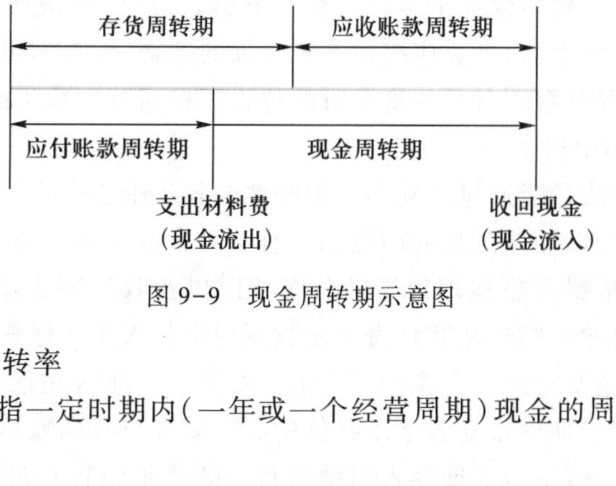

图 9-9 现金周转期示意图

2. 计算现金周转率

现金周转率是指一定时期内（一年或一个经营周期）现金的周转次数，其计算公式为：

$$\text{现金周转率}=\frac{\text{计算期天数}}{\text{现金周转期}} \tag{9-8}$$

计算期天数若以年为计算期则为 360 天。现金周转率与周转期互为倒数，周转期越短，则周转次数越多，在一定现金需求额下，现金持有量将会减少。

3. 计算最佳现金持有量

$$\text{最佳现金持有量}=\frac{\text{全年现金需求量}}{\text{现金周转率}} \tag{9-9}$$

【例 9-4】 某企业的原材料购买和产品销售均采用信用方式,其应收账款的平均收款期为 50 天,应付账款的平均付款期为 40 天,从原材料购买到产成品销售的期限平均为 80 天。该企业现金年度需求总量为 270 万元,假设一年按 360 天计算。则:

$$\text{现金周转期}=50-40+80=90(\text{天})$$

$$\text{现金周转率}=\frac{360}{90}=4(\text{次})$$

$$\text{最佳现金持有量}=\frac{270}{4}=67.5(\text{万元})$$

现金周转期模式确定最佳现金持有量简单、方便。但是在使用时应满足两个条件:一是企业预测的未来年度现金总需求量可以较准确地预计;二是企业能够较准确地预测现金周转率和周转期。

三、现金日常管理的策略

企业在确定了最佳现金持有量后,还应采取各种措施,加强现金的日常管理。在现金日常管理中,企业除了应按照国家规定的现金管理条例,在现金使用范围、库存现金限额等方面进行管理和控制以外,企业还应对日常的现金收支进行控制,力求加速收款,延缓付款,争取现金流同步。

(一) 现金回收管理

现金回收管理的目的是尽快收回现金,加速现金周转。加速收款主要是尽可能缩短从客户汇款或开出支票到企业收到客户汇款或将支票兑现的过程。

一般来说,企业收款时间主要包括票据邮寄时间、票据在企业停留时间、票据结算时间。企业加速收款不仅在于尽量让客户早付款,还要尽快地使这些付款转化为现金。从收款的时间上看,企业应缩短客户付款的邮寄时间,缩短企业收到客户支票的兑换时间,加速资金存入自己往来银行的过程。在实际中常用的方法主要有:

1. 银行业务集中法

银行业务集中法是指通过设立多个策略性的收款中心来代替通常在企业总部设立的单一收款中心,以加速账款的回收的一种方法。企业不仅在其总部所在地设立收款中心,同时还根据客户地理位置的分布情况以及收款额大小,设立多个收款中心。这种方法的目的是缩短从客户寄出账款到现金收入企业账户这一过程的时间。

具体做法:①企业指定一个主要开户行(通常是总部所在地)为集中银行,并在收款额较集中的若干地区设立若干个收款中心。②客户收到账单后直接汇款到当地收款中心,收款中心收款后立即存入当地银行。③当地银行在进行票据交换后立即转给企业总部所在地银行。

银行业务集中法的优点是可以缩短客户邮寄票据所需要的时间和票据托收所需时间,也就缩短了现金从客户到企业的中间周转时间。但采用银行业务集中法须在多处设立收款中心,而每个收款中心的地区银行都要求有一定的补偿性余额,这样开设的收款中心越多,由补偿性余额带来的闲置资金也就越多;设置收款中心需要一定的人力和物力,从而增加了相应的费用支出。所以,企业应在权衡利弊得失的基础上,做出是否采用银行业务集中法的决策。

2. 锁箱法

锁箱法是指企业在各主要城市租用的专门用来收取客户汇款的邮箱。它是西方企业加速现金流转的一种常用方法。企业可以在各主要城市租用专门的邮政信箱,并开立分行存款户,授权当地银行每日开启信箱,在取得客户支票后立即予以结算,并通过电汇将货款拨给企业所在地银行。

随着互联网的发展,国内外的一些公司转而使用“电子锁箱”作为传统锁箱的替代品。在电子锁箱中,客户利用电话或互联网来点击他们的账户(比如利用某家银行的网上/电子银行),查阅账单、并授权支付,不再在交易中有纸单的转手。从出票人的角度看,电子锁箱比传统的账单支付方式要先进得多。这种电子锁箱方式会随着互联网的发展而越来越流行。

采用锁箱法可以免去公司收取支票、内部处理、支票送存银行的时间。因而与集中银行相比,更加缩短了收款时间,提高了收款速度。但是采用锁箱法的成本较高,租用邮政信箱需要支付租金,授权当地银行开启邮政信箱,要向银行支付手续费,同时,银行还要扣除一定数量的补偿性余额,这样,就增加了公司的费用支出。是否采用锁箱法必须在锁箱法带来的收益与额外付出的成本之间进行权衡。如果增加的费用支出比收益小,则可采用该系统;反之,则不宜采用。

(二)现金支出管理

与现金回收的管理相反,在现金支出管理时应尽可能延缓现金的支出时间。现金支出的管理包括金额上与时间上的控制。企业通常可采用的方法一般有以下几种:

1. 利用现金“浮游量”

现金的浮游量是指企业账户上现金余额与银行账户上的存款余额之间的差额。从企业开出支票,收款人收到支票存入银行至银行将款项划出企业账户的这段时间内,企业仍可动用银行存款账上的这笔资金,以达到最大限度地利用现金的目的。现金的“浮游”实际上是企业已经支出,银行尚未支出的未达账,是企业与银行双方出账与入账的时间差造成的。企业可以利用这个时间差,但必须控制好时间,防止发生透支。

2. 延缓应付款的支付

企业可在不影响自己信誉的情况下,在信用期内,尽可能推迟应付账款的支付期。例如企业在采购材料时,付款条件是“2/10,*n*/30”,企业如果要享受现金折扣优惠,应于开票后第 10 天付款;如果企业急需资金而又不得不放弃折扣的优惠,则应在第 30 天付款。这样企业可以最大限度地利用现金。

(三)闲置现金投资安排

企业在筹资和经营活动过程中会取得大量现金,这部分现金在进行投资或经营活动之前会闲置一段时间,因此当企业有闲置的现金时,可投资于国库券、可转让大额存单、短期融资券、证券投资基金等,而当企业现金短缺时,又可出售各种证券,获得现金。

企业现金管理的核心是确定最佳现金持有量，其关键在于协调好安全性与盈利性之间的矛盾。企业首先要保证正常经营业务的现金需求，其次才是考虑闲置现金的投资收益。因此要求企业把闲置资金投入到流动性高、风险低、交易期限短的金融工具中，以获得较多的收益。

第三节　应收款项管理

应收款项是企业流动资产的重要组成部分，由于商业竞争和销售与收款的时间差，企业在销售活动中会发生各种应收款项，包括应收账款、应收票据、其他应收款等。随着市场竞争日渐激烈，赊销（信用销售）成为很多企业重要的销售策略，其直接后果就是产生大量的应收款项。

应收款项管理的目的是在充分发挥应收款项功能的基础上，缩短应收款项周转期，降低应收款项的投资成本，及时收回款项，减少坏账损失，最大限度地增加企业经营收益。以下主要以应收账款为例说明如何对应收款项加以管理。

一、应收账款成本

应收账款的成本是指企业在采用赊销方式销售商品时，因持有一定的应收账款所付出的代价。主要包括：

1. 机会成本

应收账款的发生意味着企业为客户垫付了一笔资金，这部分资金企业如果不投放于应收账款而投资于有价证券便会有利息收入。由于企业丧失了投资盈利的机会，由此便产生了应收账款的机会成本。这种机会成本一般与企业维持赊销业务所需要的资金、资金成本率有关。其计算公式：

$$\text{应收账款机会成本}=\text{维持赊销业务所需要的资金}\times\text{资金成本率} \quad (9-10)$$

其中：

$$\text{维持赊销业务所需要的资金}=\text{应收账款平均余额}\times\frac{\text{变动成本}}{\text{销售收入}} \quad (9-11)$$

$$=\text{应收账款平均余额}\times\text{变动成本率}$$

$$\text{应收账款平均余额}=\frac{\text{年赊销额}}{360}\times\text{平均收账天数} \quad (9-12)$$

$$=\text{平均每日赊销额}\times\text{平均收账天数}$$

这里，用变动成本率调整应收账款平均余额是假定只有变动成本才占用企业的资金，而将销售收入中超出变动成本部分的固定成本和利润部分未考虑计入。

2. 管理成本

应收账款的管理成本是指企业对应收账款进行日常管理而耗费的开支，主要包括对客户资信调查费用、账簿记录费用、收账费用、监督与控制的费用等。

3. 坏账成本

应收账款的坏账成本是指应收账款到期无法收回而给企业带来的损失。对于应收账款来讲，最大的风险就是发生坏账损失。这项成本与企业的信用政策有密切关系。

二、应收账款信用政策的制定

信用政策即应收账款的管理政策，是企业对应收账款投资进行规划与控制而建立的基本原则与行为规范，包括信用标准、信用条件和收账政策。信用政策是否合理在一定程度上影响企业的销售，所以制定合理的信用政策并加以贯彻执行，是确定最佳应收账款投资水平的前提条件。

（一）信用标准

信用标准是客户获得企业的商业信用所应具备的最低条件。满足这个最低标准的客户才可授予一定额度的信用，而不满足这个最低标准的客户则要求客户发货时付现，甚至发货前付现。

企业信用标准的高低直接影响企业的销售水平和风险。如果企业信用标准制定得过高，只对信誉好的客户提供赊销，尽管可以降低应收账款的坏账损失和违约风险，减少应收账款的机会成本和收账费用，但同时不利于增加销售，提高市场竞争率和占有率；反之，如果企业信用标准制定得过低，较宽松，虽然会增加销售量，扩大市场销售份额，但同时会导致坏账损失风险加大和相关成本的增加。因此，企业应在成本与收益之间进行权衡，针对不同的客户，制定不同的信用标准。

信用标准一般用其坏账率作为评判标准之一。企业在制定客户的信用标准时，应对客户的各种信息进行分析，对客户的信用状况进行评估。常用的方法有 5C 评估法和信用评分法。

1. 5C 评估法

5C 评估法最初是金融机构对客户作信用风险分析时所采用的专家分析法之一，它主要集中在借款人的道德品质（character）、还款能力（capacity）、资本实力（capital）、担保（collateral）和经营环境条件（condition）五个方面进行全面的定性分析，以判别借款人的还款意愿和还款能力。5C 评估法是指重点分析影响信用的 5 个方面的一种方法。由于这 5 个方面的英文单词开头第一个字母都是 C，故称 5C 评估法。现在 5C 评估法被更广泛地应用在企业对客户的信用评价中。

（1）品质。指顾客或客户努力履行其偿债义务的可能性，是评估顾客信用品质的首要指标。品质是应收账款的回收速度和回收数额的决定因素，因为每一笔信用交易都隐含了客户对公司的付款承诺，如果客户没有付款的诚意，则该应收账款的风险势必加大。品质直接决定了应收账款的回收速度和回收数额，因而一般认为品质是信用评估最为重要的因素。

（2）能力。指顾客或客户的偿债能力，即其流动资产的数量和质量以及与流动负债的比例，其判断依据通常是客户的偿债记录、经营手段以及对客户经营方式所做的实际调查。

（3）资本。指顾客或客户的财务实力和财务状况，表明客户可能偿还债务的背景，如负债比率、流动比率、速动比率、有形资产净值等财务指标等。

（4）抵押。指顾客或客户拒付款项或无力支付款项时能被用做抵押的资产，一旦收不到这些客户的款项，便以抵押品抵补，这对于首次交易或信用状况有争议的顾客或客户尤为重要。

（5）条件。指可能影响顾客或客户付款能力的经济环境，如顾客或客户在困难时期的付款历史、在经济不景气情况下的付款可能。

企业掌握客户以上5个方面的状况后，基本上可以对客户的信用进行综合评估。对综合评价高的客户可以适当放宽标准，而对综合评价低的客户就要严格信用标准，甚至可以拒绝提供信用以确保经营安全。

企业了解5C的三种途径：①从企业自身获取，总结企业以往跟客户交易的经验，从主观上对客户的信用品质做出判断；②从企业外部获取，由企业管理人员亲自对客户进行调查，广泛收集有关情报，上门登记来取得直接信息；③通过专门的信息机构，或是从其他企业对该客户的评价获取间接信息。

2. 信用评分法

信用评分法的基本思想是，财务指标反映了企业的信用状况，通过对企业主要财务指标的分析和模拟，可以预测企业破产的可能性，从而预测企业的信用风险。信用评分法的基本公式是：

$$Y = a_1 X_1 + a_2 X_2 + \cdots + a_n X_n = \sum_{n=1}^{i} a_i X_i \qquad (9-13)$$

式中，Y表示某企业的信用评分；a_i表示事先拟定的对i种财务指标的加权权数；X_i表示第i种财务指标的评分。

公式中的财务指标应选择具有代表性，能够说明付款能力和财务状况的若干比率，作为信用风险指标，如流动比率、速动比率、应收账款平均周转天数、存货周转率、产权比率、资产负债率、净资产收益率、总资产报酬率等。财务指标根据企业收集的资料分析确定，各财务指标的权数可以根据财务指标的重要程度来确定。

某客户有关财务指标和信用品质的资料如表9-2所示。

表9-2　某客户财务指标和信用评分状况

项目	信用指标	分数	权数	加权平均数
流动比率	2.3	90	0.2	18
资产负债率	47%	80	0.1	8
净资产收益率	16%	90	0.1	9
总资产周转率	1.8	80	0.1	8
信用评估等级	AAA	90	0.2	18
付款历史	良好	85	0.2	17
未来发展趋势	良好	85	0.05	4.25
其他因素	一般	70	0.05	3.5
合计			1	85.75

在采用信用评分法进行信用等级划分时，根据经验，一般当客户信用评分为80分以上时认为信用状态良好；评分为60~80分时认为信用状态一般；评分为60分以下时认为信用状态较差。

（二）信用条件

信用条件是企业要求赊购客户支付货款的条件，由信用期限、折扣期限和现金折扣组成。信用期限确定客户在赊购货物后多少天之内支付货款，是企业为客户规定的最长的付款时间界限；折扣期限是企业为客户规定的可享受现金折扣的付款时间；

现金折扣是企业对客户早付款的一种优惠。信用条件的表示方式如“2/10,n/30”,意思是:如果客户在开出发票后10日付款,就可享受2%的现金折扣;如果放弃现金折扣优惠,全部款项就必须在30天内付清。在此,30天为信用期限,10天为折扣期限,2%为现金折扣率。

一般来说,企业的信用条件是遵循本行业的惯例给出的,它是基于一定的外部经济环境,在充分考虑到本企业自身资金实力的情况下,本着提高最终效益和增强竞争力思想确定的。给客户的信用条件如何,直接影响着企业应收账款的规模和收益水平。

1. 信用期限决策

信用期限决策,就是分析改变现行信用期限对收入和成本的影响,从而寻求更加有利的信用期方案。对企业而言,给予客户的信用期限越长,越能刺激客户的购货热情,吸引更多的客户,给企业带来扩大市场份额和增加销售额的好处,但同时给企业带来更高的风险。企业是否给客户延长信用期限,主要分析信用期延长导致的增量收入是否大于增量成本。

【例9-5】 某企业预测的年度赊销额为1 200万元,其信用条件是:n/30,变动成本率50%,资金成本率为10%。假设该企业收账政策不变,固定成本总额不变。该企业现有三个信用条件的备选方案A、B、C,各个方案的赊销水平、坏账比率和收账费用等如表9-3所示。

表9-3 信用条件的备选方案表 单位:万元

方案项目	A (n/30)	B (n/60)	C (n/90)
年赊销额	1 200	1 320	1 460
应收账款平均收账天数(天)	30	60	90
应收账款平均余额	1 200÷360×30 = 100	1 320÷360×60 = 220	1 460÷360×90 = 365
维持赊销业务所需资金	100×50% = 50	220×50% = 110	365×50% = 182.5
坏账损失/赊销额	2%	3%	6%
坏账损失	1 200×2% = 24	1 320×3% = 39.6	1 460×6% = 87.6
收账费用	18	30	60

根据以上资料,对各个备选方案的信用条件分析评价如表9-4所示。

表9-4 信用条件分析评价表 单位:万元

方案项目	A (n/30)	B (n/60)	C (n/90)
年赊销额	1 200	1 320	1 460
变动成本	1 200×50% = 600	1 320×50% = 660	1 460×50% = 730
扣除信用成本前的收益	600	660	730
信用成本:			
应收账款机会成本	50×10% = 5	110×10% = 11	182.5×10% = 18.25
坏账损失	24	39.6	87.6
收账费用	18	30	60
小计	47	80.6	165.85
扣除信用成本后的收益	553	579.4	564.15

根据以上计算可知,B 方案($n/60$)获利最大,比 A 方案($n/30$)增加收益 26.4 万元,比 C 方案($n/90$)增加收益 15.25 万元。所以,在其他条件不变的情况下,应选择 B 方案。

2. 折扣期限和现金折扣决策

制定折扣期限和现金折扣政策,就是针对客户具体的提前付款时间,最多能给予多少折扣优惠。折扣期限和现金折扣政策与信用期限决策是相联系的,因为折扣期只能比信用期短,即客户只能在既定的信用期内提前付款才能享受折扣。企业为了加速资金周转,及时收回货款,减少坏账损失,采用现金折扣的优惠政策,但是现金折扣是对收入的扣减。在决策时企业应着重考虑提供折扣后所得的收益是否大于现金折扣的成本,以核定折扣期限和现金折扣率。

【例 9-6】 承上例,企业选择 B 方案,但为了加速应收账款的回收,企业在 B 方案的基础上出台 D 方案,其信用条件为:2/10,1/20,$n/60$,估计有 50% 的客户(按赊销额计算)会利用 2% 的折扣;20% 的客户会利用 1% 的折扣。坏账损失率降为 1.5%,收账费用降为 20 万元。根据上述资料,D 方案有关指标计算如下:

$$\text{应收账款平均收账天数}=50\%\times10+20\%\times20+30\%\times60=27(\text{天})$$

$$\text{应收账款平均余额}=\frac{1\ 320}{360}\times27=99(\text{万元})$$

$$\text{维持赊销业务所需资金}=99\times50\%=49.5(\text{万元})$$

$$\text{应收账款机会成本}=49.5\times10\%=4.95(\text{万元})$$

$$\text{坏账损失}=1\ 320\times1.5\%=19.8(\text{万元})$$

$$\text{现金折扣}=1\ 320\times(2\%\times50\%+1\%\times20\%)=15.84(\text{万元})$$

根据以上计算结果,B、D 方案相关指标对比如表 9-5 所示。

表 9-5 信用条件分析评价表

方案项目	B ($n/60$)	D (2/10,1/20,$n/60$)
年赊销额	1 320	1 320
减:现金折扣	—	15.84
年赊销净额	1 320	1 304.16
减:变动成本	660	660
扣除信用成本前的收益	660	644.16
信用成本:		
应收账款机会成本	11	4.95
坏账损失	39.6	19.8
收账费用	30	20
小计	80.6	44.75
扣除信用成本后的收益	579.4	599.41

计算结果表明,实行现金折扣后,企业收益增加了 20.01 万元,所以,企业应选择 D 方案为最佳方案。

（三）收账政策

收账政策是指当客户违反信用条件，拖欠甚至拒付账款时所采用的收款策略与措施，即企业采取何种合理的方法最大限度收回被拖欠的账款。

由于诸多原因，企业总有一部分应收账款难以收回。企业在制定信用政策时，应当充分地考虑客户有可能违反信用规定，一旦款项遭到拖欠甚至拒付时，应采取的对策。如果企业采取积极的收账措施，就会减少坏账损失，同时也会增加应收账款的收账费用；如果企业采取消极的收账措施，虽然会减少收账费用，但也会增加坏账损失。在其他条件相同时，在一定范围内相应收账费用越高，坏账比率越低，平均收账期也就越短。但是这种关系并不是线性的。初始的收款支出可能只能减少很少的坏账损失，进一步增加收账费用将产生显著作用，直至到某一点后它能减少的坏账损失越来越少，这个点称为饱和点。坏账损失与收账费用之间的关系如图 9-10 所示。

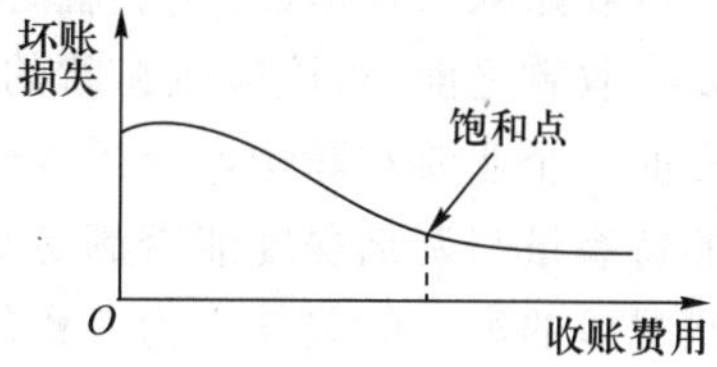

图 9-10　坏账损失与收账费用之间的关系

企业在制定收账政策时，应该考虑到饱和点问题，不能无限制地增加收账费用，应在增加的收账费用与减少的坏账损失之间进行权衡。

【例 9-7】　某公司的年赊销收入为 720 万元，平均收账期为 60 天，坏账损失为赊销额的 10%，年收账费用 5 万元。该公司认为通过增加收账人员等措施，可以使平均收账期降为 50 天，坏账损失降为赊销额的 7%。假设公司的资本成本率 6%，变动成本率为 50%，每年按 360 天计算。

为使上述变更经济上合理，新增收账费用的上限可通过以下计算得出：

原方案：

$$应收账款平均余额=\frac{720}{360}\times 60=120(万元)$$

机会成本 = 120×50%×6% = 3.6（万元）

坏账成本 = 720×10% = 72（万元）

收账费用 = 5（万元）

信用成本合计 = 80.6（万元）

新方案：

$$应收账款平均余额=\frac{720}{360}\times 50=100(万元)$$

机会成本 = 100×50%×6% = 3（万元）

坏账成本 = 720×7% = 50.4（万元）

新方案收账费用的上限 = 80.6−(3+50.4) = 27.2（万元）

新增收账费用的上限 = 27.2−5 = 22.2（万元）

所以，该企业采取新的收账措施而增加的收账费用，不应超过 22.2 万元，否则，不经济。

三、应收账款日常管理策略

对于已发生的应收账款,企业还应进一步强化日常管理工作,采取具体的措施进行分析、控制,及时发现问题,提前采取措施。

(一)应收账款的追踪分析

应收账款一旦形成,企业就必须考虑如何按期足额收回的问题。这样企业就有必要在收款之前,对该应收账款的运行过程进行追踪分析,重点要放在赊销商品的变现方面。企业要对赊购者今后的经营情况、偿付能力进行追踪分析,及时了解客户现金的持有量与调剂程度能否满足兑现的需要。应将那些挂账金额大、挂账时间长、经营状况差的客户的欠款作为考察的重点,以防患于未然。必要时可采取一些措施,如要求这些客户提供担保等来保证应收账款的回收。

(二)应收账款的账龄分析

应收账款的账龄分析就是通过编制应收账款账龄分析表,将发生在外的应收账款按照形成的时间进行分类,计算各账龄应收账款的余额占应收账款总计余额的比重,以此对应收账款的回收情况进行控制。一般情况下,客户逾期拖欠账款时间越长,账款催收的难度越大,成为呆坏账损失的可能性也越高。企业必须做好应收账款的账龄分析,密切注意应收账款的回收进度和出现的变化。

通过对应收账款的账龄分析,企业财务管理部门可以掌握以下信息:有多少客户在折扣期限内付款;有多少客户在信用期限内付款;有多少客户在信用期限过后才付款;有多少应收账款拖欠太久,可能会成为坏账。

【例 9-8】 某企业的账龄分析表如表 9-6 所示。

表 9-6 应收账款账龄分析表

应收账款	客户数量	金额(万元)	占应收账款总额的比重%
信用期内	200	500	50
超过信用期 1 个月内	100	200	20
超过信用期 2 个月内	50	80	8
超过信用期 3 个月内	20	60	6
超过信用期 6 个月内	15	70	7
超过信用期 1 年内	10	50	5
超过信用期 2 年内	5	20	2
超过信用期 2 年以上	2	20	2
合计	402	1 000	100

如果账龄分析显示企业的应收账款的账龄开始延长或者过期账户所占比例逐渐增加,那么就必须及时采取措施,调整企业信用政策,努力提高应收账款的收现效率。对尚未到期的应收账款,也不能放松监督,以防发生新的拖欠。

(三)平均收款期分析

应收账款收款期越长,其变现能力越差,同时应收账款的收款期的长短还会影响企业的经营周期和现金周期,所以应加强对应收账款收款期的控制和管理。在相同的信用条件下,不仅应对不同客户的应收账款收款期进行比较分析,还应对客户的实

际平均收款期与同行业平均收款期比较,以确定企业的收账效率。应收账款的平均收款期可用以下公式计算得出:

$$应收账款的平均收款期=\frac{\sum 回收期\times 收款额}{\sum 收款额} \tag{9-14}$$

【例 9-9】 某公司 A 客户的信用销售与收账数据如表 9-7 所示,根据数据计算该客户的平均收账期。

表 9-7 应收账款的平均收款期计算表

客户	发票日期	回收现金日	回收期(天)	收款额(元)	回收期×收款额
A	8 月 5 日	8 月 29 日	25	20 000	500 000
	8 月 10 日	9 月 9 日	30	40 000	1 200 000
	9 月 1 日	10 月 14 日	43	25 000	1 075 000
	9 月 23 日	11 月 2 日	39	30 000	1 170 000
合计				115 000	3 945 000

$$A 客户应收账款的平均收款期=\frac{3\ 945\ 000}{115\ 000}=34.30(天)$$

应收账款的平均收款期分析通过对客户平均收款期的计算,来判断客户的应收账款回收期的长短,针对收款期发生较大波动的客户,应提醒收账人员高度重视。

第四节 存 货 管 理

存货是企业流动资产的重要组成部分,在大多数企业中存货占流动资产的比重较大,如制造业、零售业,同时存货又是流动性最差的资产。存货积压会造成企业资金周转的困难,存货不足又将严重影响企业的经营活动和收入。所以,企业对存货的利用及管理水平的高低,直接影响到企业流动资产的周转和财务状况的稳定。因此,存货管理的目的是在充分发挥存货功能的基础上,降低成本,增加收益,使存货量保持在最佳水平。

一、存货的功能与成本

(一) 存货的功能

存货的功能是指存货在企业生产经营活动中发挥的作用。主要表现在:

1. 保证企业生产经营的正常需要

必要的原材料、在产品、半成品存货是企业生产经营正常进行的前提和保障。有时未来的存货供应可能会中断或者减少,有时由于生产的不均衡可能会停工待料,所以,储存适当的存货能够维持生产的连续性,实现均衡生产,以降低成本。

2. 满足市场销售的需要

企业有了足够的产成品存货,可以增强企业销售的机动性。有时市场销售的波动性可能由于企业产品库存不足而导致企业丧失推销的机会,因此失去顾客和市场。所以,储存适当的存货可以满足市场的需要。

3. 保持必要的保险储备,防止意外发生

企业在采购、运输、生产和销售的各环节中,可能发生意外事故而导致存货不足,进而影响企业的生产经营。所以保持适量的存货保险储备,可避免或减少损失。

(二) 存货的成本

企业由于各种原因持有存货,由此会发生各项支出。存货成本就是企业储存一定量存货所付出的代价。存货成本包括:

1. 订货成本

订货成本是指企业为组织订购存货而发生的各项支出,如为订货而发生的办公费、邮资、电话电报费、采购人员差旅费、常设采购机构的基本开支等。订货成本可以分为订货变动成本和订货固定成本。订货变动成本一般与订货次数有关,如差旅费、邮资等;订货固定成本一般与订货次数无关,如常设采购机构的基本开支。

设订货的固定成本为 F_1,存货年需求量为 D,每次进货量为 Q,每次订货的变动成本为 K,则:

$$订货成本=F_1+\frac{D}{Q}K \tag{9-15}$$

2. 采购成本

采购成本是指由购买存货而发生的支出,由买价、运杂费、装卸费、运输途中的合理损耗和入库前的挑选整理费等组成,其总额取决于采购数量和单位采购成本。在存货管理决策中,采购成本属于无关成本,但在有数量折扣时,采购成本就可能成为相关成本。

设存货的单价为 U,则

$$采购成本=DU \tag{9-16}$$

3. 储存成本

储存成本是指在存货储存过程中发生的支出,包括仓储费、保险费、损耗费、仓库折旧费、存货占有资金的应计利息等。储存成本分为储存变动成本和储存固定成本。储存变动成本与储存存货的数量有关,如保险费、损耗费、存货占有资金的应计利息等;储存固定成本与存货的储存数量无关,如仓库折旧费、仓库管理人员的工资等。

设储存固定成本为 F_2,单位变动成本为 K_c,则:

$$储存成本=储存固定成本+储存变动成本=F_2+K_c\frac{Q}{2} \tag{9-17}$$

4. 缺货成本

缺货成本是指由于存货数量不能及时满足生产和销售的需要而给企业带来的损失,如停工损失、延迟发货损失、丧失销售机会的损失、额外成本等。缺货成本与存货的储存量成反比。

设缺货量为 S,单位缺货成本为 C_s,平均缺货量$=\frac{S^2}{2Q}$,则

$$缺货成本=\frac{S^2}{2Q}C_s \tag{9-18}$$

二、存货经济订货批量的基本模型

存货管理方法是指企业按照存货计划,对存货的采购、使用和销售进行组织、调

节和控制所采取的措施。存货经济订货批量模型(EOQ 模型)就是一种有效的存货管理方法。

经济订货批量也称最佳采购批量,是指在一定生产、供应条件下能够使存货的相关总成本达到最低点时的每次进货数量。由于存货的成本由订货成本、采购成本、储存成本和缺货成本构成,其中采购成本与订货批量无关;在不允许缺货的情况下,也不存在缺货成本,那么与存货采购批量和采购次数有关的就是订货成本和储存成本。如果企业减少采购批量,增加进货次数,在导致储存成本降低的同时,会导致订货成本的上升;反之,如果增加采购批量,减少进货次数,订货成本会减少,但却会使储存成本增加。

经济订货批量的基本模型通常是建立在以下假设条件下:

(1) 企业一定时期的存货需求量能够准确地预计,即需求量为常量。

(2) 存货市场供应充足,企业需要存货时,可立即取得。

(3) 企业存货集中到货,而不是陆续入库。

(4) 存货价格稳定,不考虑数量折扣,即单价为已知常量。

(5) 企业现金充足,不会因现金短缺而影响进货。

(6) 不允许缺货,即无缺货成本。

经济订货批量就是从订货成本与储存成本的权衡角度来考虑的。了解这种关系的关键是平均存货等于订货批量的一半。因此,订货批量越大,平均存货就越大,相应地,每年的储存成本也越大。然而,订货批量越大,每一计划期需要的订货次数就越少,相应地,订货总成本也就越低(如图 9-11 所示)。存货控制的目的就是要确定能够使存货中的订货成本与储存成本之和的总成本最低时的订货批量。即:

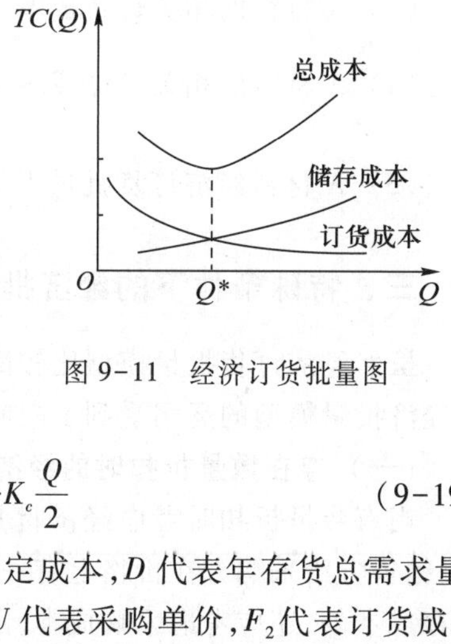

图 9-11 经济订货批量图

$$TC=F_1+\frac{D}{Q}K+DU+F_2+K_c\frac{Q}{2} \tag{9-19}$$

式中,TC 代表存货总成本,F_1代表订货成本中的固定成本,D 代表年存货总需求量,Q 代表每次的订货量,K 代表每次订货变动成本,U 代表采购单价,F_2代表订货成本中的固定成本,K_c代表单位储存成本。

当满足以上假设条件,且 F_1、K、D、U、F_2、K_c为常量时,依上述含义对公式(9-19)中的自变量 Q 求导并令其为零,就可得到总成本最低时的订货批量。

$$TC'=\left(\frac{D}{Q}K+\frac{Q}{2}K_c\right)'=\frac{K_c}{2}-\frac{DK}{Q^2}=0$$

整理后可得经济订货量基本模型:

$$Q^*=\sqrt{\frac{2KD}{K_c}} \tag{9-20}$$

每年最佳订货次数:

$$N^*=\frac{D}{Q^*} \tag{9-21}$$

按上述假设存货价格和数量均为常量,不是存货的相关成本,那么,以题意分析可得出与批量有关的存货总成本为:

$$TC=\frac{D}{Q}K+\frac{Q}{2}K_c \tag{9-22}$$

也即:

存货总成本=订货成本+储存成本

将公式(9-19)代入得出与批量有关的存货总成本为:

$$TC(Q^*)=\sqrt{2KDK_c} \tag{9-23}$$

存货成本与订货批量关系如图9-11所示。

【例9-10】 某企业每年需耗用A材料45 000件,单位材料年储存成本20元,平均每次订货成本为180元,A材料全年平均单价为240元。假定不存在数量折扣,不会出现陆续到货和缺货的现象。根据以上资料,存货决策如下:

(1) A材料的经济订货批量$=\sqrt{\frac{2\times45\ 000\times180}{20}}=900$(件)

(2) A材料年度最佳进货批次$=\frac{45\ 000}{900}=50$(次)

(3) A材料的相关订货成本$=50\times180=9\ 000$(元)

(4) A材料的相关存储成本$=\frac{900}{2}\times20=9\ 000$(元)

(5) A材料经济订货批量平均占用资金$=\frac{240\times900}{2}=108\ 000$(元)

三、特殊条件下的经济批量模型

虽然经济订货批量模型比较简单明了,但是必须满足上述的各项假设条件,这使得经济批量模型的运用受到了限制。为了提高模型的实用性,必须对模型加以改进。

(一) 存在数量折扣时的经济批量模型

当有数量折扣时考虑经济批量模型,是指企业在采购存货时,由于采购批量较大,销售方给采购方在价格上有一定折扣。在这种情况下企业除了考虑订货成本和储存成本外,还应考虑采购成本,因为此时的采购成本已经与进货数量的多少有了直接的联系,属于决策的相关成本。

在存在数量折扣的情况下,存货总成本为:

$$\text{存货总成本}=\text{订货成本}+\text{储存成本}+\text{采购成本} \tag{9-24}$$

考虑数量折扣情况下确定经济订货批量的步骤:

(1) 按照经济订货批量基本模型计算经济批量和相关总成本(这里必须要考虑采购成本,因为它属于决策的相关成本)。

(2) 计算给予数量折扣时与进货批量相关的总成本。

(3) 比较不同进货批量的存货相关总成本。

【例9-11】 某公司每年需用某种材料8 000吨,每次订货成本400元,每吨材料的年储存成本为40元,该种材料买价为每吨1 500元。如果该公司一次订货量在500吨以上可获2%的折扣,在1 000吨以上可获3%的折扣。根据以上资料,计算和判断该公司的最佳经济订货批量。

(1) 没有价格折扣的最佳订货批量：

$$Q^* = \sqrt{2\times 8\ 000\times 400/40} = 400(\text{吨})$$

(2) 400 吨订货批量的年存货相关总成本：

$$\begin{aligned}\text{年存货相关总成本} &= 400/2\times 40+8\ 000/400\times 400+1\ 500\times 8\ 000\\ &= 12\ 016\ 000(\text{元})\end{aligned}$$

(3) 500 吨订货批量的年存货相关总成本：

$$\begin{aligned}\text{年存货相关总成本} &= 500/2\times 40+8\ 000/500\times 400+1\ 500\times\\ &\quad 0.98\times 8\ 000 = 11\ 776\ 400(\text{元})\end{aligned}$$

(4) 1 000 吨订货批量的年存货相关总成本：

$$\begin{aligned}\text{年存货相关总成本} &= 1\ 000/2\times 40+8\ 000/1\ 000\times 400+1\ 500\times\\ &\quad 0.97\times 8\ 000 = 11\ 663\ 200(\text{元})\end{aligned}$$

通过比较发现，每次进货量 1 000 吨时的存货相关总成本最低，所以最经济的订货量为 1 000 吨。

(二) 存在缺货时的经济批量模型

在基本经济订货批量模型的假设条件中包含着不允许缺货；如果允许缺货，就存在缺货成本。在确定经济订货批量时，应同时考虑订货成本、储存成本和缺货成本，三项成本总和最低的批量就是最佳订货批量。

$$\text{存货总成本} = \text{订货成本}+\text{储存成本}+\text{缺货成本} \qquad (9-25)$$

设缺货量为 S，单位缺货成本为 C_s，平均储存量 $=\dfrac{(Q-S)^2}{2Q}$，平均缺货量 $=\dfrac{S^2}{2Q}$，则

$$TC = \frac{D}{Q}K + \frac{(Q-S)^2}{2Q}K_c + \frac{S^2}{2Q}C_s \qquad (9-26)$$

根据公式(9-26)分别对 Q 及 S 求偏导数并令之为零，得：

允许缺货时的经济批量模型：

$$Q = \sqrt{\frac{2KD}{K_c}\times\frac{K_c+C_s}{C_s}} \qquad (9-27)$$

$$S = \frac{Q\times K_c}{K_c+C_s} \qquad (9-28)$$

则允许缺货时的存货总成本为：

$$TC = \sqrt{2KDK_c\times\frac{C_s}{K_c+C_s}} \qquad (9-29)$$

【例 9-12】 若某企业 A 材料年需用量为 48 000 千克，年单位储存成本 8 元，单位缺货成本 12 元，每次订货成本 50 元。则：

$$\text{允许缺货情况下的经济订货批量} = \sqrt{\frac{2\times 48\ 000\times 50}{8}\times\frac{8+12}{12}} = 1\ 000(\text{千克})$$

$$\text{平均缺货量} = 1\ 000\times\frac{8}{8+12} = 400(\text{千克})$$

$$\text{最低存货成本} = \sqrt{2\times 48\ 000\times 50\times 8\times\frac{12}{8+12}} = 4\ 800(\text{元})$$

（三）存货陆续供应和使用时的经济批量模型

在建立基本经济批量模型时是假设存货集中到货，而不是陆续入库的，但实际上企业的产成品入库和在产品转移几乎总是陆续进行的，所以存货量是陆续增加的，这时就需要对基本模型进行修订。陆续供应时存货数量变动如图 9-12 所示。

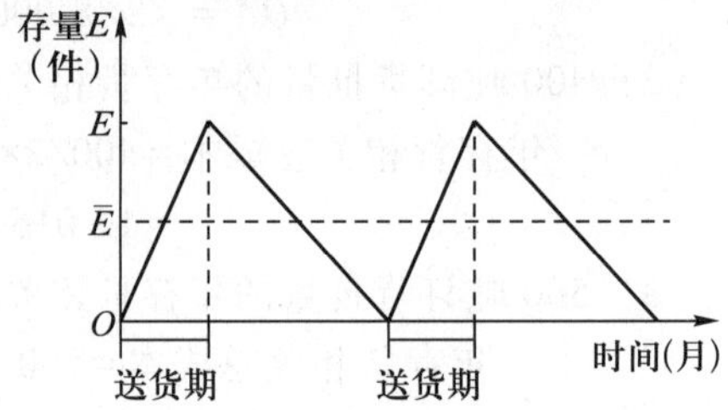

图 9-12　陆续供应时存货数量的变动

图 9-12 中的 E 表示最高库存量，$\overline{E}$ 表示平均库存量。

设每次订货批量为 Q，每日送货量为 P，故该批货全部送达所需日数为 Q/P，称为送货期。

设零件每日耗用量为 d，故送货期内的全部耗用量为：$\frac{Q}{P}\cdot d$

由于零件边用边送，所以每批送完时最高库存量为：$Q-\frac{Q}{P}\cdot d$

平均存货则为：$\frac{1}{2}\left(Q-\frac{Q}{P}\cdot d\right)$

与批量有关的总成本为：

$$TC(Q^*)=\frac{D}{C}\cdot K+\frac{1}{2}\left(Q-\frac{Q}{P}\cdot d\right)\cdot K_c$$

$$=\frac{D}{Q}\cdot K+\frac{Q}{2}\left(1-\frac{d}{P}\right)\cdot K_c \qquad (9-30)$$

当订货变动成本与储存变动成本相等时，$TC(Q)$ 有最小值，故存货陆续供应和使用时的经济订货量公式为：

$$\frac{D}{Q}\cdot K=\frac{Q}{2}\left(1-\frac{d}{P}\right)\cdot K_c$$

$$Q^*=\sqrt{\frac{2KD}{K_c}\times\frac{P}{P-d}} \qquad (9-31)$$

存货陆续供应和使用时的经济订货量总成本公式为：

$$TC(Q^*)=\sqrt{2KD\,K_c\left(1-\frac{d}{P}\right)} \qquad (9-32)$$

【例 9-13】　某公司生产中使用的甲零件，全年共需耗用 9 000 件，每日送货量 50 件，每日使用量 25 件，每次订货成本 200 元，变动储存成本每件 5 元。则：

$$经济订货批量=\sqrt{\frac{2\times9\,000\times200\times\left(1-\frac{25}{50}\right)}{5}}=1\,200(件)$$

$$与经济订货批量相关的总成本=\sqrt{2\times9\,000\times200\times5\times\left(1-\frac{25}{50}\right)}$$

$$=3\,000(元)$$

（四）存在订货提前期的经济批量模型

在基本模型中是假设存货的需求是确定的，使用的存货是常量，瞬时交货。但事实是以上因素都不可能确定，企业的存货很难做到随用随时补充，所以企业存货不能用完后再去订货，而应该提前订货。在提前订货的情况下，企业再次发出订货单时，尚有存货的库存量，称为再订货点。企业应正确地确定再订货点，如果企业订货过早，会增加存货储备量，造成积压；如果订货过迟，可能供货不及时，影响生产经营的需要。

设再订货点用 R 表示，交货时间用 L 表示，每日平均需要量用 d 表示，则

$$R=L\cdot d \tag{9-33}$$

根据图 9-13 可以看出，企业在尚有存货 R 时，应当发出订单订购其经济订货批量，这一订货量包含 R，等到下批存货到达时（发出订单 L 天后），原有库存刚好用完。应当注意，订货提前期对经济订货批量并无影响，因为此时存货的每次订货批量、订货次数、订货间隔时间并无变化。

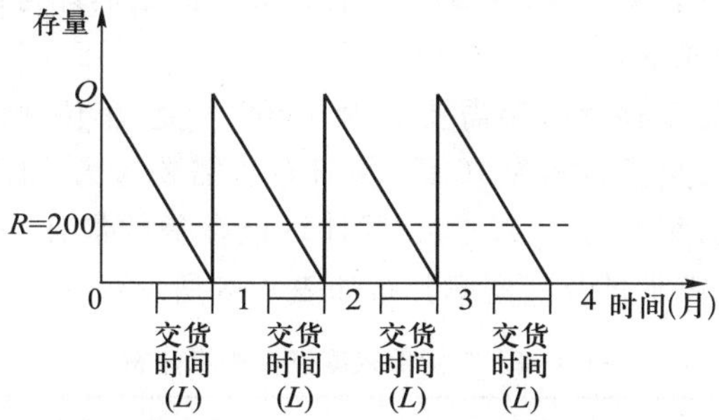

图 9-13　订货提前期

（五）存在保险储备时的经济批量模型

企业按照经济订货批量和再订货点发出订单后，如果企业需求突然增加或者送货突然延迟，就可能发生缺货或供货中断。为了防止发生缺货或供货中断而造成的损失，企业需要多储存一些存货，该存货量为安全储备或安全存量。这些存货在正常情况下不动用，只有当存货过量使用或送货延迟时才使用。保险储备如图 9-14 所示。

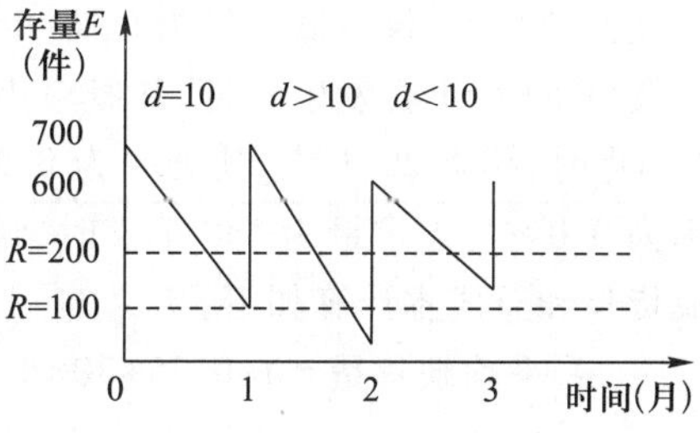

图 9-14　存货的保险储备

图 9-14 中，已计算出经济订货批量为 600 件，每年订货 12 次，全年平均日需要量为 10 件，平均每次交货时间为 10 天。为防止需求变化引起缺货损失，设保险储备量 B 为 100 件，再订货点 R 相应提高为：

$$\begin{aligned}R&=\text{交货时间}\times\text{平均日需要量}+\text{保险储备}\\&=L\cdot d+B\\&=10\times10+100\\&=200(\text{件})\end{aligned} \tag{9-34}$$

在第一个订货周期里，$d=10$，不需要动用保险储备；在第二个订货周期里，$d>10$，需求量大于供货量，需要动用保险储备；在第三个订货周期里，$d<10$，供货量大于需求量，不仅不需要动用保险储备，正常储备亦未用完，下次存货即已送到。

企业建立保险储备，可以使企业避免由于缺货或供应中断造成的损失，减少缺货成本，但提高了再订货点，使存货平均储备量加大，从而使保险储备成本上升。企业应确定合理的安全储备量，使缺货或供应中断损失与保险储备成本之和最小。方法上可先计算出各种不同保险储备量的总成本，然后再对总成本进行比较，选定其中最低的。

相关的年存货总成本由两部分组成：

$$存货总成本=缺货成本+保险储备成本 \tag{9-35}$$

$$TC=C_s+C_B=K_U\times S\times N+B\times K_C \tag{9-36}$$

式中，C_S为缺货成本；C_B为保险储备成本；K_u为单位缺货成本；S为一次单位订货缺货量；N为每年订货次数；B为保险储备量；K_c为单位储存成本。

现实中，缺货量具有概率性，其概率可根据历史数据估计得出，预期的缺货成本是缺货概率乘以缺货成本。

【例 9-14】 假定某存货的年需要量为 3 600 千克，单位变动储存成本为 2 元，单位缺货成本为 4 元，交货时间为 10 天，每日存货需要量为 10 千克，经计算的经济订货批量为 300 千克，每年订货 12 次。试计算该存货的最佳安全储备量和再订货点。交货期内的存货需求量及其概率分布如表 9-8 所示：

表 9-8 存货需求量及其概率分布 单位：千克

需求量（千克）	40	60	80	100	120	140	160
概率	0.01	0.04	0.20	0.50	0.20	0.04	0.01

（1）不设置保险储备量的情况。

在此情况下，保险储备量为 0，即 $B=0$，则再订货点 $R=100$ 千克，当需求量为 100 千克及以下时，不会发生缺货，其概率为 0.75（0.01+0.04+0.20+0.50）；当需求量为 120 千克时，缺货 20 千克，其概率为 0.20；当需求量为 140 千克时，缺货 40 千克，其概率为 0.04；当需求量为 160 千克时，缺货 60 千克，其概率为 0.01。因此，$B=0$ 时平均缺货量和总成本计算如下：

$$平均缺货量=0\times0.75+20\times0.2+40\times0.04+60\times0.01=6.2（千克）$$

$$TC=4\times6.2\times12+0\times2=297.60（元）$$

（2）保险储备量为 20 千克的情况。

在此情况下，$B=20$ 千克，则再订货点 $R=120$ 千克，当需求量为 120 千克及以下时，不会发生缺货，其概率为 0.95（0.01+0.04+0.20+0.50+0.20）；当需求量为 140 千克时，缺货 20 千克，其概率为 0.04；当需求量为 160 千克时，缺货 40 千克，其概率为 0.01。因此，$B=20$ 千克时平均缺货量、总成本可计算如下：

$$平均缺货量=0\times0.95+20\times0.04+40\times0.01=1.2（千克）$$

$$TC=4\times1.2\times12+20\times2=97.60（元）$$

（3）保险储备量为 40 千克的情况。

同理可得，$B=40$ 千克，再订货点 $R=140$ 千克，当需求量为 140 千克及以下时，不会发生缺货，其概率为 0.99；当需求量为 160 千克时，缺货 20 千克，其概率为 0.01。因此，$B=40$ 千克时的平均缺货量、总成本可计算如下：

$$平均缺货量=0\times0.99+20\times0.01=0.2(千克)$$

$$TC=4\times0.2\times12+40\times2=89.60(元)$$

（4）保险储备量为 60 千克的情况。

同理可得，$B=60$ 千克，则再订货点 $R=160$ 千克，当需求量为 160 千克及以下时，不会发生缺货，其概率为 1。因此，$B=60$ 千克时平均缺货量，总成本可计算如下：

$$平均缺货量=0\times1=0(千克)$$

$$TC=4\times0\times12+60\times2=120(元)$$

比较上述不同保险储备量的总成本，以其低者为最佳。因此，当保险储备量 $B=40$ 千克时，总成本为 89.60 元是各总成本中最低的，所以应确定最佳保险储备量为 40 千克，再订货点为 140 千克。

四、存货的 ABC 分类管理法

企业库存成千上万，有的价值昂贵，但品种数量少；有的价值低廉，但种类和数量较多。在管理中，存货的品种特点不同，管理的需求和侧重点也不同；不同的存货对企业财务目标的实现也具有不同的作用。存货的 ABC 分类管理法就是将企业的存货按照一定的标准分为 A、B、C 三类，按照各类存货的重要程度分别采取不同的方法进行管理和控制的一种方法。其特点是选择重点项目，组织重点管理。ABC 分类法的目的在于使企业对存货的管理分清主次，突出重点，以提高存货管理的效率。

存货分类的标准主要有金额标准和品种数量标准，其中金额标准是主要的，数量品种标准是次要的。其具体分类方法为：A 类存货品种数量占全部存货的品种数量比重最小，但金额占全部存货比重最大；B 类存货品种数量占全部存货的品种数量比重较大，金额占全部存货比重也较大；C 类存货品种数量占全部存货的品种数量比重最大，但金额占全部存货比重最小。

将存货划分为 A、B、C 三类后，可采取不同的管理方法。因 A 类存货品种少、金额大，可按照每一个品种进行重点管理，经常检查这类存货的库存情况，严格控制这类存货的支出；B 类存货相对于 A 类而言，数量多，金额小，所以可通过划分类别进行次重点管理；对 C 类存货可进行总量控制和管理，力求简单易行。这样既能抓住存货管理的重点，又能兼顾一般，可有效地提高存货管理的效率，降低存货管理的成本。

运用 ABC 分类法的步骤：

（1）列示企业全部存货的明细表，计算每种存货的金额及所占比重。

（2）按金额的大小，由高到低对所有存货顺序排列，并累计金额百分比。

（3）将累计金额为 60%～80% 的存货定为 A 类；将金额为 15%～20% 的存货定为 B 类；将其余的存货定为 C 类。

（4）根据分析的结果，对 A、B、C 三类存货采取不同的管理策略。

【例 9-15】 某企业共有 18 种材料，总金额为 195 210 元，按金额比重大小顺序排列，并按上述原则将其划分成 A、B、C 三类，如表 9-9 所示。

表 9-9　某企业主要材料 ABC 分类表

材料名称(编号)	占用资金额(元)	金额比重(%)	类别
1	78 000	39.96	A
2	60 500	30.99	A
3	15 200	7.79	B
4	12 100	6.2	B
5	7 600	3.89	B
6	5 400	2.77	B
7	3 200	1.64	C
8	2 200	1.13	C
9	2 100	1.08	C
10	1 800	0.92	C
11	1 600	0.82	C
12	1 350	0.69	C
13	1 020	0.52	C
14	880	0.45	C
15	770	0.39	C
16	660	0.34	C
17	560	0.29	C
18	270	0.14	C
合计	195 210	1	

根据以上分类,归纳统计出分类结果,如表 9-10 所示。

表 9-10　某企业主要材料 ABC 分类统计表

类别	各类材料品种数	品种数量比重(%)	资金额(元)	金额比重(%)
A	2	11.11	138 500	70.95
B	4	22.22	40 300	20.64
C	12	66.67	16 410	8.41
合计	18	100	195 210	100

ABC 分类法在存货管理上也存在一些不足,ABC 分类标准过于单一,主要按存货金额和数量进行分类,没有考虑到采购难易度、采购提前期、供方垄断、生产依赖性等因素,具有一定的片面性。实际中可以结合上述因素,利用计算机仿真软件,进行自动分析。虽然 ABC 分类法存在着一定的局限和不足,但仍不失为库存管理中一项非常实用的方法。

以上介绍了几种常见的存货管理模式与方法。在企业库存管理实践中,传统库存管理和控制方法日益暴露出其固有的缺陷,企业的存货管理过于粗放、简单,而目前国内许多著名企业如联想、海尔等相继采用新的存货管理模式,如零存货管理、第三方物流等,以降低库存,提高效率。

小资料

JIT(just in time)系统,即适时生产系统,也称零存货管理,具体是指"在需要的时候,按需要的量生产所需的产品"。这是在日本丰田公司生产方式的基础上发展起来的一种先进的管理模式,它是一种旨在消除一切无效劳动,实现企业资源优化配置,追求一种无库存或库存量达到最小的管理模式。在日本,JIT又称"看板"管理。采用看板方式,要求企业各工序之间或企业之间或生产企业与供应者之间采用固定格式的卡片为凭证,由下一环节根据自己的节奏,逆生产流程方向,向上一环节指定供应,其主要目的是在同步化供应链计划的协调下,使制造计划、采购计划、供应计划能够同步进行。在具体操作过程中,可以通过增减看板数量的方式来控制库存量。由于JIT生产的各个生产环节的材料、物资和零部件都是适时到达,直接使用,这样就消除了运送、储存及处理方面的费用,使企业库存成本大幅度节约。

VMI(vendor managed inventory)模式,即供应商管理库存,也称第三方物流外包。VMI是一种在供应链环境下的库存运作模式,它是将多级供应链问题变成单级库存管理问题,企业不需要考虑如何管理庞大的库存,而把这个问题留给了第三方物流服务商。相对于按照传统用户发出订单进行补货的传统做法,VMI是以实际或预测的消费需求和库存量,作为市场需求预测和库存补货的解决方法,即由销售资料得到消费需求信息,供货商可以更有效地计划、更快速地反映市场变化和消费需求。VMI模式力图通过集成供应链上各节点企业的库存控制职能,从而达到降低整体库存费用的目的。

第五节　短期融资管理

不论企业采用哪种营运资金管理政策,只要企业存在流动资产占用,就必须安排相应的融资以满足其需求。从营运资金管理策略上看,企业占用在流动资产上的资金可以通过短期负债融资来满足,只有保持流动资产与短期负债在数量上、期限上的匹配,才能使企业在提高资产运营能力的同时,降低融资成本并规避风险。

一、短期负债融资的特点

短期负债是指企业需要在一年或者超过一年的一个营业周期内偿还的债务。短期负债融资为企业提供了灵活的融资渠道,所筹集资金的可使用时间较短。与长期负债融资相比,短期负债筹资有以下特点:

1. 融资速度快

进行短期负债筹融资所需要的时间一般较短,手续较为简单,在短时间内便可获得资金。如申请短期借款要比申请长期借款来得容易,银行一般会对举借长期借款企业的财务状况进行全面评估后做出决定,但是短期借款因短时间内可归还,银行审查的手续相对简单、便捷。

2. 融资弹性强

筹集短期负债,一般债权人对融资的数额、时间、利率等方面限制较少,相对宽松,在资金的使用上企业也可与债权人协商,因此短期负债融资具有较大的灵活性。

3. 融资成本低

短期负债的利率一般低于长期负债,所以短期融资的利息负担要低于长期负债融资的利息负担,而某些自发性融资方式,如应付账款、应交税费等,都属于免费融资方式,即没有利息负担。

4. 融资风险大

短期负债融资的利率虽然低于长期负债融资,但其波动性较大;而且短期负债的时间较短,要求企业在短时间内筹集到足够的资金偿还到期的债务,如果企业资金安排不当,就会陷入财务危机,甚至破产。

二、短期负债融资的形式

(一) 商业信用

商业信用是指在商品交易中由于延期付款或预收款项所形成的企业间的借贷关系。商业信用产生于商品交换之中,是一种“自发性筹资”,使用方便,在短期筹资中占有相当大的比重。

1. 商业信用的形式

商业信用的主要形式有应付账款、应付票据、预收账款和其他应付项目等。

(1) 应付账款。应付账款即赊购商品,是企业购买货物暂未付款而欠销货方的款项。应付账款是以记账方式表示的商业信用,是一种最典型、最常见的商业信用形式。卖方利用这种方式促销,对买方来说则向卖方借用购进商品,可以满足短期资金需要。为了促使买方及早付款,卖方通常会提供一定的现金折扣,如果买方放弃现金折扣,则会承担一定的筹资成本。

(2) 应付票据。应付票据是买卖双方进行商品交易时,由于延期付款而开具的反映债权债务关系的信用凭证。按承兑人的不同,应付票据分为银行承兑汇票和商业承兑汇票;按是否带息分为带息票据和不带息票据两种。应付票据支付期最长不超过6个月,带息应付票据的利率一般比银行借款的利率低,企业不用保持相应的补偿性余额和支付各种手续费,所以应付票据的筹资成本一般低于银行借款成本。但是应付票据必须到期偿还,如果延期就要支付罚金,因而风险较大。

(3) 预收账款。预收账款是指卖方根据合同或协议规定,在交付货物之前向买方预先收取部分或全部货款的信用形式。对于卖方来讲,预收账款相当于卖方向买方借用资金,形成卖方企业债务,以后用货物抵偿。预收账款一般用于生产周期长、资金需要量大或紧缺的商品货物销售。

(4) 其他应付项目。企业在生产经营活动中还会形成一些应付项目,如应付职工薪酬、应交税费、应付利息、其他应付款等。这些应付项目的发生一般表现为企业受益在先,支付在后,相当于企业享用了债权人的借款。这类应付项目的支付时间具有固定性,且金额较为稳定,一般没有筹资成本。

2. 商业信用的筹资成本

应付账款是最常见的商业信用形式,所以商业信用的筹资成本以应付账款为例来介绍。

应付账款筹资成本可根据是否提供现金折扣和是否享受现金折扣来决定,按是否支付代价分为无代价筹资和有代价筹资两种。属于无代价筹资的有:卖方不提供现金折扣,买方在信用期内付款;卖方提供现金折扣,买方在折扣期内付款。属于有代价筹资有:买方超过信用期限延期付款;买方放弃现金折扣,超过折扣期但不超过信用期付款。

例如,企业赊购一批商品,卖方提出的付款条件为“2/10,n/40”,对企业来说有以下方案可供选择:

方案1:折扣期内付款。好处是企业将享受2%的现金折扣,不足是企业占用对方资金的时间较短,只有10天。

方案2:超过折扣期但不超过信用期付款。好处是占用对方资金的时间较长,多占用30天资金,但不足是企业丧失现金折扣。

方案3:超过信用期延期付款。好处是长期占用对方资金,但同时企业失去信誉。

如果买方企业选择方案1,属于无代价筹资,如果选择方案2和方案3则属于有代价筹资。方案3,可能会使买方短期获益,低成本占用他人资金,但企业以失去诚信及声誉为代价,可能会给企业带来一定的风险或潜在的筹资成本,如信用损失、利息罚息、停止送货、法律追索等,所以这种行为对企业未来的发展会产生重大的负面影响。方案2因买方放弃现金折扣而选择在信用期到期前付款的成本可通过以下公式计算:

$$\text{放弃现金折扣成本}=\frac{\text{折扣百分比}}{1-\text{折扣百分比}}\times\frac{360}{\text{信用期}-\text{折扣期}} \tag{9-37}$$

运用公式,该企业放弃现金折扣的成本为:

$$\frac{2\%}{1-2\%}\times\frac{360}{40-10}=24.49\%$$

计算结果表明,企业放弃2%现金折扣,以获得为期30天的资金使用权,是以放弃年利率24.49%的优惠为代价的。

企业是否放弃现金折扣,通常应将放弃现金折扣的成本与短期融资成本相比较。如果短期融资成本低于放弃现金折扣的成本,买方就不应该放弃卖方提供的折扣优惠,因为买方可通过其他渠道筹集到成本较低的资金,来提前支付这笔款项,以享受现金折扣带来的好处;反之则应放弃折扣。

买方是否放弃现金折扣,其决策原则归纳为:

(1) 如果放弃现金折扣的成本大于短期融资成本,则应选择在折扣期内付款;

(2) 如果放弃现金折扣的成本小于短期融资成本,则应选择在信用期内付款。

【例9-16】 某公司拟采购一批零件,供应商报价如下:立即付款,价格为9 630元;30天付款,价格为9 750元;31~60天付款,价格为9 870元;61~90天付款,价格为10 000元,没有折扣。假设银行短期贷款利率为15%,每年按360天计算,计算放弃现金折扣的成本,并确定对该公司最有利的付款日期和价格。

① 立即付款:

$$\text{折扣率}=1-\frac{9\ 630}{10\ 000}=3.7\%$$

$$\text{放弃折扣的成本}=\frac{3.7\%}{1-3.7\%}\times\frac{360}{90-0}=15.37\%$$

② 30 天付款：

$$折扣率=1-\frac{9\ 750}{10\ 000}=2.5\%$$

$$放弃折扣的成本=\frac{2.5\%}{1-2.5\%}\times\frac{360}{90-30}=15.38\%$$

③ 60 天付款：

$$折扣率=1-\frac{9\ 870}{10\ 000}=1.3\%$$

$$放弃折扣的成本=\frac{1.3\%}{1-1.3\%}\times\frac{360}{90-60}=15.81\%$$

最有利的是第 60 天付款 9 870 元。这里"放弃现金折扣的成本率"就是企业的商业信用成本率,也即利用现金折扣的收益率,故应选择大于贷款利率且利用现金折扣收益率最高的付款期。

假设目前有一短期投资机会,报酬率为 40%,因放弃现金折扣的成本率均小于该投资项目的报酬率,则应选择在信用期内付款。该公司应选择第 90 天付款,价格 10 000 元。

3. 商业信用融资的特点

商业信用融资与其他融资方式相比较最大的优越性在于容易取得。其特点表现为:首先,它是一种持续性的信贷形式,且无须办理正式的筹资手续;其次如果没有现金折扣或使用不带息票据,商业信用融资不负担成本。商业信用融资的缺点是期限较短,在放弃现金折扣时所负担的成本较高。

(二) 短期银行借款

短期银行借款是指企业向银行和其他金融机构借入的期限在一年以内的借款。短期银行借款作为一种融资行为,不同于交易过程中自发形成的商业信用融资方式,它是企业获得短期资金来源的主要形式,在企业融资中占有重要位置。

1. 短期银行借款的种类

短期银行借款按照目的和用途划分,主要有生产周转借款、临时借款、结算借款等;按照偿还方式的不同,分为一次性偿还借款和分期偿还借款;按照利息支付方法的不同,分为收款法借款、贴现法借款和加息法借款;按照有无担保,分为抵押借款和信用借款。企业在申请借款时,应根据企业的需要和各种借款的条件加以选择。

2. 短期银行借款的信用条件

按照国际惯例,银行发放短期借款往往带有一些信用条件,这些条件主要有:

(1) 信用额度。信用额度是银行对借款人规定的无担保贷款的最高限额。一般情况下,企业在银行批准的信用额度内,可随时按需要向银行申请借款,但是银行并不承担必须提供全部信用限额的义务。如果企业财务状况恶化,银行可以拒绝继续提供贷款,此时银行不会承担法律责任。信用额度的期限通常为 1 年;信用额度的数量为银行能贷款给企业的最高限额。

(2) 周转信用协定。周转信用协定是银行具有法律义务地承诺提供不超过某一最高限额的贷款协定。在协定有效期内,只要企业的借款未超过最高限额,银行必须满足企业任何时候提出的借款要求。企业在使用周转信用协定时,通常要对贷款限额的未使用部分(此部分的一定百分比)支付给银行一笔承诺费,因为尚未使用的信用额度仍属于稀缺资源,这也是银行向企业提供此项贷款的一种附加条件。

(3) 补偿性余额。补偿性余额是银行要求借款企业在银行中保持按贷款限额或实际借款额的一定百分比(一般 10%~20%)计算的最低存款余额。从银行的角度看,补偿性余额可以降低贷款风险,补偿由于贷款企业无法偿还的贷款损失。对于借款企业而言,补偿性余额则提高了借款的实际利率。

(4) 借款抵押。借款抵押是指按照法律规定的抵押方式以借款人或第三方的财产作为抵押物而向银行取得的借款。银行主要针对财务风险较大的企业或对其信誉不太了解的企业,在发放贷款时要求有抵押品担保,目的是减少银行贷款损失的风险。短期银行借款的抵押品一般为企业的应收账款、存货、股票、债券等,银行抵押贷款的安全程度取决于抵押品的价值大小和变现能力。

(5) 还款条件。贷款的偿还有到期一次偿还和贷款期内定期等额偿还两种。对企业来讲,一般不希望采用第二种还款方式,因为第二种还款方式会提高借款的实际利率。对银行来讲,则相反。

3. 短期银行借款的成本

短期银行借款的成本会随着借款的种类、数额与时间不同而有所不同。按照借款利息支付方法的不同,短期银行借款成本(实际利率)的计算方法主要有:

(1) 收款法。收款法是在借款到期时向银行支付利息的方法。如果企业借款期为一年,年末连本带息一次偿还,则借款的实际利率与名义利率相同。

$$\text{收款法下的贷款实际利率}=\frac{\text{每年的利息费用}}{\text{实际贷款金额}} \tag{9-38}$$

(2) 贴现法。贴现法是银行向企业发放贷款时,先从本金中扣除利息,到期时偿还全部贷款本金的一种计息方法。银行有补偿性余额要求条件的也属于这种付息方法。在这种情况下,企业实际可动用的贷款额就会小于所申请的贷款额,因此贷款的实际利率高于名义利率。

$$\text{贴现法下贷款的实际利率}=\frac{\text{名义利率}}{1-\text{名义利率}} \tag{9-39}$$

$$\text{补偿性余额贷款下的实际利率}=\frac{\text{名义利率}}{1-\text{补偿性余额比例}} \tag{9-40}$$

(3) 加息法。加息法是银行发放分期等额偿还贷款时采用的利息收取方法。这种方法下,银行将按名义利率计算的利息加入贷款本金中,计算出贷款的本利和,要求企业在贷款期限内分期偿还。由于贷款分期偿还,所以借款企业实际上只平均使用贷款本金的一半,却支付了全部利息。因此,因此贷款的实际利率高于名义利率大约 1 倍。

$$\text{加息法下贷款的实际利率}=\frac{\text{贷款额}\times\text{名义利率}}{\text{贷款额}/2}=2\times\text{名义利率} \tag{9-41}$$

■ 关键词

营运资金　资产组合策略　营运资金筹资策略　信用政策　5C 评估法　账龄分析　经济订货批量　再订货点　商业信用　短期融资

要点回顾

本章主要介绍了营运资金管理政策与策略，三种重要的流动资产的管理以及短期融资管理等内容。其要点包括：①营运资金管理政策与策略。营运资金管理政策与策略包括两个方面：一是确定企业资产组合的策略，即确定流动资产投资总额和各项流动资产目标投资额的政策；二是营运资金的融资策略，即安排流动资产来源的政策。②三种重要的流动资产管理。一是现金管理，现金管理是强化短期财务周转安排、严格财务控制的核心内容，主要涉及最佳现金持有量的确定；二是应收账款管理，应收账款有增加销售、减少存货的功能，但也加大了应收账款的成本与风险，这里关键要掌握应收账款的信用分析，合理的信用政策制定对应收账款的控制至关重要；三是存货管理，存货数量的变化将会引起存货风险和收益发生变化，存货管理就是权衡存货的成本与风险，将存货保持在最优水平，主要方法有经济订货批量模型、ABC 管理法等。③短期融资管理。短期融资的方式主要有商业信用和短期银行借款。

即测即评

请扫描右侧二维码，进行即测即评。

思考题

1. 什么是营运资金？其财务意义是什么？
2. 企业资产组合策略有哪些？各自有何特点？
3. 企业营运资金融资策略有哪些？各有何特点？
4. 如何进行应收账款的信用分析？
5. 企业的信用政策包括哪些方面？信用政策的改变如何影响企业的风险与收益？
6. 与存货持有水平相关的成本有哪些？
7. 企业为什么要关注经济订货批量、再订货点和安全储备量？如何关注？
8. 商业信用的形式有哪些？
9. 短期银行借款的种类有哪些？其资本成本如何计算？

练习题

1. 某企业预计在全年内（365 天）需要货币资产 1 000 万元，准备用有价证券变现取得，现金与有价证券的转化成本为每次 200 元，有价证券的市场年利率为 10%，计算最佳现金持有量、转换成本和机会成本。

2. 某企业每年需耗用 A 材料 90 000 件，单位材料年储存成本 4 元，平均每次进货成本为 1 800 元，A 材料全年平均单价为 40 元。

要求：

（1）假定满足经济订货批量基本模型的全部假设前提，计算：

① 经济订货批量；

② 年度最佳订货批次；

③ 相关订货费用；

④ 相关储存成本；

⑤ 经济订货批量相关总成本；

⑥ 经济订货批量平均占用资金。

（2）如果每次购买批量在 10 000~20 000 件之内，可以享受 1%的价格折扣；每次购买批量在 20 000 件以上，价格优惠 2%，确定经济订货批量。

3. 某公司本年度需耗用乙材料36 000千克，该材料采购成本为300元/千克，年变动储存成本为10元/千克，平均每次进货成本为200元，正常在途时间(即正常订货提前期或正常交货期)为7天，单位缺货成本为8元，保险储备量为200千克。

要求计算乙材料本年度的下列指标：

① 经济订货批量；

② 每次订货的平均缺货量；

③ 再订货点；

④ 平均存货水平；

⑤ 与保险储备量和经济订货批量相关的储存成本；

⑥ 平均资金占用额。

4. 某企业由于目前的信用条件过于严厉，不利于扩大销售，该企业正在研究修改现行的信用条件。现有甲、乙、丙三个放宽信用条件的备选方案，有关数据如表9-11所示：

表9-11 各方案明细表 单位：万元/年

项目	甲方案(n/60)	乙方案(n/90)	丙方案(2/30,n/90)
年赊销额	1 440	1 530	1 620
收账费用	20	25	30
所有账户的坏账损失率	2.5%	3%	4%

已知A公司的变动成本率为80%，资金成本率为10%，固定成本总额不变。预计甲方案应收账款平均收账天数为90天；乙方案应收账款平均收账天数为120天；在丙方案中，估计有40%的客户会享受现金折扣，有40%的客户会在信用期内付款，另外的20%客户延期60天付款。

要求：计算丙方案的应收账款平均收账天数、机会成本、现金折扣，并通过计算选择一个最优的方案(一年按360天计算)。

案例讨论题

1. 案例介绍

中美施贵宝制药有限公司是中国第一家中美合资制药企业，自1982年成立以来，不断地进行产品更新和技术升级。对于上海施贵宝制药有限公司这样一个由建设期转入经营期的大型企业来说，财务管理的重点也已由控制资本支出转变为实现销售收入和销售利润目标上来。为此，公司采取了一系列有效的营销策略：进行销售预测；采用商业折扣政策；在全国各大中城市设立18个办事处、14个中间分发处，组织了一支130多人的专职销售队伍，其中80%以上都有医药专业知识；每月对100多家大医院用药情况进行统计，每天有100多名销售代表访问5、6家，并写出走访报告；建立完善的激励机制；对不同药品采取相应的销售方法。

营销策略的成功使公司的销售额大幅度上升。但是公司意识到，一方面，激烈的市场竞争使企业越来越多地赊销以争取更多的客户；另一方面，由于我国市场化程度较低，法制不健全以及由此造成的诚信缺失，企业之间互相拖欠货款的现象十分严重，造成企业应收账款数额居高不下。因此，单纯追求销售收入和销售利润的实现，并不意味着企业财务管理目标的实现。只有在应收账款收回时，销售收入才能转化为现金，如果不能将销售收入迅速变为现金，盈利企业也会面临不能偿还到期债务的危机。因此，该公司决定采取积极有效的应收账款管理措施，运用信用政策保证销售收入的真正实现。主要措施有：

(1) 采取适当的应收账款信用政策。缩短信用期，由60天信用期缩短为30天信用期。实施现金折扣，对提前付款的客户按期限给予一定的优惠，鼓励客户尽早付款。

(2) 及时对账。每月用计算机打印出客户购货付款清单，及时与客户对账，提醒客户尽早付款清账。

(3) 建立客户信用控制制度。给每一个客户建立档案，对客户的购货数量、付款情况做记录。根据资信情况、业务量大小给予客户信用额度。对超过一定时间和信用额度的，停止发货。

(4) 采取一定的收账政策。成立专门的收账队伍，在客户密集省份设立专门的收账员，按客户欠款性质不同，采取不同的收账策略，加强应收账款的回收工作。

(5) 销售人员的报酬与回收的货款额挂钩，奖金上不封顶。

2. 思考与讨论

运用所学财务管理知识，对上述措施进行分析评价。

第十章　股利分配管理

学习目标

通过本章的学习，学生应掌握股利分配的基本理论与股利分配政策；了解影响股利政策制定的相关因素；掌握利润构成及利润分配原则；明确股利分配的内容及支付程序。在此基础上，掌握几种不同的现金股利政策，并进一步区分股票股利与股票分割、现金股利与股票回购的异同及其引发的经济后果。

近年来，我国 A 股上市公司的现金分红情况整体上持续向好，分红金额和派现公司家数屡创新高，形成了一批持续高分红的公司群体。截至 2017 年 4 月 30 日，A 股 2 200 家上市公司预告进行 2016 年度现金分红，派现公司占公司总量的 72.5%；合计现金分红金额近 9 000 亿元，总体股利支付率达到 30.2%。其中，14 家公司分红超过百亿元。工商银行分红 835 亿元，位居榜首。但是，具体到公司层面，仍有部分公司坚持不分红，或是分红政策缺乏实质性利好，仅具有象征意义。以 2012—2015 年非金融类上市公司的现金分红的整体情况来看，约 28%的公司选择了不进行现金分红；约 30%的公司选择了较低水平的分红；约 26%的公司选择了适度分红；约 16%的公司选择了较高水平的分红。总体上，低分红和不分红公司之和超过了公司总数的一半。（上海交易所网站）

第一节　股利分配理论

公司的财务目标是实现企业价值最大化，其股利分配必然也要服从于这个基本目标。那么，公司的股利分配是否会影响其股票价格和公司价值？公司如何确定最优的股利支付比例，以实现股票价格和公司价值的最大化？这些都是股利分配理论要研究的问题。

围绕公司的股利支付是否会影响公司价值，股利分配理论主要有三种观点：股利无关理论、股利相关理论与追随者理论。

一、股利无关理论

股利无关理论由美国两位经济学家米勒和莫迪格利尼于1961年在他们的著名论文《股利政策增长和股票价值》中提出，其基本思想是：在公司投资决策给定的条件下，股利分配政策不会影响公司的价值。公司价值的大小完全取决于公司资产的盈利能力及投资政策，而不与公司盈余在股利和留存收益之间的分配程度有关。

股利无关理论是基于一系列假设而得出的：

1. 存在一个完全资本市场

在这一完全资本市场中，所有的投资者都是充分理性的，能准确地掌握公司未来的情况，相关信息可以免费获得，没有股票的发行成本和交易成本，各种证券高度分散，任何投资者都不可能通过其自身的交易影响这些证券价格。

2. 没有个人所得税和企业所得税

对投资者来说，无论获得的是股票的资本利得还是收到的现金股利，都是无差别的，不产生所得税差异。

3. 投资政策不受股利分配的影响

投资政策与股利分配彼此独立，公司有既定不变的投资政策，对新投资项目的外部筹资也不会改变公司的经营风险。

4. 股利政策对公司的资本成本没有影响

股利无关理论的关键是存在一种套利机制，通过这一机制使支付股利与外部筹资这两项经济业务所产生的效益与成本正好相互抵消。当公司做出投资决策后，就必须决定是将盈利留存下来，还是以股利的形式分给股东，同时发行新股筹措等额的资金，以满足投资项目的资金需要。如果公司采用股利支付股东这一方案，股利支付给股东正好使股票市场价格上升，但发行新股将使股票价值下降，股东的股利所得正好被股票价值的下降所抵消。由此，股利无关理论认为，投资者并不关心公司的股利的分配，投资者对股利和资本利得并无偏好。公司的价值就完全由其投资的获利能力所决定，公司的盈余的分配并不影响公司的价值。

二、股利相关理论

股利相关理论认为公司的股利分配对公司市场价值有影响。在现实生活中，不存在无关理论提出的假定前提，公司的股利分配是在种种制约因素下进行的，公司不可能摆脱这些因素的影响。由于存在种种影响股利分配的限制，股利政策与股票价格就不是无关的，公司的价值或者说股票价格不会仅仅由其投资的获利能力所决定。股利支付不是可有可无的，而是非常必要的，并且具有策略性。因为股利支付政策的选择对股票市价、公司的资本结构与公司价值以及股东财富的实现等都有重要影响，股利政策与公司价值是密切相关的。因此股利政策不是被动的，而是一种主动的理财计划与策略。

（一）“一鸟在手”理论（不确定感消除论）

“一鸟在手”理论认为，当期股利的支付解除了投资者心中的不确定性，因而投资者对股利和资本利得有不同的偏好，股东们更喜欢股利。在股东的投资报酬中，股利和资本得利的风险等级是不同的。股利支付可以减少投资报酬中的不确定性和风险。这种不确定性的减少和消亡,使人们在投资报酬的选择上偏好前者。相反,不发放股利或降低股利支付率,而将盈利留存进行再投资,以获得未来的资本利得,却会增大投资者的不确定性。正如未来的资本利得就像林中的鸟一样不一定能抓得到,眼中的股利则犹如手中的鸟一样飞不掉,这就是“双鸟在林,不如一鸟在手”。

(二) 所得税差异理论

在许多国家的税法中,长期资本利得所得税税率要低于普通所得税税率。因为股利税率比资本利得的税率高,投资者自然喜欢公司少支付股利而将较多的收益保存下来以作为再投资用,以期提高股票价格,把股利转化为资本利得。即使资本利得与股利收入的税率相同,由于股利所得税在股利发放时征收,而资本利得在股票出售时征收或不征收,对股东来说,资本利得也有推迟纳税的效果。同时,为了获得较高的预期资本利得,投资者将愿意接受较低的股票必要报酬率。根据这种理论,股利决策与企业价值也是相关的,而只有采取低股利和推迟股利支付的政策,才有可能使公司的价值达到最大。

(三) 信息暗示理论

该理论得以成立的基础是,信息在各个市场参与者之间的概率分布不同,即信息不对称。为了消除经理人员和其他外部人士之间可能的冲突,就需要建立一种信息传递机制,以调节信息的不均衡状况,而股利政策恰好具有这种信息传递机制的功能和作用。因为股利政策的定位与变动,反映了经理人员对公司未来发展认识方向的信号,投资者可据此做出自己的恰当判断,并调整对企业收益状况的判断和对公司价值的期望值。

(四) 降低代理成本

该理论认为,股利政策的选择是一个收益和成本权衡的过程。股利支付的好处表现在可以减少公司的股东和经理之间的代理成本。股东往往要求其投资获得较高的收益率,以补偿由于代理问题可能发生的损失。同时股利的支付也是对经理行为的一种有效约束。股利支付的成本表现在由于股利支付导致公司资金不足必须进行外部融资时所产生的发行成本或筹资成本。收益和成本权衡的结果说明存在最优的股利政策,能够使股利政策减少的边际代理成本和增加的边际筹资成本相等时的股利政策为最优股利政策。

股利相关论的几种观点都只是从某一角度来解释股利政策和股价的相关性,不足之处在于没有同时考虑多种因素影响。在不完全资本市场上,公司股利政策要受许多因素的影响,如所得税负担、筹资成本、市场效率、公司本身因素等。

三、追随者理论

介于股利无关理论与股利相关理论之间的是追随者理论。追随者理论也译为顾客效应理论,该理论最先也是由米勒和莫迪格利安尼提出来的。从股东的边际所得税税率出发,认为每个投资者所处的税收等级不同:有的边际税率高,如富有的投资者;而有的边际税率低,如养老基金等。由此会引起他们对待股利的态度不一样,前者偏好低股利支付率或不支付股利的股票,后者喜欢高股利支付率的股票。因此,公司会相应调整其股利政策,使股利政策符合股东的愿望。达到均衡时,高股利支付率的股票将吸引一类追随者,由处于低边际税率等级的投资者持有;低股利支付率的股票将吸引另一类追随者,由处于高边际税率等级的投资者持有。这种股东聚集在满足各自偏好的股利政策的公司的现象,就叫作"追随者效应"。

按照该理论的观点,公司的任何股利政策都不可能满足所有股东对股利的要求,公司股利政策的变化,只是吸引了喜爱这一股利政策变化的投资者前来购买公司的股票,而另一些不喜爱新的股利政策的投资者则会卖出股票。因此,当市场上喜爱高股利的投资者的比例大于发放高股利的公司的比例时,则支付高股利公司的股票处于短缺状况,按照供求理论,它们的价格会上扬,直到二者的比例相等,市场会达到一个动态平衡。一旦市场处于均衡状态,则没有公司能够通过改变股利政策来影响股票价格。

因此,这一理论强调,公司应当根据本公司股东的具体目的和偏好以及公司的投资方案进行股利决策,而不应强求一致。

第二节　影响股利政策制定的相关因素

股利政策是公司财务的一个重要内容,它是公司筹资、投资活动的逻辑延续,是其理财行为的必然结果。同时,合理、恰当的股利分配政策,不仅能使公司获得长期、稳定的发展条件和机会,也有助于实现企业价值的最大化。因为股利的发放既关系到公司股东和债权人的利益,又关系到公司的未来发展。因此,公司在制定股利分配政策时,要考虑多方面因素。影响股利政策的因素主要有:

一、法律性限制

一般来说,法律并不要求公司一定要分配股利,但对某些情况下公司不能发放股利却做了限制。这些限制主要包括:

1. 资本侵蚀条款

资本侵蚀条款要求公司不能因支付股利而引起资本减少,以保证公司产权之完整,保护债权人的利益。各国对该条款中"资本"的界定不尽一致,有的仅指公司普通股面值,也有的指普通股面值与超过面值缴入资本之和。这一条款的目的,在于保证公司有完整的产权基础,由此保护债权人的利益,任何导致资本减少的股利发放都是违法的。

2. 净利润规则

净利润规则要求公司只能用当期及过去的收益支付股利,即支付的股利不能超过累积的留存盈余,以保护债权人利益。这一条款要求公司确有盈利才能支付股利,但它并不限制公司股利的支付额大于当期利润,公司股利的支付不能超过当期与过去的留存盈余之和。

3. 无偿债能力条款

该条款要求公司已无力偿付到期债务或因支付股利将使其失去偿债能力,则不能支付现金股利。无偿债能力条款有两种情况:一是公司出现资不抵债,如果向股东支付股利,股东侵占本属于债权人的清算资产;二是公司尚未陷入资不抵债的境地,但由于资产流动性不足、财务困难,无力偿付到期的债务,向股东支付股利,也是对债权人利益的侵犯。

二、契约性约束

当公司以长期借款协议、债权契约、租赁合约、优先股协议等方式向外部筹资时，常会应债权人的要求，接受一些有关股利支付的限制条款。这些限制条款表现为：只能以长期借款协议签订后所产生的收益支付股利，而不能动用在此之前的留存盈利；除非公司的盈利达到一定水平，否则不得发放现金股利；当净营运资本低于某一下限时不能支付股利；只有在优先股股利全部支付后才能支付普通股现金股利；股利发放额限制在某一盈利额或盈利百分比上。确立这些限制性条款，限制公司股利支付，目的在于促使企业把利润的一部分再投资，促使扩大企业的经济实力，保障借款如期偿还、维护债权人的利益。

三、企业经营的限制

公司资金的灵活周转是企业生产经营正常进行的必要条件，所以企业正常的经营活动对现金的需求就成为限制现金股利支付最重要的因素。这一因素对股利政策的影响主要考虑以下：

1. 资产流动性考虑

股利分派不应危及公司经营上的流动性，否则影响财务灵活性。公司应持有一定的现金和其他适当的流动资产，以维持其正常的生产经营需要。如果公司资产有较强的变现能力，流动性强，现金来源充裕，那么它的股利支付能力就较强；有时公司虽然当期利润或以前积累的利润较多，但资产的变现能力较差，流动性弱，那么它的股利支付能力就较弱，此时如果较多地支付现金股利，就会减少企业现金的持有量，降低企业资产的流动性，影响到生产经营的正常进行。所以，公司现金股利的支付能力，在很大程度上要考虑公司资产的流动性。

2. 资金需求考虑

公司筹资需求往往与其投资需求直接相关，企业的股利政策应以其未来的投资需求为基础加以确定。企业处于发展期，资金需求大，投资机会多，则应考虑采取低股利、高再投资比率的政策，将盈余留于企业以满足企业资金需求，扩大企业权益基础；同时也应权衡股东对风险的心理承受能力。

3. 筹资能力考虑

公司股利政策也受其筹资能力的限制，企业在评估其财务状况时，不仅要考虑其筹资能力，还要考虑其筹资的成本以及筹资所需要的时间。一般而言，规模大、成熟型的公司具有较多的外部筹资渠道，因此，他们都比较倾向于多支付现金股利，较少地留存收益。而对于新设的、正在快速发展的公司，由于具有较大的经营风险和财务风险，总要经历一段困难的时期才能较顺畅地从外部来源取得长期资金，因而公司会把限制股利支付、多留存收益作为切实可行的筹资方法。

4. 盈利稳定性考虑

公司的股利政策在很大程度上会受其盈利的稳定性的影响。一般而言，盈利稳定的企业比较有信心维持支付较高比率的股利，且较易以较低的成本筹集资金，因此，公司的盈利越稳定，股利的支付率也就越高。

5. 企业控制权考虑

股利政策也会受现有股东对股权控制要求的影响。支付较高比率的股利意味着企业须通过发行新股来筹集新增投资所需资金，这可能导致现有企业控制格局的改变。因此，低股利政策以及更多地通过内源融资，可避免控制权旁落。

四、股东意愿

好的股利政策虽不能使每个股东都实现财富最大化，却应该增加大部分股东的财富。股东在税赋、投资机会、股权稀释等方面的意愿也会对公司的股利政策产生影响。

1. 税赋因素

这主要指股利收入税率与资本利得税率之间的差异。在资本利得税率低于股利收入税率的情况下，个人所得税边际税率较高的股东倾向于低股利支付率，偏好少分股利、多留存，以达到递延节税的目的；个人所得税边际税率较低的投资者，更重视当期的股利收入，其所适用的所得税税率较低，所以他们更喜欢高的股利支付率。

2. 股东投资机会

如果公司将留存收益用于再投资，所得报酬低于股东个人单独将股利收入投资于其他投资机会所得的报酬，则该公司就不应多留存盈利，而应多支付现金股利给股东。尽管难以对每位股东的投资机会及其投资报酬率加以评估，至少公司应对风险相同的企业外部投资机会可获得的投资报酬率加以评估，如果评估结果显示企业外部股东有更好的投资机会，则公司应选择多支付现金股利，少留存盈利的股利政策。

3. 股权稀释考虑

企业将大部分盈利以股利形式发放出去，可能导致现有股权和盈利的稀释。一是企业一方面支付大量现金股利，另一方面却发行新股以筹集新项目所需资金，导致现有股东控制权稀释；二是通过发行新股增加外部流通股数，最终使每股盈余和每股市价降低，其结果不一定有利于现有股东。

第三节　企业利润及其分配

股利分配政策是关于股份公司是否发放股利、发放多少股利、何时发放股利以及以何种形式发放股利等方面的方针和政策。股利分配政策合理与否，影响着各方的经济利益，也与企业的筹资活动和投资活动有密切的联系。公司在其财务决策中，股利分配政策始终占有重要地位。

一、企业利润的计算

利润是指企业在一定会计期间的经营成果。在通常情况下，如果企业实现了利润，表明企业业绩得到了提升，所有者权益将增加；反之，如果企业发生了亏损，利润为负数，表明企业的业绩下滑，所有者权益也将减少。因此，利润不仅是评价企业管理层业绩的一项重要指标，也是投资者等财务报告使用者进行决策时的重要参考依据。

利润包括收入减去费用后的净额、直接计入当期利润的利得和损失等。其中前者反映的是企业日常活动的业绩，后者反映的是企业非日常经营活动的业绩。具体介绍如下：

（一）收入减去费用后的净额

1. 收入

收入是指企业在日常活动中形成的、会导致所有者权益增加的、与所有者投入资本无关的经济利益的总流入。其中，日常活动是指企业为完成其经营目标所从事的经常性活动以及与之相关的其他活动。按照从事日常活动的性质，可将收入分为商品销售收入、提供劳务收入、让渡资产使用权收入、建造合同收入等；按照企业从事日常活动在企业中的重要性，可将收入分为主营业务收入、其他业务收入等。

2. 费用

费用是指企业在日常活动中发生的、会导致所有者权益减少的、与向所有者分配利润无关的经济利益的总流出。按照与企业日常生产经营活动是否有关，可将费用分为生产费用、非生产费用；按照费用的经济用途，可将费用分为生产成本、期间费用等。

收入减去费用后的净额反映的是企业日常经济活动的业绩，反映了企业在一定期间取得的生产经营的成果。

（二）直接计入当期利润的利得和损失

直接计入当期利润的利得和损失是指应当计入当期损益、会导致所有者权益发生增减变动的、与所有者投入资本或者向所有者分配利润无关的利得或者损失。它反映的是企业非日常经济活动的业绩，包括营业外收入和营业外支出。

1. 营业外收入

营业外收入是指企业发生的与其日常活动无直接关系的各项利得。主要包括非流动资产处置利得和罚款收入等利得。

2. 营业外支出

营业外支出是指企业发生的与其日常活动无直接关系的各项损失。主要包括非流动资产处置损失、公益性捐赠支出、非常损失、盘亏损失等。

二、企业利润的构成

利润的多少决定着企业利润分配参与者的利益和企业的发展能力。企业实现的利润是利润分配的前提，而合理地进行利润分配，前提条件是正确的确认企业的利润总额。利润的构成用公式表示如下：

营业利润=营业收入-营业成本-营业税金及附加-销售费用-管理费用-财务费用-资产减值损失+公允价值变动收益(-公允价值变动损失)+投资收益(-投资损失)　　(10-1)

利润总额=营业利润+营业外收入-营业外支出　　(10-2)

净利润=利润总额-所得税费用　　(10-3)

可供分配的利润=当年实现的净利润+年初未分配利润-计提盈余公积等金额　　(10-4)

其中，利润总额也称税前利润。企业在计算出利润总额后，必须对利润总额进行调整，以便计征企业所得税。对利润总额的调整包括永久性差异、暂时性差异和弥补亏损调整三方面。永久性差异是指某一会计期间由于会计准则和税法在计算收益、费用或损失时的口径不同,所产生的税前会计利润与应税所得之间的差异,这种差异在本期发生,不会在以后各期转回;暂时性差异是指资产或负债的账面价值与其计税基础之间的差异,这种差异发生于某一会计期间,但在以后某一期或若干期内能够转回;为了减轻企业的所得税负担,企业发生的年度亏损,可以在以后 5 年内用税前利润进行弥补,延续 5 年未弥补的亏损,可用税后利润弥补。

企业利润在进行以上三项调整后,便可计算企业当期的应税所得额,据此计算当期应缴纳的所得税。企业利润总额在缴纳所得税后,即为企业净利润,也称税后利润,此部分是企业利润分配的基础。

三、企业利润分配的内容与程序

(一) 利润分配的内容

按照我国《公司法》等有关法律法规的规定,公司利润分配的项目包括以下部分:

1. 盈余公积

盈余公积是指企业按照规定从税后利润中提取的各种积累资金,包括法定公积金和任意公积金。公司制企业的法定公积金按照税后利润 10%的比例提取(非公司制企业也可按照超过 10%的比例提取),公司法定公积金累计额为公司注册资本的 50%以上时,可以不再提取法定公积金。

公司从税后利润提取法定公积金后,经股东会或者股东大会决议,还可以从税后利润中提取任意公积金。非公司制企业经类似权力机构批准,也可提取任意公积金。

公司提取盈余公积主要用于弥补公司亏损、扩大公司生产经营规模或者转增资本。但是盈余公积转为资本时,所留存的公积金不得少于转增前公司注册资本的 25%。

2. 股利

公司弥补亏损和提取公积金后所余税后利润,按照股东持有的股份比例向股东支付股利。股份有限公司原则上应从累计盈利中分配股利,无盈利不得支付股利,即所谓的"无利不分"。

(二) 利润分配的程序

按照我国《公司法》的有关规定,公司当年税后利润的分配程序为:

(1) 弥补在税前利润弥补亏损后仍然存在的亏损。

(2) 提取法定公积金。

(3) 提取任意公积金。

(4) 向股东分配利润,即分配股利。

公司支付股利,必须遵循法定程序,一般先由董事会根据公司盈利水平和股利政策,提出股利分配预案;然后提交股东大会审议;股东大会决议通过后,对外发布股利分配公告,确定分配的具体程序和时间安排;最后进行股利支付。

在股利支付过程中有几个重要的日期,如股利宣告日、股权登记日、除息日和股利支付日,这些日期概念主要是为了明确哪些人有权领取宣告发放的股利,以解决由于股票自由交易可能带来的混淆问题。

现金股利派发的程序如图 10-1 所示。

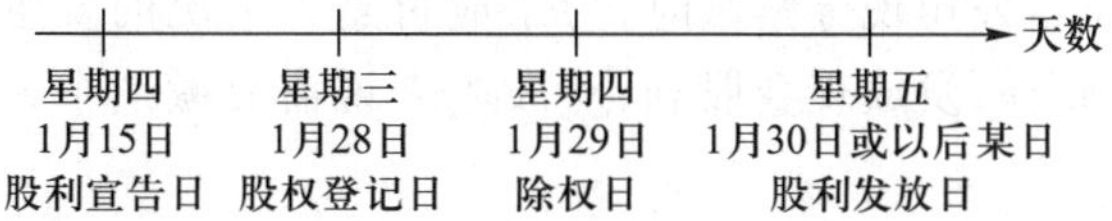

图 10-1　股利派发程序的例子

1. 股利宣告日

股利宣告日是公司董事会将股利支付情况予以公告的日期。公司董事会一般会根据股东大会关于发放股利的决议,确定股利发放,并对外予以公告。公告中将宣布每股支付的股利、股权登记期限和股利支付日期等事项。

2. 股权登记日

股权登记日,是指公司规定有权领取股利的股东有资格登记的截止日期。在股权登记日,公司将停止股权转让的登记,并编制到该日为止的股东名册,据以发放股利。证券交易所的中央清算系统为股权登记提供了很大的方便,一般在营业结束的当天即可打印出股东名册。

3. 除权日(也称除息日、除权除息日)

除权日是指领取股利的权利与股票相互分离的日期,一般在股权登记日的下一个交易日为除权日。在除权日前,股利权从属于股票,持有股票者享有领取股利的权利,从除权日开始,股利权与股票相分离,新购入股票的人不能享有股利。显然,除权日以前的股票交易价格中包括了即将取得的股利和即将分配到的股票股利,而除权日以后的则不包括。所以除权日以后的股票价格一般会有所下降,下降的金额大约与股利金额和分配到的股票股利相等(不考虑股价的波动)。

$$除权后的股票理论价(P_1)=(P_0-D)/(1+\Delta P) \qquad (10-5)$$

式中,P_1为除权后的股价;P_0为除权前的股价;D 为每股股票发放的股利;ΔP 为每股股票配送的股票股利。

【例 10-1】 某股票股权登记日的收盘价为 20. 35 元,每 10 股送 1 股并派发现金红利 4. 00 元,则次交易日(除权后)的股票价格为:

$$\frac{20.35-0.4}{1+0.1}=18.14(元)$$

4. 股利发放日

股利发放日是公司将股利发放给股东的日期,也称付息日。从付息日开始,公司会以各种手段(邮寄支票、汇款等)将股利自动支付到股东账上。

四、企业利润分配的一般形式

支付股利是一项税后利润的分配,公司发放利润的形式有以下几种:

(一) 现金股利

现金股利又称红利,是指公司完全用现金支付的股利。这种股利支付方式易于为股东接受,也不会改变公司原有的股权结构,是一种常见和主要的股利支付方式。但是现金股利发放对公司现金流量要求较高,公司应根据现金流量情况进行合理运作,以保证有足够的现金支付,避免偿付风险。一般来说,当公司现金充裕时,会发放较多的现金股利;而当公司现金紧张时,为了应付意外情况的发生,往往不愿意发放过多的现金股利。此外,发放现金股利,对股东来说需要缴纳个人所得税,会减少股东的净收益。

(二)股票股利

股票股利是指公司以发放的股票作为股利的支付方式。公司将其股权份额发给股东以增加其在公司股东权益中的份额,以此作为对股东的投资回报。对股东来说,股票股利除了使其所持股票增加外,其所持股份的比例不变,所持有股票的市场价值总额也保持不变;对公司来说,股票股利的发放只增加了公司股票总数,不改变公司的股权结构,不增加股东权益,因为股票股利的发放,既不构成公司的负债,也没有现金流出,只是股东权益内部结构的变化,不影响公司价值,不增加股东财富。

相比较现金股利,股票股利支付虽然可以不增加公司的现金流出,但是也会给外界传递一个坏消息:公司现金支付能力不足,公司面临一定的财务风险。如果公司长期只发放股票股利而不发放现金股利,更会使投资者对公司失去信心,导致企业股价的下跌。如果在发放股票股利之后,仍然维持现金股利的发放,则对股东有利,所以公司可将股票股利支付与现金股利支付配合使用,以增加股东财富。特别是对一些现有规模较小的公司来说,通过分配股票股利,可以增加上市公司总股本规模。

(三)负债股利

负债股利是指公司以负债作为股利支付给股东,如以公司的应付票据支付给股东,股东作为债权人可以向公司索取债权及相应的利息,以此作为对其投资的回报。

(四)财产股利

财产股利是指公司以现金以外的资产作为股利支付给股东,以作为对股东的投资回报。可以以公司持有的有价证券或政府公债作为股利发放,也可以以公司的物资、产品或不动产等实物资产作为股利发放。

(五)混合股利

混合股利是指上述几种股利分配形式的结合。我国股份公司采用混合股利支付最常见的是现金股利与股票股利的结合。

负债股利和财产股利实际上是现金股利的替代,这两种股利支付方式在我国股利分配实务中很少使用。我国有关法律规定,股份有限公司只能发放现金股利和股票股利,不能发放财产股利和负债股利。

第四节 现金股利分配政策

一、现金股利分配的类型

每个公司应在掌握基本股利理论的基础上,结合公司的实际情况,进行深入的分析、权衡,以确定适宜的股利分配政策。通常有以下几种:

(一)剩余股利政策

剩余股利政策是指公司生产经营所获得的净收益首先应满足公司的资金需求,如果还有剩余,则派发股利;如果没有剩余,则不派发股利。其决策步骤是:

(1) 根据公司的投资计划确定公司的最佳资本预算。

（2）根据公司的目标资本结构及最佳资本预算预计公司资金需求中所需要的权益资本数额。

（3）尽可能用留存收益来满足资金需求中所需增加的股东权益数额。

（4）留存收益在满足公司股东权益增加需求后,如果有剩余再用来发放股利。

剩余股利政策的理论依据是股利无关理论,将股利政策作完全取决于可接受投资项目多少的被动剩余处理,意味着股利分配与公司价值无关。投资者对于盈利的留存或发放股利毫无偏好,公司决策者不必考虑公司的股利分配方式,公司的股利政策将随公司投资、融资方案的制定而确定,股利完全取决于投资项目需用盈余后的剩余。采用剩余股利政策的理由是可以保持理想的资本结构,使综合资本成本最低;满足企业增长需要;规避负债筹资风险。

采用剩余股利政策的优点表现在:留存收益优先保证再投资的需要,从而有助于降低再投资的资金成本,保持最佳的资本结构,实现企业价值的长期最大化。

但是如果完全遵照执行剩余股利政策,股利发放额就会每年随投资机会和盈利水平的波动而波动。即使在盈利水平不变的情况下,股利也将与投资机会的多寡呈反方向变动:投资机会越多,股利越少;反之,投资机会越少,股利发放越多。而在投资机会维持不变的情况下,则股利发放额将因公司每年盈利的波动而同方向波动。剩余股利政策不利于投资者安排收入与支出,也不利于公司树立良好的形象。

【例 10-2】 天宇股份公司 2002 年的税后净利润为 8 000 万元,由于公司尚处于初创期,产品市场前景看好,产业优势明显。确定的目标资本结构为:负债资本为 70%,股东权益资本为 30%。如果 2003 年该公司有较好的投资项目,需要投资 6 000 万元,该公司采用剩余股利政策,则该公司应当如何融资和分配股利?

首先,确定按目标资本结构需要筹集的股东权益资本为:

$$6\,000\times30\%=1\,800(\text{万元})$$

其次,确定应分配的股利总额为:

$$8\,000-1\,800=6\,200(\text{万元})$$

因此,天宇股份公司还应当筹集负债资金:

$$6\,000-1\,800=4\,200(\text{万元})$$

（二）固定股利支付率政策

固定股利支付率政策是公司确定固定的股利支付率,并长期按此比率从净收益中支付股利的政策。股利支付率是指公司在当期净收益中,用于支付给股东的股利比率。如图 10-2 中的虚线所示。

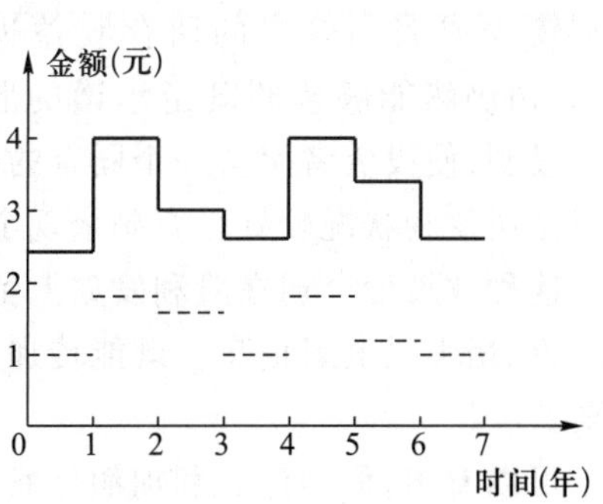

图 10-2　固定股利支付率政策

固定股利支付率政策的理论依据是“一鸟在手”理论,投资者更倾向获得现在的固定比率的股利收入。固定股利支付率越高,公司留存的净收益就越少。

采用固定股利支付率政策能够使股利与企业盈余紧密结合,以体现多盈多分、少盈少分、不盈不分的原则;同时,保持股利与净利润间的一定比例关系,体现了风险投资与风险收益的对称。但是股利通常被认为是公司未来前途的信号传递,那么波动的股利向市场传递的信息就是公司未来收益前景不明确、不可靠等,很容易给投资者带来公司经营状况不稳定、投资风险较大的不良印象。

(三) 固定股利或稳定增长股利政策

固定股利或稳定增长股利政策是公司将每年派发的股利额固定在某一特定水平上,然后在一段时间内不论公司的盈利情况和财务状况如何,派发的股利额均保持不变。只有当企业对未来利润增长确有把握,并且这种增长被认为是不会发生逆转时,才增加每股股利额。如图 10-3 中虚线所示。

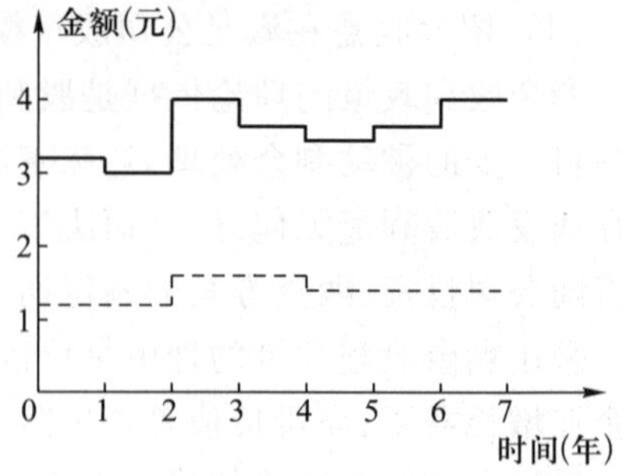

图 10-3 固定股利或稳定增长股利政策

采用该政策的理论依据是"一鸟在手"理论和信号暗示理论。这是一种积极的股利政策,它可以通过稳定的股利支付向投资者传递有关公司生产经营、财务状况良好的积极信号,同时还能满足投资者对股利的偏好。实行这种股利政策的企业对投资者来说,往往会有更大的吸引力,其股价也相对较高。

固定股利或稳定增长股利政策也存在两方面缺陷:其一,公司股利支付与公司盈利相脱离,造成投资的风险与投资的收益不对称;其二,它可能会给公司造成较大的财务压力,甚至侵蚀公司留存利润和公司资本。

(四) 低固定股利加额外股利政策

低固定股利加额外股利政策是公司事先设定一个较低的经常性股利额,一般情况下,公司每期都按此金额支付正常股利,只有企业盈利较多时,再根据实际情况发放额外股利。如图 10-4 中虚线所示。

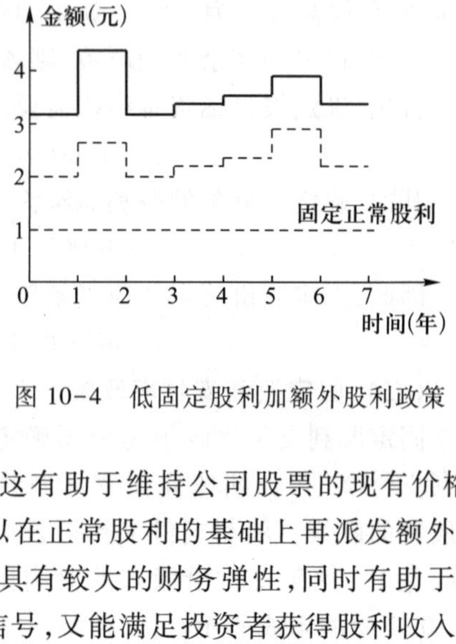

图 10-4 低固定股利加额外股利政策

低固定股利加额外股利政策的理论依据是"一鸟在手"理论和信号暗示理论。在公司盈利较少或需用较多的留存收益进行投资时,公司仍然能够按照既定承诺的股利水平派发股利,使投资者保持一个固有的收益保障,这有助于维持公司股票的现有价格。而当公司盈利状况较好且有剩余现金时,就可以在正常股利的基础上再派发额外股利。这种政策使公司在股利发放上留有余地和具有较大的财务弹性,同时有助于稳定股价,增强投资者信息。既能传递一种积极信号,又能满足投资者获得股利收入的需要。

可以看出,低固定股利加额外股利政策既吸收了固定股利政策对股东投资收益的保障优点,同时又摒弃其对公司所造成的财务压力方面的不足,所以在资本市场上颇受投资者和公司的欢迎。但是实行这种政策,要注意控制发放额外股利的频率,避免给投资者形成一种固定的期望,一旦因某年盈利下降而取消额外股利,投资者就会错误地认为公司财务发生了问题,由此可能会影响公司的股价进而影响企业的筹资能力。

二、现金股利分配的效应

现金股利(红利或股息)是股份公司以现金形式从公司净利润中分配给股东的投资报酬。优先股通常有固定的股息率,普通股股息率不固定,主要由公司经营业绩和股利分配政策来决定。股份公司实施现金股利分配后产生的效应表现为:

(一) 对股东的影响

现金股利最容易被投资者所接受。远期收到的股利对投资者来说具有更大的不确定性,现金股利的发放可以消除股东对未来收入不确定性的疑虑,增强他们对公司的信心,更加支持公司的发展。理论上,派发现金股利会对股票价格产生直接的影响,在流通股票数量不变的情况下,价格会下降。但在现实中,这种价格的下降应该是非常短暂的。所以当公司派发现金股利时,虽然账面的价值下降,股价下降,但是人们的预期是良好的,股票的内在价值是上升的,那么现金股利的派发对股价向下的作用力就会非常小,反而从长远来看,是有利于公司股票升值的。

(二) 对公司的影响

在信息不对称的情况下,现金股利可以向市场传递这样的信息:公司过去一个经营周期经营良好,能产生丰富的现金流,满足投资项目需求并足以支付现金;公司管理层对公司未来经营充满信心,并显示了其良好的经营决策和管理能力;公司管理层对投资者的负责态度。此外,现金股利的支付会减少管理层可供支配的自由现金流量,对管理层造成经营上的压力,以避免其因为自身利益最大化而做出损害股东利益的行为,从而降低代理成本。

(三) 对资本市场的影响

较多的派发现金股利,就使得公司减少了内部融资,而不得不进入资本市场寻求外部融资,从而便于接受资本市场的有效监督,达到减少代理成本的目的。经常通过金融市场筹集资金的公司更可能按照投资者利益进行决策。从债权人角度看,更希望公司将现金留存,以增强后续发展和盈利能力,从而获得债务偿还的良好保证。

相关链接

中国证监会于2008年10月9日发布了《关于修改上市公司现金分红若干规定的决定》,其内容主要包括在年度报告中详细披露公司的现金分红政策,使投资者对公司未来发展具有明确预期;在公司章程中应列明进行现金分红的长期制度安排、条件、比例、种类等内容,并强调严格执行;上市公司中期进行现金分红,财务会计报告可以不经会计师事务所审计;申请再融资时上市公司现金分红的标准提高至不少于最近三年实现的年均可分配利润的30%等。这些带有强制性的法规措施,既保护了外部股东的利益,同时也规定了上市公司申请再融资时的最低股利支付水平。上市公司现金分红是实现投资者投资回报的重要形式,对于培育我国资本市场的长期投资理念,增强资本市场的吸引力和活力,提高投资者的信心,具有十分重要的作用。

2012年5月4日证监会又发布了《关于进一步落实上市公司现金分红有关事项的通知》,强调现金分红是实现投资者投资回报的重要形式,是培育资本市场长期投资理念,增强资本市场活力和吸引力的重要途径。通知提出了九条强化现金分红的意见,要求各方面高度重视上市公司回报股东,鼓励、引导上市公司为股东创造价值,完善和切实履行分红分配政策。

2015 年 9 月 7 日财政部、国家税务总局、证监会发布《关于上市公司股息红利差别化个人所得税政策有关问题的通知》规定,个人从公开发行和转让市场取得的上市公司股票,持股期限超过 1 年的,股息红利所得暂免征收个人所得税;个人从公开发行和转让市场取得的上市公司股票,持股期限在 1 个月以内(含 1 个月)的,其股息红利所得全额计入应纳税所得额;持股期限在 1 个月以上至 1 年(含 1 年)的,暂减按 50%计入应纳税所得额;上述所得统一适用 20%的税率计征个人所得税。同时规定,上市公司派发股息红利时,对个人持股 1 年以内(含 1 年)的,上市公司暂不扣缴个人所得税;待个人转让股票时,证券登记结算公司根据其持股期限计算应纳税额,由证券公司等股份托管机构从个人资金账户中扣收并划付证券登记结算公司,证券登记结算公司应于次月 5 个工作日内划付上市公司,上市公司在收到税款当月的法定申报期内向主管税务机关申报缴纳。

第五节　股票股利与其他几种方式的比较

一、股票股利

股票股利是公司以发放股票作为股利的支付方式。股票股利并不直接增加股东的财富,不会导致公司资产的流出或负债的增加,因此不影响公司资金的使用,但会引起所有者权益各项目的结构发生变化,即将留存收益或资本公积账户的资金转移到股本账户。用留存收益账户的资金分配的股票股利称为送股,用资本公积账户的资金分配的股票股利称为转股。

现举例说明如下。

【例 10-3】 某公司拥有如表 10-1 所示的普通股权益:

表 10-1　股票股利支付前的股东权益　　单位:元

项目	金额
普通股(1 元/股,50 000 000 股)	50 000 000
资本公积	100 000 000
留存收益	500 000 000
股东权益合计	650 000 000

假设该公司目前股票的市场价格为 20 元/股,现在公布一个 10 送 1 的分配方案,现有全体股东将会收到 5 000 000 股(10%×50 000 000)新股票。由于股票股利的会计处理通常以股利支付前的市价为基础,因此,总计为 100 000 000 元(5 000 000×20 元/股)的股票股利将从公司的留存收益账户转移至股东权益的其他账户,其中的 5 000 000 元(1 元/股×5 000 000 股)计入股本账户,95 000 000 元计入资本公积账户(超过票面价值的实缴资本)。发放股票股利后,该公司的普通股股东权益总额不变。具体变化如表 10-2 所示:

表 10-2　股票股利支付前后的股东权益　　单位:元

项目	股票股利支付前	股票股利支付后
普通股	50 000 000	55 000 000
资本公积	100 000 000	195 000 000
留存收益	500 000 000	400 000 000
股东权益合计	650 000 000	650 000 000

从上例可以看出,发放股票股利只是增加了公司在外流通股股数,并在公司资本账户间重新分配了资金,不会对公司股东权益总额发生影响。需要指出的是,以市价计算股票股利是许多西方国家通行的做法。

发放股票股利后,如果盈利总额和市盈率不变,会由于普通股股数增加而引起每股收益和每股市价的下降;但由于股东所持股份的比例不变,每位股东所持股票的市值仍保持不变。

【例 10-4】　如果该公司在发放 10%的股票股利前拥有 50 000 000 股的普通股,公司的本年净利润 10 000 000 元,某股东持有 5 000 股普通股,每股市价 20 元。发放股票股利对该股东的影响分析如表 10-3 所示:

表 10-3　发放股票股利后对股东的影响　　单位:元

项目	股票股利发放前	股票股利发放后
每股收益	10 000 000÷50 000 000=0. 2	10 000 000÷55 000 000=0. 18
每股市价	20	20÷(1+10%)= 18. 18
持股比例	5 000÷50 000 000=0. 01%	5 500÷55 000 000=0. 01%
所持股总价值	20×5 000=100 000	18. 18×5 500=100 000

从实质上看,发放股票股利只是股东手中股票股数的增加,其在公司总股本中所占比例不变,股东资产总额也不变。但是仍然有许多原因导致公司发放股票股利。一是因为现有股东经常出售他们的股票股利,因此,股票股利具有扩大公司所有权的效果;二是在公司已经支付了现金股利的情况下,股票股利可导致现金股利的增加,但股利支付率不会下降,很少发生一家公司宣布发放股票股利的同时立即降低公司现金股息支付率;三是股票股利能有效降低公司股价,增加对公司的投资吸引力。

二、股票分割

股票分割又称股票细分,是将面值较高的一股股票分割为几股股票的行为。股票分割后,公司的股票面值降低,发行在外的普通股股数增加,每股收益下降,股票的市场价格也会相应下降,但对公司的资本结构不会产生任何影响,股东权益各账户的余额保持不变,股东权益总额也保持不变,因此,股票分割不会增加公司价值,也不会增加股东财富。应该指出的是,股票分割不属于某种股利分配方式,但其所产生的效果与发放股票股利有相似之处,也有不同。

【例 10-5】　某公司发行面值 5 元的普通股 10 000 000 股,如果按照 1 股换成 5 股的比例进行股票分割,分割前、后的股东权益各项目如表 10-4 和表 10-5 所示:

表 10-4　股票分割前的股东权益　　单位:元

项目	金额
普通股(5 元/股,10 000 000 股)	50 000 000
资本公积	100 000 000
留存收益	500 000 000
股东权益合计	650 000 000

表 10-5　股票分割后的股东权益　　单位:元

项目	金额
普通股(1 元/股,50 000 000 股)	50 000 000
资本公积	100 000 000
留存收益	500 000 000
股东权益合计	650 000 000

如果该公司的本年净利润是 10 000 000 元,某股东持有 5 000 股普通股,每股市价 20 元。股票分割对该股东的影响分析如表 10-6 所示:

表 10-6　股票分割前后对股东的影响　　单位:元

项目	股票分割前	股票分割后
每股收益	10 000 000÷10 000 000＝1	10 000 000÷50 000 000＝0. 2
每股市价	20	20÷5＝4
持股比例	5 000÷10 000 000＝0. 05%	25 000÷50 000 000＝0. 05%
所持股总价值	20×5 000＝100 000	4×25 000＝100 000

通过以上分析可以看出股票分割与股票股利的区别主要表现在以下两个方面:

第一,股票分割降低了股票面值。股票分割是将股本重新分拆,股数会成比例增加,每股面值会成比例降低;而股票股利是公司用实现的净利润或资本公积向股东无偿分配股票,股票总数也会相应增加,股票价格在除权后也会相应降低。

第二,财务影响不同。股票分割不会影响到资产负债表中股东权益各项目金额的变化,而股票股利的实施会使资产负债表中股东权益各项目的金额发生变化,股本和资本公积的金额增加,而留存收益的金额相应减少。

对于公司和股东来讲,实行股票分割主要基于以下考虑:首先,通过股票分割增加公司股票股数以降低每股市价,从而吸引更多的投资者,也可以促进股票的流通与交易;其次,可以向投资者传递公司发展前景良好的信息,这种信息的传递会引起股票价格上涨;再次,如果股票分割后每股现金股利的下降幅度小于股票分割幅度,会增加股东的现金股利。

需要指出的是,我国与其他国家在股票分割上有不同的规定或做法。我国股份公司发行的普通股一般面值 1 元,通常不进行股票分割。在实践中我国公司通常采用资本公积转增资本和发放股票股利的方式进行资本扩张,基本可以达到与股票分割相同的效果。而美国纽约证券交易所规定,发放 25%以上的股票股利都被认为是股票分割。

三、股票回购

股票回购也不是股票分配形式。股票回购减少了二级市场的股票供应量,这对于公司和投资者是双赢的。股价回购后往往也会引起股价的波动(一般情况下股价会上升),所以有必要在这里一并作一介绍。

股票回购是指公司出资购回其自身发行在外的股票的行为。公司在有多余现金时,可以向股东回购自己的股票;或者公司管理层认为自己公司的股价被低估也会采取回购股票的方式促使股价回升。由于股票回购后,股价一般都会上升,投资者手中的资产总价值会升高,故有与现金股利分配相同的效果,所以有些公司往往以此代替现金股利,而由此得到好处(资本利得)的投资者还不需要缴纳所得税。公司股票回购后可以将其注销,以减少公司的股本总额,也可以作为库藏股用于将来出售或者实施股权激励计划。

(一) 股票回购的动机

公司进行股票回购的原因很多,主要有以下方面:

1. 作为支付现金股利的替代方式

公司通过股票回购减少了流通在外的普通股股数,从而使每股收益增加,导致公司股票价格随之上涨,可为股东带来资本利得收益。

2. 处置过剩现金

公司可能希望对经营或变卖资产积累的过剩现金进行处置,而这些积累管理当局认为不能在可预期的未来通过公司项目投资获益。

3. 财务重组

公司可以通过股票回购来改变其资本结构,增加负债比例,以获得增加财务杠杆效应所带来的收益。

4. 公司未来需要

股票回购可以被用于公司未来对其他公司的收购、经理人的股票期权计划、可转换证券的转换等。

5. 减少被收购的风险

股票回购可以减少流通在外的普通股股数,提高股票股价,预防或抵制敌意收购。在恶意收购威胁下的公司,有时会宣布一个大规模的股票回购计划,通过利用公司的超额现金,使公司不再适合成为被兼并的对象。

(二) 股票回购的方式

关于股票回购的方式,主要有下述四种方法:

1. 按照股票回购地点划分

按照股票回购的地点不同,可分为场内公开收购和场外协议收购两种。场内公开收购是指上市公司把自己等同于任何潜在的投资者,委托在证券交易所有正式交易席位的证券公司,代自己按照公司股票当前市场价格回购。在国外较为成熟的股票市场上,这一种方式较为流行。虽然这一种方式的透明度比较高,但很难防止价格操纵和内幕交易,因而,美国证券交易委员会对实施场内回购的时间、价格和数量等均有严格的监管规则。场外协议收购是指股票发行公司与某一类(如国家股)或某几类(如法人股、B股)投资者直接见面,通过在店头市场协商来回购股票的一种方式。协商的内容包括价格和数量的确定，以及执行时间等。很显然，这一种方式的缺陷就在于透明度比较低，有违于股市“三公”原则。

2. 按照筹资方式划分

按照筹资方式不同，可分为举债回购、现金回购和混合回购。举债回购是指企业通过向银行等金融机构借款的办法来回购本公司股票。其目的无非是防御其他公司的敌意兼并与收购。现金回购是指企业利用剩余资金来回购本公司的股票。如果企业既动用剩余资金，又向银行等金融机构举债来回购本公司股票，则称为混合回购。

3. 按照回购价格的确定方式划分

按照回购价格的确定方式，可分为固定价格要约回购和荷兰式拍卖回购。固定价格要约回购是指企业在特定时间发出的以某一高出股票当前市场价格的价格水平，回购既定数量股票的卖出报价。为了在短时间内回购数量相对较多的股票，公司可以宣布固定价格回购要约。它的优点是赋予所有股东向公司出售其所持股票的均等机会，而且通常情况下公司享有在回购数量不足时取消回购计划或延长要约有效期的权力。与公开收购相比，固定价格要约回购通常被认为是更积极的信号，其原因可能是要约价格存在高出市场当前价格的溢价。但是，溢价的存在也使得固定价格回购要约的执行成本较高。荷兰式拍卖回购在回购价格确定方面给予公司更大的灵活性。在荷兰式拍卖的股票回购中，首先，公司指定回购价格的范围（通常较宽）和计划回购的股票数量（可以上下限的形式表示）；其次，股东进行投标，说明愿意以某一特定价格水平（股东在公司指定的回购价格范围内任选）出售股票的数量；最后，公司汇总所有股东提交的价格和数量，确定此次股票回购的“价格—数量曲线”，并根据实际回购数量确定最终的回购价格。

4. 可转让出售权回购方式

可转让出售权，是实施股票回购的公司赋予股东在一定期限内以特定价格向公司出售其持有股票的权利。之所以称为“可转让”是因为此权利一旦形成，就可以同依附的股票分离，而且分离后可在市场上自由买卖。执行股票回购的公司向其股东发行可转让出售权，那些不愿意出售股票的股东可以单独出售该权利，从而满足了各类股东的需求。此外，因为可转让出售权的发行数量限制了股东向公司出售股票的数量，所以这种方式还可以避免股东过度接受回购要约的情况。

（三）股票回购与现金股利

作为现金股利的补充或替代，在不考虑税收、交易成本以及其他影响因素的情况下，股票回购和现金股利对股东的影响是等效的，股票回购为股东带来的资本利得应等于分派的现金股利的金额。

【例 10-6】 假设某公司计划以现金股利或股票回购向股东分配 750 万元。公司当年实现净利润 625 万元，当期普通股 250 万股，目前股价为 50 元/股。公司可以一次性支付每股 3 元（750 万元/250 万股）的现金股利，也可以做一项 141 509 股、每股 53 元（原股价 50+预期股利 3 元）的股票回购。则发放现金股利与股票回购对股东财富的影响对比如表 10-7 所示：

表 10-7 某公司现金股利与股票回购方案比较 单位:元

项目	发放现金股利	股票回购
税后利润	6 250 000	6 250 000
流通股数	2 500 000	2 500 000-141 509=2 358 491
每股收益	6 250 000÷2 500 000=2. 5	6 250 000÷2 358 491=2. 65
每股股价	50	53
市盈率	50÷2. 5=20	53÷2. 65=20
每股股利	750÷250=3	0
每股股东财富	50+3=53	53+0=53

从上例可以看出,如果该公司决定宣布一次性支付 3 元/股的现金股利,股东财富将变为 53 元/股。假如市盈率保持在 20,该公司以 53 元/股回购 750 万元的普通股,股东财富也将变为 53 元/股。两种方法下的股东财富是相同的,所以,公司的价值不受其收益支付给股东的方式的影响。

股票回购虽然作为现金股利的替代或补充,可以有效地将股利转换为资本利得,同时也给公司在支付股东回报的时间上提供了更大的弹性,但是它与发放现金股利还存在哪些差异呢?

首先,股票回购对股东利益的影响具有不稳定性。如果资本利得所得税税率低于股利所得税税率,则股票回购下的股东财富大于发放现金股利下的股东财富,反之则相反。目前一般国家还没有对资本利得纳税,以此,股票回购对股东来说比现金股利少缴纳这部分税金。

其次,股票回购会使公司有操纵股价和帮助股东逃税的嫌疑,容易遭受有关部门调查和处罚。

最后,现金股利是公司对股东的一种长期稳定的回报方式,而股票回购则不能经常采用。

(四) 股票回购的相关法律规定

我国《公司法》,公司不得收购本公司的股票,但为减少公司资本而注销股份或者与持有本公司股票的其他公司合并时除外。公司依照前款规定收购本公司的股票后,必须在 10 日内注销该部分股份,依照法律、行政法规办理变更登记,并公告。公司需要减少注册资本时,必须编制资产负债表及财产清单,公司应当自做出减少注册资本决议之日起 10 日内通知债权人,并在 30 日内在报纸上至少公告 3 次。债权人自接到通知书之日起 30 日内,未接到通知书的自第一次公告之日起 90 日内,有权要求公司清偿债务或者提供相应的担保。公司减少资本后的注册资本不得低于法定的最低限度。

《公司法》的上述规定虽然简单,但也明白无误地传递出以下重要观点:①我国允许股份有限公司进行股份回购;②中国公司在股份回购后必须要注销掉该部分股份;③中国保障债权人的合法利益在股份回购中不受到损失。

我国《上市公司章程指引》规定,公司购回股份,可以下列方式之一进行;①向全体股东按照相同比例发出购回要约;②通过公开交易方式购回;③法律、行政法规规定和国务院证券主管部门批准的其他情形。

相关链接

2013年4月1日,上海证券交易所发布了《上市公司以集中竞价交易方式回购股份业务指引》(2013年修订)以下简称《指引》。《指引》是对2008年《上市公司以集中竞价交易方式回购股份业务指引》的修订,旨在进一步引导和规范上市公司以集中竞价交易方式回购股份的行为,保护投资者和上市公司合法权益。此次发布的《指引》,主要在以下方面进行了修订:

一是增加鼓励股份回购的规定。《指引》明确列举了鼓励回购股份的情形,并与上交所此前发布的《上市公司现金分红指引》相呼应,规定上市公司当年实施股票回购所支付的现金视同现金红利,与该年度利润分配中的现金红利合并计算。

《指引》还明确了对符合条件的上市公司采取的激励措施,包括再融资、并购重组等事项中给予支持,以及在评奖、考核等事项中酌情给予加分等。

二是进一步规范上市公司股份回购操作。《指引》新增一系列上市公司回购股份应当遵守的要求:其一,关于回购价格,规定回购股份的价格区间上限高于相关价格的,应当在回购股份预案中说明理由;其二,关于每日回购股份数量,规定每日回购股份的数量不得超过其拟回购总数量的三分之一,同时规定每日回购股份数量不超过二十万股的除外;其三,关于回购对象,《指引》明确要求不得向特定对象回购股份。关于回购股份的实施期限,《指引》修订为自股东大会审议通过回购股份方案后原则上不超过六个月。另外,《指引》还要求已发行公司债券的上市公司,应当按照债券募集说明书履行相应程序和义务。

三是强化内幕知情人证券交易的信息披露义务。为防范股份回购中进行内幕交易或利益输送,《指引》规定回购股份预案中应当说明上市公司董监高①、控股股东及其一致行动人、实际控制人在董事会决议前六个月是否存在买卖本公司股份行为或内幕交易、市场操纵,并规定上述主体在回购期间卖出所持有的该公司股票的,应当及时向公司报告并披露,还需说明理由。

四是增加上市公司内控和异常交易监管规定。《指引》明确要求上市公司应当建立规范有效的内部控制制度,制定具体的操作方案,合理发出回购股份的申报指令。《指引》还强调对于上市公司及其他内幕知情人在股份回购过程中存在异常交易行为的,上交所可根据相关规则采取限制证券账户交易等措施。

关键词

股利分配　现金股利　股票股利　股利无关理论　股利相关理论　现金股利　剩余股利分配政策　固定股利支付率政策　固定股利或稳定增长股利政策　低固定股利加额外股利政策　股票股利　股票分割　股票回购　要约回购

要点回顾

本章介绍了与公司股利分配有关的知识。其要点包括:①股利分配理论。股利分配理论可分为两种:股利无关理论和股利相关理论。股利无关理论认为,股利分配政策不会影响公司的价值;

① 董监高,即董事会成员、监事会成员及高级管理人员。

而股利相关理论则认为，鼓励分配政策对公司的股票价值有相当大的影响。②影响股利政策制定的因素。影响股利政策的因素主要有：法律性限制、契约性约束、企业经营的限制和股东意愿。③利润分配的内容及程序。包括企业利润分配的程序，股利分配形式以及现金股利支付的程序等内容。④现金股利分配政策。公司的股利分配政策主要有剩余股利分配政策、固定股利支付率政策、固定股利或稳定增长股利政策、低固定股利加额外股利政策。⑤企业股利分配的其他形式。

即测即评

请扫描右侧二维码，进行即测即评。

思考题

1. 股利无关理论建立在哪些假设的基础上？
2. 现实中的股利政策有哪些？有何优缺点？
3. 为什么投资机会少的公司会采取高股利支付政策？
4. 决定股利政策的因素有哪些？
5. 股票交易价格在股利支付的哪个阶段可能会有所下降？
6. 比较现金股利与股票股利的利弊。
7. 股票分割有什么作用？股票分割与股票股利有何异同？
8. 股票回购的动机是什么？股票回购与现金股利有何区别？

练习题

1. 按照剩余股利政策，假定某公司资本结构（债务与权益之比）目标为 3∶5，明年计划投资 600 万，今年股利分配时，应当从税后净利润中保留多少用于投资需要，才能将剩余利润发放股利？

2. 某公司 2013 年提取盈余公积后的净利润为 1 000 万元，2014 年的投资计划拟需资金 1 200 万元。该公司的目标资本结构为自有资金占 60%，借入资金占 40%。另外，该公司流通在外的普通股总额为 2 000 万股，没有优先股。

要求：计算该公司 2013 年可发放的股利额及每股股利。

3. 某公司 2013 年年底的所有者权益总额为 9 000 万元，普通股 6 000 万股。目前的资本结构为长期负债占 55%，所有者权益占 45%，没有需要付息的流动负债。该公司的所得税税率 30%。预计继续增加长期债务不会改变目前的 11% 的平均利率水平。董事会在讨论明年资金安排时提出：

（1）计划年度分配现金股利 0.05 元/股；

（2）为新的投资项目筹集资金 4 000 万元；

（3）计划年度维持目前的资本结构，企业不增发新股，不举借短期借款；

要求：测算实现董事会上述要求所需要的息税前利润。

4. 某公司 2013 年发放现金股利 255 万元。过去的 10 年期间该公司盈利按照固定的 10% 速度持续增长，2013 年税后盈利 870 万元，2014 年预期税后盈利 1 380 万元，预计投资项目总额为 1 000 万元，预计 2015 年以后仍会恢复 10% 的增长率。公司采用以下不同的股利分配政策，请分别计算 2014 年分配的股利：

（1）股利按照盈利的长期增长率稳定增长。

（2）维持 2006 年的股利支付率水平。

5. 某上市公司在 2012 年 12 月 31 日其资产负债表上的股东权益情况如表 10-8 所示：

表 10-8　某公司股东权益　　单位:万元

股本(10 元/股,1 000 万股)	10 000
资本公积	20 000
留存收益	19 000
股东权益合计	49 000

要求:

(1) 假设该公司宣布发放股票股利(按市价 11.8 元计算)10 送 3,计算发放股票股利后的股东权益总额、股东权益内部结构、每股净资产。

(2) 假设该公司按照 1∶5 的比例进行股票分割,计算股票分割后的股东权益总额、股东权益内部结构、每股净资产。

(3) 假设该公司按照 12 元的价格回购本公司股票 100 万股,计算股票回购后的股东权益总额、股东权益内部结构、每股净资产。

(4) 假设该公司宣布发放现金股利,每 10 股派发现金股利 3 元,计算发放现金股利后的股东权益总额、股东权益内部结构、每股净资产。

案例讨论题

1. 案例介绍

微软公司作为计算机软件行业的巨头,自 1986 年 6 月上市以来,营业收入连年高速增长,股价也不断上升。然而有资料表明,微软公司自其上市后的十几年间从未发放过红利。1999 年以后该公司营业收入却开始逐年下降。就每股收益增长率而言,公司在 20 世纪 80—90 年代期间每股收益增长率均在 20%~70%,但到了 2001 年,其每股收益下降了 18.8%,2002 年只增长了 2.17%。微软公司的增长速度逐年下降,但也同时说明公司正在向成熟企业迈进,处在其生命周期的"现金牛"时代,这从公司持有的现金流中可以看出。该公司 2000 年 6 月拥有现金储备约 203 亿美元,2001 年 6 月约 285 亿美元,到 2002 年年底拥有现金高达 434 亿美元。微软公司如何处置这么多的现金? 方式之一就是将这些积累的现金分红,至少是部分分红,给股东带来最大的价值。

2003 年 1 月,微软公司宣布开始按每股 8 美分分红,此后将根据实际情况逐年调整股息。虽然微软公司的股利发放规模微不足道,但其意义却很重大。为什么微软决定发放红利? 它与公司的经营状况和行业背景有何联系? 股利发放对公司股票价格产生何种影响?

2. 思考与讨论

(1) 分析微软公司在成熟期是应该进行大量现金分红还是采取其他分配政策。

(2) 请查找微软公司近几年的利润分配状况资料,续填案例中 2004 年至今年该公司股利分配情况。

下篇 财务管理拓展

在学习以上两篇财务管理基本方法和内容之后，本篇旨在将读者引入一个更高的理财境界：进一步拓展视野，站在企业总体价值最大化的高度统揽全局，建立以价值评估为基础、以规划价值目标和管理决策为手段、整合各种价值驱动因素和管理技术、提高企业竞争力和价值创造能力。企业创造价值的途径除生产经营外，另一个非常重要的途径是资本运营。企业并购与企业重组的多种形式将给读者展现一个“进可攻、退可守”的多种发展模式。

随着金融创新的不断发展，新的工具和方法不断涌现，在掌握一般金融工具的基础上，学习衍生品中的期权并学会应用期权这一工具进行价值管理。最后，梳理管理和业务过程的新型管理框架，以“企业集团”这种组织形式为例，介绍企业集团组织下的财务管理与控制的主要模式。

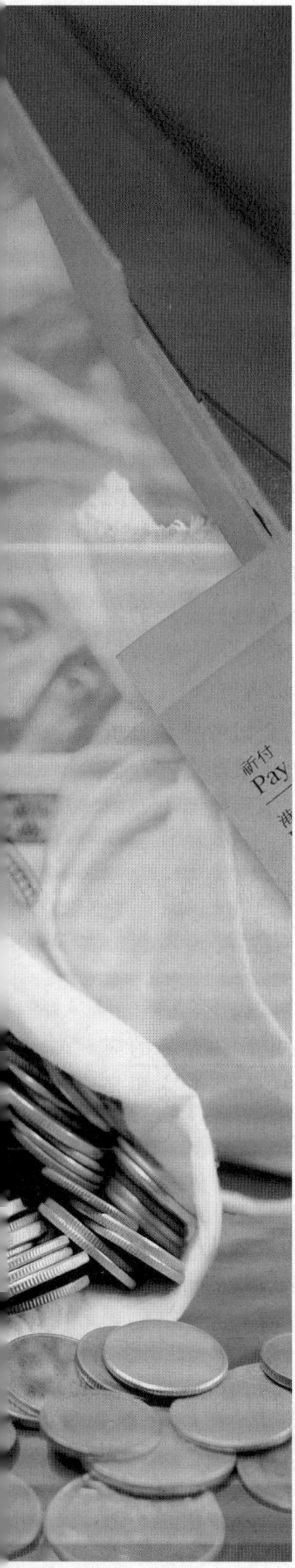

第十一章　企业价值评估与管理

学习目标

本章旨在使读者了解企业价值评估的概念及其应用领域。在此基础上，进一步掌握企业价值评估的若干种方法，并熟悉各种方法的优势和适用条件。最后，基于价值评估的理念，了解以企业价值最大化为目标的企业管理体系：即企业以追逐价值最大化的内生要求而建立以价值评估为基础，以规划价值目标和管理决策为手段、整合各种价值驱动因素和管理技术，梳理管理和业务过程的新型管理框架是应该追求的一种良性企业管理体系。

1990 年，全球影视节目的主要生产商华纳通信公司和世界上最大的出版商时代公司达成 141 亿美元的合并协议走向联合，一时间引起了全世界的关注。但这起合并历程中的一个小插曲多数人却不了解。1989 年，正当时代和华纳的合并按部就班进行的时候，以群星环绕雪山的标志为人所熟知的电影业老牌巨头——派拉蒙公司突然插进来，提出以高于时代股东通过合并所得到利益的现金收购时代公司。尽管在股权争夺战中，各方的立场针锋相对，但派拉蒙、时代和华纳的律师都一致认为，时代公司的控制权应该交给能够实现时代股票价值长期最大化的管理团体。时代-华纳的律师宣称，只要时代和华纳合并如期实现，已经制订出的计划将付诸实施，价值最大化就可以实现。而派拉蒙的律师争辩说，除了接受他们的现金价格，时代公司的股东不可能有更好的选择。双方的争夺只好交由法庭来裁决。法庭最终站到了时代-华纳的一边。时代公司如期收购了华纳公司。从价值评估的角度看，这一裁决的关键意义不是时代-华纳公司获胜，而是法庭进一步确认公司管理的目标是价值最大化。价值最大化是用来评价管理计划的至关重要的标准。

本章将围绕如何评估企业价值、如何基于企业价值最大化进行管理来展开。

第一节　企业价值评估概述

一、企业价值评估的概念

企业价值评估（business evaluation）的概念在我国是这几年才刚刚提出来的。在我国2005年发布的《企业价值评估指导意见（试行）》[①]中第一章第三条是这样定义的：本指导意见所称企业价值评估，是指注册资产评估师对评估基准日特定目的下企业整体价值、股东全部权益价值或部分权益价值进行分析、估算并发表专业意见的行为和过程。它不同于企业资产评估，因为企业资产评估可以是评估某个或某些单项资产的价值，也可以是评估企业的价值。国外的企业价值评估，主要包括三个方面的评估内容：其一是评估一个整体企业的价值（也称公司估价）；其二是评估企业股权（所有者权益）的价值，可能是全部股权，也可能是部分股权，但在实践中大部分情况是评估部分股权的价值；其三是评估企业无形资产的价值。这三个方面都是和整个企业紧密相连的，和企业拥有的资产及债务有关，更和企业的经营有关。

企业价值评估的对象不是单纯的某个实物资产，而是这些形形色色的资产的组合——资本。所以评估师要对整个企业的财务报表、历史数据、市场前景、行业发展以及宏观经济环境等均进行全面的分析和判断，还要对企业中最难以琢磨，但又是重要的资产——无形资产进行详细的分析与评价，这是与单项资产的全面考察和分析的方法与思路不同的。而且，由于企业在资本市场上的特殊地位将比单项资产在商品市场或其他资产交易市场上的情况要复杂得多，所以评估时不得不考虑与企业财务状况及经营情况有关的许多问题，如企业的债权债务、控股权益、流通性能、股票期权、职工持股、少数股权以及优先股票等。涉及企业的金融、财务以及法律等诸多方面，是比其他各类单项资产的评估都更复杂和需要深入探讨的一个课题。

二、企业价值评估的应用

企业价值评估有两个方面的应用。一个是咨询性业务或非法定评估业务的应用，另一个就是法定评估业务的应用。本章主要介绍第一个方面的应用。它主要是对公司估价（corporate evaluation），或对公司的证券价值评估，多是应用于金融领域、证券市场以及公司自身的财务管理。具体来说：

1. 在证券投资市场的应用

证券分析师们通常采用企业价值评估方法对市场上的一些上市公司进行价值评估，然后看看这些由公司财务指标反映出来的“真实价值”是否与该股票的市场价值一致，从而认定这个公司的股票是否被市场低估或高估了。

2. 在企业并购中的应用

无论是收购公司还是目标公司都要对被并购的目标公司进行价值评估，从而得出公司的合理价位，这对并购决策起到十分重要的影响作用。

---

① 2012年7月1日起施行的《资产评估准则——企业价值》第一章第三条所定义的“企业价值评估”与此相同。

3. 在公司财务管理中发挥直接影响

正如一句广告词所说的:"帮你发现价值,帮你认识价值,帮你创造价值。"既然公司的目标就是价值最大化,那么公司的财务决策和公司战略都与公司的价值有着千丝万缕的联系。

由于企业价值评估的应用领域广,所以在金融、证券和财务的一些书籍里面通常都有应用企业价值评估的内容。比如说,在国外金融分析师的教材"财务管理分析"中专门有一部分是企业价值评估的内容。本书作为财务管理领域的教材,用专门一章介绍企业价值评估的方法及企业价值管理。

企业价值评估在另外一个领域的应用就是法定评估业务领域,也是资产评估师主要提供服务的领域。根据目前大多数国家的情况,资产评估师提供服务的方式主要有三种:价值评估、评估审核和评估咨询。其中价值评估的主要对象是非上市的封闭持股公司的股权,且主要是针对企业整体交易、企业的股权交易或课税等目的的法定评估。

三、企业持续经营前提与清算价值前提

实际上所有被评估的企业或企业股权都是在一定的价值前提下进行评估的。对于同样的公平市场价值标准,同样的企业或资产可以在不同的价值前提下进行评估。由于是选择公平市场价值标准,那么这个价值是对谁的呢?答案是对于一个假设的自愿买方和一个假设的自愿卖方。而这个价值是在怎样的前提下产生的?有可能是在不同的假设交易条件下进行的。一般来说,企业价值评估可以有下面两种前提:

(1) 持续经营前提——作为收益性资产整体或持续经营企业连续使用的价值。持续经营是收益法评估企业价值的必需前提。

(2) 被迫清算前提——作为一件一件分别被迫清算的单件资产(不是整体组合资产的一部分)的市场交换价值;这个价值前提期待着企业的所有资产都会一件件地卖掉,且在二级市场上出现低于正常价的转让。值得一提的是,《资产评估准则——企业价值》第三章第十八条:注册资产评估师应当知晓评估对象在持续经营前提下的价值并不必然大于在清算前提下的价值。

如果相关权益人有权启动清算程序,注册资产评估师应当根据委托评估事项,分析评估对象在清算前提下价值大于在持续经营前提下价值的可能性。

第二节 企业价值评估的方法

一、企业账面价值调整法

(一) 计算账面价值

评估一家公司价值的最为简单直接的方法是根据公司提供的资产负债表进行估算。利用资产负债表提供的信息来评估一家公司的价值有两种方法。这两种方法都有赖于公司价值的定义:一家公司的价值是公司所有的投资人对于公司资产要求权价值的总和。首先,投资人要求权的账面价值,包括债务、优先股和普通股可以直接相加;其次,可以通过扣除负债得出公司的净资产。例如,某企业用资产负债表进行

价值估算的两种方法如表 11-1 所示[①]。

表 11-1　价值评估的两种方法示例　　单位:元

投资人要求权法		资产负债表法	
应付票据	761 301	总资产	9 575 983
逾期一年的欠款	2 317 297	减:流动负债	1 184 674
优先股票	1 382 810	(应付票据)	0
普通股和保留盈余	3 631 638	减:应缴所得税	298 263
总计	8 093 046	总计	8 093 046

这一资产负债表方法的一个明显缺点是:会计人员在资产负债表上所报告的资产和负债的账面价值很有可能不等于它们的市场价值。因为账面价值是基于历史成本记录的,其数额并没有考虑有关因素影响,比如通货膨胀和过时贬值,而这些因素将引起市场价值和账面价值的差异。不仅如此,还有一些有价值的资产,比如公司的组织资本,并没有在资产负债表上得到反映。

不经过调整的资产负债表的估值方法有一个最为明显的缺点,那就是大多数股票公开上市公司的普通股的每股账面价值与其市场价格都大相径庭。同一时期,不同公司的市净率千差万别,例如 2013 年 2 月,中国股市市净率最高的前十家公司市净率为 46~1 080 倍,而市净率最低前十家公司的市净率为 0.44~0.73 倍。不同时期,同一家公司的市净率也可能相差数倍。例如招商银行的市净率在 2007—2012 年间相差 7 倍。之所以会存在市场价值往往与账面价值存在明显的差异,是因为投资者在考虑一个公司股票价格的时候,综合了各种因素,包括通货膨胀、过时贬值以及组织资本等,尽管这些因素在编制资产负债表时并不予以考虑。

尽管存在通货膨胀和过时贬值这些因素的影响,我们也不必放弃账面价值法。在有些情况下,账面价值可以通过调整,使其更为准确地反映市场价值。最为常用的调整方法是用公司资产的重置成本估计数代替账面价值,或用公司资产的变卖价值代替账面价值。随着对这些调整方法的熟悉,我们会发现这样的调整有两个主要的缺点。第一,很难判断调整后的账面价值是否较为准确地反映市场价值。第二,调整过程通常也不考虑那些并没出现在资产负债表上的项目,比如组织资本。

(二) 调整账面价值以反映重置成本

如果企业资产年头已经很长,则资产的账面价值与资产的市场价值已经相去甚远。调整资产负债表项目的一种方法是用估计的重置成本取代各项资产的账面净值。遗憾的是,关于如何测定重置成本,评估师和经济学家意见并不一致。一种可行的办法是选用一种价格指数,比如 CPI,将资产购置年份的价值换算为当前的价值。然而,这样使用价格指数,并没有考虑过时贬值问题。而且也没有反映出具体资产价格的变化。比如,计算机设备价格,对于给定的某种运算能力水平,价格通常是下降的,尽管 CPI 是上升的。因此,一个更好的方法是,分别调整每项资产,以反映各项资产真正的重置成本。如果做得比较好,这样的调整将同时反映通货膨胀和过时贬值这两个因素的影响,因为这两个因素都将影响当前的该项资产的重置成本。遗憾的

① 王少豪.企业价值评估:观点、方法与实务.北京:中国水利水电出版社,2005.

是,定义什么是“重置”并非易事。即使对于相对稳定的商品来说,比如铁路车厢和钢材,新产品也总会或多或少地改进而产生差异,因而与原有的产品不同。因此,用新资产代替旧资产往往同时既是升级又是重置。

重置成本法的最大的不足是它忽略了组织资本。正如我们前边已经注意到的一样,公司之所以会存在,是出于他们可以按照一定方式组合资产和人员,使得总体的价值超过每一部分单独价值之和。所以依据重置成本评估,无论各项资产的重置成本测定得多么完美,也忽略了这样一种追加的协调价值。

(三)调整账面价值以反映变卖价值

根据公司的资产负债表估算其资产的市场价值,最直接的方法恐怕是确定如果该公司今天将资产变卖兑现,会得到什么样的价钱。如果相应资产有活跃的二手市场,变卖价格就等于二手市场价格。遗憾的是公司的许多资产都没有相应的二手市场,比如通信运营商的设备。所以,评估师必须估算在可以卖掉的情况下这类资产的假设价格。虽然对于高级评估师来说,估算资产的变卖价值也并不容易,但在对企业持续经营的前提不成立时,评估师只能关注资产的变卖价值。

在持续经营假设前提下,因为还要评估组织资本的影响,且必须通过比较在持续经营假设下公司所有财产的获利能力与同行业的可比公司的获利能力,以确定公司资产组合在一起的有效性。但是在每一例评估中,又同时要求用另外的方法进行价值评估,因此,在许多情况下,账面价值方法通常不为评估师所重视。

二、现金流量折现法(discounted cash flow,DCF)

净现金流量与以权责发生制为基础的每股收益及利润指标等相比更能全面、精确地反映所有的价值因素。采用现金流量折现方法评估企业价值隐含的原理是任何资产的价值都是其未来收益按照一定折现率折现的现值。其基本计算公式如下:

$$V = \sum_{t=1}^{n} \frac{CF_t}{(1+r)^t} \tag{11-1}$$

式中,CF_t 为未来各年度现金流量的预测值;r 是反映现金流量风险的折现率;n 是企业的存续年限。

可见,利用现金流折现法最关键的是确定各期的现金流和所采用的折现率。如何确定这两个参数?折现率通常选用公司的加权平均资本成本,而确定未来现金流通常有两种方法:股利现金流法和自由现金流法。

(一)股利现金流法

该方法是将股东在持有期内获得的红利和股票价格波动收益进行折现的评估方法。其计算公式为:

$$V = \sum_{t=1}^{n} \frac{DV_t}{(1+r)^t} + \frac{P_n}{(1+r)^n} \tag{11-2}$$

式中,DV_t 为第 t 期企业所有股东所分得的红利;P_n 为第 n 期股票价格;r 为股东权益必要回报率。

由于公司的股利分配是不固定的,于是出现了许多股利分配方式,其中比较典型的是固定增长模型、两阶段股利折现模型等。

1. 固定增长模型

股票股利在一定时期内按照固定的比率增长，则有：

$$V=\frac{DV_0(1+g)}{r-g} \tag{11-3}$$

式中，DV_0 为当前股票红利；g 为固定的股利增长率。

该模型主要适用于业绩稳定增长的企业。该类企业一般都处于成熟期，市场占有率高、利润稳定、现金流量充足，可以使股利支付保持一个稳定增长率。但实际上，由于企业不可能永远按照固定的增长率增长，同时，该模型的结果对于股利增长过快时特别敏感，尤其是增长率大于企业的资金成本时，企业价值趋近于无穷大，所以适用范围较为有限。

2. 两阶段股利折现模型

为了弥补固定增长模型的缺陷，人们又设计了两阶段股利增长模型。在不同的阶段企业有不同的增长率，在初生期和成长期一般增长速度是非常高的。在成熟期之后，企业的增长速度下降，因此股利的增长速度也呈现出比较稳定的状态。

则股票的价值计算公式为：

$$V=\frac{DV_0(1+g)\left[1-\left(\frac{1+g}{1+r}\right)^n\right]}{r-g}+\frac{DV_{n+1}}{(r-g_n)(1+r)^n} \tag{11-4}$$

式中，g 是第一阶段（前 n 年）的增长速度；g_n 是稳定阶段（第 $n+1$ 年之后）的增长速度。

（二）自由现金流折现法

自由现金流是公司产生的在满足了再投资需要之后剩余的现金流量，这部分现金流量是在不影响公司持续发展的前提下可以“自由”分配给公司全部资本提供者的最大现金额；股权自由现金流量（free cash flow of equity）是公司自由现金流量在扣除了债权人要求的现金流量之后的剩余现金流量，反映公司可以“自由”分配给股东的最大现金额。后者则是股权投资者实际得到的现金流。

自由现金流量的计算公式如下：

公司自由现金流量=息前税后净营业利润+折旧与摊销

-营运资本增加-资本支出

股权自由现金流量=公司自由现金流量-债权自由现金流量

=公司自由现金流量-税后利息+有息债务净增加

1. 企业整体价值

自由现金流量折现模型的计算公式如下：

$$V=\sum_{t=1}^{\infty}\frac{FCF_t}{(1+WACC)^t} \tag{11-5}$$

式中，FCF_t 是第 t 期末的自由现金流量；$WACC$ 是企业加权平均资本成本。

企业整体价值评估的另一个重要问题是其生命周期的无限性。一种方法是预测 100 年的自由现金流量，不考虑以后的年份，因为以后年份的现金流量折现值很小。另一种方法是将企业的价值分为两个时期，即明确的预测期及其后续阶段。

在这种情况下，有：

公司价值=明确预测期内的现金流量现值+明确预测期后的现金流量现值

明确预测期后的现金流量现值是指公司的连续价值。可以用与固定增长率股利折现模型相同的公式估算,而不必详细预测公司在无限期内的自由现金流量。

用自由现金流折现模型估算某公司价值的示例如表 11-2 所示。

表 11-2 用自由现金流折现模型估算某公司价值的示例 单位:元

	2012	2013	2014	2015	2016	2017	
A. 财务数据							
P/E	12.70	13.36	14.02	14.68	15.34	16.00	
每股资本支出		3.55	3.65	3.78	3.92	4.05	
长期负债		17 000	16 000	14 000	12 000	10 000	
总股数		1 810	1 800	1 783	1 767	1 750	
每股收益		2.95	3.20	3.50	3.80	4.10	
营运资本		8 700	8 750	8 767	8 783	8 800	
B. 现金流计算							
税后净利润		5 450.0	5 775.0	6 383.3	6 991.7	7 600.0	
税后利息		726.8	684.0	598.5	513.0	427.5	
营运资本变化			50.0	16.7	16.7	16.7	
折旧			3 575.0	3 650.0	3 725.0	3 800.0	
资本支出			6 570.0	6 742.5	6 915.0	7 087.5	
							终值
FCF_t			3 414.0	3 872.7	4 298.0	4 723.3	74 053.9
FCF_e			1 730.0	1 274.2	1 785.0	2 295.8	67 576.2
C. 折现率					假定 2017 年以后为固定增长率。		
当前 β 系数	0.9						
无杠杆 β 系数	0.766						
稳定增长率	0.03						
所得税率	0.25						
利息率	0.057						
无风险利率	0.035						
市场风险溢价	0.08						
股本市值		72 812	80 966	93 707	107 252	121 600	
负债/公司市值		0.19	0.17	0.13	0.10	0.08	
有杠杆 β 系数		0.900	0.879	0.852	0.830	0.813	
股本收益率		0.107	0.105	0.103	0.101	0.100	0.100
WACC		0.095	0.095	0.095	0.096	0.096	0.096
FCF_t 的折现因子		1.000	0.913	0.834	0.761	0.695	0.695
FCF_e 的折现因子		1.000	0.905	0.820	0.745	0.677	0.677
D. 现值							
$PV(FCF_t)$			3 118	3 229	3 271	3 281	51 439
$PV(FCF_e)$			1 565	1 045	1 329	1 554	45 741
内在价值	股本价值		每股内在价值				
64 337	47 337		26.15				
51 234	51 234		28.31				

2. 债务价值

公司的债务价值等于对债权人的现金流量，按能反映现金流量风险的折现率所得到的折现值。折现率应等于具有可比条件的类似风险的现行市场水平。在大多数情况下，只有在价值评估当日尚未偿还的公司债务须估算价值。

3. 股本价值

股本价值等于公司自由现金流减债权人现金流的折现值。

（三）现金流折现法评价

虽然折现现金流流量法有深厚的财务理论基础和严密的数学推导，但其条件比较苛刻，仅适用在给定的情况下，被估价企业当前的现金流为正，并且可以比较可靠地估计未来现金流发生的时间和数量；同时，根据现金流的风险特性又能够确定出恰当的折现率。

现金流折现法的两种常用方法也各有千秋。从预测现金流的角度看，在我国上市公司的评估中，自由现金流折现法要优于股利折现法。这主要是因为股利通常被认为是上市公司返还现金给股东的一种方式，股利折现模型是对一家公司股权价值最保守的估计，就我国上市公司而言，各上市公司大多支付极低的股利，甚至很多公司不发放股利，导致股利贴现金模型将低估上市公司的价值。自由现金流量就是企业产生的在满足了再投资需要之后剩余的现金流量。这部分现金流量是在不影响公司持续发展的前提下可供分配给企业资本供应者的最大现金额。所以就现金流而言，自由现金流法优于股利现金流法。从选择合适的折现率角度看，股利现金流法优于自由现金流法。在股利现金流法中，我们用 CAPM 可以比较准确地估计出该收益率；而与公司自由现金流对应的公司资本加权平均收益率的估计则又要考虑到不断变化的财务杠杆。所以就折现率而言，股利现金流法又比自由现金流法更直观。原则上，若一家公司的股利从某一时期开始固定增长，那么自由现金流模型和股利贴现模型是一致的，计算出的内在价值也应是一致的。

三、市场比较法

（一）市场比较法的种类

根据计算确定乘数的依据不同，市场比较法又可分为三类①：

1. 可比公司法（comparable company method）

它是以公开交易公司的股价作为比较标准的一种评估方法，即以交易活跃的同类公司的股价和财务数据为依据，计算出一些主要的财务比率，然后以这些比率作为乘数来推算出目标企业的价值。

2. 可比收购法（comparable acquisition method）

它是以参照公司过去的收购价作为比较标准的一种评估方法，即从类似的收购事件中获取有关财务数据，然后以这些财务数据为依据计算出一些相应的财务比率（即乘数），并据此推算出目标企业的价值。

3. 可比首次公开招股法（comparable IPO method）

它是以新上市公司的发行价作为比较标准的一种评估方法，即根据所收集的其

① 宋献中.企业重组财务.上海：上海社会科学院出版社.2000.

他上市公司上市前后的财务数据和上市之初的股价，计算出一些相应的财务比率（即乘数），并据此推算出目标企业的价值。

（二）市场比较法的运用

下面以可比公司法为例说明市场比较法的评估步骤和方法。

1. 选择参照公司

选择原则是参照公司应在经营业务（包括业务范围和主营业务）和财务特征（包括资产负债率、偿债能力、获利能力等）两个方面与目标企业相似（即具有可比性）。如果找不到基本相似的参照公司，可找出一组参照公司，其中一些参照公司在经营业务方面与目标企业相似，另一些参照公司则在财务特征方面与目标企业相似。

2. 选择和计算财务比率（即乘数）

在市场比较法中，目标企业价值评估所采用的乘数，一般可分为下列两大类：

（1）股权乘数。它是根据参照公司的普通股每股市价计算确定的财务比率，包括市盈率、市价总额对现金净流量的比率、市价总额对有形资产账面价值的比率等。

$$市盈率=\frac{参照公司普通股每股市价}{该公司普通股每股税后利润}$$

$$市价总额与现金净流量的比率=\frac{参照公司普通股每股市价}{该公司每股年现金净流量}$$

（2）总资本乘数。它是根据参照公司的股东权益的市场价值及其尚未清偿的负债（等于全部资产的市场价值）计算确定的财务比率（即乘数）。因此，计算乘数时，分子是参照公司的股权市场价值与尚未清偿的负债之和；分母通常是以下指标之一：

- 净销售收入；
- 息税前利润（EBIT）；
- 息税摊销前盈利（EBITDA）；
- 总资本净现金流；
- 有形资产与负债的账面价值之和。

由于总资本乘数同时考虑了负债对公司价值的影响，因此更具有使用价值。在具体价值评估实务中，可根据目标企业的经营业务和财务特征选择财务比率。例如，目标企业为制造业时，可选择总资本对有形资产和负债的账面价值之和的比率；而目标企业为咨询服务业时，就可选择总资本对 EBIT 的比率或总资本对总资本现金净流量的比率。

3. 估算目标企业价值

为了提高评估的准确性，根据上面计算的乘数，可分两步进行目标企业价值估算：

（1）根据多项乘数分别估算目标企业价值（即目标企业初步评估值）；

（2）为依据各项乘数所估算的目标企业价值确定一个权数，并据此计算目标企业价值的加权平均值（即最后评估的目标企业价值）。

【例 11-1】 为了评估目标企业 A 的价值，找到与 A 企业在经营业务和财务特征方面均基本相似的 B 企业。经测算，B 企业的市盈率为 26，市价总额对现金净流量的比率为 20。A 企业的税后利润为 4 000 万元，现金净流量为 8 000 万元。根据各

乘数对目标企业价值的影响程度,赋予市盈率的权数为 0.6,市价总额对现金净流量的比率的权数为 0.4. 则:

目标企业的评估价值=(26×4 000×0.6)+(20×8 000×0.4)= 126 400(万元)

计算目标企业价值时,应注意以下几点:①目标企业的财务数据必须与乘数相对应和一致。有时,为了与乘数一致,还需要对目标企业的财务数据进行适当调整。②用股权乘数评估的价值,是目标企业股东权益市场价值的估算数,而用总资本乘数评估的价值,则是目标企业包括股东权益和负债在内的总资本的市场价值的估算数。③对各目标企业初步评估值赋予的权数,应体现各乘数对目标企业价值的影响程度。

四、经济增加值法(economic value added,EVA 法)

经济增加值法(EVA 法)是根据衡量企业的业绩反映企业股东权益价值的方法。它也是一种收益法,20 世纪 90 年代中期以来在西方得到了广泛的应用。

(一) EVA 法的原理

理性投资者都期望其投资的资产获得的收益超过资产的机会成本,即获得增量收益。该方法中的 EVA 是指企业资本收益与资本成本之间的差额,即企业税后净利润与其全部资本(债务资本和权益资本之和)成本之间的差额。EVA 这一指标是以股东权益的角度定义的企业利润,因此其能较全面地衡量企业生产经营的盈利或称之为企业创造的价值。

$$企业价值=投资资本+预期\ EVA\ 的现值$$

用 EVA 法评估企业价值的步骤一般可分为四步:

第一步,分析公司经营状况;

第二步,分析公司发展前景;

第三步,预测公司未来 EVA;

第四步,评估公司价值。

(二) EVA 的计算方法

1. 税后净营业利润的计算

税后净营业利润等于税后净利润加支出的利息(如果税后净利润计算中扣除了少数股东损益,则也需要加回),即企业销售收入减去除利息支出以外的全部经营成本和费用(包括所得税)后的净值。税后净营业利润是企业全部资本的税后投资收益,反映了企业的盈利能力。

2. 资本总成本的计算

$$资本总成本=投资资本×加权平均资本成本率$$

投资资本是指所有投资者投入企业经营的全部资金的账面价值,包括债务资本和股权资本。其中债务资本是指债权人提供的短期和长期贷款,不包括应付账款、应付单据、其他应付款等商业信用负债。投资资本也是企业全部资产减去其商业信用债务后的净值。

3. EVA 的计算

$$EVA=(税后营业净利润-资本总成本)$$

$$或\ EVA=投资资本×(投资资本回报率-加权平均资本成本率) \quad (11-6)$$

4. 企业价值的计算

$$EV = IC_0 + \sum_{t=1}^{t=T} \frac{EVA_t}{(1 + WACC)^t} + \frac{TV}{(1 + WACC)^T} \tag{11-7}$$

式中,EV为企业价值;IC_0为期初投资资本;EVA_t为第t年的经济利润;$WACC$为加权平均资本成本;T为明确预测期限;TV为明确预测期末的投资资本增加的价值。

五、实物期权定价法

期权是一种权利合约,实物期权则是以期权概念为基础的一种现实的"选择权",是人们可以根据信息不断补充后的一种"相机选择权"。期权始于金融市场,实物期权(real options)的概念最初是由斯图尔特·梅耶斯(Stewart Myers)所提出的,他指出一个投资方案其产生的现金流量所创造的利润,来自于目前所拥有资产的使用,再加上一个对未来投资机会的选择。

期权定价法在企业价值评估中是对收益法的一种补充。实物期权是金融期权理论对实物(非金融)资产期权的延伸,其定价过程仍然可以按照金融期权定价的基本思路进行。实物期权定价的关键是在资本市场上寻找一个与所要评价的实际资产或项目具有相同风险特征的可交易证券,称为"孪生证券",并用该孪生证券与无风险债权的组合复制出相应的实物期权的收益特征,就可以按照建立B-S期权定价模型的思路,推导出实物期权的定价模型。

B-S模型中买入期权的价值形式如下:

$$C = SN(d_1) - Ke^{-rt}N(d_2) \tag{11-8}$$

$$d_1 = \frac{\ln\left(\frac{S}{K}\right) + \left(r + \frac{\sigma^2}{2}\right)t}{\sigma\sqrt{t}} \tag{11-9}$$

$$d_2 = d_1 - \sigma\sqrt{t} \tag{11-10}$$

模型中:$N(d_1)$、$N(d_2)$分别为d_1、d_2的累积正态分布函数值;

C为买入期权的价值,在企业价值评估中表示企业价值;

S为指定资产的当前价;

K为期权的执行价格或履行价格;

r为与期权寿命相当的无风险利率;

σ为指定资产的标准差;

t为期权到期的时间。

公式(11-8)右边第一项为期望的资产价值,第二项为资产的期望成本,即企业价值为期望价值与期望成本之差。

期权定价法吸取了EVA法中的思想,改变了人们对风险的传统认识,在传统的现金流量折现法等方法不太适用或很难使用时,它可以独辟蹊径达到理想的结果。例如,在传统的评估方法中,用单项评估加总法评估企业价值时,资不抵债的企业股权价值为负值。如果用收益法对亏损企业整体的预期现金流量进行贴现计算,得出来的企业整体现值也多半小于负债的总值,也就是说股权价值小于零。然而,当用期权理论方法评估企业股权价值时,亏损企业、甚至资不抵债企业的股权仍有价值。因为当公司现值低于负债值时,可以认为是价外期权,其标的资产的价格在期权剩余有效期限内又可能升到约定价之上,所以具有一定的价值。但实物期权定价法也存在不足,在一些期限较长,以非流通资产为标的资产期权估价时,由于标的资产价值和它的方差不能从市场中获得,必须进行估计,故运用该方法也会产生较大的误差。

下面举例说明其实际应用过程。

【例 11-2】 某国有大型工业企业,总资产现值为 206.6 亿元,债务面值为 92.5 亿元,债务期限为 8 年,求该国有企业的股权价值。

根据本例所提供的信息,我们把股权看作是买方期权的各项参数,列举如下:

S = 标的资产价值 = 企业总资产价值 = 206.6 亿元

K = 期权的执行价格 = 企业债务面值 = 92.5 亿元

t = 期权有效期 = 债务的剩余期限 = 8 年

r = 无风险利率 = 与期权期限相同的国库券利率 = 3.56%

σ = 标的资产价格变动标准差 = 企业回报率标准差 = 40%

根据上述参数,分别计算各项数据如下:

$d_1 = 1.5277$　　$N(d_1) = 0.9367$

$d_2 = 0.3963$　　$N(d_2) = 0.6541$　　$e^{-rt} = 0.7522$

股权价值 = 买方期权价值 = $SN(d_1) - Ke^{-rt}N(d_2)$ = 148.017 亿元

【例 11-3】 国外某公司资产现值为 5 亿元,远低于债务面值 8 亿元。公司资产价值变动的标准差为 40%,公司债务是 10 年期的零息票债券,为 10%。求该公司股权资本的价值及债券的价值。

当我们把股权视为买方期权时的各项参数,列举如下:

S = 标的资产价值 = 企业总资产价值 = 5 亿元

K = 期权的执行价格 = 企业债务面值 = 8 亿元

t = 期权有效期 = 债务的剩余期限 = 10 年

r = 无风险利率 = 与期权期限相同的国库券利率 = 10%

σ = 标的资产价格变动标准差 = 企业回报率标准差 = 40%

运用 B-S 期权定价公式得到:

$d_1 = 1.0515$　　$N(d_1) = 0.8534$

$d_2 = 0.2135$　　$N(d_2) = 0.4155$

股权价值 = 买方期权的价值 = 3.044 亿元

第三节　企业价值管理

一、企业价值管理概述

企业价值管理,又称为基于价值的企业管理(value-based management,VBM)是指以价值评估为基础,以价值增长为目的的一种综合管理模式。它是根源于企业追逐价值最大化的内生要求而建立的以价值评估为基础,以规划价值目标和管理决策为手段、整合各种价值驱动因素和管理技术,梳理管理和业务过程的新型管理框架。

学者们从不同角度对价值管理进行定义,可分为以下三类①:

(一) 按照价值为基础的管理结果来定义

以价值为基础的管理从本质上来说是一种管理方法,其推动哲学是通过产生超过资本成本的收益来最大化股东的价值(Simms,2001)。以价值为基础的管理是一个管理框架。该框架可用于计量业绩,更重要的是用于控制公司业务,从而为股东创造出较高的长期价值并满足资本市场和产品市场的要求(Ronte,1999)。以价值为基础的管理是一种新的管理方法,它关注于真正的价值而不是账面利润。只有当公司收入在弥补了投资人的全部成本之后仍有剩余,公司才创造了真正的价值(Christopherand Ryals,1999)。

(二) 按照以价值为基础的管理过程来定义

以价值为基础的管理是一种全面的管理手段,它包含了重新定义的目标、重新设计的结构和体系、更新了的战略和经营程序以及修补了的人力资源实践。以价值为基础的管理不是一个速成的方案,而是一条需要坚持和投入的道路(Boulos, Haspeslaghand Noda,2001)。

(三) 结合以价值为基础的管理过程和成果来定义

以价值为基础的管理是一种管理方法,其主要目的是最大化股东的财富。公司的目标、体制、战略、分析技术、业绩计量和文化都紧紧地围绕着股东财富最大化这一目标而展开(Amold,1998)。以价值为基础的管理是一种以股东价值创造为公司哲学的核心的管理方法。最大化股东财富引导着公司的战略、结构和程序,并决定管理者的报酬方式和业绩的监控方法(KPMG Consulting,1999)。

综上所述,可以得出价值管理(VBM)是以股东价值最大化为理财目标的结论。即VBM的目标就是创造价值,实现股东价值的增长。它要求在企业经营管理和财务管理中,遵循价值的理念,依据价值增长规则和规律,来探索价值创造的运行模式和管理技术;从而建立起连接企业战略,并应用于所有对企业价值有影响的各个因素和整个经营过程中的决策和控制体系;它要求公司一切决策和行为以是否能够为股东创造价值为评价基准,并且在实现价值管理的过程中广泛运用经济增加值(EVA)、市场增加值(MVA)、折现现金流量(DCF)、托宾 q 值、价值派模型(pie model)等一系列价值评估和价值管理的技术和方法,以帮助其实现股东价值最大化。

二、价值管理的历史演变

价值管理并不是新生事物,到目前为止,它已经历了三个发展阶段:数字阶段、战略阶段和整合阶段。

(一) 数字阶段

20世纪80年代中期,价值管理几乎只关注财务方面的因素,这要追溯到那些企图低估公司价值的恶意收购者。

这些恶意收购者以机械的报表评估为模式来评估公司的价值。他们认为股票价格不过是现金流和股本收益经风险调整以后的一个函数值。于是,公司变成了可以交易的商品。随之,公司并购与剥离大量出现,适应能力较弱的业务单位被剥离甚至

① 汪平.基于价值的企业管理.会计研究.2005(8).

清盘,有较好发展前景的盈利公司则被收购。虽然这种重组确实可以立即对股东价值产生实质性的影响,但这种收益是没有生命力的。一个公司不可能不停地购买或兼并其他公司,到一定时候公司必须开始管理自己的业务以创造实实在在的经济价值。

(二) 战略阶段

在这一阶段,价值管理的关注重点转向了营运,即从资产负债表的右半部分转向了左半部分。价值管理的原则扩展到了内部运营的管理和战略评估等一些领域。价值管理发展成为评判公司战略的一种工具,这样,理财活动和战略规划的联合开始出现。不幸的是,这种方法总是和实际的运营决策有一段距离,对如何帮助管理者们更好地制定决策还处于不断摸索中。

(三) 整合阶段

随着市场界限的模糊及经济全球化的驱动,股东价值被纳入更广阔、更完整的方法体系当中。在这个阶段中,董事会更倾向于主动地履行其职责,并积极提出贯穿公司管理各个层面的通用语言和文化,这时股东价值最大化就很好地代表了股东的意愿。此时,对各种管理决策,如战略规划,资本配置、公司重组、绩效评估和薪酬规划来说,价值管理都是一种更完善、更可行的方法。

三、企业价值与财务管理的关系

(一) 企业价值最大化是现代财务管理的目标

财务管理作为企业管理的重要组成部分,是实现企业目标的重要保证。财务管理的目标大致经历了以下几个阶段或观点:产值最大化、利润最大化、股东财富最大化、企业价值最大化。产值最大化只有在产品是卖方市场的条件下才有意义。利润是企业一定时期内全部收入和全部费用的差额,体现了企业的经济效益,企业获得利润的多少意味着企业竞争能力的大小,决定了企业的生存和发展。所以,把利润最大化作为财务管理的目标比较直观且有现实意义。但利润最大化作为财务管理的目标有其局限性:对于所有者来说,利润是实现其投资回报最大化的基础,也是承担投资风险的回报;对于其他相关者来说,利润最大化可能使其承担更大的风险,面临更大的不确定性,但获得的收益并不会相应增加,同时以一个时期的利润作为财务管理的目标往往会使企业决策带有短期行为的倾向。同样,股东财富最大化考虑的范围仅局限于股东的利益,有时甚至于主要是控股股东的局部利益,而忽略了债权人、经理人、员工及社会等利益相关者的效益,而这些利益相关者的效益却对股东财富最大化产生了重要的影响。企业价值最大化是通过企业财务上的合理经营,采用最优的财务政策,在保持企业长期稳定发展的基础上,使企业总价值达到最大。它要求企业在生产经营过程中,不仅要重视短期利益,更要追求企业长期持续的健康发展;不仅追求企业本身发展,还要为股东、用户、员工、供应商以及社会等利益相关者创造更多价值。因此,以企业价值最大化作为企业的发展目标,既考虑了利润最大的因素,又考虑了企业风险的因素,有利于企业获得长远利益。所以说,企业价值最大化是企业利益相关者利益的最佳体现,企业价值最大化是现代财务管理的目标。

(二) 有效的财务管理提升企业价值

财务管理的过程实际上就是一个对企业的价值造成影响的过程。现代企业财务管理的核心就是通过财务决策,来实现企业价值最大化的理财目标。具体来说,财务管理提升企业价值主要体现在三大方面:①创造企业价值的活动,包括税收筹划、集中化管理(尤其是资金)、盈余管理、融资管理、投资并购、成本控制等;②支持企业价值的活动,包括全面预算管理、财务流程再造、运营资本管理、利润管理、绩效管理、薪酬管理、风险管理等;③保持企业价值的活动,包括财务管理系统建设、会计管理、会计信息管理、会计制度与组织管理等。

(三)基于价值的财务管理

现代公司财务管理要上升到更高层次的价值管理,预算管理、绩效评价、财务战略等要突出现金流、价值回报以及价值创造和价值增长,以价值目标为指引配置财务资源,规划财务活动。

1. 强化以现金流为核心的全面预算管理

预算管理是财务管理的基本职能,在价值管理的理念下,预算管理要以现金流为核心。不强调现金流的预算管理,不仅不能体现公司的价值,还使全面预算管理失去方法和手段。现金流是公司正常运转的“血液”,要判断公司的一项活动是否创造了价值就要以是否为公司创造了现金流量来衡量。

2. 建立以企业价值为导向的绩效评价模式

建立一套富有挑战性和操作性的绩效评估系统,使之更好地为实现企业的长期战略目标和企业价值服务,是现代财务管理职能上的拓展。在价值管理理念下,价值增值成为公司追求的目标,对绩效的衡量转变为对价值增值的衡量。公司每一项作业都会产生一定的价值,扣除各种成本后,各项作业最终累计为公司价值的增值。现代财务管理要求绩效考核体系中更加注重对占用资本和回报率的考核,如经济增加值(EVA)的考核。

3. 资本分配管理

从财务管理的职能来看,资本分配管理是财务管理的重要方面。资本分配主要指投资,没有投资就没有增长,投资体现了公司价值追求的方向和形式。驱动公司价值增长的主要因素是有正现金流的盈利,是通过合理的资本分配实现的。运营资金结余要么用于股利分配,要么用于扩大再生产。扩大再生产集中体现在增加投入上,增加投入可以扩大规模和能力。在公司价值管理中,资本支出计划要匹配公司的长期价值管理方向,公司整体的价值增值是通过公司长期的价值增值活动实现的。资本支出可以获得规模增长、成本节约、科技进步、新盈利模式创新。资本投资要强调价值回报,都要以提高公司价值为目标进行有效管理。

4. 资本结构管理

资本结构是指公司长期的资金来源和构成的比例关系,即长期债务资金和权益资金的比例关系。价值创造由投资资本回报率和资本成本来决定,在一定条件下,加权平均资本成本越低,则意味着创造的价值越大。资本结构对公司价值有重大影响,通过改变资本结构,调整资本成本,利用财务杠杆作用可以影响公司价值;通过债务资本的“税盾”作用影响公司价值。公司可以通过调整股本、债务的比例,普通股、优先股的结构,银行借款、债券的结构,银行借款利率的谈判,发行债券利率的谈判,其他各种金融工具的运用(信托产品、资产出售回租等)途径完善资本结构,以达到资金成本最优,公司价值最大。

5. 现金流动性管理

流动性管理对于公司价值管理有着非常重要的功能,较短的现金转换周期对应更好的运营绩效,积极的流动性管理有助于提高上市公司的价值。现金流动性管理需要合理规划现金结余量,包括运营现金需求、安全资金量以及危机资金量的合理控制。

6. 风险管理

风险是损失发生的可能性或不确定性,风险与公司价值紧密相关。风险对公司价值的影响表现为实际行为的结果可能与我们预定的目标之间存在差距。这种差距可能不仅表现在最终结果的差距(如盈利额的差距、损益值),还可能表现为实现路径的差距,即如何实现预定目标同样存在不确定性。

综上所述,财务管理从日常的成本管理、资金配置、盈利分析、预算及考核到内控体系、风险控制,从公司内部的运营管理到资本市场的市值管理,都要强调以提升企业价值为导向,推动财务管理迈向价值管理的新境界。

四、构建公司价值管理体系

(一) 价值管理的目标陈述

利润最大化或规模最大化都不是企业管理的最终目标。利润指标只是企业某一时段的绩效反映,从时间跨度上并不能全面反映企业的经营状况,也不能反映不确定情况下的企业经营状况。与利润最大化相比,价值最大化不仅仅是企业经营状况的全面反映,而且是企业利益相关者利益的最佳体现。对规模最大化的盲目追求会使企业忽视灵活性和适应性在企业价值增长过程中的作用。

希望促使价值实现的公司需要确立目标,并把公司目标和与价值相关的量化指标这两方面结合起来。对于多数公司而言,仅仅把公司目标陈述为“实现股东价值最大化”是不足以激励员工或聚合组织能力的,也不足以正确地引导员工的长期抱负。所以,对公司目标的陈述要详细些。迪士尼公司就是一个很好的例子。迪士尼的使命是“提供人们所追求的高质量娱乐服务”,宗旨是“从创造性的战略财务角度,保持住世界第一娱乐公司桂冠,创造股东价值”。

公司必须在充分分析外在环境和内在能力的基础上,规划基于价值增值的战略,并通过一个全面业绩管理的系统,充分挖掘公司内部的价值驱动因素,保障战略的全面贯彻实行;另外,公司还应该建立一个面向外部投资者的信息系统,加强与股东之间的信息沟通,提高公司股票价格,积极与外部投资市场改善关系,吸引外部优质资金流入公司。由公司信息系统、战略规划系统和全面业绩管理系统三部分构成公司价值管理体系的基本框架。

(二) 构建基于价值的信息系统

公司价值最直接的外在表现是公司在外发行股票的价格,因此要提升公司的价值,就必须使投资者支持公司的股票价格,投资者对公司股票的估价最大限度地反映公司的内在价值。鉴于此,公司必须与投资界保持经常联系并进行有效的沟通,重点把握影响与投资者关系的重大财务业绩因素和非财务业绩因素,为广大的投资者及时地提供决策所需的信息,帮助他们对公司的内在价值形成合理预期。财务业绩因素在投资者为公司估价的过程中有非常重要的作用,但是有关实证研究的结论也证明,投资者在对公司进行估价时,有相当一部分依据是来自于公司的非财务业绩因素的[1]。

因此,公司若想为股东创造更多的价值,就必须首先建立一个能够通畅地与外界沟通的信息系统。

建立面向外部投资者的公司信息系统能够对公司产生如下三方面积极的影响:

(1) 公司可以据此设定战略目标,以便更加清楚地阐述其与向投资者传递的价值信息之间的关系。

(2) 促进公司与投资者之间的沟通,公司发布的消息对公司外部的"信息机器"判断有着直接的影响,进而又影响到公司股票的价格。

(3) 满足信息披露强制性披露的要求。强制性信息披露是指企业按照监管规定,通过招股说明书、定期财务报告和临时报告等形式向投资者传递有关公司价值、现金流量等相关信息。企业满足强制性信息披露的要求是有成本的,但国内外学者的实证研究表明,满足强制性信息披露要求能够提升公司价值。

(三) 构建基于价值的战略规划系统

战略规划是对公司价值增加过程的总体安排,它是一个动态的过程:公司首先要明确自己在市场上的价值定位,即明确公司的市场价值目标;其次,公司要站在投资者的角度,对公司现有的内在价值予以评价,然后结合公司的市场价值定位,分析公司在目标价值和现有价值之间的差异,并对造成差异的每一个因素进行敏感性分析,并按照每一因素之间的因果关系逐步改进。

公司实现价值增值过程的规划是通过两方面业务来实现的:①对现有业务中价值驱动因素的不断挖掘、优化。它需要回答:现有的业务中,价值的驱动要素是什么?对不同价值方案决策取舍的标准有哪些?通过哪种方式实施选定的方案最有效?②通过开展新业务或者是业务的更迭。开展新业务或者业务更迭中的战略规划应该回答这样的问题:有没有通过新业务来提升公司价值的可能性?如果有,怎样做才能完成价值提升的目的?

在公司价值管理的框架下,公司战略规划是一个不断挖掘价值驱动因素、指标不断细化的系统和动态过程,它之所以能够发挥作用、在整个组织内协调资源,主要是因为它能给每个层级的业务团队量身定做一套适用的、能和公司总体的价值目标挂钩的衡量标准。

因此,战略规划的主要目的就可以概括为:制定公司以及各业务单元未来的战略发展目标,包括目标市场定位及参与竞争的方式;制定量化的公司各层级的团队所需要达到的财务目标及资源需求预测;通过质询程序,指导各业务单元的战略发展方向。

关键词

企业价值评估　持续经营前提　清算价值前提　账面价值　市场价值　重置成本　自由现金流折现法　股权现金流折现法　市场比较法　EVA 法　实物期权估价法　企业价值管理

① [英]加利·阿什沃斯.整合绩效管理——实现股东价值的有效方法(中文版).李克成.译.北京:电子工业出版社,2002.

要点回顾

由于企业在资本市场上比单项资产在商品市场或其他资产交易市场上的情况要复杂得多，所以评估时不得不考虑与企业财务状况及经营情况有关的许多问题，如企业的债权债务、控股权益、流通性能、股票期权、职工持股、少数股权以及优先股票等。涉及企业的金融、财务以及法律等诸多方面，是比其他各类单项资产的评估都更复杂和需要深入探讨的一个课题。

企业价值评估方法中的调整账面价值法主要适用于清算价值前提下或有理由认为企业的资产价值与企业的市场价值相同的情况下。即可以不考虑企业的组织资本的情况下才能适用。因为企业股权的价值取决于对未来利益和所期望的回报率的估计。这样，理论上正确的途径就是预测拥有企业或股权的未来利益（通常是估算经济收益，如现金流、利润或股票红利），然后再依据拥有这些企业或股权的风险及货币的时间价值估计折现率，并用折现率把未来利益折算成现值。本章介绍的这类方法包括现金流折现和 EVA 法。对于企业的经济收益不容易直接预测的情况下，还介绍了市场比较法和实物期权法。

尽管企业价值评估有了一套可普遍接受的理论体系，但要把这套理论体系运用到不确定的现实社会的实践中，是对经济学和金融学理论与实践进行的最为复杂的挑战。价值评估结论的合理性通常取决于用来估算未来经济收益的预测和假设是否能被评估报告的使用者所接受。对于企业价值评估师来说，也许最困难的任务莫过于使交易的双方或利益各方都对企业未来利益的预期及风险判断取得一致的意见。

即测即评

请扫描右侧二维码，进行即测即评。

思考题

1. 企业价值评估有什么用途？
2. 如何确定企业价值评估的范围？
3. 企业价值评估的比较法有哪些可供选择的乘数？

练习题

1. 某企业 2012 年支付的每股股利为 1.28 元，预期股利将永久性地每年增长 5%。股票的 β 系数为 0.9，1 年期国债利率为 3.25%，市场风险补偿为 5%。估算该企业每股的价值。

2. 某企业 2012 年的财务报表显示每股收益为 2.5 元，支付的每股股利为 0.72 元。预期 2013—2017 年期间收益将每年增长 15%，这一期间的股利支付率保持不变。自 2018 年起收益增长率预计将保持在 5%的稳定水平，股利支付率会达到 70%。企业目前的 β 系数为 1.42，2017 年以后的 β 系数预计为 1.10，国债利率为 3.25%，市场风险溢价为 5%。试求 2013 年 1 月 1 日的每股股权价值为多少？

3. 下面是一家上市证券公司的 2012 年的财务数据，请分别采用 DCF 和 EVA 对该公司的价值进行评价，并对结果进行比较。这一证券公司预计存续时间：10 年；投资资本回报率：20%；利润增长率：15%；加权平均资本成本率（WACC）：12%；投资比率：30%；无风险利率：4.41%（十年期国债利率）；年波动率：41%，各年现金流、投资收益、资本成本等预测值如表 11-3 所示：

表 11-3 某证券公司各年数据 单位:万元

年份	税后经营净利润	年初投资(净利润的 30%)	现金流	投资收益	资本成本
2012	50 000				
2013	57 500	15 000	42 500	18 000	16 800
2014	66 125	17 250	48 875	20 700	19 320
2015	76 044	19 838	56 206	23 805	22 218
2016	87 450	22 813	64 637	27 376	25 551
2017	100 568	26 235	74 333	31 482	29 383
2018	115 653	30 170	85 483	36 204	33 791
2019	133 001	34 696	98 305	41 635	38 859
2020	152 951	39 900	113 051	47 880	44 688
2021	175 894	45 885	130 008	55 062	51 392
2022	202 278	52 758	149 510	63 322	59 100

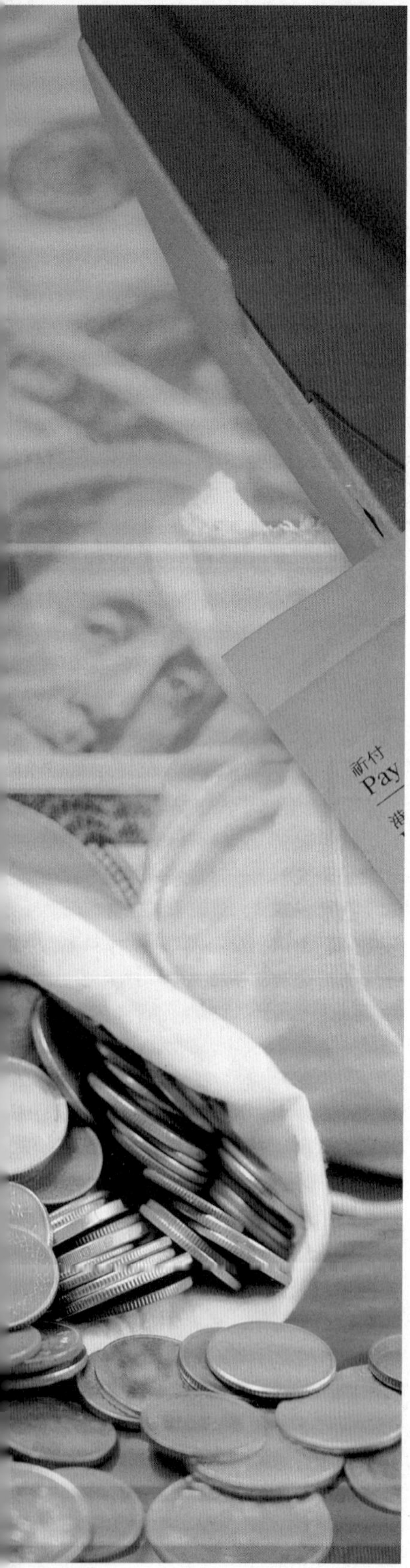

第十二章　企业并购重组

学习目标

本章主要通过对企业并购动因、并购财务决策和财务效应的介绍，让读者了解企业在财务管理中，为什么要进行并购、如何进行并购、如何衡量并购的绩效，以及过去的经验告诉我们并购的预期效果怎样。同时，本章还通过企业重组的方式、内容和案例的介绍，让读者了解企业如何通过重组获得逆境重生。

2010 年 4 月 26 日的《证券时报》刊登了一篇题为《并购重组如火如荼，市场建设日新月异》的文章。文章列举了一些重庆资本市场重组的实例：

濒临倒闭的重庆银行和万州商行，经过重组面貌焕然一新，成为重庆经济发展中的“王牌”金融服务企业；被德隆掏空的 ST 重实经过重组逐步走出困境；同样资不抵债的西南证券巧借重组平台解开了公司错综复杂的债务链；重生后的西南证券又通过借壳上市公司 ST 长运登陆证券市场，形成了多赢格局；重组后的 ST 农化从“丑小鸭”一下子变成了“金凤凰”，等等。重组并非局限于困难企业，优势企业重庆啤酒大股东重啤集团将部分国有法人股以“天价”转让给苏格兰纽卡斯尔公司，达到了股东结构更加合理、公司治理结构更加完善的效果。

可见，企业创造价值的途径除生产经营外，另一个非常重要的途径是资本运营。以上捷报频传的报道，让我们看到并购重组的巨大威力。

第一节　企业并购概述

一、企业并购的相关概念

提到企业并购，产生的一组概念就是兼并（merger）、收购（acquisition）和合并（consolidation）。其中，人们把兼并和收购统称为并购（M&A）。而近年来，接管（take over）一词也在各种企业并购活动中频频出现。以下就是对这四个概念的解释。

（一）兼并

兼并就是指任何一项有两个或更多实体形成的一个经济单位的交易。通常分为横向兼并（horizontal merger）、纵向兼并（vertical merger）和混合兼并（conglomerate merger）。横向兼并涉及两个从事同类业务活动的企业，例如，两个百货公司之间的兼并；纵向兼并涉及某项生产活动的不同阶段，例如，百货公司中所涉及的供应商及经销商等；混合兼并涉及从事不相关类型经营活动的企业。

根据《大不列颠百科全书》的诠释，兼并的一般含义是指两个或两个以上的公司通过法定方式重组，重组后只有一个公司继续保留其合法地位。例如 A 公司兼并 B 公司，其后 A 公司依然合法存在，B 公司的法定地位则被取消。这种情况可以用 A+B=A 的公式来表示。

（二）合并

我国《公司法》规定，合并是指两个以上的企业依据法定程序变为一个企业的法律行为。根据合并方式不同，合并分为两类：吸收合并和新设合并。前者是在两个以上的企业合并中，其中一个企业吸收了其他企业而成为存续企业的合并过程，被吸收的企业解散、注销、失去法人资格，其债权债务由存续企业承担。这种情况可以用公式表示为：A+B=A（B）。后者是两个或两个以上的企业合并，另外成立一家新企业，成为新的法人实体，原有两家以上的企业都不再继续保留法人地位，合并后，合并各方的债权债务由合并新设的企业承担。这种情况用公式表示则是：A+B=C。在我国，通常把吸收合并称为兼并，新设合并称为合并。但从概念而言，兼并和合并都有相互联系的方面，所以无论是在学术界和实业界都也有混用的情况。

（三）收购

除此之外，另一个与企业合并相关的概念是收购。收购是指一家企业购买另一家企业的资产、营业部门或股票，从而获得该企业的控制权的交易行为，被收购企业的法人地位并不因此而消失。根据收购对象的不同，可分为股权收购（stock acquisition）和资产收购（asset acquisition）。资产收购是指买方企业购买卖方企业的部分或全部资产的行为；股权收购是指买方企业直接或间接购买卖方企业的部分或全部股票，并根据持股比例与其他股东共同承担卖方企业所有权与义务。

在股权收购情况下，按照收购方所获得的股权数量（比例），又可分为以下三种情况：一是参股收购，即收购方仅购得被收购公司的部分股权。在这种情况下，收购方通常仅以进入被收购公司的董事会为目的。二是控股收购，即收购方购得被收购公司达到控股比例的股权。所谓控股股份，在理论上指持有股票（普通股）的 51%，实际上在被收购公司有相当大的规模，而股权又比较分散的情况下，往往只需控制 30%左右的股权，有时甚至 25%就足以有效地控制整个公司，达到控股的目的。三是全面收购，即收购方购得被收购公司的全部股份，被收购公司成为收购公司的全资子公司。

（四）接管

接管类似于收购，它暗示着收购公司比被收购公司更强大。其一般含义是指，某企业原来属于控股地位的股东因出售或转让股权或者因股权持有数量被其他人超过而取代，导致控制权的转移。此后通常该公司的董事会将被改组。

二、企业并购的动因

理论上，基于企业价值最大化的管理理念，企业并购的唯一目的是对企业价值最大化的追求。但又分为实现企业价值最大化若干方面的动因或管理者自身的利益的动因。

（一）谋求协同效应

协同效应是指两个公司兼并后，其总体效益大于两个独立公司效益之和。兼并带来的协同效应主要来自以下几个方面。

1. 规模效益

两个独立的公司兼并后可以在较优的经济规模下运行，从而带来生产经营活动效率的提高。

2. 效率差异理论

效率差异理论也被称为“管理协同”理论。该理论认为具有较高管理效率的企业通过并购具有较低管理效率的企业并提高目标企业的效率来实现收益的增加。比如，A企业的管理效率比B企业高，在A并购B以后，B的效率可以上升到A的程度，并购使管理效率得到了提高。B企业管理效率提高带来的经济收益不仅使该企业股东受益，同时对社会资源的利用也有积极作用。效率差异理论一般限定为并购企业具有目标企业所处行业所需的特殊经验并致力于目标企业管理效率的提高。因此，这是水平（横向）兼并的理论基础。

3. 财务协同效应论

认为协调收益的取得不仅仅是由于经营效率的提高而引起的，而是由于税法、会计处理惯例以及证券交易等内在规定的作用而产生的一种纯货币上的效益。

（二）企业发展动机

在市场经济条件下，企业必然面临着激烈的市场竞争。企业要保持和增强它在市场中的地位，成为市场竞争中的强者，就必须具有相当的实力，其中，企业是否拥有雄厚的资本规模和实力是决定企业竞争成败的重要因素。因此，为了应付市场竞争，企业就必须不断地扩大自身规模，加速资本集中。新建企业和兼并企业均能扩大企业规模，但比较而言，兼并往往是效率比较高、能更快地在竞争中发挥效用的扩张方式。这主要是由于在兼并情况下，可以利用被兼并企业原有的专业人员、技术设备、销售渠道和已占有的市场，节省新建企业所需要花费的时间，减少发展过程中的不确定因素，降低风险和成本。此外，由于兼并没有增加新的生产能力，短期内行业内部的竞争结构保持不变，因此，可以减少引发价格战或其他企业报复的可能性。

（三）提高市场占有率

企业并购可以减少企业的数量，也减少了竞争对手。同时，还可以增加并购企业的规模，提高其市场占有率，增强对市场的控制能力。当一个企业对市场的占有达到相当比例的时候，可能出现某种形式的垄断。这样，企业可以获得垄断利润。但是，市场份额的提高并不一定带来规模经济或提高经营效率。只有把扩大市场份额和实现规模经济或提高经营效率结合起来，我们才能承认并购在扩大市场份额中的必要性。此外，并购企业还需了解，由于横向兼并对提高市场占有率和企业对市场的控制能力效果最为明显，在很多情况下会形成垄断，从而降低整个社会的运行效率，因此，当横向兼并使企业的市场占有率提高到一定程度时,就会受到有关法律的审查和管制。

(四) 实现多元化经营

经济学有一句名言:“不要把所有的鸡蛋放在一个篮子里面。”这句话揭示了多元投资经营能够分散风险的道理。多元化经营是指公司的经营已超出了一个行业的范围,向几个行业、多种产品方向发展,它是公司的一种向外扩张战略。公司的经营环境总是不断变化的,任何一项投资都存在着风险,如果公司把投资分散于多个行业或多种产品,实行多元化经营,这样,当某个行业因环境变化而导致投资失败时,还可能从其他方面得到补偿,做到“东方不亮西方亮”,从而降低了单一经营所面临的风险,增加了公司资本的安全性。此外,为了能把一批优秀的员工长期留在本企业,多元化经营可以创造更多的升迁机会。最后,多元化经营可以实现企业各经营领域的客户、供应商或商誉等资源的共享。

多元化经营的实现有两种途径:企业内部积累和并购。由于企业内部积累的过程太长,能够迅速实现多元化经营的并购就成为管理者的首选。

(五) 获得特殊资产

为了获得某项特殊资产常是兼并与收购的重要动因。特殊资产可能是一些对公司发展至关重要的专门资产。如在 1989 年年底日本索尼公司购买美国最大的电影制片公司——哥伦比亚电影制片公司的案例中,当时的哥伦比亚公司是一个负债累累和严重经营不善的企业,从财务角度来讲,兼并的结果可能会在短期内造成索尼公司整体盈利水平的下降。但哥伦比亚公司却拥有雄厚的制片能力和旧片库存,索尼收购它的目的就是要获得这些专门资产,并以此来占领高清晰度彩色电视及录像机市场。又如,土地是企业发展的重要资源,一些有实力、有前途的企业往往会由于狭小的空间难以扩展,而另一些经营不善、市场不景气的企业却往往占有较多的土地和优势的地理位置,这时优势企业就有可能通过兼并和收购劣势企业来获得其优越的土地资本。兼并还可能是为了得到目标公司所拥有的一支有效的管理队伍和优秀的研究与开发人员以及其他的专门人才。此外,为了获得被兼并公司的商标、品牌等无形资产,往往也是兼并与收购发生的动因之一。

(六) 获得价值低估效应

该理论认为,当目标企业的市场价值由于某种原因未能反映出其真实价值或潜在价值时,其他企业可能将其并购。企业的市场价值被低估的原因主要有以下几点:

(1) 企业的经营管理未能充分发挥自己应有的潜能。

(2) 并购企业拥有外部市场所没有的关于目标企业真实价值的内部信息。

(3) 由于通货膨胀造成资产的市场价值与重置成本的差异,造成企业的价值被低估。

(4) 目标企业是暂不盈利或亏损的公司,并购企业利用其暂时的困境压低收购价格,兼并后再对其进行重组,保留其可盈利的部门。

(5) 利用股票价格暴跌乘机兼并其他公司。根据对美国证券市场的观察,在股票市场出现危机时,发生兼并与收购的数目就会明显增加。

(七) 管理层利益驱动——代理理论

代理问题是由于企业管理阶层和企业股东利益的不一致引起的。现代公司企业都是由职业经理阶层直接管理,股东与经理之间存在一种委托代理关系。当高层管理人员持股比例很低的时候,他们会不努力工作、追求个人享受(如高档轿车、办公室豪华装修、高级俱乐部会员资格等),因为即使他们努力工作并使企业的业绩快速增长,也只能分享很少的一部分收益。但是,全体股东必须平均分摊高层管理人员追求豪华享受所付出的大部分代价,他们本人只承担其中极少的部分。特别是在大企业,由于股权的极端分散,中小股东更加缺乏监督管理阶层的动力。

代理理论对并购的解释主要有三种观点:

(1) 曼勒于1965年提出并购可以用来解决代理问题。由于资本市场上存在并购行为,一旦企业的经营业绩不佳,就会招致被其他企业并购的命运,而并购会导致高层管理人员的重新任命。这就使得高层管理人员的领导地位始终受到威胁,进而迫使其努力工作,提高管理效率。从这个角度理解,并购减轻了股权分散带来的代理问题。

(2) 管理者主义。穆勒于1969年提出由于企业的规模决定管理阶层的待遇,所以管理人员都有不断扩大企业规模的欲望。因此认为代理问题导致了并购。但是,穆勒的假说在提出后即遇到挑战。卢埃林和亨迈斯于1970年发现,高层管理人员的报酬和公司利润显著相关,但与公司规模无关。

(3) 自负假说。罗尔于1986年提出了"自负假说"(hubris hypothesis)。该理论认为,企业管理阶层往往高估了自身的管理能力,在规划改造目标企业时过分乐观,以致在资本市场上大规模高价收购其他企业,最后无法成功完成对目标企业的整合,从而导致并购失败,并把财富转移给了目标企业的股东。罗尔的假说在后来的实证研究中被多次验证,即当并购消息传出后,并购方股价不涨反跌。

综上所述,企业并购理论迄今为止还无法形成一个系统的理论框架。早期研究者在研究方法上,试图运用一种理论或者假说来解释所有的并购活动。而事实上,不同的并购活动背后的动因常常无法用单一的理论来解释,即使是同一并购活动也可能出于多种动因。

第二节 企业并购的财务决策

企业并购既是并购企业的一项投资行为,又是社会资源存量的流动和生产要素的重新组合。它是一项非常复杂的系统工程,其成功与否直接取决于并购财务决策的科学性和合理性。

确定并购的目标企业是并购财务决策的首要问题,对目标企业的价值评估是确定并购价格的基础,并购成本与并购收益的比较是并购决策的主要依据。

一、目标企业的选择与分析

(一) 确定并购标准

如果企业采取积极主动式的并购方式,就应根据企业的整体性发展战略规划和财务状况,制定并购规划和并购标准。并购标准并无固定模式,但它必须能够反映企业整体性发展战略。其内容一般应包括目标企业所处的产业类别、企业规模、市场占有率、财务状况、技术水平、并购价格范围等。

制定并购标准时，一般应考虑以下几点：

（1）根据并购动机确定并购企业的范围。如果并购动机是扩大企业的市场份额，则目标企业的业务必须与并购企业的业务相同或密切相关；如果并购动机是增加企业的利润额，则其他领域的企业也可纳入选择的范围之内；如果并购动机是通过并购活动获取营运上的协同效应，则目标企业在业务、优势、财务状况等方面必须与并购企业相配合；如果并购动机是通过并购活动使业务多样化，降低经营风险，则目标企业的经营范围与并购企业的相关性越小越好。

（2）根据并购企业自身的财务结构确定目标企业的财务杠杆系数的范围。对于高负债率的企业，如果并购目的中含有改善并购企业自身的财务结构，就应选择财务杠杆系数低的目标企业。

（3）根据并购企业并购的融资安排确定目标企业的财务状况的要求。如果并购企业采取杠杆并购方式，考虑到债权人的接受程度，尤其是在经济萧条、社会投资欲望不高的情况下，只有当目标企业财务状况较好，具有一定的偿债能力和获利能力时，并购企业举债筹资规划才能成功。

（4）根据并购成本和并购风险的大小设定目标企业的资产、经营规模和盈利水平的范围。并购企业一般应从目标企业的营业收入、毛利额、净资产规模、市场份额或盈利率等方面设定上限和下限。同时，还应考虑并购价格、目标企业所在行业的市场竞争程度、目标企业的经营领域和职工人数等。

采用积极主动式并购时，并购企业可委托各种专业中介机构协助制定明确的并购标准，并帮助寻找合适的目标企业。在制定并购标准时，一定要根据市场和并购企业自身的情况，使并购标准既合理又富有一定的弹性。

采用机会式并购时，由于事先没有制定出明确的并购标准，因此只有在得知目标企业欲出售的消息后，才进行并购的可行性分析和决策。在机会式并购的可行性分析中，应重点评估分析并购机会与其既定的整体性发展战略规划的配合程度等。

（二）对目标企业进行商业调查

在物色目标企业时，并购企业必须充分掌握有关潜在并购对象的财务状况、经营成果、市场竞争能力、所处的产品寿命周期阶段等信息。通过并购前的商业调查，收集和分析各潜在并购对象的财务会计资料和其他相关信息。

中国市场经济的不完善性，给并购企业信息收集和分析带来许多困难，从而增加了并购企业并购财务决策的风险性。也正因为如此，并购前的信息收集和分析就显得更为重要。一般来说，并购企业可以从下面几个方面收集有关信息，详见表 12-1。

表 12-1　对目标企业进行商业调查的资料来源及内容

商业调查的资料来源	商业调查的主要内容
信息咨询服务机构	1. 有关并购政策与法律、并购程序、并购操作技巧等 2. 目标企业近年来的财务状况、经营成果、现金流量情况及其发展趋势和有关的分析资料
报纸、杂志、电视等大众传播媒介	1. 各企业尤其是上市公司在各种传媒上公布的会计报表、通告、声明等文书 2. 新闻报道中的有用信息

商业调查的资料来源	商业调查的主要内容
证券交易所	证券交易所提供的各种信息报告(如证券交易所年报)提供的相关信息
政府的相关部门	有关政策、产业信息、行业市场竞争程度等
资信评估机构和市场研究机构	1. 各行业概况、工商业展望、每一行业中的主要大公司情况等 2. 根据并购企业的要求收集的相关信息
其他来源	1. 通过接触供应商、顾客、职工、经济顾问、股票经纪人、新闻记者等了解有关信息 2. 通过特殊调查资料、产业发展报告等专题研究报告等获得有关信息

二、企业并购的可行性分析和决策

(一) 目标企业基本情况及并购的可能性分析

目标企业基本情况的分析主要就是对上述商业调查中所获取的有关目标企业基本情况的资料所进行的系统分析。例如,目标企业的经济环境,所在行业的国内外市场竞争状况;产品的市场需求情况及其变化趋势,是否已出现或即将出现替代品的威胁;目标企业在竞争中所处的地位、竞争潜力、市场占有率;目标企业技术水平和新产品的开发能力;目标企业的所有制性质、财政隶属关系、政府对目标企业所在行业的管制程度和趋势;目标企业的财务状况、经营成果、现金流量情况和利润分配情况;主要客户的分布及可能出现的变化等。

并购的可能性分析主要包括目标企业被并购的可能性分析,并购企业整体性发展战略规划配合性分析和承受能力的分析。

其中,目标企业被并购的可能性往往基于以下因素:

(1) 股权结构分散。通过收购数量不多的股份即可实现控制目标公司,因此难度相对较低。

(2) 大股东因急需巨额资金,抛售所持目标企业的股权。目标企业的大股东股权的不稳定性,为并购企业提供了可乘之机。

(3) 目标企业具有较大的发展和盈利潜力,容易吸引众多的并购企业。尤其是当目标企业被认为具有较大的发展和盈利潜力,但由于经营管理不善,股东纷纷抛售所持该公司的股权,如果并购企业认为通过低价收购这类企业后再加以整合和治理,可使其价值较快上升,经营管理不善的企业就会成为理想的并购对象。

(4) 目标企业的市盈率或市场评估价值偏低。当目标企业市盈率偏低,或资产市场对目标企业的市场估价低于实际价值,就会吸引并购企业,从而并购目标企业。

(5) 净资产的规模较小。一般来说,目标企业净资产的规模越小,并购成本就越低,就越容易成为被并购对象。

(二) 目标企业的审核、财务评估及并购决策

并购其他企业是一个风险很高的投资活动,一旦决策失误将会直接影响企业的未来发展。因此,并购企业选定目标企业后,还必须在签署并购协议前对目标企业进

行认真仔细的审核,剥去目标企业提供的经过装饰了的财务报表的外衣,清晰地了解其现状。同时,还应对目标企业进行必要的财务评价,提高并购决策的科学性和合理性。

对目标企业进行法律、财务和业务审核的主要目的是为确定并购价格提供依据,了解影响并购后企业营运业绩和企业价值的因素、并购后企业发展的机会和主要障碍等。具体来说,审核的主要内容包括以下几个方面:

(1) 审核目标企业的章程内容,股东大会和董事会的会议记录。尤其应注意章程中关于资产出售、产权转让等方面的有关条款和股东大会同意并购的证明文件。

(2) 审核目标企业的主要财产清单及其状况。必须认真审核财产清单中所列各项资产的存在性、所有权、价值(包括固定资产的原值、账面净值、重置价值、对外投资额等)以及财产投保的金额,确保其真实性、公允性和可靠性。

(3) 审核目标企业与其他单位和个人签署的各项合约。包括购销合同、租赁、借贷、代理、担保等各种重要契约。审核时,应注意并购后契约是否继续有效。

(4) 审核目标企业各项债务的完整性,以及对并购后企业财务状况的影响。审核时,应注意是否存在隐瞒负债的可能性。为此,可要求目标企业开立证明,保证并购后若发现有未入账的负债,一律由原被并购企业的相关责任者负责。同时,还应审核各项负债的偿还期限、利率和债权人提出的限制条件,确认目标企业各项或有负债的数额。

(5) 审核目标企业近期或目前所发生的各项诉讼案件及其对并购后企业的影响程度。

(6) 审核应收账款的收回情况。尤其应注意逾期未收回的应收账款的状况,确定其是否已成为坏账而尚未转销。

(7) 审核目标企业坏账准备金的适当性。应注意目标企业是否根据其过去若干年应收账款的实际坏账损失率及未来的变化趋势,估计和提取了足够的坏账准备金。同时,还要注意目标企业是否为销售折扣或折让提供了充分的准备。

(8) 审核目标企业的存货价值的真实性。应注意是否有已报废而未转销的存货,或确认存货因为减税而被低估的价值。

(9) 审核目标企业对外投资规模、结构及其可变现或可收回情况等。

(10) 核实目标企业的经营业务的情况。包括近年来的财务状况、经营成果和现金流量情况,普通股每股利润、业务范围、客户和供应商的情况,主要筹资方式等。

(11) 核实目标企业的市场状况。考察目标企业所在行业的总体发展状况和前景,行业内竞争者的情况,该行业的产品或服务的市场需求弹性,如果是周期性行业应考察目前处于周期中的哪个阶段;目标企业的市场占有率、企业的发展策略、子公司或分支机构的分布、潜在的发展机会等。

通过上述目标企业基本情况及并购的可能性分析、对目标企业进行法律和财务审核及财务评价后,就可以进行并购决策,决定是否对目标企业实施并购。

(三) 企业并购的出价策略

目标企业价值的评估工作完成之后,就可确定可接受的最高并购价格。但是,为了实现并购目的和降低并购成本,并购企业还应该讲究出价策略。影响出价策略的主要因素有并购企业对目标企业价值的评估、并购双方的经济实力和市场竞争地位、目标企业对并购的态度、竞争对手的状况等。

1. 根据目标企业在并购前股权的评估价值,确定并购价格的上下限

首先,并购企业应该采用不同的方法评估目标企业的价值;然后,依据不同的评估结果,分析和确定目标企业股权的价值范围;最后,根据评估股权价值范围,结合其他各种影响因素,确定其最高可接受的出价。然而,并购价格的上限并非就是目标企业并购前股权的评估值。并购价格的上限可以适当超过目标企业股权并购前的评估值,其差额可以理解为并购企业提供给目标企业的所有者出让控制权的补偿。这是激励目标企业所有者出让股份的因素之一。但是,并购企业之所以愿以高于目标企业并购前股权价值作为并购价格,主要是基于并购后目标企业可产生更大的获利能力。

当然,除非并购企业能够充分肯定,通过发挥规模经济效应和协同效应,并购后目标企业的获利能力一定高于并购前原目标企业自己继续经营时的获利能力,否则出价额不要高于目标企业并购前的评估价值。因为它是目标企业预期内在的股东权益市场价值。

出价的下限,则需要根据目标企业和并购竞争状况等具体情况加以确定。但是也不能过低,如在并购上市公司时,出价的下限就是目标企业的现行股票市价。

2. 合理确定首次要约价格

合理的要约价格应介于上下限之间。上下限差额越大,出价的余地就越大,并购成交的可能性也就越大。但最后的定价还需要由并购双方谈判决定。首次要约价格既不宜过高,也不宜过低。过高将影响并购企业的协商余地或带来过大的资金压力。过低会给并购企业带来许多不利,如:①可能会引起目标企业股东的反感,使其自觉阻止被并购,也容易使目标企业管理当局采取反并购策略;②可能会导致其他并购企业伺机而入,参与并购竞争或增强竞争程度;③不利于发挥诱导性并购策略(如承诺给予董事会主要成员的人事安排等)的作用,不易软化董事会成员的抵触情绪,从而可能阻碍善意并购的顺利进行。

3. 运用诱导性出价策略

并购企业在协商和谈判过程中,可以适当给予目标企业一些有利的附加条件。这些有利的附加条件包括:采用能够减少目标企业和所有者(股东)收益税额的付款方式,对目标企业最高决策层主要人物(如董事会的主要成员、高级技术人员等)给予适当的人事安排或物质待遇,为目标企业技术改造或走出困境提供强有力的支持等。

运用诱导性出价策略时,应注意四点:①掌握目标企业的具体情况,尤其是目标企业的实际困难及其期望的解决方法;②了解目标企业职工特别是最高决策层关键人员的心态及他们期望得到的补偿;③如果有竞争对手,应深入了解其状况,包括竞争能力、并购需求强度及其出价策略等;④附加条件要具有诱导性,能够适当满足目标企业关键人物在经济和心理等方面的要求,但又不会给并购后续企业经营带来不利。此外,还应适当帮助目标企业解决一旦被并购后可能会出现的问题,如职工的去留问题、债务问题、税务问题等。解决这些问题能够直接影响并购

企业的出价。

4. 及时必要的调整

在协商期间,出价基础可能会发生变化,如目标企业主要资产的增减、资产结构的改变、经营状况的改变、关键人员的流动、利率和物价指数的变动、股价的变动等。并购企业应及时根据出价基础的变化,调整出价策略和出价额,或放弃本次并购计划。并购企业也可以充分利用其变化加强谈判力量,形成一个更有利的并购价格。例如,在协商期间,如果产业政策或企业的整个外部经营环境变坏,目标企业就可能会考虑降低并购价格,从而使双方原期望价格的差距接近而成交。

此外,在协商并购价格时,并购企业不仅应争取尽可能低的收购价格,还应争取有利的付款条件和其他收购条件。如要求在契约中写明,并购后若发现并购时有未记录的负债等,应由目标企业原责任者负责等。

第三节　企业并购财务效应分析

一、企业并购的财务协同效应

当两家或更多的公司合并,理想的结果是能够产生协同效应,即合并后的整体价值要比合并前两家公司的价值之和大。从严格意义来说,协同效应可以分为两个部分,其一是经济协同效应,其二是财务协同效应。经济协同效应是指并购后对公司经营方式、购买和销售环境产生有利影响,从而提高效率;还可以通过扩大经济规模,减少竞争对手,增加营运效率。财务协同效应是指由于合并使公司所有有价证券持有者的财富增加,其作用表现为以下几个方面。

(一) 减少交易成本

按照科斯的基本原理,企业之所以存在是由于可以减少市场交易产生的交易费用。企业并购具有同样的功能。企业与企业之间进行生产要素的购置和产品的销售都会发生大量的交易成本。这是由于在交易开始之前就必然会发生一些选择交易伙伴的费用,在交易过程中会发生选择交易方式和监督交易进行的费用。合并后,企业间的交易变为企业内部交易,可以减少交易环节,节约生产要素的购置和产品销售的费用,同时还可运用企业内部的行政力量来重新配置资源。也就是说,企业把一些资金用于购买一些在生产工艺或经营方式上有前后关联的企业,这些目标企业与并购公司在生产、销售的连续性过程中互为购买者和销售者。通过并购这样一些成熟企业,一方面可以组织专业化生产和实现产销一体化,保证原料等上游产品供给,节约订货成本、购买成本和储存成本。特别是当上、下游企业利用合同的不完善性谋取额外利益、表现出机会主义的行为时,降低交易成本就成为并购的主要动因。并购公司可以把被并购公司内化为企业内部的一个成本中心或利润中心,将原目标企业的一部分利润纳入整个企业集团内部,此时,交易费用的节约就是企业价值的增大。另一方面,通过购买成熟的目标企业,可以节约公司自己组建类似部门所需要花费的时间,目标企业往往拥有成熟的生产管理经验和健全的生产组织形式,经过短期的磨合,目标企业就能为并购企业产生生产协同作用。

（二）降低资本成本

通过并购降低资本成本的途径有：第一，变外部筹资为内部调剂，从而可以减少一部分筹资费用。如果一家公司发现自己有剩余能力，即具有多余的现金，而其自身的经营范围内难以找到合适的投资机会。于是，并购公司提供较低成本的内部资金去兼并别的企业，从而使得合并后的整体企业的资本成本下降。同时，并购企业也可以借助目标企业的筹资能力。第二，兼并还可实现财务资源的重新分配，即财务资源可由低速增长的行业转移到高速增长的行业。这是由于兼并公司所在行业投资机会甚少，整体处于低速增长的格局，而被兼并公司在其行业里有其较高的期望增长率，但需要大量的资本投入，而其本身所缺少的就是多余的现金流量。于是，有多余现金流量的低增长的企业去兼并缺少现金流量但高增长的企业能实现财务资源的转移。第三，企业兼并发生后，规模得以扩大，资金来源更为多样化。第四，优化内部资金时间分布。就企业内部资金而言，由于混合兼并使企业涵盖了多种不同行业，而不同行业的投资回报速度、时间存在差别，从而使内部资金收回的时间分布相对平均，即当一个行业投资收到报酬时，可以用于其他行业的投资项目，待到该行业需要再投资时，又可以使用其他行业的投资回报。通过财务预算在企业中始终保持着一定数量的可调动的自由现金流量，从而达到优化内部资金时间分布的目的。

（三）提高企业的负债能力

财务效应的一种表现形式就是产生一种共同担保作用。假定两家公司的现金流量不完全相关，合并后的公司价值的概率分布的方差比单个企业的两倍要低，所以，违约的概率比合并前要低。从这个角度来看，如果合并后的企业维持合并前企业资产的概率分布的方差，对企业的价值没有影响，则合并后的企业可以发行更多的债券，从而提高企业的负债能力。

（四）降低现金流量的不稳定性

并购获得稳定的现金流量扩大了企业从外部融资的余地，使整个企业所能承受的负债水平得到提高。这将预示着企业并购成功的概率很大，因为企业并购的意义不仅是在于并购时的“轰动效应”和向外部投资者传递资本结构变动的信号，更在于取得控制权后对经营者专长及经验的发挥。通过重组资产结构和债务水平，使企业能向外筹集更多的资金进行盈利项目的投资，而不是两个企业生产能力的简单相加。因此成功的企业并购应能获得更加稳定的现金流量分布，并购后企业的最佳债务水平也应有所提高，相应地增加了用于有利可图项目的自由现金流量。

（五）税收效应

税收对个人和企业的财务决策有重大影响。不同类型的资产所征收的税率是不同的，股息收入和利息收入、营业收益和资本收益的税率是有区别的。由于这种区别，利用合并可以产生一些节税的作用。当公司有过多的账面盈余时，通过合并另一家公司，在有关法规允许合并支出可以减免税收的情况下，可以少交所得税。当一家公司兼并另一家公司时，如不是用现金购买公司的股票，而是按一定的股权比例转换，如果该国政府未规定征税，企业可实现资产的流转，资产所有者则能实现追加投资和资产多样化的目的。如果兼并公司不是将被兼并公司的股票直接转换为本公司的股票，而是转换为可转换债券，一段时间后再将它们转换为普通股票，这种兼并方式由于企业付给这些债券的利息可以进入成本，从而冲减应税利润，少交所得税。企业还可以利用有些国家税法中亏损递延条款来达到合理避税的目的。一个亏损企业往往有可观的累积税收损失，如果这个企业被另一家企业所兼并，则兼并方可以节省一大笔税收。

（六）资金杠杆作用

一家企业并购另一家企业，使控股公司在负债能力上具有杠杆效应，这种杠杆效应使企业规模日益庞大，并形成一个金字塔式的控制体系。层层连锁控股可依据同样的资本取得更多的借款，从而提高负债的比例，对其控制的资产和收益产生很大的杠杆作用。

（七）预期效应

预期效应指的是由于兼并使股票市场对企业股票评价发生改变而对股票价格的影响。在并购热潮中，我们会观察到，预期效应的作用使企业并购往往伴随着投机和剧烈的股价波动。

二、企业并购的财务负面效应

上文主要是从积极的一面来分析并购对企业财务的影响，而事实上并购也有不少失败的案例，如把并购简单地等同于规模扩张，将“小舢板”硬捆绑成“航空母舰”，结果规模虽然扩大了，资产创利能力却不断下降，使企业落入了经营的陷阱。

导致并购失败的原因主要有以下两方面：

一是政府方面的原因。政府行为和企业行为边界模糊，政策法规不健全，是导致并购失败的主要原因。主要体现在：①政府参与资源配置中出现的对企业并购行为的行政性垄断、硬性撮合和违背市场规律等问题，导致生产要素的流向偏离最佳轨道；②企业在并购时，往往将获取政府的各种优惠政策作为主要推动力，包括被并购企业的借款允许五年期的挂账计息，对于亏损严重企业其亏损额允许用于抵消并购企业的税前利润，给予被并购企业在并购前的各项特别政策在并购后予以保留等，而各种政府政策的不完善、不兑现将极大地影响并购的成效。

二是企业方面的原因。主要体现在：①企业并购过多地关注短期财务利益，以短期获取生产要素资源为导向，缺乏以核心能力为导向的并购思维；或者说企业并购决策上倾向于财务性并购，而不是战略性并购；并购双方战略匹配性不好决定了并购后价值创造的潜力有限。②不少企业收购的目标公司资产质量较差，长期以来沉淀了很多不良资产，还存在大量的或有负债，信息不对称使得收购方对潜在的风险浑然不觉，收购这样的企业必然为将来的重组失败埋下隐患。

综上所述，只有经过客观、详尽的评估分析，采用科学的方法来操作并购，才能产生积极的财务效应和其他效应。美国著名管理学大师德鲁克指出：“公司收购不仅仅是一种财务活动，只有收购后对公司进行整合发展，在业务上取得成功，才是一个成功的收购，否则只在财务上操纵将导致业务和财务上的双双失败。”显然，完成收购并不等于并购成功。并购能否成功不仅仅取决于目标企业创造价值的能力，更取决于并购后的整合，在财务合并的同时尤其应注意文化和人事方面的整合。

三、企业并购绩效的衡量方法

国内外学者对在进行并购效应的衡量中，常用的方法有两类，一是建立在股价基础上的事件研究法,二是建立在财务数据基础上的财务指标法。

(一) 事件研究法

事件研究法也叫超常收益法或反常收益法,是通过考察交易公告窗口期所产生的超常收益来衡量企业并购绩效,目前在国际学术界已发展成为并购绩效研究中的主流方法。事件研究法的一个重要前提假设是资本市场的有效性。该方法的突出优点在于理论基础严谨完善、研究过程简单清晰,主要关注公司并购事件的宣告是否引起上市公司时序性价格的变动。运用事件研究法时,把某项公司并购交易看作单个事件,确定一个以并购公告日为中心的"事件期",通过计算并购活动公告发布前后事件期内样本公司实际收益与公司股票的预期(正常)收益之间的差额,来确定并购活动对股东财富的影响,通常用来衡量股东财富变化的指标是超额收益(abnormal return,AR)和累计超额收益(cumulative abnormal return,CAR)。

事件期或称为窗口期,一般以公告日为中心,将公告日设为第 0 天,并在公告日前后各选择若干天,将选定的这个时间段定义为事件期。在具体应用中,不同的研究采取了不同的事件研究期间,没有统一的关于时间选取长短的标准,而采取不同的时间期间对并购结果的影响从表面上看并没有实质性的差异。许多研究中选择的事件期是[-40,+40]。较长的事件期更可能覆盖事件的全部影响,但难以保证事件期的"清洁",即不受其他因素影响。

采用短期的累计超额收益通常是用来反映在市场上投资者在并购事件发生后对企业未来发展的预期。从分析结果来看,在成功的并购中,并购方和目标方通常都会获得一定的正收益;而失败的并购中,并购方的收益通常为负,而目标方总是能获得正的收益。

运用事件研究法还可以对并购价值采取更长时期的检验,包括事件发生日到事件后 240 日和事件发生后 1~12 个月的累计超额收益率的计算。通常采用这种长期累计超额收益率的计算来分析并购方在并购后的总收益,这种总收益是通过并购后的整合来实现的。

对于事件研究法而言,该方法的核心假设是投资者能够准确估计合并公司未来的现金流量和风险的变化,而这些又取决于资本市场的效率。显然,此方法的基本思路在于通过并购事件在公告期内公司股价的超常反应来衡量公司并购绩效。

事件研究的方法主要是考察并购对样本公司股票价格的影响。评价两个公司并购成功与否的主要标准是:一定时期后股价的相对变化。如果在并购发生一段时间以后,公司的市值(也就是股价)超过了公司合并以前的市值,或者超过了同行业公司的市值,一般就认为并购获得了成功,取得了协同效应。具体来说,并购业绩的检验一般以并购前后股东财富的变化来衡量。

事件研究法中超额收益的计算有四个步骤:

第一步,是计算每家企业在事件期内每一天的预期的正常收益 R_m。预期收益的准确度量是计算超额收益(AR)的关键步骤。衡量预期收益主要有均值调整法(mean adjusted returns)、市场调整法(market adjusted returns)以及市场模型法(market and risk adjusted returns)三种方法,其中,市场调整法最简单,而市场模型法是一种较为折中的方法,在理论上这种方法更完整,目前在各国的学术研究中得到广泛的采用。

第二步，是计算每家企业每一天的超额收益 R_t，即每天的实际收益 R_i 与每天的预期正常收益之差，$R_t = R_i - R_m$。超额收益即未预期到的收益部分，理论上是由于事件所引起的当日企业价值的变动值。

第三步，是计算事件期内每一天各企业的平均超额收益 AR_t，$AR_t = \sum R_t / N$，N 为并购企业样本中企业数量。

第四步，是将整个事件期内每一天的平均超额收益加总，得到累计平均超额收益 CAR，$CAR = \sum AR_t$。累计平均超额收益代表特定时间间隔中该事件对所有样本企业的总体平均影响。

然而，事件研究法主要存在两大缺陷：一是不同研究者选择分析累计超额收益的事件期的长短不同，而且研究结果对此是敏感的；二是股票价格的变动反映了市场对并购事件的一种预期，但这种预期又受到了股票市场本身特征的影响，如股票市场有效性、信息透明度、公众的投机行为等。行为金融学的研究结论表明，股票市场并未在公告期内准确、充分反映公司并购事件所公布的所有相关信息，加之公司并购融资工具及投资者热情等都可能会加快或减缓股票市场价格的反应，从而造成公司并购绩效的错误计量。

（二）财务指标法

并购是否创造价值一直是一个有争议的问题。许多学者试图通过财务数据来检验关于并购价值的种种假说。对于财务指标研究法而言，该方法的基本思路就是利用财务报表和会计数据资料，以营业净收入、净资产收益率或总资产收益率、流动比率和每股收益等经营绩效等指标为评判标准，对比考察并购前后经营绩效的变化来衡量公司并购绩效。

从总体上看，这种方法的好处是财务数据容易取得，既便于计算，也易于理解。

财务指标研究方法也存在一些不足之处，该方法忽略了公司并购前后的风险变化，而且选取哪些经营绩效指标也没有客观的基准，同时还难以剔除其他因素对经营绩效的影响。而且这些财务数据并不总是可靠的，因为：财务数据在并购发生后常遭到破坏，从而使得并购前后经营绩效的比较异常困难；财务制度、税收、内部转让价格等的变更也会进一步扭曲各种财务数据。因此，财务指标也无法准确全面地反映公司并购绩效，进而造成研究者因选取不同的绩效指标体系而得出不同的研究结论。

（三）两种研究方法的主要结论及评述

对西方部分学者有关并购重组业绩效应的一些研究成果，布鲁纳（Bruner，2002）已在《应用金融学杂志》（Journal of Applied Finance）上对这些研究结论进行了汇总，这些学者研究并购重组事件所采用的方法都是前面所述的两种方法。其中，对应用事件研究法的主要结论有：并购重组能为目标公司带来比较丰厚的收益。一般来说，其平均超额收益率在10%～30%。但在研究中，他们对收购公司股东收益的实证检验结果却不相一致。而应用财务数据分析研究结果表明，同是用财务数据分析，但通过实证检验得出的结论也不甚一致。结果表明：运用横向或纵向式并购的企业，其财务协同效益和企业效率有一定的提高，而混合式并购交易则导致股东财富的损失。

衡量公司并购绩效的事件研究法和财务指标研究法都有各自的研究思路、绩效计量指标,也难免存在自身的优缺点。当然,这两种衡量公司并购绩效实证方法的缺点大都属于技术性方面,因此许多学者对此做了大量的改进。有学者指出,如果公司并购存在多种动机,那么运用财务指标或股东财富变化并不能够准确地反映出公司并购的成功,因此他们建立了非财务指标和财务指标相结合的一种综合性公司并购绩效评估模型,最后实证发现大多数公司并购活动是极其成功的。

总之,目前尚没有统一的、完全可靠的实证研究思路、方法与绩效指标来衡量并购绩效,从而在一定程度上造成了学者们因研究思路、实证方法与研究样本的差异而得出不同的研究结论。

第四节　企业重组概述

一、企业重组的概念

企业重组(corporate restructuring)是针对企业产权关系和其他债务、资产、管理结构所展开的企业改组、整顿与整合的过程,以此从整体上和战略上改善企业经营管理状况,强化企业在市场上的竞争能力,推进企业创新。企业重组是指企业以资本保值增值为目标,运用资产重组、负债重组和产权重组方式,优化企业资产结构、负债结构和产权结构,以充分利用现有资源,实现资源优化配置。

企业重组,根据企业改制和资本营运总战略及企业自身特点,可采取原续型企业重组模式、合并型企业重组模式和分立型企业重组模式等。企业重组的关键在于选择合理的企业重组模式和重组方式。而合理的重组模式和重组方式选择标准在于创造企业价值,实现资本增值。财务分析对于明确企业重组价值来源渠道、确定企业重组价值创造水平、搞清企业重组的受益者等都有着十分重要的意义与作用。

二、企业重组的方式

企业重组的方式是多种多样的。目前我国企业重组实践中通常存在两个问题:一是片面理解企业重组为企业兼并或企业扩张,而忽视其售卖、剥离等企业资本收缩经营方式;二是混淆合并与兼并、剥离与分立等方式。因此,首先界定企业重组方式内涵,对于分析重组的价值来源十分必要。

(一) 资本扩张型企业重组

资本扩张型企业重组主要表现为:兼并、收购、合并、增资扩股、合资等。本章前三节已经对兼并、收购和合并进行了阐述,以下仅介绍增资扩股与合资两种情况。

1. 增资扩股

增资扩股又分为协议增资扩股和公开上市扩股两种。协议增资扩股是指公司的原股东以协议的方式接受新股东对公司进行股权投资。公开上市扩股是指企业通过股份制改组,在符合一定条件,并履行一定程序后成为上市公司的行为。

2. 合资

合资是指两个或两个以上独立的企业或实体共同投资成立一个新的独立决策实体的过程。合资公司可能只为一个专案或计划而成立,也可能以合资企业的形式持续合作经营。

（二）资本收缩型企业重组

资本收缩的方式有:资产剥离或资产出售、公司分立、分拆上市、股票回购。

1. 资产剥离或资产出售

资产剥离是指公司将其现有的某些子公司、部门、产品生产线、固定资产等出售给其他公司,并取得现金或有价证券的回报。

2. 公司分立

公司分立是指一个母公司将其在某子公司中所拥有的股份,按母公司股东在母公司中的持股比例分配给现有母公司的股东,从而在法律上和组织上将子公司的经营从母公司的经营中分离出去。这会形成一个与母公司有着相同股东和持股结构的新公司。

3. 分拆上市

分拆上市(也称剖股上市或部分股权出售),是指母公司把一家子公司的部分股权拿出来向社会出售。随着子公司部分股权的出售,母公司在产生现金收益的同时,重新建立起控股子公司的资产管理运作系统。

4. 股票回购

股票回购是指股份有限公司通过一定的途径买回本公司发行在外的股份的行为,这是一种大规模改变公司资本结构的方式。

股票回购有两种基本方式:一是公司将可用的现金分配给股东,这种分配不是支付红利,而是购回股票;二是公司认为自己企业的资本结构中股本成本太高,因此就发售债券,所得款项用于购回本公司的股票。

（三）资本重整

资本重整方式包括改组改制、股权置换或资产置换、国有股减持、管理层收购(MBO)、职工持股基金。

1. 改组改制

改组改制是指企业进行股份制改造的过程。根据《股份制企业试点办法》和《公司法》,我国企业实行股份制主要有两条途径:一条是新组建股份制企业,另一条是将现有企业有选择地改造为股份制公司。据此,按公司设立时发起人出资方式不同,分为新设设立和改建设立。新设设立方式中按其设立的方式不同,又可分为发起设立和募集设立两种。

2. 股权置换或资产置换

股权置换是指控股公司将其持有的股份的一部分与另一公司的部分股份按一定比例对换,使本来没有任何联系的两个公司成为一个以资本为纽带的紧密联系的企业集团。

3. 国有股减持

国有股减持是指依据国有经济进行有进有退的战略调整方针,根据各上市公司在国民经济中的地位有选择、有计划地减少国有股的份额,逐步完成国有股的上市流通。

4. 管理层收购

管理层收购是指目标公司的管理层利用借贷所融资本购买本公司的股份,从而改变本公司所有者结构、控制权结构和资产结构,进而达到重组本公司目的并获得预期收益的一种收购行为。管理层收购属于杠杆收购的一种。

5. 职工持股基金

职工持股基金从本质上讲是一种股票投资信托,所投资的是雇主公司的股票。而投资的付款方式可以是现金也可以是其他公司的股票,公司的职工通过获得的股息分享公司增长的成果。

(四) 表外资本经营

表外资本经营是指不在报表上反映的,但将导致控制权发生变化的行为。其具体形式包括,托管和战略联盟。

1. 托管

托管是指企业的所有者通过契约形式,将企业法人的财产交由具有较强经营管理能力,并能够承担相应经营风险的法人去有偿经营。明晰企业所有者、经营者、生产者责权利关系,保证企业财产保值增值并创造可观的社会效益和经济效益的一种经营活动。

2. 战略联盟

战略联盟是指两个或两个以上的企业为了达到共同的战略目标、实现相似的策略方针而采取的相互合作、共担风险、共享利益的联合行动。战略联盟的形式多种多样,包括股权安排、合资企业、研究开发伙伴关系、许可证转让等。

第五节 企业重组的内容

一、股权重组

在企业资产重组中,企业产权是企业重组与营运的主角。企业在资本经营过程中,资产重组的投资者在对资本市场状况进行分析的基础上,利用其实物资产、金融资产、无形资产等资产形式,通过参股、控股、股权的相互转让与置换,决定企业的产权在不同企业之间的重组。通过这种以企业产权为核心的股权重组,以期达到资本收益最大化的目的。

(一) 股权重组的特征

股权重组是企业重组的重要形式,其特征主要有:

(1) 企业股权重组中,被参股、控股的企业作为一个经济实体仍然存在,参股控股企业对被参股、被控股企业原有债务不负连带责任,只以其出资的股金承担有限的风险责任。参股、控股企业以其所占有被参股、被控股企业中股份的多少,来实现其对被参股、被控股企业产权占有的权利和义务。

(2) 股权重组往往会导致被参股、被控股企业内部最高经营管理层的改组。股权投资者往往以其所拥有的股份数额,要求被参股、被控股企业改组高层经营管理层,并对其经营方向进行符合自身利益的调整。

(3) 在股权重组中,往往会导致企业组织形式的改组,从过去传统的企业,改组成为股份公司或有限责任公司,以明确界定股权、投资者各自的权益,规范利益分配机制。

(4) 股权重组既可发生于股份公司之间,也可以发生在非股份公司与股份公司之间,通过股权重组与相互置换往往能组成利益攸关的命运共同体。

(二) 股权重组的方式

企业进行股权重组有以下几种情况:

(1) 投资者看好某个企业,可以直接投资购买某个企业的股票,成为某个企业的股东。

(2) 投资者看好某个企业的功能,通过协议的方式或参股方式与该企业结成集团,利用专业协作与分工的方式改变原有的资产配置。

(3) 投资者看好某一新的投资领域,采取缩减原有投资企业的投资,转移投资开发新产业。

(4) 投资者转让所持股份,转移投资开发新产业。

(5) 某投资企业,为了加强与关联企业的联系,通过企业间相互持有股份,使它们的利益更为紧密。

(6) 股份公司可以用其配股所特有的融资优势,吸收其他股票,而实现资产重组。

(7) 投资者以实物资产、金融资产、无形资产等作价出资,共同组建合资企业。

小资料

上海通用股权重组

2010 年 4 月,上海汽车公司表示,公司以不含息的 8 450 万美元的价格,从合资伙伴通用汽车中国公司手中收购了上海通用汽车 1%的股份,使其持股比例从 50%提高到了 51%。

若上海汽车公司欲将上海通用这个合资公司的盈利并入自己的损益表,这一股权变动是必不可少的。因为这 1%股权的变动,使得上海汽车具备了法律规定的、合并财务报表所必需的对公司的控制权。

资料来源:中国新闻网.

二、组织结构重组

(一) 组织结构重组的意义

组织结构重组(organization structure reengineering)是指在公司产权重组、资本重组后如何设置组织结构和组织形式的重组方式,旨在解决设立哪些组织机构,具备哪些职能,机构间的相互关系如何处理、协调,管理层人选如何调整等问题。

企业组织结构随着市场、经济和技术的不断演进,需要不断进行优化与更新。但是,任何一次针对组织结构的优化与更新,甚至在组织创始之初所进行的基本结构设计,可能都是有相当风险需要面对的,这不仅涉及外部环境条件变化的影响,也同企业内部具体的实际情况密切相关,如人力资源的品质及其变化等。所以,现实中很多的企业都不愿意轻而易举地对其组织结构进行重组与优化。

有一种现象在现实中非常普遍,企业因为利用某种优势或时机赢得了市场先机,走向规模扩张的并购之路,但是由于组织缺乏创造性管理思维,或者这一创造性思维受到某种抵制,被并入的企业接受了并购者管理模式的机械复制。很自然,这种并购行为将过去隐藏在企业内部的缺陷与结构效能不灵活的种种障碍,也带入到企业外部环境，增大风险系数。

不过从目前看来，对很多传统型行业的经营者来说，这种结构肿瘤的被动影响还不是很明显，是否导致彻底的失败，可能尚需时日，特别是需要实现了完全的市场化来验证。

（二）组织结构重组的内容

从企业战略研究的角度出发，以上这些都告诉我们，如果需要认识一家企业的竞争力和核心能力，首先就一定要分析这家企业的组织结构。假如可以将组织理解成为一个集成系统的话，在进行组织架构重组之前，我们很有必要拆解构成这个系统的所有构件与传输管道，用以分清内部的构造、零部件功能及其合并配置的效果等情况。

一般来说，随着时代的变化，行业和市场分工越来越具有精细化特征，企业的组织结构也慢慢具有了复杂的复合型集成系统的特征，过去在服务型与制造型企业中明显地区分为开放与闭合两大系统的组织结构，正日趋混同，比如这两类企业对信息技术（IT）的依赖；但开放型结构具有强烈的时效属性，因极易模仿而快速失去管理优势。即便是在IT行业，要对分布于世界各地的不同服务器进行结构性排列，也要在集中了所知的结果后才能进行分析与处理。显然，这一管理模式需要一个高度开放的，并具有相当保密机制的组织结构系统，其中各个构成部件的“基因免疫能力”就尤显重要。

那么，我们如何分辨构成组织机体的“基因”呢？也就是说是什么东西在决定企业的盈亏、形态、健康及其强壮程度呢？从组织行为与人力资源的角度出发，我们首先需要关注的不是员工的才能与综合素质本身，而是一个整合后的人力资源架构、职位描述、从业者基本属性及其特殊要求，这是一个根本的基因问题；而其中的有关“人力资源架构、职位描述、从业者基本属性及其特殊要求”的内容就构成这些“基因”的有形信息。这种由不同“基因”综合构成的机体才具有了系统的“集合免疫能力”，才可能在组织生存期内不停识别和排除不利于组织发展的“基因”信息，令组织自身具有了根据内外部变化不断自我调节的功能。

小资料

腾讯重组公司组织结构

2012年5月，腾讯正式宣布，将进行公司组织架构调整，把原有业务系统制变为事业群制，并成立腾讯电商控股公司专注于电商业务。

从腾讯内部发文了解到，腾讯将现有业务重新划分成企业发展事业群（CDG）、互动娱乐事业群（IEG）、移动互联网事业群（MIG）、网络媒体事业群（OMG）、社交网络事业群（SNG），整合原有的研发和运营平台，成立新的技术工程事业群（TEG），并成立腾讯电商控股公司（ECC）专注运营电子商务业务。

从调整方案看，腾讯将重点布局社交、游戏、网媒、无线、电商和搜索六大业务。

腾讯原业务体系是从2005年起构建的按照业务职能线划分的架构体系。按照这套体系，腾讯的公司架构被划分为S（职能系统）、O（运营平台系统）、R（平台研发系统）、B0（企业发展系统）、B1（无线业务系统）、B2（互联网业务系统）、B3（互动娱乐业务系统）和B4（网络媒体业务系统）。

资料来源：新浪科技。

三、企业管理重组

（一）管理重组的意义

管理重组（enterprise management reorganization），是指当外部环境、企业资源及其结构发生变化时，重新选择确定一种科学合理的、有助于提高企业竞争力和发展能力的管理模式或管理体系的过程。从这个意义上说，管理重组就是创造一个全新的资源配置方式，使企业能够在激烈的市场竞争环境中良好地生存与发展。

有效的管理重组可以使重组双方的资产达到最优的配置和运作，从而使重组双方达到三个方面的协同效应：①提高管理协同效率，如输出管理技术、管理规章制度、作业流程及管理人才等；②提高运营协同效率，如利用对方高效的分销网络、强大的研发能力及合并后所产生的规模经济效应等；③提高财务协同效应，如公司还可以通过重组进行合理避税等。

（二）管理重组的内容

管理重组的重点内容包括：企业战略重组、组织重组、业务流程重组、企业资源重组。

1. 实施企业战略重组，全新变更企业的经营思路

企业外部环境的变动和内部资源配置的复杂化要求现代企业要想在激烈的市场竞争中生存、发展，首先在经营思路上要有创新。海尔集团总经理在上任之初带领员工挥泪砸自己企业生产的有严重质量问题的冰箱，使海尔人在自我否定中猛醒；春兰集团在国际化的旗帜下，创造出了以 50 亿元资产控制 200 亿元社会资产的惊人纪录。这种成功除了强烈的市场竞争观念、人才开发观念、经济效益观念、资本运营观念外，更重要的是春兰人提出了“企业生存的空间在于整个世界”“企业的生命力在市场”的经营观念。

2. 实施企业组织和业务流程重组，重塑企业的运行机制

一个具有稳定的运行规律、严谨的组织结构、规范的操作规程、很强的自我调整能力的运行机制不会因为个人（即使是关键岗位）的变动而使整个机制和系统的正常运行受到影响和震动。当今发达国家（如美国）的企业运行机制主要是向两极发展，要么是靠科技生存和发展的跨国公司，要么是靠灵活经营取胜的只有几十个人甚至几个人的小企业。这种小企业往往采用一种新的企业组织形态——“虚拟企业”，它根据自身的情况，把一个完整的企业需要的各种管理功能中的一部分分化到社会中进行，自己只留下最具优势的功能，从而实现以最小的投入，争取最大效益的目标。这是企业利用外部资源实现集约化的有效战略，它突破了传统的“大而全、小而全”的内部资源选择战略，以企业和企业之间、企业和各种社会服务部门之间的联合，加强了企业在市场竞争中的应变能力。而目前我国的国有企业恰恰是中型企业居多，突出问题是大企业不够大、小企业不够小。企业缺乏激励机制，组织机构决策和监督机制不能正常运行，相当一部分企业投资项目决策缺少评估监控机制，决策过程主观随意性较大。因此，在企业重组中，能否重新塑造企业的运行机制，是关系到企业成败的重要因素。

3. 实施企业资源重组，创新企业管理的方式、方法

企业管理方式、方法是企业资源整合过程中所使用的工具，直接涉及企业资源的

有效配置。依托现代企业制度进行的国有经济战略性重组，无论其产权制度和组织形态如何，最终都要落实到“管理科学”上来。企业重组、制度创新的成果要靠管理创新来加以规范和巩固，而管理基础又是企业深入改革的必要条件。因此，为解决企业重组中的管理滞后问题，必须将企业资产重组与管理重组，制度创新与管理创新同步决策、同步设计、同步实施。

小资料

TCL集团业务、管理重组

自2008年1月1日起，多媒体、通信、家电、部品四大产业集团，以及房地产与金融投资业务群、物流与服务业务群六大业务单元将构成TCL全新的阵容。TCL集团董事长李东生表示，此次重组的目的主要是选择与企业发展战略相匹配并适合多元化大型产业集团的治理结构，促成TCL集团股份有限公司向投资控股型过渡；重组后TCL作为一家大型的多元化的产业集团，资源将聚焦在多媒体、通信和家电三大产业，同时发展与此相关的关键部品，并积极拓展房地产与金融投资、物流及服务领域。TCL集团在宣布实施业务重组的同时，也同时明确了四大产业集团和两个业务群的主要负责人分工。

资料来源：TCL集团重组，首席人才官，2008(1)。

四、债务重组

（一）债务重组的定义

债务重组(debt restructuring)，又称债务重整，是指债权人按照其与债务人达成的协议或法院的裁决同意债务人修改债务条件的事项。也就是说，只要修改了原定债务偿还条件的，即债务重组时确定的债务偿还条件不同于原协议的，均作为债务重组。

（二）债务重组的方式

债务重组的方式主要有以下几种：

（1）以低于债务账面价值的现金清偿债务。

（2）以非现金资产清偿债务。

（3）债务转为资本。

（4）修改其他债务条件。

其中前三种属于即期清偿债务，后一种属于延期清偿债务。

但下列情形不属于债务重组：

（1）债务人发行的可转换债券按正常条件转为其股权(因为没有改变条件)。

（2）债务人破产清算时发生的债务重组(此时应按清算会计处理)。

（3）债务人改组(权利与义务没有发生实质性变化)。

（4）债务人借新债偿还旧债(借新债与偿旧债实际上是两个过程，旧债偿还的条件并未发生改变)。

债务重组从本质而言，是一项法律活动，是旨在通过一定的方式改变债权人与债务人之间原有债权债务合同关系的过程。与同样具有消灭债权债务关系功能的破产程序相比，债务重组体现为双方当事人之间的谈判与协议的过程，法律干预程度较低,与破产程序的“法定准则”及“司法主导”两大特征形成鲜明的对比。但是,债务重组既然是当事人之间的协商活动,也应当贯彻、体现法律对缔约过程所要求的平等、自愿、互利诸原则,以均衡双方当事人的利益。由于债务重组本身通常意味着债权人做出了让步,遭受一定的利益损失,这就更需要人们关注如何在这一协议过程中实现利益均衡的问题。

小资料

中航油债务、股权重组

在新加坡上市的航空燃料供应商中国航油(新加坡)股份有限公司(简称中航油(新加坡)公司),因石油衍生品交易出现巨亏,2004 年 11 月 30 日向新加坡高等法院申请破产保护。

2005 年,中国航油集团公司(简称集团公司)与 BP 亚洲投资有限公司(简称 BP)和 ARANDA 投资私人有限公司(简称 ARNADA)正式签署了向中航油(新加坡)公司注资的有关协议。根据这些协议,集团公司、BP 和 ARANDA 将共同向新加坡公司注资 1.3 亿美元,占公司股权重组后扩大股本的 59.1%。其中集团公司注资 7 577 万美元,BP 注资 4 400 万美元,ARANDA 注资 1 023 万美元。至此,中航油(新加坡)公司引入战略投资者的格局基本确定。

据集团公司有关人士介绍,从专业和法律程序的要求来看,中航油(新加坡)公司重组分为债务重组和股权重组两个阶段。2005 年 6 月 8 日,中航油(新加坡)公司债权人大会通过了公司的债务重组方案,根据该方案,集团公司将联合新的投资者向公司注入 1.3 亿美元,用于偿还债务和恢复公司运营。在股权重组阶段,中航油(新加坡)公司需要完成制定股权结构重组方案、引入战略投资者谈判、向债权人提出购股建议、上报新加坡证交所审批、召开股东大会、上报新加坡高等法院批准和重新上市等几项主要工作。

资料来源:改编自:郭蕾.中航油股权重组方案出炉.证券时报,2005-12-6.

五、破产重组

(一) 破产重组的意义

破产法中一般都包括破产重组的部分,《中华人民共和国企业破产法》(简称《破产法》)中称“破产重整”,下文对二者不加区分。破产重组的目的是使公司通过制定重组计划得以继续维持经营。重组计划中应包括设计者认为能够改变公司盈利状况的必要措施。如果无法制定一份能使公司扭亏为盈的计划,公司就只能进行清算,出售其资产并以收入偿还公司债务。

(二) 破产重组(或重整)的程序

1. 提出破产重组申请

《破产法》规定:债务人或者债权人可以依照本法规定,直接向人民法院申请对债务人进行重整。债权人申请对债务人进行破产清算的,在人民法院受理破产申请后、宣告债务人破产前,债务人或者出资额占债务人注册资本 1/10 以上的出资人,可以向人民法院申请重整。

2. 破产重组计划的制定和批准

《破产法》规定：债务人或者管理人应当自人民法院裁定债务人重整之日起六个月内，同时向人民法院和债权人会议提交重整计划草案。重整计划草案应当包括下列内容：①债务人的经营方案；②债权分类；③债权调整方案；④债权受偿方案；⑤重整计划的执行期限；⑥重整计划执行的监督期限；⑦有利于债务人重整的其他方案。

3. 破产重组计划的执行

经人民法院裁定批准的重整计划，对债务人和全体债权人均有约束力。重整计划通常由债务人负责执行。在人民法院裁定批准重整计划后，已接管财产和营业事务的管理人应当向债务人移交财产和营业事务。在重整计划规定的监督期内，由管理人监督重整计划的执行。在监督期内，债务人应当向管理人报告重整计划执行情况和债务人财务状况。监督期届满时，管理人应当向人民法院提交监督报告。自监督报告提交之日起，管理人的监督职责终止。但经管理人申请，人民法院可以裁定延长重整计划执行的监督期限。管理人向人民法院提交的监督报告，重整计划的利害关系人有权查阅。对于债务人不能执行或者不执行重整计划的，人民法院经管理人或者利害关系人请求，应当裁定终止重整计划的执行，并宣告债务人破产。人民法院裁定终止重整计划执行的，债权人在重整计划中做出的债权调整的承诺失去效力。债权人因执行重整计划所受的清偿仍然有效，债权未受清偿的部分作为破产债权。

关键词

兼并　收购　合并　接管　重组　协同效应　代理理论　事件研究法　财务指标法　产权重组　管理重组　组织结构重组　债务重组　破产重组　并购企业　目标企业　商业调查

要点回顾

企业并购（M&A）是人们对相关的概念——兼并、收购、合并和接管的总称，尤其认为是兼并和收购的总称。但上述概念各有不同的核心内涵，又有相互联系的方面，所以无论是在学术界和实业界都也有混用的情况。另外，企业并购和企业重组也经常被人们并称为“企业并购重组”。关于企业重组与企业并购的关系，有多种说法。本书倾向于认为企业并购属于企业扩张式重组，也是企业股权重组的一种方式。但当人们提到“企业重组”时，通常是指企业并购之外的其他重组形式，如组织结构重组、管理重组、债务重组、破产重组，以及剥离、分立等方式的产权重组，或多种重组方式的结合。

企业并购动因包括但不限于谋求协同效应、企业发展动机、提高市场占有率、实现多元化经营、获得特殊资产、获得价值低估效应、管理层利益驱动。

企业并购是一项非常复杂的系统工程，其成功与否直接取决于并购财务决策的科学性和合理性。其中，确定并购的目标企业是并购财务决策的首要问题，对目标企业的价值评估是确定并购价格的基础，并购成本与并购收益的比较是并购决策的主要依据。

一般来说，企业并购的财务协同作用有减少交易成本、降低资本成本、提高企业的负债能力、降低现金流量的不稳定性、税收效应、资金杠杆作用、预期效应。但不表示所有并购都一定能获得这些财务协同效果。而且，还有可能产生负面的财务效果，其原因可能是多方面的。

目前衡量企业并购绩效的方法主要有事件研究法和财务指标研究法两种，但这两种方法均存在一定的技术上的不足，目前尚没有统一的、完全可靠的实证研究思路、方法与绩效指标来衡量并购绩效，从而一定程度上导致学者们因研究思路、实证方法与研究样本的差异而得出不同的研究结论。本章最后介绍了企业重组的方式和内容。

即测即评

请扫描右侧二维码，进行即测即评。

思考题

1. 债务重组的方式有哪些？
2. 破产重组的一般程序是什么？

案例讨论题

案例 1　郑百文债务重组案例

一、案例背景

郑州百文股份有限公司（简称“郑百文”）是河南的一家上市公司，主要经营百货批发，1996 年在上海证券交易所公开上市（股票代码：600898）。上市后，继 1997 年郑百文宣称每股盈利 0.448 元以后，1998 年，郑百文在中国创下净亏 2.54 亿元的最高纪录。根据公司年报，1999 年郑百文一年亏损达 9.6 亿元，每股收益（摊薄）-4.843 5 元，再创深沪股市亏损之最，审计事务所出具的审计意见是“拒绝发表意见”。中国信达资产管理公司于 1999 年 12 月与中国建设银行签订债权转让协议，受让 193 558.4 万元的郑百文债权。2000 年 3 月，中国信达资产管理公司向郑州市中级人民法院申请郑百文破产还债，被法院驳回。2000 年 2 月 23 日，郑百文临时股东大会通过决议，改聘天健会计师事务所为公司的审计机构。中国信达此次申请债权共计人民币 213 021 万元。

在破产前，郑百文跟建行、长虹集团搞了一个所谓的铁三角的交易，按照这个交易的安排，长虹向郑百文供货，然后建行付给长虹商业汇票。后来由于市场上电视机降价，长虹过去供给郑百文的电视机价格较高，卖不出去，导致郑百文大量产品积压，不能正常收回货款，就没有现金流。没有现金流，建行兑现了汇票以后，它就拥有对郑百文的债权，就向郑百文讨债。郑百文无钱还债，于是建行把这笔债权转给了信达，信达最后向郑州市中级人民法院提出破产申请。在这种情况下，郑百文很可能就会破产，破产后郑百文的价值是很低的，它没有房地产，只有一些库存产品，但郑百文有一块有价值的资产，就是它上市公司的“壳”。一旦破产以后，这块资产是卖不掉的，是没有价值的，这一块将会流失掉。

二、债务重组方案

2000 年 11 月 30 日，郑百文公布董事会决议及召开临时股东大会的公告，公布公司资产、债务重组原则的议案如下：

（1）信达向三联集团公司出售对公司的约 15 亿元的债权，三联集团公司支付 3 亿元人民币购买信达约 15 亿元债权。

（2）三联集团公司向信达购买上述债权后将全部豁免；但同时，公司全体股东，包括非流通股和流通股股东需将所持公司股份的约 50%过户给三联集团公司。

（3）不同意将自己股份中的约 50%过户给三联的股东将由公司按公平价格回购，公平价格由下一次股东大会以《独立财务顾问报告》确定的价格为准。

三、债务重组的进展

2001 年 3 月 26 日，郑百文股票被 PT，并自次日起进入为期一年的暂停上市宽限期。

2001 年 10 月 12 日，财政部对郑百文国有股权过户做出同意的批复。标志着债务重组跨越了又一个制度障碍，进入实施阶段。

2002年4月29日，上海证券交易所根据专家委员会的意见，延长郑百文暂停上市宽限期九个月。宽限期自2002年4月29日起计算。

2003年1月28日，郑百文公布2002年年度报告，年报显示盈利，并出具标准无保留的审计报告。

2003年7月10日，郑百文得到上海证券交易所批复，同意公司股票恢复上市。

从上面的重组进展看，三联集团对郑百文的债务重组过程，不断突破诸多法律空白、先后获得两次宽限期，在市场各方的共同努力下，最终完成了重大资产置换、转让、债务重组、股份过户等种种关键环节，资产重组得以成功实现。到2003年7月三联集团终于完成了对郑百文的债权换股权的债务重组，因此成为PT郑百文最大的法人股股东和最大的流通股股东。

经过重组以及重组后的相关资产、业务整合后，PT郑百文承接了三联从事家电零售经营的全部业务和相关资产及在家电零售经营方面的领先地位。特别是，重组后的PT郑百文财务状况、经营业绩和持续发展能力发生了很大的变化。通过资产债务重组的实施，资产结构得到调整，公司主要债务通过转移、债务托管和豁免得到减轻，财务状况今非昔比。与2001年相比，公司2002年资产负债率从362%降低到49.6%，净资产收益率由-2.73%上升到8.3%，每股净资产由-6.17元增加到1.27元。同时，PT郑百文的经营业绩也取得了质的转变：2002年，公司实现主营业务收入125 690万元，实现主营业务利润7 363.92万元，净利润2 080.48万元，与2001年相比均有较大幅度的增长，公司一举扭亏为盈。

面对日益白热化的市场竞争和单一主业的市场风险，公司管理层表示，将根据市场变化，增加投入，不断提升家电服务行业的专业化、精细化程度；通过实施业态革命、发展电子商务，利用现代化的手段重新整合家电行业的供应链资源，将公司由传统型商业企业转变为科技型商业企业。

四、债务重组案例总结

就个案来说，郑百文的重组虽然在当时的法律法规下存在很多漏洞和问题，但其无疑是一种趋利的市场行为，对于涉及的各方来说，有其各自的利益所在。

（1）对信达而言，重组使它有望收回6亿元债权，其中包括从三联集团收回3亿元资金，从郑州市政府得到对3亿元债权的有效担保。

（2）对三联集团来说，成功借壳上市，轻取大股东地位，并廉价取得其他大股东难以得到的约5 000万流通股，还频繁在各大媒体露脸，取得巨大广告效益。

（3）对地方政府来说，可避免面对所辖企业破产、开中国上市公司破产先河之窘境；对股东来说，股票缩水一半总比企业破产而导致颗粒无收强得多。从这一层面上讲，重组绝对强于破产。

资料来源：根据多处网上公开信息整理。

讨论：

1. 阅读郑百文债务重组案例，分析该案例中是否采用了较为理想的债务重组方式？

2. 请上网进行案件追踪，评价郑百文债务重组的近期和远期效果。

案例2　兰宝公司破产重整

——中国新破产法实施后上市公司破产重组第一案

一、案例背景

兰宝科技信息股份有限公司是深圳证券交易所挂牌的上市公司。兰宝公司因2003年至2005年连续三年亏损，亏损额达12亿元以上，深交所已于2006年5月15日对兰宝公司的股票暂停上市。

依据2006年公司年度审计报告，截至2006年12月31日，兰宝公司的总资产为51 718.97万元，总负债为114 229.65万元，净资产为-62 510.68万元，资产负债率为220.9%。根据《中华人民共和国破产法》、《中华人民共和国公司法》、《中华人民共和国证券法》和《深圳证券交易所股票上市规则》有关规定，兰宝公司如果2006年度不能扭亏为赢，恢复持续经营能力，公司将于2006年度年报公布后退市。

因大量到期债务无法偿还，兰宝公司主要经营资产、持有的控股及参股企业的股权已被司法冻结、查封；其下属核心企业除长春力得汽车工程塑料制品有限公司外已全部停产，公司持续经营能力存在重大不确定性。如不能及时拯救兰宝公司，从企业微观层面来说，公司失去了宝贵的壳资源及再融资平台，中小投资者利益将遭受非常大的损失；从地方宏观层面来说，公司如果退市，将对吉林省、长春市的投资环境产生较大的负面影响，连带引发企业数千名职工、约 2.4 万名中小股民及相关债权人的社会稳定，影响到近 5 亿元企业资产的正常运营，并可能直接诱发一定的社会风险。为此，省委、省政府以及长春市委、市政府对该公司的重组工作高度关注。

二、破产重组进程

2007 年 4 月 28 日，债权人上海美东房地产有限公司向长春市中级人民法院申请债务人兰宝科技信息股份有限公司破产。

2007 年 6 月 14 日，经最高人民院、中国证监会和吉林省高级人民法院批准，长春市中级人民法院正式立案受理了上海美东房地产有限公司申请兰宝公司破产一案。同日，在人民法院报和中国证券报上发出公告，告知受理案件、债权人在公告之日起 30 日内申报破产债权、指定兰宝公司破产清算组为破产管理人；同时，长春中院下发了已知债权人申报债权通知、中止民事执行程序通知书、债务人开户银行停止结算通知等一系列相关的法律文书；还向兰宝公司下发了保护企业财产公告、指定企业留守人员通知书、限期应递交的有关材料通知及合议庭组成人员通知书。

2007 年 6 月 15 日，长春中院在兰宝公司主持召开了破产管理人会议，宣布了载有受理破产案件、指定破产管理人、破产管理人职责等内容的裁定和通知，破产管理人与兰宝公司当场办理了相关交接手续，开始履行职责。

2007 年 6 月 18 日，长春中院向 42 个已知债权人邮寄送达了申报债权通知书、破产债权申报表、破产债权申报说明，组织债权申报。

2007 年 7 月 25 日，长春中院组织召开了第一次债权人会议。会上，公布了破产管理人审查确定的债权表并给出 7 天的异议期，公布了债权人会议主席的初步人选。破产管理人向债权人会议报告了履行职责情况并回答了债权人的有关问题。并对 9 个债权人对债权数额提出异议做出了依法处理。

2007 年 11 月 5 日，申请人辽宁合利实业有限公司向长春中院递交了重整申请书，申请对兰宝公司进行重整。长春中院于 2007 年 11 月 16 日，做出准予兰宝公司重整的民事裁定。2007 年 11 月 19 日，兰宝公司破产管理人向长春中院递交了《兰宝科技信息股份有限公司重整计划草案》(以下简称草案)。

2007 年 11 月 26 日，长春中院裁定确认了交通银行股份有限公司长春分行等 35 名债权人的 1 726 071 772.55 元无担保债权。

2007 年 12 月 5 日，长春中院主持召开了第二次债权人会议，兰宝公司重整计划草案经债权人会议分组讨论表决后通过。

2007 年 12 月 21 日，长春中院裁定批准兰宝公司重整计划，终止兰宝公司的破产程序，从而给兰宝公司破产一案的审理画上一个圆满的句号。

根据兰宝公司重整计划，对兰宝股份公司的普通债权，一律按经确认的该债权数额的 22% 予以清偿，即偿债率为 22%(根据北京六合正旭资产评估有限责任公司出具的《兰宝科技信息股份有限公司偿债能力分析报告书》，截至评估基准日 2007 年 6 月 14 日，兰宝股份公司的一般偿债能力系数为 0.146 5，主要债权人受偿比率 14.65%)，重整计划生效并且兰宝股份公司按本重整计划规定期限偿付各普通债权人经确认债权数额的 22% 的清偿额后，对各普通债权人剩余的 78% 的债权数额(即未清偿部分)依法即不再承担任何清偿责任，兰宝科技信息股份有限公司的股权被拍卖。

三、兰宝公司破产重整后各方所获利益

1. 公司及职工

减轻债务近 14 亿元，安置职工近 5 000 人，职工债权获得 100%的清偿。

2. 债权人

获得 22%的补偿，如果完全按照破产去处理，可能一分钱也得不到。

3. 广大股东

兰宝公司股权拍卖给了战略投资者，之后重新上市。

资料来源：根据新华网等网上公开信息整理。

讨论：

1. 兰宝公司破产重整案的破产重组有何特点？
2. 请上网进行案件追踪，评价兰宝公司破产重组的效果。

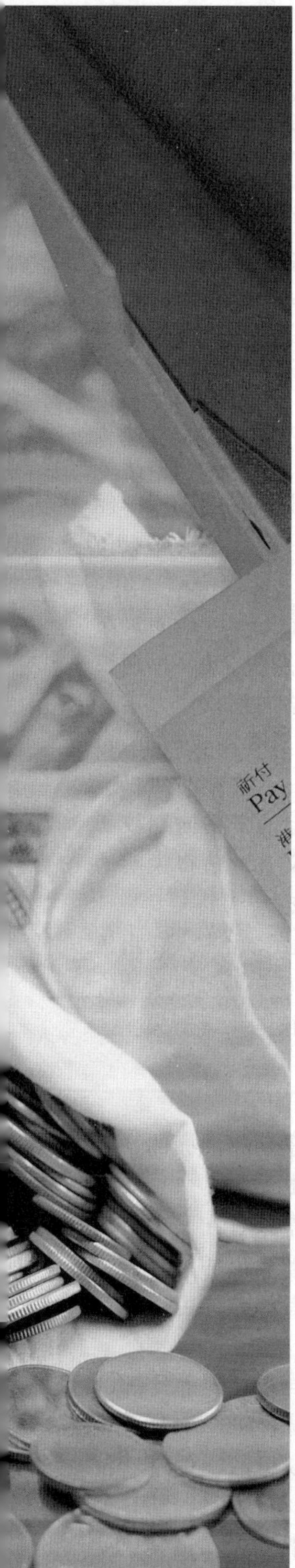

第十三章　期权估价及应用

学习目标

通过本章学习，旨在使读者拓展视野，在掌握一般金融工具的基础上，进一步学习金融衍生品中的期权。这是因为，期权较其他衍生品有着独特之处：它不但可以交易，更可用来进行财务决策，其实物期权的特性使得财务管理又多了一件特别的工具。本章通过介绍期权的基本原理、期权的定价模式，以及期权在财务决策中的应用，以期使读者对期权有一个基本认识并初步掌握一些基本技巧。

2008 年 10 月 20 日，中信泰富突然惊爆，因投资杠杆式外汇产品，巨亏 155 亿港元！其中包括约 8.07 亿港元的已实现亏损、147 亿港元的估计亏损，而且亏损有可能继续扩大。2009 年 3 月 26 日，中信泰富公布 2008 年全年业绩，巨亏 126.62 亿港元。公司从 2007 年的盈利 100 亿港元到 2008 年的亏损 100 多亿港元，都是累积外汇期权合约惹的祸。国际投行 3 个月的时间就轻而易举地掠走了中信泰富两年多的劳动果实。

看来，期权同其他金融衍生品一样具有两面性：它带来的财务杠杆效应既可以让人财富剧增，也可能走向反面——造成巨额亏损。

第一节　期权的基本原理

期权最初是作为避险工具而产生的，但在资本市场日益发达的当今社会，期权理论已经成为人们认识企业价值，进行战略设计、并购重组、重大投融资决策，以及业绩评价与激励决策的重要工具。作为对财务管理理论与应用的拓展篇，本章开篇先从对期权原理的介绍开始。

一、期权的基本知识

（一）期权及其分类

期权（options）是指对特定标的物的选择权。具体地说，期权就是按事先约定的价格在将来某天或某天之前购买或出售某对象物的权利合约。对期权拥有方来说,可以有履行和不履行的自由;而对期权的出售方来说,只有被动地接受期权拥有方的选择。可见,期权是一种权利与义务不对等的合约。

期权分类很多,按不同的标准有不同的分类方式。

1. 按执行时间划分

期权按执行时间不同可分为欧式期权与美式期权。欧式期权只允许期权的购买者在到期日那天进行买或卖,而美式期权则允许期权购买者在到期日之前的任何一天或到期日进行交易。由于欧式期权的规定过于严格,又出现了一种"改变的欧式期权",它允许期权在期权有效期内某一段时间范围内进行交易,又称"百慕大期权"。

2. 按标的物划分

期权按标的物的内容不同可分为股票期权、外汇期权、股票指数期权、期货期权等。股票期权的标的资产是上市公司的股票,外汇期权是指以某种外币或外汇期货合约为标的物的期权,股票指数期权是以股票指数为标的资产的期权,期货期权的标的资产为期货合约。

3. 按交易方式划分

期权按交易方式的不同划分为买方期权和卖方期权。买方期权(call option),又称看涨期权、择购权或买权,其买方向期权的卖方支付一定数额的期权金(又称期权费、保险金)后,即拥有在期权合约有效期内按事先商定的约定价格向期权卖方买进某一特定数量相关标的资产的权利,但不负有必须买进的义务。卖方期权(put option),又称看跌期权、择售权或卖权,其买方向期权的卖方支付一定数额的期权金(又称期权费、保证金)后,即拥有在期权合约有效期内按事先商定的价格向期权卖方卖出某一特定数量相关标的资产的权利,但不负有必须卖出的义务。值得说明的是,期权的买方未必拥有该种证券,可以"卖空",不一定进行实物交割。

由此可见,期权投资是一种高风险的投资活动。期权是有价值的,出售人在出售时收取价款,同时承担了义务。但期权交易本身是一种零和对策,它并不产生新的价值,期权购买者所得便是期权出售者所失,期权出售者所得即是期权购买者所失。

(二)期权的相关概念

在进行期权交易前,必须先了解以下基本概念。

(1)期权的标的物,即期权合约交易的对象。如上所述的股票期权的标的物就是股票,期货期权的标的物就是期货,指数期权的标的物就是股票指数。

(2)期权的市场价格,也称期权费或期权金、保证金等,如股票某日在股票市场的价格与期权执行价之差。按某种模型(如二项树或B-S模型)计算出的期权价格为期权的理论价,在市场上实际交易形成的为期权的市场价。两者的差异可以在市场上套利。

(3)期权的执行价格,即在期权合约中约定的某种标的物买进或卖出时的价格。

(4)到期日,即合约中约定的期权可买进或卖出的操作或交易时间。

(5)实值、平值与虚值。对于多头买权来说,如果到期日期权标的物的市场价格高于其约定价,则对多头买方有利,他所持有的买方期权就有实值;如果到期日期权标的物的市场价格等于其约定价,则对多头来说不赚不赔,他所持有的买方期权就是平值;如果到期日期权标的物的市场价格低于其约定价,则多头所持有的买方期权就没有任何价值,称为虚值。当然,在多头买权为虚值的状态下,他可以不作为,损失的只是付给空头买权的期权金。同理,对于多头卖权来说,如果到期日期权标的物的市场价格低于其约定价,则对持有人有利,他所持有的卖权就有实值;如果到期日期权标的物的市场价格等于其约定价,则对多头卖权持有人来说不赚不赔,他所持有的卖权就是平值;如果到期日期权标的物的市场价格高于其约定价,则多头卖权所持有的卖权就没有任何价值,称为虚值。在多头卖权为虚值的状态下,他可以不作为,损失的只是付给空头卖权的期权金。

(6) 内在价值与时间价值。期权的内在价值是指期权立即执行(到期)时的价值。期权的内在价值也是指期权当期处在实值时的价值。若期权当期处于平值或虚值时,则其内在价值为零。如果美式期权的市场价值比其内在价值低,那么可以通过购买期权立即执行而获得套利收益,因此,美式期权的市场价值不会低于其内在价值。这是由于美式期权在等待中随时可能有机会执行期权,因此它不会低于到最后一天才能执行的欧式期权,这本身就说明等待中的时间是有价值的。这种等待中可能产生的价值就是期权的时间价值。这样,期权的价值就由内在价值和时间价值所组成。

期权的价值如果大于其市场价格,期权的买方就获得了利润。

二、期权在执行日的价值

现在以股票交易为例,进行买权和卖权的买进和卖出,可以形成以下四种头寸:

(1) 多头买权(long call),即持有或买进买权。

(2) 空头买权(short call),即卖出买权。

(3) 多头卖权(long put),即持有或买进卖权。

(4) 空头卖权(short put),即卖出卖权。

其中,(1)和(2)形成一对买卖交易的双方,(3)和(4)形成一对买卖交易的双方,如图 13-1 和图 13-2 所示。从图 13-1 买权的买卖双方交易中可见,当标的物市场价格高于约定价时,多头买权获利,而空头买权遭损,而且多头所赚正是空头所赔(假定交易费为零或买卖双方交易费相等)。

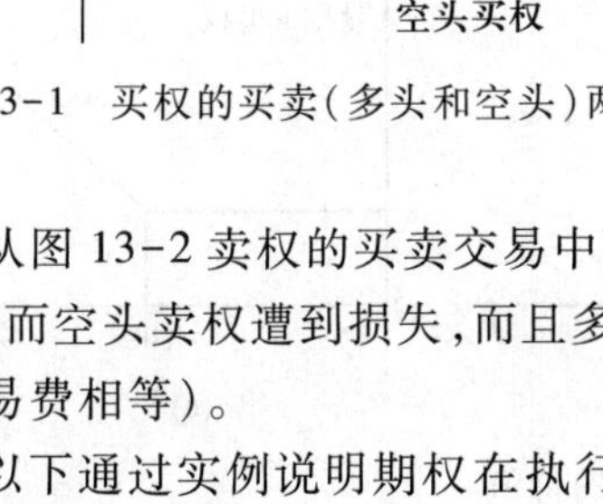

图 13-1 买权的买卖(多头和空头)两方

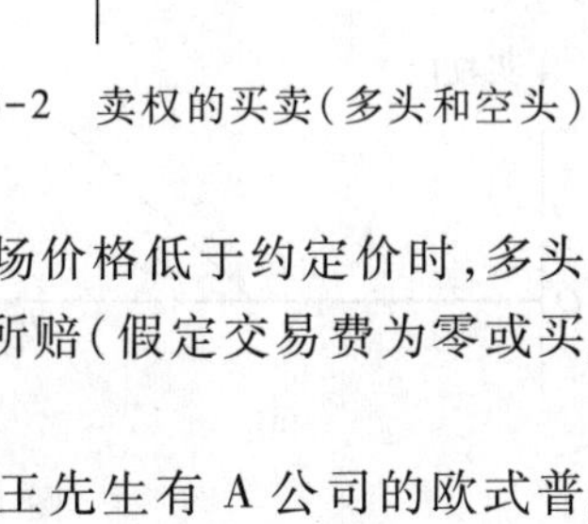

图 13-2 卖权的买卖(多头和空头)两方

从图 13-2 卖权的买卖交易中可见,当标的物市场价格低于约定价时,多头卖权获利,而空头卖权遭到损失,而且多头所赚正是空头所赔(假定交易费为零或买卖双方交易费相等)。

以下通过实例说明期权在执行日的价值。假设王先生有 A 公司的欧式普通股一股买权,执行日为 201×年 10 月 10 日,执行价格为 100 美元。如果到了执行日这一天,A 公司的股票价格变为每股 110 美元,那么王先生肯定会执行其买权,即用 100 美元买进一股股票。这时其买权的价值为:110-100=10(美元)。

股票价格高于执行价格,这说明王先生很有运气。但若到了执行日 A 公司的股票价格跌至 90 美元。这时王先生会放弃买权,即不会以 100 美元代价换取价值仅值 90 美元的一股股票。此时买权无任何用途,处于虚值状态,因而其价值为 0。

买权在执行日的价值可用下列公式表示:用 T 表示执行日,E_X 表示执行价格,P_T 表示执行日股票市价,V_{CT}表示买权在执行日的价值,则下述关系成立:

$$V_{CT}=\begin{Bmatrix} P_T-E_X, & 当\ P_T>E_X \\ 0, & 当\ P_T\leqslant E_X \end{Bmatrix}=\max\{0,P_T-E_X\} \tag{13-1}$$

即在执行日,买权的价值是 0 和(P_T-E_X)中较大者。上述关系如图 13-3(a)所示,其中 $E_X=100$。

卖权在执行日的价值与标的物价格的关系与上述关系正好相反,可用下例说明。假设赵某手中有 A 公司普通股股票卖权一份,执行日为 201×年 10 月 20 日,执行价格仍为 100 美元。如果在执行日,A 公司股票每股市价 105 美元,赵某不会以 100 美元价格出售,这时卖权价值为 0;如果该日每股市价为 90 美元,赵某会以 100 美元价格出售,这时卖权价值为 100-90=10 美元。

卖权在执行日的价值可用公式表示如下:E_X 和 P_T 分别表示执行价格和执行日的股票价格,用 V_{PT}表示执行日的卖权价值,则上述关系表现如图 13-3(b)所示,其中 $E_X=100$。

$$V_{PT}=\begin{Bmatrix} 0 & 当\ P_T\geqslant E_X \\ E_X-P_T & 当\ P_T<E_X \end{Bmatrix}=\max\{0,E_X-P_T\} \tag{13-2}$$

在实际的卖权交易中,不必真的要出售(也可以不真正拥有股票),只在执行日按差价 E_X-P_T交割即可,也就是说如不考虑交易费用,在执行日持有者可得的收益是执行价格与股价之差。

但若你同时具有一份卖权和一股股票,情形就不一样。当执行日股价 P_T小于执行价格 E_X时,拥有者定会把股票以执行价格卖掉,得到收益 E_X;当股价 P_T大于执行价格时,拥有者的卖权则无任何价值,其财富表现为股价 P_T。用公式表示为:

$$V_{(P\&S)T}=\begin{cases} P_T,当\ P_T>E_X \\ E_X,当\ P_T\leqslant E_X \end{cases}=\max\{P_T,E_X\} \tag{13-3}$$

式中,$V_{(P\&S)T}$表示一份卖权和一股股票在执行日的价值。上述关系可用图 13-3(c)表示。

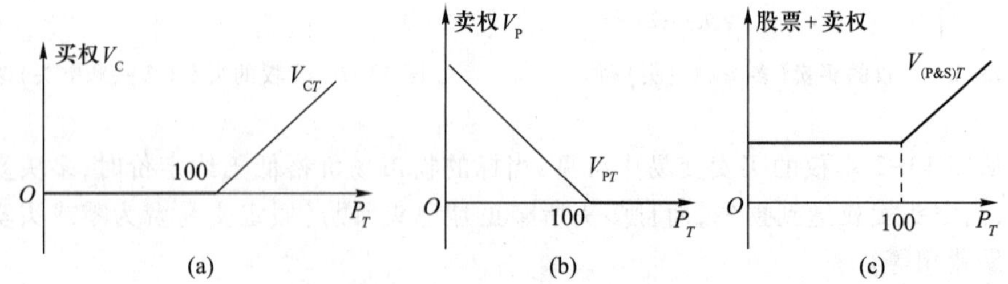

图 13-3 期权在执行日的价值

值得注意的是,上述讨论的是买权、卖权和股票的价值在执行日的期权与标的物即股票价格的关系,而不是这些衍生工具现在的价值。同时,上述分析是站在期权拥有者或者说购买者的立场上的。期权购买者的所得,便是出售者的损失。在购买期权时,购买者的支出(期权金)便是出售者的收入;在执行日,购买者所赚即为出售者所赔。另外,此处的讨论也未考虑期权购买者的支出(期权金),如果要计算其净收益,还应该从上述所得中扣除为购买期权而支付的这些支出。

三、买权与卖权的平价(转换)关系

继续从期权购买者的立场考虑期权问题。当投资者同时购买两种证券时发生的情况。考虑以下两种不同的投资策略:

A:购买一份股票卖权和一股股票;

B:购买一份股票买权和投资于无风险证券,投资额是相当于执行价格的现值,折现率为无风险利率 r_f。

方案 A 和 B 中的标的物是同一家公司的股票,而且执行日和执行价格 E_X 均相同。

考虑一下在执行日这一天上述两种投资方案的价值。A 方案的价值应为 V_{AT},

$$V_{AT}=V_{(p\&S)T}=\max\{E_X,P_T\}$$

其中,E_X 为卖权的执行价格,P_T 为执行日的股票价格。

方案 B 的价值由两部分组成,一部分是买权的价值 V_{CT},另一部分是无风险投资,在执行日其价值为执行价格 E_X。

故方案 B 在执行日的价值 V_{BT}为:

$$V_{BT}=V_{CT}+E_X=\max\{0,P_T-E_X\}+E_X=\max\{E_X,P_T\} \tag{13-4}$$

所以,

$$V_{BT}=V_{AT} \tag{13-5}$$

即投资方案 A 和 B 在执行日价值相等,也就是说投资方案 A 和 B 在执行日的回报完全相等。因此,在有效的资本市场下,这两种投资方案在任何时候都应具有相同的价格。所以,对于欧式期权,下述基本关系是恒等的:

方案 B 的价值=买权的价值+执行价格的现值

=卖权的价值+股票价格=方案 A 的价值

上式也可表示为:

$$V_{ct}+P_t(E_X)=V_{pt}+P_t \quad 0\leqslant t\leqslant T \tag{13-6}$$

式中,V_{ct},V_{pt}和 P_t分别表示买权、卖权和股票在任何时刻 t 的价格,$P_t(E_X)$表示执行价格 E_X在时刻 t 的现值,T 表示由此刻到执行日的时间。

在完善的资本市场机制下,有相同回报的投资方案应在任何时刻有相同的价值,即:

$$V_{ct}-V_{pt}=P_t-P_t(E_X) \tag{13-7}$$

同理,可以说明,以下两投资和集资方案在任何时刻都有相等的价值:

D:购买一份买权和出售一份卖权;

E:购买一股股票和借入价值为执行价格的现值的证券(假定借入利率仍为无风险利率 r_f)。

由公式 13-7 可得:

$$V_{pt}=V_{ct}-P_t+P_t(E_X) \quad (13-8)$$

公式13-8意味着，购买一份卖权完全等价于下述投资集资方案：购买一份买权、出售一股股票和购买价值为执行价格现值的无风险证券。换句话说，购买一份卖权与上述投资集资方案在任何时刻都是等价的，即具有相同的价值。

这种把卖权的价值转换为买权的价值，称为买权与卖权的平价公式，也称转换公式。

四、期权价值的影响因素

影响期权价值的因素很多，本章介绍主要以下几个因素。

（一）标的物的市场价格

期权的价格取决于其标的物的价格。标的物的市场价格变化会引起其价值的变化。对于买权而言，随着该项资产市场价格的上升，其期权价值也会逐渐上升；对于卖权而言，随着该标的物市场价格的下跌，其期权价值将会上升。

（二）期权的执行价（约定价）

期权的执行价也称约定价、协议价，即期权标的物市场价与执行价之差反映了期权买方履约后所得到的利润，称为期权的内在价值。在期权的有效期内，其内在价值是随着市场即期价格的变动而变动的。执行价与即期价的差额越大，期权内在价值越高，即期执行合约所能实现的利润越大，从而期权价格也越高。

（三）期权的期限

在期权的价值中起重大作用还有期权的时间期限。如果其他因素保持不变，距到期日越远，市场价格变动的可能性越大，意味着期权买方掌握有利市价的机会越多，而期权卖方的风险也越大。距到期日越远，卖方会要求越高的权利金以抵消自身在期权到期时买权（或卖期权）执行价低于（或高于）即期市价的风险，说明期权中蕴含的时间价值越大。当期权到期时，其时间价值等于零。这样，我们得到期权的价值等于内在价值加时间价值。

（四）市场的易变性

市场的易变性一般是指标的物价格的变动。期权的持有者当期权溢价时会获得利润。例如当黄金的价格预期上涨10%时，期权交易商们会买进买方期权。而当黄金价格预期上涨20%时，交易商们将蜂拥抢购买方期权，而且必定抬高期权价格。

但是市场价格的变动方向是很难预测的，市场易变性只是计量了市场变动的幅度。市场易变程度越大，潜在的机会越多，对期权价格的影响越大。

（五）短期利率

短期利率对期权价值的影响比较复杂。

凡是投资都期望获得好的收益。购买期权投资的是期权的价格，即期权金，无疑这笔期权金是应该带来收益的。由于期权金是以期权合约成交时的现金形式支付的，它又反映了投资于期权所丧失的盈利机会。当短期利率上升时，投资于期权的机会成本增大，相应地期权价格会降低；而当短期利率下降时，投资于期权的机会成本降低，期权的价格则会提高。

每个期权卖方都有一个潜在的头寸风险，例如卖出一笔美元看涨期权，一旦美元升值，期权被行使，卖方就可能亏损。诸如此类，为抵补亏损，期权卖方会通过远期外汇买卖等对潜在头寸的全部或部分保值,这必然涉及货币之间的利率差别。因此货币利率差也成为期权价格的影响因素之一。当此差额因 A 货币利率上升(或 B 货币利率下降)而扩大时,A 货币的看涨期权(B 货币的看跌期权)价格上升,而 A 货币的看跌期权(B 货币的看涨期权)价格下降。

需要注意的是,这些分析结果对于真实的金融工具有些差异。在现实中短期利率上升会使看涨期权的价格上升,而使看跌期权的价格降低。这是因为,上述分析是假定其他条件不变而发生的。但实际中当短期利率变动时,股票、期货等金融工具本身的价格也会随之变动,甚至变动幅度更大,这些因素比短期的利率变化本身对期权价格的影响更大,所以要综合分析。

(六)现金红利

现金红利主要对股票期权的价格产生很大的影响。股票的价格是随着红利支付日期的变化而变化的。随着红利支付日期的临近,股票的市场价格也趋于上升,股票买方期权的内在价值趋于升高,卖方期权的内在价值趋于减少。因此,红利越高,买方期权的市场价格越高,卖方期权的市场价格越低。而当红利支付日期过后,人们预期股票价格将下跌,买权的市场价格会降低,卖权的市场价格会升高。

第二节 期权的定价方法

一、买权等价与风险中性方法

(一)买权等价

由于期权投资具有较大的风险,也有较高的回报率期望。期权的风险比股票的风险高出多少,它主要取决于股票价格与执行价格之差。当股票价格上升时,导致买权价格上升,同时其风险降低;当股票价格下降时,买权价格下降,同时增加其风险。风险大小不同,期权投资者要求的回报率也不同。卖权也是同样道理。

为了解决这一问题,可以寻求嫁接的方法,建立买权的等价方案,即购买股票并借入一部分资本。购买买权等价的成本必定等于买权的价值,而买权等价的成本是容易确定的。

【例 13-1】 假设 W 公司的股票现价为每股 60 美元,假定一年内股票价格只能升到 66 美元,或降至 54 美元,即股票价格只有两个可能的后果(实际应为多种可能)。还假定无风险利率为 8%,一年期欧式股票买权的执行价格为 62 美元。我们比较下述两方案:

(1) 购买 W 公司一股股票的买权。

(2) 购买 W 公司 1/3 股股票,并借入现金 16.67 美元。(买权等价)

如果到了执行日,股票价格降至 54 美元,则方案(1)买权无任何收益,而此时方案(2)的收益为:

股票收入 54×1/3 = 18 美元

- 偿还债务 16.67×1.08 = 18 美元

方案(2)的收益 = 0

即当 W 公司股票价格变为 54 美元时,购买一股股票的方案(1)与方案(2)的买权等价有相等的报酬。

如果在执行日股票价格上升为 66 美元，则方案(1)买权收益为：

$$66-62=4 \text{ 美元}$$

而方案(2)买权等价的收益为：

股票收入 66×1/3＝22 美元

－偿还债务 16.67×1.08＝18 美元

方案(2)的收益 ＝4 美元

计算说明，当执行日股票价格为 66 美元时，方案(1)的购买买权与方案(2)的购买期权等价会有相等的报酬。

结论：在任何情况下，购买买权与购买买权等价会有相等的报酬，即买权等价与买权是真正等价的。此处公式转换为：

$$\text{买权价值 } V_C = \text{购买时的股票的价值} - \text{借款数量}$$
$$= 1/3 \times 60 - 16.67$$
$$= 3.33 \text{ 美元}$$

说明买权价值应为购买 1/3 股股票价值和借入 16.67 美元之差。

那么，为什么买权的价值是 1/3 股票价值和借入的 16.67 美元之差而不是别的？其价值关系式是如何确定的呢？仍延续上例加以说明。

【例 13-2】 若购买 W 公司一股股票并借入一年后最低股价 54 美元的现值，即现在需要借入 54/1.08＝50，则一年后收益如下：

	当股票价格下降 10%为 54 美元时	当股票价格上升 10%为 66 美元时
股价	54	66
-偿债	-50×1.08	-62
收益	0	4

当股票下跌时，投资者不执行买权而握有股票买权的价值为零；当股票上升时，投资者执行买权获得买权收益 4 美元。反过来讲，每股股票买权的收益应为购买1/3 股股票并借入 16.67 美元的差。这里，1/3 称为套期保值比率（hedge ratio 或者 option delta）。总结其公式如下：

$$\text{套期保值比率 } \sigma = \frac{\text{执行日买权的最大收益}}{\text{执行日股票最大可能的差价}} \tag{13-9}$$

$$\text{此例中套期保值比率 } \sigma = \frac{1}{3} = \frac{66-62}{66-54}$$

买权等价的方案为：购买 σ 股股票同时以无风险利率借入执行日股票可能的最低现值的 σ 倍。

上述计算结果表明：W 股票买权的价格为 3.33 美元。当价格高于 3.33 美元时，投资者可以通过出售 3 股股票买权，购买一股股票，并借入 50 美元获利。同理，如果买权的价格低于 3.33 美元，可以通过购买 3 股股票买权，出售一股股票（也可以卖空）并贷出 50 美元获利。无论何种情况，只要买权的价格不等于 3.33 美元，就会产生收益。因此，在完美的资本市场条件下，W 股票买权的价格只能是 3.33 美元。

（二）风险中性方法

风险中性方法（risk-neutral method）是假设投资者对风险的态度都是中性的，既不愿意冒高风险取得高回报,也不会承受过低的风险以取得过低的回报。即意味着金融市场中所有的证券,包括股票、债券的报酬率都将等于无风险利率。

现在用风险中性方法重新求解 W 公司股票买权的价值。既然投资者对待不同风险是无差异的,他们对股票投资的期望回报率当然应当等于无风险利率 $r_f = 8\%$。如上例中所设,一年内股票价格或者上升 10%(由 60 到 66 美元),或者下降 10%(由 62 到 54 美元),无风险利率是 8%,这就可以据以计算出上升和下降的概率:

$$\begin{aligned}\text{期望回报率} &= \text{上升概率}\times10\%+\text{下降概率}\times(-10\%)\\ &= p_{up}\times10\%+(1-p_{up})\times(-10\%)\\ &= 8\%(\text{无风险利率})\end{aligned} \tag{13-10}$$

据此,易求出

$$p_{up}=0.90$$

从而在一年后买权的价值期望值为

$$(66-62)\times0.9+0\times0.10=3.6(\text{美元})$$

$$\text{则买权的现值}=\frac{\text{买权价值期望值}}{1+\text{无风险利率}}=\frac{3.6}{1.08}=3.33(\text{美元})$$

这与期权等价方法求得的结果完全一样。

二、二项式期权定价模型

二项式期权定价模型的名字源于风险中性假设,即假设投资者对风险的态度都是中性的,由于股票价格的变动呈现二次分布模式,也就是在单一时间单位里,股票价格变动只存在两种可能结果,或者上升一定幅度,或者下降一定幅度,而上升或下降的概率是呈二次分布的。这种股价运动二项式的假设实际上是对真实股价变动模式的一种极为简化的近似,是风险中性方法的一个扩充和推广。

(一) 单一时期二项式定价模型

从最为简化的单一时期二项式定价模型开始讨论。

【例 13-3】 仍然沿用上例,股票现价为 60 美元,假定三个月之后该股票的价格将上升至 66 美元,或者下降到 54 美元。现在有一种关于该股票的欧式看涨期权,执行价格也仍然为 62 美元,到期日变为三个月,则理论上该期权的公平价格应该是多少?

分析:如果暂不考虑期权金。该期权在到期日的价值两种可能:如果股价升到 66 美元,则该期权价值为 66−62=4 美元;如果股价降为 54 美元,则该期权价值为 0。

为求出期权此时的价值,可以根据无风险套利机会的假设,利用该股票和期权构造无风险投资组合,从而计算出期权的价值。在只有两种证券及两种可能结果的情况下,这是可以做到的。

以 Δ 股表示该股票多头同一个该期权空头构造的投资组合。如三个月后股价升至 66 美元,则此组合价值为 $66\Delta-4$;如股价于三个月后降至 54 美元,则此组合价值为 54Δ。为使此组合成为无风险组合,在二次分布状态下,只有这两种可能的组合价值应该相等,即 $66\Delta-4=54\Delta$,也就是 $\Delta=1/3$。即可以通过买进 1/3 股该股票而同时卖出一个该股票看涨期权,以构造无风险投资组合。如股价升至 66 美元,该组合价值为 66×1/3−4=18 美元,如股价降至 54 美元,其价值为 54×1/3=18 美元。无风险投资组合的收益率必须等于无风险利率水平，否则会有无风险套利机会出现。仍然假定无风险利率为8%（年利率，且连续复利），则上述投资组合的现值为

$$18\times E^{-0.08\times 0.25}=17.644\text{（美元）}$$

因而有 $60\times 1/3-V_c=20-V_c=17.644$（美元）

依原题意，即　$V_c=2.356$（美元）

在无风险套利机会不存在的情况下，该股票的欧式看涨期权的价格应该是2.356美元。

同时，按照风险中性原理，上涨和下跌的概率分别乘以上涨幅度和下降幅度，就可计算出各自概率：

$$q\times(66-60)/60+(1-q)\times(54-60)/60=0.08$$

得出 $q=0.9$，即上涨的概率等于0.9，那么，下降概率必然是 $1-q=1-0.9=0.1$。

（二）两时期二项式定价模型

单一时期的二项式模型比较简单，但与实际有很大差距，因而可以将其延伸。首先来看期权在两个时期的情况。

考虑两个时期 ΔT 内的情况，股价的变动情况显示如图13-4所示。

图13-4显示的股价变动情况如下，我们依然考虑初始时刻的一个欧式看涨期权的价值。图13-5显示了这个过程中的股价同期权价值的变动。

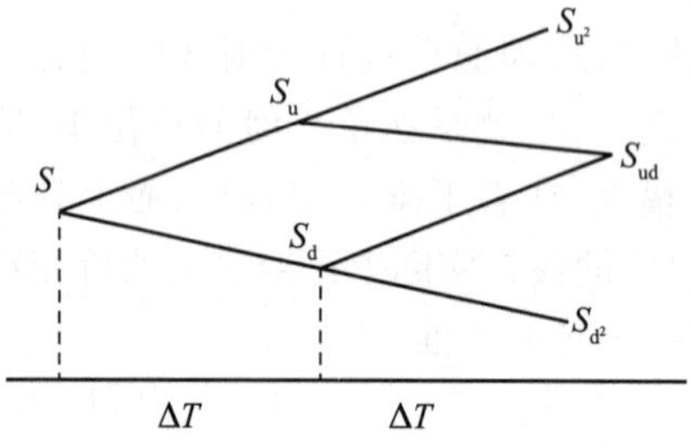

图13-4　两时期的股价变动情况

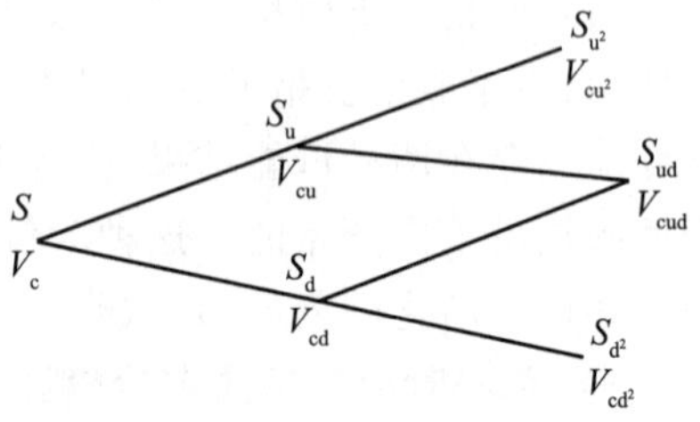

图13-5　两时期股价同期权价格变动

为求出 V_c，仍按照单一时期模型中的结论，首先计算第一期 V_{cu} 和 V_{cd}，有：

$$V_{cu}=E^{-r_f}\cdot\Delta T[q_{cuu}+(1-q)_{cud}]\tag{13-11}$$

$$V_{cd}=E^{-r_f}\cdot\Delta T[q_{cud}+(1-q)_{cdd}]\tag{13-12}$$

在现时即0期内，又有：

$$V_c=E^{-r_f}\cdot\Delta T[q_{cu}+(1-q)_{cd}]\tag{13-13}$$

将公式（13-9）、（13-10）代入公式（13-11），整理后有：

$$V_c=E^{-2r_f}\cdot\Delta T[q_{cuu}{}^2+2q(1-q)_{cud}+(1-q)_{cdd}{}^2]\tag{13-14}$$

$$q=\frac{E^{-r_f}-d}{u-d}\tag{13-15}$$

式中，u、d 分别代表上升和下降幅度；E^{-r_f} 代表无限复利情况下的复利现值。同风险中性假设一致，其中 q^2，$2q(1-q)$ 及 $(1-q)^2$ 分别是期权在到期日价值达到高、中、低三种可能结果的概率。

【**例13-4**】　将上例延至两时期的情况。在两个跨度为3个月的时期内，该股票价格变动如图13-6所示：

为计算 A 点时执行价格为 62 美元的欧式看涨期权价值，我们首先考虑在到期日三种情况下期权的价值。

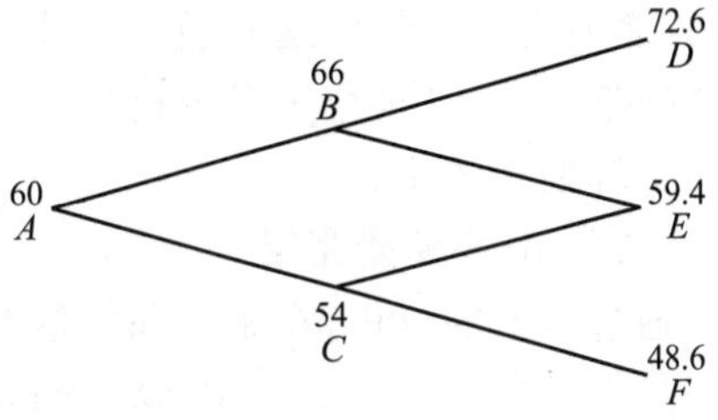

图 13-6　两时期股价同期权价格变动

在 D 点，$V_{cd}=\max[(72.6-62),0]=10.6$；

在 E 点，$V_{ce}=\max[(59.4-62),0]=0$；

在 F 点，$V_{cf}=\max[(48.6-62),0]=0$。又由于

$$q=\frac{E^{-0.08\times0.25}-0.9}{1.1-0.9}=0.601$$

所以在 B 点，有：

$$V_{cb}=E^{-0.08}\times0.25[0.601\times10.6+(1-0.601)\times0]=6.244(\text{美元})$$

而在 C 点，$V_{cc}=0$。

这样，在 A 点，则有：

$$V_c=E^{-0.08\times0.25}[0.601\times6.244+0.399\times0]=3.678(\text{美元})$$

计算结果说明，在 A 点该期权的价格应该是 3.678 美元，否则会有无风险套利机会出现。

同样道理，也可以将二项是原理推广到三期、四期乃至无限多期。

三、B-S 定价模型

布莱克—舒尔斯模型是由美国芝加哥大学教授费雪·布莱克（Fischer Black）与斯坦福大学教授梅隆·舒尔斯（Myron Scholes）在 1973 年提出的，被称为布莱克—舒尔斯模型（以下简称 B-S 模型）。

（一）B-S 模型的理论假设

B-S 模型的理论基础是基于不存在无风险套利机会的论断之上。投资者可利用股票和期权构造无风险投资组合，而此组合的收益必须等于无风险利率。这样的无风险投资组合之所以得以构成是因为股价同期权价格是受同一不确定因素，即股价变动影响的。在一段很短的时间里，一个看涨期权的价格与作为其基础交易物的股票价格是完全正相关的，而一个看跌期权的价格会与股票价格完全负相关。在这两种情况下，在以期权和股票构成的投资组合里，两者的收益和损失就会互相抵消，因而投资组合在这个短时期末的价值几乎是确定可知的。

B-S 模型建立在以下主要的假设条件的基础上：

（1）股价变动呈对数正态（lognormal）分布，其期望值与方差一定。

（2）交易成本及税率为零，所有证券为无限可分。

（3）期权有效期内无股息分配或者有已知的红利。

（4）证券交易为连续性的，不存在无风险套利机会。

（5）投资者可以无风险利率进行借贷。

（6）无风险利率 r_f 是恒定的。

尽管在现实中这些假设并不一定可以完全达到，即模型有一定的局限性，但这些并不影响模型的使用，况且其中一些假设条件是可以放松的。例如假设（3）期权有效期内无股息分配就可以调整为存在股息情况下的期权价格计算。B-S 模型面世之

后，许多研究人员针对这些假设条件，对其进行改进和修正，使 B-S 模型的适用条件更加接近实际，且至今未发现模型有根本性错误。所以，B-S 模型是一种前所未有的有效计算期权的工具①。

（二）B-S 模型介绍

通过以上的分析，布莱克和舒尔斯提出了以下的期权定价方程：

$$V_c = S \cdot N(d_1) - X \cdot e^{-r_f T} \cdot N(d_2) \tag{13-16}$$

$$V_p = X \cdot e^{-r_f T} \cdot N(-d_2) - S \cdot N(-d_1) \tag{13-17}$$

式中，

$$d_1 = \frac{\ln\left(\frac{S}{X}\right) + \left(r + \frac{\sigma^2}{2}\right)T}{\sigma\sqrt{T}} \tag{13-18}$$

$$d_2 = \frac{\ln\left(\frac{S}{X}\right) + \left(r - \frac{\sigma^2}{2}\right)T}{\sigma\sqrt{T}} = d_1 - \sigma\sqrt{T} \tag{13-19}$$

公式中的 $N(d_1)$、$N(d_2)$ 指的是累积的正态分布的概率，也就是一个呈现标准正态分布的变量小于 d_1 及 d_2 的概率，可以通过查表得到。其中 V_c 和 V_p 分别代表欧式买权和卖权的价值。S 代表股票（或其他标的物）的市场价，X 则表示期权的执行价，r_f 表示无风险利率，T 表示期权距到期日的时间，σ 表示股票价格的波动率。由于无股息分配的股票美式买权价值同欧式买权一样，公式（13-16）也可用来计算美式买权价值。但对于美式卖权，公式（13-17）则不适用。

【例 13-5】 某股票现价为 110 美元。有关该股票的欧式买权执行价格为 105 美元，距到期日时间为 9 个月，已知股价波动率为每年 25%，无风险利率为 8%。则该期权的正确价格应该是多少？

在这里，已知 $S=110$，$X=105$，$r_f=0.08$，$\sigma=0.25$，$T=0.75$，将其代入公式（13-18）、（13-19），有：

$$d_1 = \frac{\ln\frac{110}{105} + \left(0.08 + \frac{0.25^2}{2}\right) \times 0.75}{0.25 \times \sqrt{0.75}} = 0.600\,2$$

$$d_2 = d_1 - \sigma\sqrt{T} = 0.600\,2 - 0.25 \times \sqrt{0.75} = 0.383\,7$$

查表，得 $N(d_1)=0.725\,7$，$N(d_2)=0.649\,4$，所以：

$$V_c = 110 \times 0.725\,7 - 105E^{-0.08 \times 0.75} \times 0.649\,4 = 15.611$$

即该欧式买权的价格应该是 15.611 美元，不然就会有无风险套利机会出现。

第三节　期权的应用

期权理论产生以后，在公司理财或公司金融中得以广泛运用，不仅是它对于期权交易产生的巨大作用，更重要的是它的原理已经被广泛地应用于财务决策或实物期权中。因而期权由此也被划分为交易性期权（或称金融期权）和决策性期权（或称实

① 张志强.期权理论与公司理财.2 版.北京：华夏出版社.2007.

物期权)。以下介绍期权理论在财务决策中的几种应用。

一、期权在筹资中的应用

期权在筹资中最广泛的应用就是可转换债券和认股权证。

(一) 可转换债券

可转换债券是一种主要以公司债券为载体,允许持有人在规定的时间内按规定的价格转换为发行公司或其他公司普通股的金融工具。它具有债权性和股权性两种特征,由于它的这种或然性因而具有期权的性质,被看作是一种含有买权在内和基础债券兼具的混合证券。

可转换债券合约应该包含以下要素:

(1) 相关股票:指可转换债券的标的物,即可转换债券可转换成的那种股票。

(2) 转换比率:是指每份可转换债券可转换成普通股的股数。其中的转换价格是指可转换债券在转换期内转换成标的股票的每股价格。

(3) 转换时间,是指债券持有人行使转换权利的有效期限。

(4) 可转换债券利息,即票面所附的利息率。由于可转换债券具有期权性和债券性双重特性,因此,债券利息率通常低于纯债券(不可转换债券)利息率。

可转换债券的价值,基本上可分为两部分,一部分是债券本身的价值,另一部分则是转换为普通股的潜在价值。投资者投资于可转换债券,如果股价上涨,可转换债券的价值应决定于它的转换价值;如果股价下跌,投资者仍持公司债,此时可转换债券的价格就是投资者的保障。

1. 可转换债券的债券价值部分。

$$B=\sum_{t=1}^{n}\frac{I}{(1+i)^t}+\frac{F}{(1+i)^n}$$

式中,B 表示可转换债券的债券价值;I 表示每次的利息;F 表示债券面值;n 表示最后到期年限;i 表示债券的到期收益率,即市场利率。

可转换债券的债券价值部分,是持券人的最基本的保障价值,此价值受两种因素的影响:①市场利率的变动;②公司财务风险的改变。市场利率如上涨,投资者要求的到期报酬率必会上涨,则债券价值应该下跌,反之则相反;公司的信用等级不佳,其财务风险必然升高,要求的报酬率更加高,会使得债券的价值下跌,此时可转换债券的债券价值部分会随着可转换债券的转换价值的下降,跟着降低。

2. 可转换公司债的贴水价值

可转换公司债的实际市场价格,通常要比其债券价值和转换价值高。比债券价值高的部分称为高于债券价值的贴水价值(premium-over-bond value);比转换价值高出的部分,称为高于转换价的贴水价值(premium-over-conversion value)。前者简称为债券价值贴水,后者简称为转换价值贴水。第一种贴水的形成,是因为转换特性,由于股票市价高于可转换债券的转换价格,使得转换权利具有价值,而且市价相对于债券的转换价格越高,则转换权的价值就越高,于是使得可转换债券的价格,往往要高于债券的价值部分;第二种贴水是可转换债券的市价高于转换价值的部分,转换价值等于转换比率乘以普通股的市价,随着普通股股票市价的提高,可转换债券的市场价格,往往要高于转换债券的转换价值。

上述可转换债券的市价、转换价值、债券价值的关系，如图13-7所示。图中横轴表示股票市价，纵轴为可转换债券的价值，对角线为债券的转换价值，是一条直线，表示转换比率与普通股市价相关的理论价值。但是债券的价值则与普通股的市价有关，通常股价越高，债券的价值会以递减的增加率增加，这是因为如果公司财务状况不佳，股票价格与债券价值都会很低；如果公司财务状况渐有起色，股价越上扬，而债券价值会以递减的速度增加；如果价值再上涨，债券价值则是一条较平滑的曲线。而可转换债券的市价是高于债券价值的高峰偏左、尾端偏右的曲线。因此，可转换债券转换价值线与债券价值底线的距离，即高于债券价值贴水；可转换债券市价线与转换价值线的距离，称为高于转换价值的贴水。

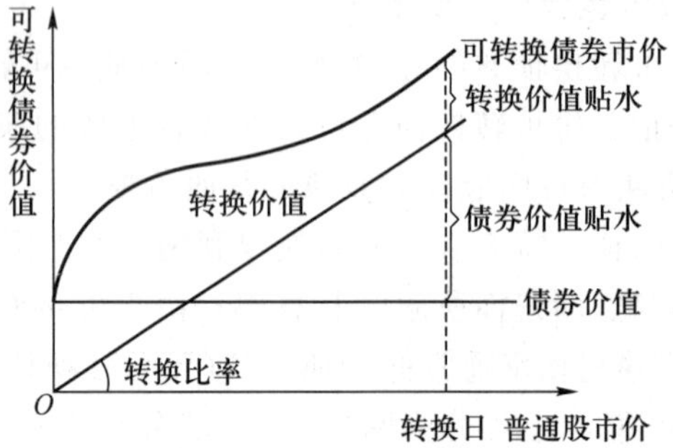

图13-7　债券价值与转换价值贴水的关系

发行公司为了保护自身的利益，往往在发行章程或说明书中还列入可赎回与强制转股条款，以便到赎回时可以按照事先约定的价格和条件提前赎回到期的发行在外的可转换债券。

（二）认股权证

认股选择权证（warrants），简称认股权证、认股证，它是持有者购买公司股票的一种凭证，它允许持有人按某一特定价格在规定的期限内购买既定数量的公司股票。从本质上看，认股权证是以股票或其他证券为标的物的一种长期买权，期权的买方为投资者，期权的卖方为发行公司。

认股权证如果伴随着公司长期债券一起发行，这种债券又称附认股证债券，它由纯债券和认股证组成。也有在股票配股增发时以认购证表示给老股东以优惠价配股的数额。目前几乎所有的认股证都属于可分割认股证，投资者购买了附认股证债券或在配股登记日前持有该公司股票的，就可附有认股证，并即可将认股证与证券单独进行交易。

认股证合约一般包括如下要素：

（1）相关股票，即认股证可转换的对象，它可以是单一股票，也可以是一揽子股票，相关股票一般是交易活跃的绩优股。

（2）有效期限，即认股证的权利期限。在有效期限内，认股证持有者可随时要求将其转换成股票。

（3）转换比率，指每一份认股证可转换的相关股票数量。

（4）认购价格，又称换股价，指认股证持有者行使转换权时的结算价格。

认股权证估价的理论价值可以用下式来表示：

$$W_0 = \max(N \times P_s - E, 0)$$

式中，W_0 表示每一认股选择权的理论价值；N 表示每一认股选择权可以购买股票的数量；P_s 表示每一股票的市价；E 表示购买 N 股股票的认购价格。

认股选择权在市场上的售价，通常要高于其理论价值，因为如果市价低于其理论价值，投资者即可套利：设法大量买进其认股选择权，然后行使这些权利以认购价格买进股票，再以现时市价卖出股票，以获巨利，于是认股选择权的需求会上升，其价格也跟着上涨，最后还是等于甚至高于其理论价值。

认股选择权的市价与理论价值的关系如图 13-8 所示。

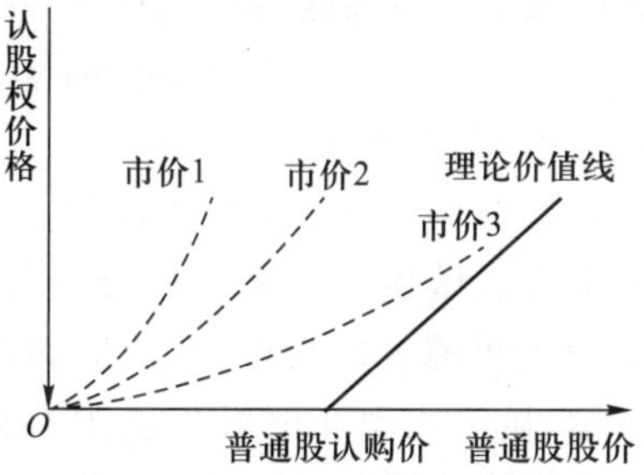

图 13-8　认股选择权理论价值与实际价格的关系

图 13-8 中认股选择权的市场价值线（线 1、线 2、线 3）表示认股选择权的到期期限越长，投资者越有较多的时间可以观察行使选择权，则选择权的价值会更高；反之，则市场价值线会越往外移，与选择权的理论价值差距就会缩小。换言之，线 1 的认股选择权市场价值最高，表示选择权的到期期限最长，一旦到期期限为 0，即行使选择权在到期日当天，其市价线也就会与其理论价值线重叠。

综上所述，影响认股选择权价值的最重要因素是股票价格的变化幅度。在其他情况不变时，股价变化幅度越大，则认股选择权的价值越高；而股价变化幅度越小，则认股选择权的价值也越小。

举例如下，有 A、B 两种股票的认股选择权，每一认股选择权都仅能认购一股，这两种认股选择权的到期日也相同，预测在到期日当天 A、B 两种股票各种股价出现的概率如表 13-1 所示，同时假定 A、B 两种认股选择权在到期日认购股票的价格也都是每股 38 元。经计算 A、B 两种选择权的期望值：从计算结果看选择 B 的期望值较高，原因是其股价在到期日预期变化幅度渐大。由于选择权的权值不能为负，所以股价变化幅度越大，每股股价减去固定认购价格的成果越大，对持有选择权人越为有利，所以认股选择权的价值也就越高。

表 13-1　股价变化与认股权价格的关系　　单位：元

发生概率	股票 A 价值	股票 B 价值
0.10	30	20
0.25	34	30
0.30	40	40
0.25	44	50
0.10	50	60

二、期权在投资中的应用

如果说期权在上述筹资中的应用主要表现为看涨期权，即买权，而在投资中的应用就较为灵活和广泛。其中既有买权理论的应用，也有看跌期权即卖权理论的应用。

(一) 增长期权

未来的投资机会可以被看作基于潜在投资项目的看涨期权的集合。这种期权出现虚值的机会很大,因为大多数增长期权都是对未来的一种预期,而未来有许多不确定性。一旦风险向不利的方向转移,投资项目效益就可能"泡汤",所以增长期权比正在运营中的资产风险要大很多。

一个投资项目相当于一个以项目资产为标的物的买权,执行价格就是投资额的现值 C_0,标的物的价格就是项目现金流入的现值 PV。因为 PV 具有不确定性。如果现在就决定是否实施,相当于买权的执行日为现在,因而该买权的价值为:

$$V_{cr}=\max\{0,PV-C_0\}=\max\{0,NPV\}$$

如图 13-9 表示。

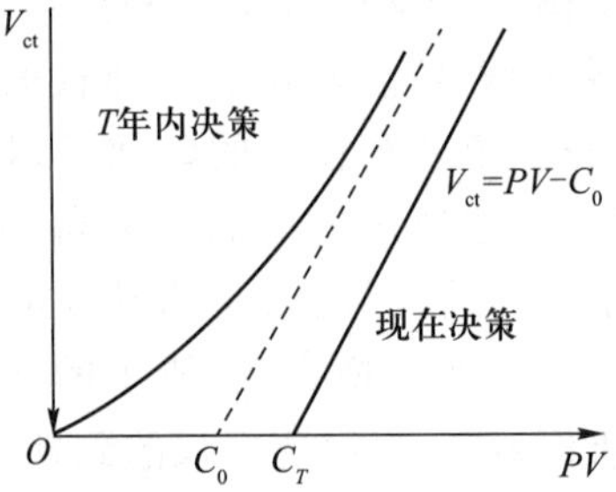

图 13-9 可选择投资时间的项目现值

如果不是立刻做出投资决策,而是在今后 T 年内都可以做出。那么该投资项目就相当于执行期为 T 年的美式买权,其价值如图 13-9 中曲线所示,显然比现在就做出决策有更大的价值。由于实施该项目会产生现金流入,早日实施项目会早日形成现金流入,而其代价是要早投入资本;若晚实施该项目,就意味着丧失这部分现金流入,节约了投入资本的利息支出。这说明不仅要考虑现金流入和现金流出形成的净现值,而且还要考虑投资的时间问题。一个效益好的投资项目,早实施比晚实施好;一个效益不好的投资项目,晚实施或放弃比早实施要好。因此,作为决策者来说,需要权衡得失,捕捉恰当的投资机会,最大限度地增加收益,减少损失。

那么,投资者如何衡量得失利弊呢?可以用以下时机选择期权做出决定。

(二) 时机选择期权

时机选择权仍然是一种看涨期权即买权。衡量这个项目的买权在何时执行为好。可以用二项式模型,比较哪一年的项目现金流量净现值更大就在哪一年执行期权即进行投资。一般对投资项目而言,预测出三年的现金流量即可,过长的预测不准确,那样也就失去了决策的意义。而且,到时再随时更新数据也更为容易。

【例 13-6】 假如 A 公司生产一种新产品,经初步测算,投资额现值为 1 350 美元,项目现金流入的现值为 1 500 美元,该产品可以永续生产。由于这种产品具有较大的不确定性,带来的现金流入会有两种或多种可能。因此,应分情况进行分析。若该项目投资的资金成本为 10%,第一年需求量较低,现金流入为 120 美元,以此为基础估计该项目第一年年末的现值为 $PV_1=120/0.1=1\ 200$ 美元(永续年金现值)。若第一年市场需求高,则现金流入可达 180 美元,导致第一年年末该项目的现值 $PV_1=180/0.1=1\ 800$ 美元。在第一年市场需求较低的条件下,若第二年仍为低市场需求,则第二年现金流入会降至 96 美元,导致第二年年末项目的现值 $PV_2=96/0.1=960$ 美元;若第二年变为高需求,则第二年现金流入为 144 美元,从而第二年年末项目的现值 $PV_2=144/0.1=1\ 440$ 美元。其余情形如图 13-10 所示。

分析:

第一,计算不同情况下的报酬率:第一年市场若是高需求,项目的报酬率为:(180+

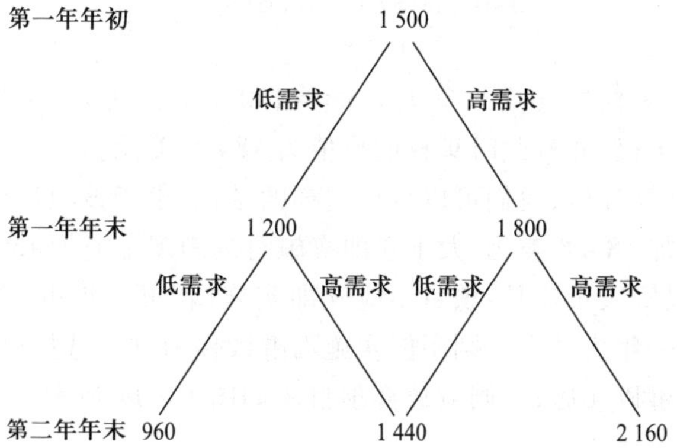

图 13-10　项目的现金流入现值

1 800)/1 500-1=0.32。若是低需求,项目报酬率是:(120+1 200)/1 500-1=-0.12。

第二,计算高需求和低需求的概率:按照风险中性方法,若无风险利率是 0.05,可以计算:

$$期望报酬率\ 0.05=P\times0.320+(1-P)\times(-0.12)。$$

计算出市场高需求的概率为 $P=0.386$,那么市场低需求的概率就是 $1-P=0.614$。

第三,由买权的价值公式 $V_{cr}=\max\{0,PV-C_0\}$,可以计算第二年买权到期时可能的执行价值。由于投资额现值为 1 350 美元,第二年年末到期时可能的现值分别为 960 美元、1 440 美元和 2 160 美元,因此,到期时买权可能执行的价值现值分别是 0、90 美元、810 美元,如图 13-11 的底部。

第四,计算买权期望值的现值。当第一年为市场低需求时,第二年买权的期望价值是:

$$90\times0.386+0\times0.614=34.74(美元)$$

折算到第一年年末,其买权价值为:

$$\frac{34.74}{1+0.05}=33.1(美元)$$

又因为第一年年末的现值为 1 200 美元,低于执行价格 1 350 美元,所以买权的价值为 0,故项目不应此时实施,应继续保留买权,在买权价值的相应位置填上 33.1 美元。

以此类推,当第一年市场需求较高时,买权的期望价值为:

$$\frac{810\times0.386+90\times0.614}{1+0.05}=350.4$$

而此时项目的现值为 1 800 美元,高于执行价格 1 350 美元,若立即实施项目即执行买权,可获收益:

$$1\ 800-1\ 350=450(美元)$$

大于持有买权的期望价值 350.4 美元,所以此时应立即执行买权,实施该投资项目。在这种情形下,买权的价值应为 450 美元。

进而可以求出,若保持买权,其现在的价值为:

$$\frac{450\times0.386+33.1\times0.614}{1+0.05}=184.8$$

大于现在立即执行买权的收益:1 500−1 350=150 美元。所以,现在不应立即实施投资决策,继续保留买权,并且此时买权的价值为 184.8 美元。

通过上面的计算分析,我们可以得出这样的结论:由于该项目存在投资时间选择权,企业价值将增加 184.8 美元,大于立即实施时的净现金流量 150(1 500−1 350)美元。故对此项目投资决策应是:项目不应立即实施;若第一年市场需求较高,则在该年年末实施;若第一年为低需求则不能实施而继续保留这一选择权;若第二年转为高市场需求时,项目可以实施;否则应放弃项目。如图 13−11 所示。

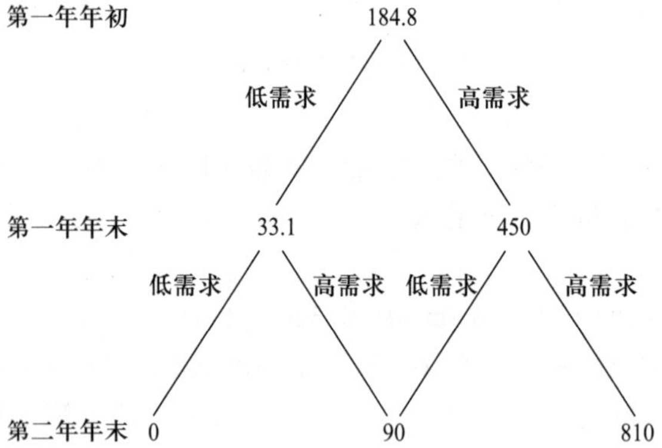

图 13−11　项目投资时机选择权的价值

(三) 放弃期权

放弃期权,顾名思义可以看出它是对已持有的资产或项目予以放弃,所以是一种卖权。在通常情况下,企业会一直使用其投资产生的资产,直到该资产生命周期终了。在这种情况下,企业的资产投资项目放弃价值一般相当低。但是也有一些资产,企业会在使用年限内的某一时刻做出放弃的决定。之所以这样做,是因为企业人为地放弃该资产所能为企业带来的收益大于继续使用该资产所能产生的收益。被提前弃用的资产具有较高的放弃价值,从而对这种资产的投资就具有了放弃选择权。

例如,某企业投资于一个大型生产流水线,经过初步分析发现:若该项目实施后市场需求较低,预计马上(第一年年初)就有现金流量 20(单位:百万元,下同),由于距离现在较近,估计此种情况发生的概率为 75%;若市场需求较高,马上就有现金流量 40,估计这种情形发生的可能性为 25%。由于市场波动性大,对该项目现金流量预测存在很高的不确定性,在高通货膨胀的影响下,为了稳妥起见,将折现率定为 20%。

即期的现金流量期望值是:

$$20\times75\%+40\times25\%=25$$

则项目的现值是:$PV=25/0.20=125$

以后各年的现金流量如下。

在市场需求较低、现金流量较少的情况下,第一年年末的现金流量下降为 10,则项目的现值为:10/0.2=50;在市场需求较高、现金流量较多的情况下,第一年年末的现金流量会上升到50,则项目的现值为:50/0.2=250。

如果在第一年市场需求较低的情况下,第二年市场需求仍然较低,则其现金流量应为8;若第二年市场需求有可能提高,则其现金流量应为32;若第二年仍旧延续第一年高市场需求,项目的现金流量就增加为60。与此相对应,第二年年末项目的现值分别为:

$$8/0.20=40,32/0.20=160,60/0.20=300$$

以此类推,第三年年末各节点现值分别是30,100,200,400。计算出项目各年内的价值变化图表,如图13-12所示。

需要说明的是,图13-12中项目的价值并不包括放弃选择权的价值。

如果假定此项目在投资后三年内均可以150的价格进行变卖,即项目在三年内的放弃权价值均为150。对于这种项目就相当于在原有项目的基础上附加了一个执行价为150的卖权。这种卖权起到了一种保险的作用:当该项目的价值低于执行价格时,企业可以按执行价格将其出售。即企业可以在该项资产价值低于150时,以150的价格将资产处理掉,从而减少了该资产投资的风险。

下面运用二项式法估算放弃选择权的价值。运用此方法是以风险中性为假设前提的。假设本例中投资者要求的回报率即无风险利率为0.1。为了满足10%的回报率,第一年年末项目价值上升的概率P和下降的概率$(1-P)$满足以下关系:

$$(10+50)\times(1-P)+(50+250)\times P=125\times(1+10\%)$$

由上式得:$P=0.3229$,$1-P=0.6771$

计算该项目放弃选择权的价值,要先从最底层的第三年年末计算起。

在第三年年末,项目放弃选择权的价值应视项目价值的大小而定,当项目价值小于选择权价值时,放弃选择权的价值应为执行价格与项目价值的差额。所以第三年年末项目放弃选择权的价值如图13-13中底行的数据所示。

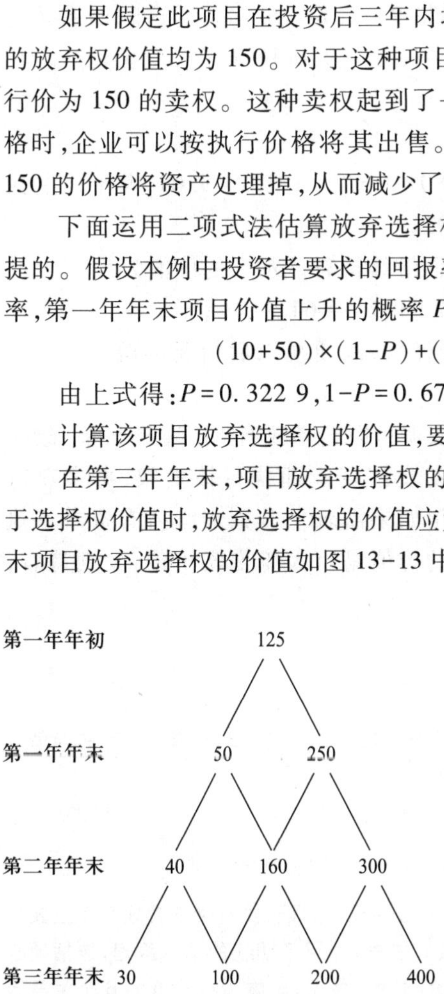

图13-12　投资项目可能的价值

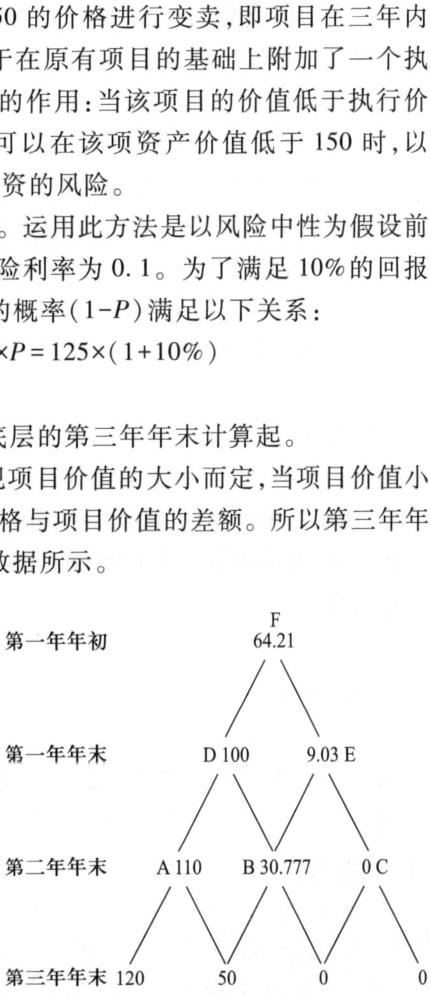

图13-13　投资项目卖权的价值

对照图13-13,在节点A处,若变卖资产(即执行卖权)可得收益110(150-40);若是继续持有资产,不执行放弃选择权,则该年末期望的价值为:

$$120\times(1-P)+50\times P=120\times0.6771+50\times0.3229=97.397$$

折算到第二年年末,则该资产的价值为:

$$97.397/(1+10\%)=88.54$$

在A点的资产持有价值为88.54。由于它小于执行放弃选择权的收益，故此时应变卖资产，执行该选择权。故在图中该点应该写上110。

同理在B点，若执行选择权、变卖资产其收益为：150−160<0，而保留资产第三年年末的期望价值为：

$$50\times(1-P)+0\times P=50\times0.6771=33.855$$

折算到第二年年末其价值为：

$$33.855/(1+10\%)=30.777>0$$

大于执行选择权的收益，故此时应继续持有资产，不执行选择权，故B处的放弃选择权价值为30.777。

D点的价值为$(110\times0.6771+30.777\times0.3229)/1.1=76.744$，而这时如果马上执行选择权、变卖资产则可得到100，大于该价值，故应该执行选择权变卖资产。在此点写上100。

同理，可依次求得C为0。

E点的资产持有价值为$(30.777\times0.3229+0\times0.6771)/1.1=9.04$，大于马上执行的卖权价值(150−250)，故E点应该写上9.03。

在F点，如果马上变卖资产150−125=25，而继续持有该资产的价值为：

$$(100\times0.6771+9.03\times0.3229)/1.1=64.21。$$

故在第一年，应该持有该资产，即不执行选择权，以便视以后情况再做定夺。如图13-13所示。

所以在此例题中，在第一年年初继续持有该项目即选择权有64.21的价值，故应该持有。到第二年，如果需求下降，应该马上变卖该资产即执行该卖权，可多获得100。如果需求上升，则继续持该资产；到第三年如果需求上升则继续持有资产不执行选择权；而需求若下降仍然要看该资产创造的价值是否大于变卖价值，大则持有，小则变卖。

关键词

期权　买权　卖权　内在价值　时间价值　中性风险方法　二项式　B-S模型　可转换债券　认股权证　增长期权　时机选择期权　放弃期权

要点回顾

本章是下篇的首章，在读者已经具备了财务管理的一般原理和知识，并对财务管理几个主要环节有全面掌握的基础上，为读者拓展一个新的知识领域。首先，介绍了期权的基本原理，包括期权的概念和分类，期权在执行日的价值，买权与卖权的平价(转换)关系，影响股权价值的6个主要因素。其次，介绍了期权的定价方法，从买权等价与风险中性方法起，到二项式方法至B-S模型，旨在使读者对期权定价方法有一个全面了解。最后，研究了期权在筹资和投资中的几种常用形式，包括可转换债券、认股权证、增长期权、时机选择期权以及放弃期权的使用。

即测即评

请扫描右侧二维码，进行即测即评。

思考题

1. 期权有几种价值形式？分别如何计算的？
2. 买权和卖权之间是如何转换的？有哪几种转换形式？
3. 影响期权定价的因素有哪几种，它们是如何影响期权价值的？
4. 期权的定价方法有哪些？其假设前提是什么？
5. 期权在筹资和投资中有哪些应用形式？
6. 试讨论期权还可以在管理的哪些环节中使用。

练习题

1. 假设A公司股票现在市场价为10元，有1股以该股票为标的物的看涨期权，执行价为12元。到期时间为9个月。9个月后该股票有两种可能：上升50%或者下降10%，无风险利率为每年6%。现在打算购进适量的股票以及借入必要的款项建立一个投资组合，使得该组合9个月后的价值与购进该看涨期权相等。

要求：

（1）确定可能的到期日期权价值；

（2）根据执行价格计算确定到期日期权价值；

（3）计算套期保值比率；

（4）计算购进股票的数量和借款数额；

（5）根据上述计算结果计算期权价值；

（6）根据风险中性原理计算期权的现值（假设股票不派发红利）。

2. 某公司同时发行利息率为10%的5 000万元的可转换债券和利息率为14%的5 000万元纯债券。两种债券的到期日都是10年，可转换债券的利息率比纯债券的利息率低，这是否说明前者比后者风险小？或者是前者包含了期权的价值？如果是，请计算出该期权现在的价值。

3. 某上市公司股票当前的价格是50元，期权执行价格为49元。连续复利的短期无风险利率是7%。该期权还有199天到期，按连续复利计算的该公司股票年收益率的标准差为0.3。

根据B-S模型计算：

（1）d_1；

（2）d_2；

（3）买权的当前价值；

（4）若目前买权的价格为5.2元。判断该B-S模型的投资者是否应该购买该期权。

第十四章 企业集团财务管理

学习目标

通过本章学习，使学生了解企业集团的概念和特征；掌握企业集团的财务管理体制和运作模式。学会根据企业集团的特点和管理体制，确定其财务管理体制，选择相应的财务管理模式并学会运用相应的管理工具。特别是认识企业集团中财务公司的职能和作用，熟悉财务公司的资金运作与管理，并对构建资金集中统一运作的司库体系有所了解。同时，对企业集团财务战略选择也应该有一定了解。

全球极负盛名的《财富》杂志将它誉为“当今中国最具竞争力的房地产企业”；2004 年、2005 年、2006 年，国务院发展研究中心企业研究所发起的研究课题中连续三年把它列为“中国房地产行业领导品牌”，且名列榜首；2005 年，它同时获得两家国际著名评级公司良好信用级别的企业评级，也是中国唯一的一家。

这个“不显山、不露水”，内敛低调的“神秘劲旅”是谁？它就是 1979 年诞生于香港的中国海外集团有限公司（业内简称中海集团）。弹指一挥间，已经过去了 30 多个春秋。以国内地产、香港承建、实业投资“三驾马车”并驾齐驱的中国海外战车滚滚向前：2004 年中海集团利润首次突破了 10 亿元人民币，2005 年利润攀升到 15 亿元人民币，2006 年翻了一番，达到 30 亿元人民币，这充分展示了企业集团在发展中的魅力和实力！

第一节 企业集团财务管理概述

企业集团是社会经济发展到一定阶段的产物，它与独立的单个企业有很大差别。从发达国家的情况看，企业集团均已发展到一定规模，成为某一行业的代表力量或在整个国民经济中占有重要地位。随着我国经济体制改革和社会主义市场经济的蓬勃发展，促进了现代企业制度的建立，一种跨部门、跨行业、跨地区、跨所有制，甚至跨国界的企业集团，已逐步发展起来，成为介于企业与市场之间的“中间地带”，在资金融通、资金投放、产权管理等方面有着单个企业无法比拟的优势。

一、企业集团的定义、特征和种类

企业集团由母公司、子公司、参股公司以及其他成员单位组建而成；母公司应当是依法登记注册，取得企业法人资格的控股企业①。从组织形式来看，企业集团是介于单一企业与市场之间的一种中间性组织，即准一体化组织，是企业组织形式的一种创新，在一定程度上共享内部一体化组织的规模、范围和分散风险的经济性，有利于发挥协作效应、节约交易成本，实现集团整体价值最大化。

如果从法律和财务的角度来说，企业集团是以一个或多个大型企业为核心，以营利为目的，以资本为纽带，将控股公司及其附属公司连接形成的具有多层次组织结构的企业法人联合体。这一定义将企业集团的特征归纳为：

第一，从法律上说，企业集团本身并不是单一法人经济实体，而是由多个法人主体组成。其中有一个具有控制力和影响力的核心企业并在此基础上建立的核心层。其中，它的核心层是自主经营、独立核算、照章纳税，具有法人资格和投资功能的经济实体；它的其他成员也是有法人资格的企业，并依据与核心层的资本结合程度来确定与核心层的关系。

第二，从组织结构上看，企业集团中必须有一个能起主导作用的核心层，并形成多层次结构的组织体系。这个核心层可以是一个或几个生产流通企业，也可以是一个控股公司，但其本身必须有法人资格；必须有雄厚的经济实力，包括资产实力和资本实力；必须具有投资中心的功能，即能够统一规划投资活动，拥有统一使用资金的权力和一定数量可自行支配的资金。

第三，从组建模式上看，企业集团必须有若干企业以资本为纽带结合在一起。企业集团成员之间往往在生产技术、经济管理等方面存在多种经济联系，但最重要的是它们之间的资本联系，形成了经营上的共同利益和共同风险；同时，核心企业和各成员企业之间按资本联系的紧密程度不同，形成了集团内部的不同层次。

第四，从经营管理上说，企业集团的庞大规模和资金融通实力使其不仅可以形成从技术开发、产品生产到产品销售的有机整体，而且有必要也有可能通过多元化经营来分散经营风险和获取多种投融资的便利机会，有着跨行业、跨地区、大范围、多角度经营的特殊功能和有进出口业务的经营权力乃至跨国经营权等特定内容。

第五，从会计核算和财务管理主体上看，企业集团不一定是法律主体，但一定是特殊的财务主体和会计主体。作为以资本为纽带由核心层和其他成员企业形成的企业集团，有独立的财务活动，有集团特殊的财务关系，编制以集团公司为中心的合并会计报表，统一运作和管理集团的资金运动。

企业集团有不同的分类标准。①按照控制关系与形成途径，企业集团可分为控股式和契约式企业集团。控股式企业集团是指按企业之间的控股关系建立的企业集团。控股企业是通过持有多数股权，对从属企业在经营上施加决定性影响，从而建立的一种控制关系。这是一种较常见的、标准的企业集团形式。契约式企业集团是只

---

① 根据国家工商行政管理总局关于《企业集团登记管理暂行规定》的相关规定以及中国银监会令[2004]第5号文《企业集团财务公司管理办法》的相关规定定义。

通过签订合同，各企业自愿结合为联合体。根据契约，一企业将经营权授予它企业指挥，由此产生经营上的控制权与相应的权利与义务。②按照企业集团组建的行业分为大型生产联合公司，大型综合经营联合公司和金融信托投资公司。大型生产联合公司，它是由许多生产同类商品的企业或者是由在生产上有密切联系的一些企业相互联合而组成的一个庞大的企业组织；大型综合经营联合公司，又称多元化企业集团，它是把不同部门中的许多企业联系在一起，并以其中实力最雄厚的大企业为核心而形成的多种企业集团；金融信托投资公司，它是指金融机构与生产经营企业的联营。例如中国移动准备向浦发银行的注资，首先打开了我国上市公司中金融企业与市场制造业的联合之门。

二、企业集团的财务管理体制

企业集团财务管理体制的构建，按照集权与分权程度可分为三种类型：集权型、分权型、集权与分权相结合型。

（一）完全集中的财务管理体制

完全集中的财务体制是由集团总部作为统一的权力机构做出所有财务决策的管理体制。其特点是财务权力高度集中于集团总部，对成员企业实行统一经营、统一管理、统一决策、统一核算，总部通过职能部门对子公司实行高度集中管理，履行投资中心和利润中心职责；子公司是成本中心，只有日常业务决策权和具体执行权；集团公司实施集中管理，子公司完全接受母公司的领导。因此，无论是在财务战略、财务预算的制定与实施、资金的筹集与分配、成本的核算与控制，还是在收益的分配上，都由母公司集中管理。

在此种体制下，管理层级明确，管理跨度大，母公司拥有绝对控制权，可以动员集团的各项资源，促使集团整体战略的贯彻与实施，避免集团扩张造成的失控，降低财务风险。但处理不好有时会挫伤成员企业的积极性。

（二）完全分散的财务管理体制

完全分散的财务体制是指财务决策权都由成员企业分别行使，成员企业独立决策、独立经营、独立核算、分散管理。在控股及参股公司结构中，母子公司经营的业务和产品一般存在前、后向一体化的特征，产权关系形成的原因大多是为满足稳定的上游原材料供应、下游销售渠道的畅通及交易的经济性。母公司在人才、技术、管理等方面的资源相对匮乏，如果过分强调集权管理，难免会陷入外行领导内行的误区，故采用分权型的财务管理体制。这种体制可以使子公司保持较大的独立性和自由度，对提高子公司的经营积极性具有积极意义。但有时会由于控制不力而使母公司政令贯彻不到位。

（三）集权与分权相结合的财务管理体制

这是一种由集团总部做出重要财务决策，而把执行决策的责任和次要财务决策权下放给所属成员企业的管理体制，或是通过间接对成员企业活动环境影响而控制成员企业的分散决策。这些环境通常包括内部立法、供求关系、价格调节、利率调节等。在这种体制下，成员企业拥有独立的财务决策权和生产经营活动自主权，并实行独立核算、自负盈亏。

例如，在一些事业部制组织结构中，企业集团把市场机制引入企业内部，按产品、部门、地区和顾客划分为若干事业部，实行集中领导下的分散经营，较适合采用这种集权与分权相结合的财务管理体制。在此体制下，母公司拥有财务战略规划，计划控制、重大投资决策、利润分配权，是投资中心。而按产品性质和市场特点（地区）成立的事业部可以在最高决策层授权下享有相当大的经营自主权，可以计算事业部本身的营业额和费用，并据此计算利润，因而是利润中心；还有些事业部是投资中心；事业部下的子公司则是成本中心，在本质上是一个在统一经营战略下承担某种产品或提供某种服务的生产经营单位。公司总部有专门的统筹部门，负责对各事业部进行授权，监控各事业部的经营活动和绩效，在事业部之间配置经营资源，并制定战略，对各事业部的经营方针、销售利润和资金调度进行统一决策。

这种体制适应了组织规模扩大，信息中心向下偏移的趋势，但使总部控制难度加大，方式更为复杂，而且往往要在增强财务监控的成本与收益之间进行艰难的权衡。它是目前国际上大公司普遍采用的主流形式。

任何一种管理体制都可能利弊兼有。在实践中如何选择具体的体制模式，应结合集团的组建方式、产权结构、集团的法人资格、成员企业所在地的外部环境以及集团整体发展战略等因素灵活运用。

三、企业集团财务管理模式的选择

当财务管理体制确定以后，相应地应该确定财务管理模式。集团财务管理模式的类型有：

（一）集权型财务管理模式

这种财务管理模式将子公司的业务看作是集团公司（母公司）业务的扩大，集团公司对于整个集团采取严格控制和统一管理。其特点是大部分财务管理决策权集中于公司总部，子公司只享有很少部分的决策权，其人、财、物及产、供、销统一由母公司控制，子公司的资本筹集、投资、收益分配、资产重组、财务人员任免等重大事项都由集团公司统一管理。

集权型财务管理模式的优点在于：它能统一指挥和安排财务政策，降低行政管理成本；有利于母公司发挥财务调控功能，完全统一集团财务目标；能发挥母公司财务专家的作用，降低子公司财务风险和经营风险；有利于统一调剂集团资金，降低资金成本。但它也存在明显的缺陷：财务管理权限高度集中于母公司容易挫伤子公司经营者的积极性，抑制子公司的灵活性和创造性；高度集权使决策压力集中于母公司，一旦决策失误，企业集团将产生巨大损失。

（二）分权型财务管理模式

这种财务管理模式是指子公司拥有充分的财务管理决策权，而母公司对子公司以间接管理方式为主的财务管理方式。子公司在资本融入及投出和运用、财务收支、财务人员选聘和解聘、职工工资福利及奖金等方面均有充分的决策权，并根据市场环境和公司自身情况做出重大的财务决策。

分权型财务管理模式的优点在于：子公司决策快捷，易于捕捉商机，增加创利机会；减轻了母公司的决策压力，减少了母公司直接干预的负面效应。其缺陷表现为：难以统一指挥和协调，集团整体、子公司各自为战，容易造成下属企业因追求自身利益而忽视甚至损害公司整体利益；不便于发挥母公司财务调控功能，以及时发现子公司的风险和重大问题。

（三）战略控制型财务管理模式

采用这种模式的集团，对下属各企业根据集团经营战略的需要采用不同的财务管理方式。对经营核心业务的企业采用类似于集中型财务管理模式，将财务管理权高度集中于集团总部，以便协同管理集团战略业务，产生业务协同效应。对于非核心业务部分则采用类似于分散型财务管理模式，适当放权，以便这类企业在完成与核心主业配套任务的前提下，面向市场积极增加创利机会。这种模式强调恰当的集权与分权，这样既能发挥集团母公司财务调控职能，激发子公司的积极性和创造性，又能有效控制经营者及子公司风险。该模式在一定程度上克服了过分分权或集权的缺陷，融合了集权与分权的优势。

从目前看，科技的进步促进了网络和信息技术的发展，缩短了母子公司以及各子公司之间在空间和时间上的距离，不管远在境外的子公司还是位于中心的集团总部，信息在瞬间就可传递和完成，加之财务和会计软件普及，财务信息化已经实现。而竞争的加剧，跨国、跨界经营和投融资管理成为企业常态下的经营活动范围，这就使得集中型财务管理模式的实现成为可能和必要，因而也越来越受到青睐和重视。

四、企业集团财务内容与管理手段

企业集团财务管理虽然与单个企业财务管理在表现形式和具体操作方式上有很大的不同，但内容基本相同。从集团财务管理的内容上看，主要包括企业集团资金融通、资金投放和收益分配管理，不同的是集团财务管理中还应该包括内部转移价格的制定，这是它的特色所在。在企业集团内部进行关联交易中，一般应该遵循市场化原则，即凡是有市场价格的应该参照市场价格进行交易；凡是没有可参照的市场价格，可制定合理的内部转移价格，以便公平合理地完成集团内部交易，既要促进集团整体效益的提高，也要充分调动成员企业的积极性。

从财务管理手段上看，企业集团财务管理主要包括集团预算管理、集团资金管理、集团财务核算、集团财务报告、集团内控与风险管理、集团财务政策管理。以下主要介绍企业集团财务管理的手段。

（一）集团预算管理

预算是推动战略实施的工具，在企业集团的战略执行中担负着主要责任。企业集团根据集团总体发展战略，对下年的经营和财务状况进行预计和规划。根据下年的经营计划配置相应的财务资源，并确定财务目标和考核标准。然后，通过预算执行过程中的控制，引导集团经营和财务工作达到预算目标，从而以年度预算保证集团战略规划的实现。

（二）集团资金管理

资金是企业集团财务管理的核心和生命线。有效的资金管理可以提升集团整体资信水平、资金运作效率，节约财务费用。目前大型企业集团在网络技术和内部管理达到一定水平后，均倾向于对资金实行集中管理，就是看到了资金在集团全部财务管理中的重要性。管好了资金，就把控住了浪费的漏洞，提高了资金使用效率，便于及时调动资金，保证企业集团各项经营活动的顺利实施。

（三）集团财务核算

财务是企业经营状况的集中反映，会计核算是企业集团财务信息的重要来源。虽然不同的财务管理模式需要建立不同的财务核算体系，但无论哪种模式对于财务会计信息的及时有效披露都应该有较高的要求。有效的核算和管理，有利于及时正确反映企业集团的财务状况和经营成果，以利于企业集团加强财务管理。

（四）集团财务报告

财务报告是企业集团经营情况和财务战略执行情况的反馈。利用财务报告不但能及时披露给投资者、债权人和其他利益相关者供他们进行相关决策，也可以使集团经营管理层及时发现管理中存在的问题和漏洞，及时纠正错误，改进工作。

（五）内部控制和风险管理

预算为集团的战略和经营计划实现明确了目标，而内部控制则是完成这些预算计划的必要保证。各级管理层只有运用内部控制的各种手段，按照分解的预算指标，不断检查和对照本部门对预算的执行情况，才能控制，保证企业目标认真地完成。

第二节　企业集团财务公司

在企业集团的财务管理中，不能不提及其旗下的财务公司。企业集团财务公司是企业集团发展到一定阶段的产物，是产业资本与金融资本融合的体现。随着现代化生产的不断发展，一方面产业资本必然寻求持续、稳定、大量的资本获取渠道，另一方面，从产业资本中分离出来的金融资本为了实现其流动性、收益性和安全性，也必须向产业资本渗透——以获取增值；与此同时，产业资本也在相对较低的成本上获取新的资金以便进行规模扩张。企业集团财务公司正是在这种背景下实现产融结合的必然产物。

一、企业集团财务公司的性质与特点

（一）企业集团财务公司的性质

财务公司虽然是企业集团的一个组成部分，但由于其担负着为企业集团融通资金、运作资金和监督下属企业资金使用的重任。所以，其设立须经中国人民银行批准，要有一定的条件、按一定的程序才能组建的。根据我国的《企业集团财务公司管理办法》规定，企业财务公司是指以加强企业集团资金集中管理和提高企业集团资金使用效率为目的，为企业集团成员单位提供财务管理服务的非银行金融机构。财务公司是企业集团的成员，金融业务上受中国人民银行的管理和中国银行业监督管理委员会（以下简称银监会）监督，它是我国以中国人民银行为中央银行、国有商业银行为主体、多种金融机构并存分工协作的金融体系的一个有机组成部分。财务公司必须经过中国银行业监督管理委员会审查批准，才能在企业集团内部设立。财务公司实行自主经营、独立核算、自负盈亏，并照章纳税，具有法人资格。

由于企业集团的生产经营伴随着大量资金运动，仅靠集团自有资金和一般意义上的银行信贷关系是很不适应的，因此，企业集团和银行以及有关金融机构的联合就成为一种必然的趋势。这种产业和金融结合的方式，在很大程度上决定了企业集团的生产规模、发展方向，尤其是确保集团经济的良性循环。纵观世界发达国家的大型企业集团,无不有着坚实的金融背景,这是中外企业集团发展过程中的共性。

(二) 企业集团财务公司的特点

企业财务公司是为企业集团成员单位提供财务管理服务的非银行金融机构,与信托投资公司、证券公司、保险公司和租赁公司等其他非银行的金融机构相比,财务公司具有如下特点:

1. 特定服务对象

财务公司是企业集团的组成部分,其业务建立在集团成员企业对内部资本市场和内部金融机构共同需要的基础上,其资本主要是母公司和其他成员企业投资,故它必须为集团总部和成员企业提供金融服务。

2. 接受双重监管

一方面,财务公司在行政和产权关系上隶属于企业集团,接受集团董事会的领导;另一方面,在业务上接受中国人民银行的领导和银监会的监督。

3. 担当综合职能

财务公司可以运用存款、贷款、代理结算、资金拆借、证券业务等融资手段,从事经人民银行批准的各项金融业务。

4. 资本来源有专门规定

财务公司的注册资本金应当主要从企业集团成员单位中募集,也可以吸收成员单位以外的具有丰富行业管理经验的战略投资者的股份。但对企业集团成员单位以外的战略投资者投资入股财务公司规定了具体条件。

从上述业务范围可见,企业集团财务公司已经发展成为一个兼具结算中心、融资中心、投资中心与信贷中心于一体的资金集中管理机构,在企业集团内部成员企业资金往来、集团金融资金的有效管理、提升集团凝聚力和竞争力中发挥着重要作用。

二、企业集团财务公司的功能

经过30多年的发展,企业集团已经成为我国经济发展的中坚力量。与之相适应,企业内部资本市场组织模式也经历了由内部银行向财务公司的转变。总的说来,企业集团由设立内部银行到组建财务公司,是集团融资机制和营运机制的重大转变。财务公司是经营部分银行业务的非银行金融机构,截然区别于只下设资金管理中心的内部银行,具有独立的法人资格和资金运作权利。在当前政策框架下,业内对财务公司职能定位的共识是:“结算中心、筹融资中心、资金管理中心”,其中结算中心是业务基础,也是三个中心的起点;筹融资中心是基本功能,是三个中心的“中心”;资金管理是法定功能,是三个中心的龙头。其作用主要有以下几点:

1. 开辟集团内部资本市场,增强企业集团的融资功能

在外部资本市场欠发达的情况下,财务公司作为企业集团内部资本市场的一种替代,对于提高企业集团内部资本的配置效率及企业集团的发展起着至关重要的作用。它弥补了商业银行对产、供、销活动特别是商品流通领域金融服务的不足,消除或缩短了生产制造—经销—购买这一循环过程中商品支出与收到货款的期限,极大地促进了商品流通并使产、供、销的循环成为连续的过程。设立财务公司就可以利用内部资本市场在集团内部调剂企业间资金余缺,合理配置集团总体资源,达到为企业融通资金的目的。另外,财务公司致力于不断开拓和发展新型金融业务,促进服务扩

展与效率的提高,极大地推动了金融业的改革与创新。

2. 集合成员企业优势,节约财务费用

在企业集团内部,财务公司以资金为纽带,以服务为手段,增强了集团公司的凝聚力。一方面,财务公司将集团公司一些成员企业吸收为自己的股东,用股本金的纽带将大家联结在一起;另一方面,财务公司吸纳的资金又成了集团公司成员企业信贷资金的一个重要来源,从而将集团公司成员企业进一步紧密地联结起来,形成一种相互支持、相互促进、共同发展的局面,就可发挥集团的总体优势,节约成本,提高集团公司资金的使用效率,加速集团公司资产一体化经营的进程。具体表现在:

①财务公司作为企业集团和专业银行之间的中介,利用自身的特殊地位,可以取得各专业银行较为优惠的贷款;②财务公司可利用自己在业务上的长处,代理企业集团对外发放股票、债券,直接向社会融资,降低融资成本;③当集团内部有较大的投资机会时,财务公司可以集中全集团实力,以集团名义出面组织银团贷款,可以筹措到大规模的资金来源;④以集团的名义出面谈判,可以增加博弈砝码,降低交易费用。

3. 专业管理信贷资产,降低市场风险

由于企业集团总部有充分和廉价的信息,所以它具有外部资本市场所不具备的监督优势。当信息不对称严重时,处在外部资本市场中的投资者很可能难以对投资项目公司的经理进行控制。但是,企业集团财务公司就可以利用其信息优势以及内部审计、绩效考核等多种内控工具更好地对内部项目公司的经理进行监控。

由于集团内部的财务公司比银行更了解企业的生产特点,能及时为企业提供救急资金,保证生产经营活动的正常进行。有时由于各种原因,企业经常出现因资金紧缺而影响生产经营正常进行的情况,财务公司可以及时解决企业集团急需的资金,保证企业生产经营的正常进行。

在此同时,财务公司还可以在对信贷资产的监督管理上优于外部银行:①有效利用所筹资金对各成员企业制定各种定额和计划;②为了达到预期的资金使用效果而对成员企业资金使用过程施加控制,进行考核等。应当说,财务公司的这种监督管理寓于其筹资和调剂资金职能之中,是与各专业银行管理不同的企业集团内部金融监管。

但是财务公司模式也有不利的一面。首先,财务公司的准入制度比较严格,政府审批成立有一定难度。其次,财务公司进行的是完全市场化的管理,不可避免地要直接面对更大的风险,比如政策风险、客户风险、信托风险、财务报告风险等。

三、企业集团财务公司设立条件、业务范围及其运作

(一) 企业集团财务公司的设立条件

申请设立财务公司的企业集团应当具备下列条件[①]:①符合国家的产业政策;②申请前一年,母公司的注册资本金不低于 8 亿元人民币;③申请前一年,按规定并表核算的成员单位资产总额不低于 50 亿元人民币,净资产率不低于 30%;④申请前连续两年,按规定并表核算的成员单位营业收入总额每年不低于 40 亿元人民币,税前利润总额每年不低于 2 亿元人民币;⑤现金流量稳定并具有较大规模;⑥母公司成

① 参见中国银行业监督管理委员会关于印发《申请设立企业集团财务公司操作规程》的通知.2007. 1. 26.

立2年以上并且具有企业集团内部财务管理和资金管理经验;⑦具有健全的公司治理结构,无不当关联交易;⑧资信良好,申请前连续2年内无不良诚信记录,未发生违法违规行为;⑨入股资金来源真实合法,不得借贷资金入股,不得以他人委托资金入股。⑩银监会规定的其他审慎性条件。

除了对母公司规定的以上条件外,还对集团成员企业入股和集团外战略投资者入股做了具体规定,包括承诺自财务公司成立之日起原则上在3年内不转让所持财务公司股份,并在财务公司章程中载明;具有3年以上从事财务公司或类似机构经营管理的良好经验;以及银监会规定的其他审慎性条件。外资投资性公司设立财务公司(外资股本占25%以上)的市场准入也参照本规程执行。说明国家对在企业集团设立财务公司既持有积极的态度又本着审慎稳妥的原则。

(二)企业集团财务公司业务范围

财务公司在企业集团内部融通资金,并可与银行或其他金融机构建立业务往来关系,还可以委托某些专业银行代理金融业务,其经营的业务范围主要有:①对成员单位办理财务和融资顾问、信用鉴证及相关的咨询、代理业务;②协助成员单位实现交易款项的收付;③经批准的保险代理业务;④对成员单位提供担保;⑤办理成员单位之间的委托贷款及委托投资;⑥对成员单位办理票据承兑与贴现;⑦办理成员单位之间的内部转账结算及相应的结算、清算方案设计;⑧吸收成员单位的存款;⑨对成员单位办理贷款及融资租赁;⑩从事同业拆借;⑪中国银行业监督管理委员会批准的其他业务。

符合条件的财务公司经批准还可以发行财务公司债券;承销成员单位的企业债券;对金融机构的股权投资和有价证券投资;成员单位产品的消费信贷、买方信贷及融资租赁。

(三)企业集团财务公司的运作

财务公司是集团内部独立的企业法人,除了具有一般法人独立核算、自负盈亏、追求利润最大化的一般特征外,集团财务公司还要担负与集团财务管理部门不同的资金运作平台责任。其资金运作包括:

1. 资金结算中心的运作

在设立财务公司的企业集团中,内部成员企业之间的往来结算都是通过财务公司这一平台进行的。及时结算可避免集团内部的"三角债",使沉淀资金得到及时的运用。

2. 融资中心的运作

对于成员企业的资金需求,可以通过财务公司的借贷功能有效实现。例如,有些企业集团财务公司对于一些子公司暂时不需要的资金按比银行同期利率上浮一定比例存入,而对需要资金一方则按比银行同期的贷款利率下浮一定比例予以贷放。灵活优惠的政策在内部盘活了资金,也调动了成员企业节约使用资金的积极性。

3. 资金管理与调度的运作

在一些实行资金集中管理,按"收支两条线"运作的集团,每日将集团内部所有收入从各地区子、分公司通过网上银行直接汇总进入财务公司,而基层企业需要的资金则按照预算计划由财务公司通过网上银行下拨到各地区子、分公司。每日的"头寸"轧差后就可集中统一使用,避免了下属企业余缺不均和资金的暂时沉淀,有效地提高了资金的使用效率。

4. 投资中心的运作

当集团战略需要或遇到良好的投资机会时,财务公司可以集团的名义统一对外筹措资金,统一对外担保、对外谈判,降低了交易费用,提高了财务绩效。特别是单一银行筹措资金不足时,还可通过内部的财务公司出面,组织外部银团为投资项目提供足够的资金来源。

四、以财务公司为平台的司库体系构建

当前,以财务公司为集团统一的资金池和唯一的结算平台,构建大司库管理体系的设想成为集团财务管理中的新命题。这不仅仅是资金管理问题,它既涉及投资、规划、预算和内部控制等集团层面和下属地区公司多方面的配合,也关系到财务管理能否以资金链条为手段延伸到业务和管理的各个角落,以便及时发现问题,弥补管理漏洞,提升集团总体管理水平。

司库(treasury)管理是与会计管理体系并行的企业组织机构。从 20 世纪 90 年代开始,因其丰富的管理内涵、显著的经济效益,很快就在欧美跨国公司内大为盛行。随着国内大型企业集团的国际化,它对全球财务资金的管理调控能力要求越发提高,司库管理模式开始备受推崇和仿效。

总体来说,司库管理的内涵很宽泛,远远超出只是提高资金调控能力和节约财务费用的考虑,至少还应该覆盖融资、现金流管理、风险控制和管理、衍生品交易、利汇率管理、流动性管理、司库流程和电子系统管理、银行关系管理等。它也直接关系到税务、法律、兼并收购、信用管理,甚至国家宏观经济等。对于司库这种“舶来品”,在国内还没有扎根成型,那么借鉴国外成熟的司库管理经验,形成集团内因地制宜、自成体系的一套做法,也成为广大学者和企业集团探索的课题。

从目前的实践和理论研究看,构建今天财务公司的司库体系,主要着眼于以下关键点:

一是构建统一的资金池;二是实现结算集中管理;三是建立全球资金风险控制体系;四是建立集团司库管理系统;五是强化“央行”职能,统筹金融资源;六是统一资金管理制度流程。

第三节　企业集团财务战略

一、企业集团财务战略的含义

1. 企业战略的概念与分类

美国管理史学家钱德勒最先把战略这一军事术语用于管理领域。他在 1962 年出版的《战略与结构》一书中,首次把管理决策分为战略决策和策略决策。美国著名战略管理学家弗雷德 · R.戴维认为企业战略包括以下四种类型:一体化战略、加强型战略、多元经营战略以及防御型战略。可见,对战略可按不同的理解标准分为若干类别。按经营发展态势可分为发展型战略、稳定型战略、紧缩型战略;按战略的层次分为公司战略、竞争战略(或业务战略)、经营战略;按企业的发展阶段可分为初创期战

略、发展期战略、成熟期战略。

2. 企业财务战略的概念与分类

美国著名学者汤姆·科普兰在《价值评估》中首先提出了财务战略管理,他说,过去十年来,思想与活动都曾水火不相容的两个支系——公司财务和公司战略,经剧烈冲突后融为一体。其实,财务战略是集团总体战略的重要组成部分,内生于企业战略之中。所谓财务战略,是指为了谋求企业资金均衡有效地流动和实现企业战略,为增强企业财务竞争优势,在分析企业内外环境因素对资金流动影响的基础上,对企业资金流动进行全局性、长期性和创造性的谋划,并确保其执行的过程。这一过程的实质是更好地实现财富创造过程长期利益与短期利益的均衡。

3. 企业财务战略与企业战略的关系

企业集团总体战略规划了集团的未来发展方向。它包括对集团经营规模、产品开发与市场开发、资本运作、组织结构形态等大的方向性规划。而财务战略是企业组织或处理重大而复杂财务活动或财务关系的智谋策略,是为适应和配合集团总体战略的实施而采用的财务政策和财务行为。包括为投资项目筹集资金、进行资本运作,以及为有效组织和管理这些资金而采用的各种策略。企业集团在实施资产组合、优化资本结构、保持成本领先等价值性战略行为时,必须依靠财务的驱动力量。由于财务战略是集团总体战略的重要组成部分,内生于企业战略之中,所以它始终应该服务于集团总体战略,它的制定依据和各阶段性规划,也都必须服从于集团总体战略。

二、企业集团财务战略管理内容

由于财务战略是企业总体战略的组成部分,它的管理也要参照企业总体战略的管理内容,按照以下四个阶段进行。

(一)财务战略分析

财务战略分析是财务战略的首要环节。在财务战略分析时,企业集团要紧紧围绕集团总体目标和战略开展对企业内外环境分析工作。一般来说,分析企业的外部环境,必须紧紧围绕企业所处的行业、市场环境,特别是对影响企业发展的宏观政治、经济、社会环境和技术发展状况进行分析。对内部环境分析,可从企业的各种内部资源包括企业的人力资源、财务资源、技术资源、管理资源、品牌资源、信息资源等方面着手。在财务战略分析中,常用的分析工具同总体战略一样,可以采用 SWOT 分析、平衡计分卡分析等工具。

(二)财务战略选择

企业集团在把握了自己所处的内外环境后,就可以根据这些基本要素确定出若干战略方案,然后据以分析论证,最终确定出适合自己的战略目标。由于财务战略仅仅是配合企业集团总体战略的,所以在集团总体战略选择后,可据以制定出与企业集团总体战略相配合的财务战略。例如,按企业集团生命周期采用不同时期的财务战略。又如可以按集团战略的内容确定财务战略——按投资战略确定相应的筹资战略,按集团的运营战略确定自己的资金和成本管理战略,等等。在方案确定前,要注意对多个备选方案进行充分分析和论证,当自身力量不足时,可聘请外部专业机构,如投资银行或财务顾问一起来研究,最后选择出最佳方案。

（三）财务战略实施

从战略思想转变为战略的实施，需要切实可行的财务策略，细化财务战略的实施方案，采取多种行动和措施。比如组织架构的调整，相应的财务战略规划、年度预算，制定财务政策，配置相应的资源特别是财务资源，调整奖励和激励计划等，还要根据变化了的情况及时做好应变措施。很多企业非常重视预算的编制工作，一般都会成立预算管理委员会。从每年的10月启动预算编制工作，从下到上，再从上到下，进行多次反复的修订。很多企业在实施过程中采用过程监督，季度评价，年终总结，并对新出现的问题及时解决处理，其目的就是保证财务战略在上述过程中能够按照既定目标执行。

（四）财务战略评价

公司的财务战略评价也是一个不可或缺的重要环节。在这个阶段，主要应该做好以下工作：一是根据企业内部环境的变化，检查公司财务战略的依据或基础是否需要调整；二是比较财务战略实施的预期和实际进度或结果是否达到预期 效果；三是及时采取行动或应急措施以保证目标或计划的实现。只有认真评价和检查，才能让财务战略管理流程全面而完整，才能及时发现问题并及时解决。

以上四个阶段中，第一、二两阶段可看做是财务战略规划阶段，它确定了企业集团财务战略的方向和目标；而财务战略实施和评价则决定了财务战略执行的效果。其中财务战略规划主要依据企业总体战略规划，包括确立组织使命、确定方针政策、确定长短期目标、鉴别战略方案、选择战略方案等程序；而财务战略实施则主要包括确定组织结构、管理组织活动、监控和评价战略实施等程序。以下重点介绍财务战略的规划与实施。

三、企业集团财务战略的规划与实施

（一）企业集团财务战略的规划

由于财务战略与企业战略密不可分，而财务战略又侧重于资金的筹措与使用。所以，以下按照企业的生命周期从资金筹措与使用特征角度介绍企业集团财务战略的规划与选择。

1. 初创期

由于初创时期企业资信水平低，偿债能力差，资产抵押能力有限，负债融资缺乏信用和担保支持，很难获得银行贷款支持，企业资本主要来源于创业者和风险资本。投资项目具有高风险和高收益的特点，技术研发风险、产品推广受阻、同业竞争激烈、融资不利以及资金回收难等经常发生。财务上一般体现为集权模式，创业者对筹资、投资以及日常财务管理工作都要过问，财务大权完全掌控在创业者手中。因此，该阶段企业财务管理的目标是“现金流量最大化”，采取以“低负债、低收益、不分配”为特征的稳步成长型财务战略。

2. 成长期

企业通过积累形成了初步规模，拥有了一定的自有资金周转规模，在市场中建立了较大的竞争优势，形成了一定规模的员工队伍，具备了一定的融资能力。分权型财务管理模式逐渐形成。一般成长期以“利润最大化”为财务管理目标，所以，这时的企业集团宜采取“高负债、高股本扩张、低收益、少现金分红”的快速扩张型财务战略。

3. 成熟期

在成熟期,产品开始进入回报期,由于产品市场份额稳定,企业盈利水平稳定、现金流转顺畅,企业财务状态比较稳定,人力资源充足,研发能力增强;在组织管理方面,由于企业组织层次的增多,部门之间相互推诿的现象增多,创新精神逐步为较为保守的做事方式取代,应变能力开始变差。在这个阶段,由于企业规模扩张,甚至采取国际化运作方式,这时以企业价值最大化增长为其财务管理目标。故财务战略一般应采取"低负债、高收益、中分配"的稳健型财务战略。

4. 调整期

当原有产业或企业进入衰退期或夕阳阶段,企业集团的经营战略需要做出较大调整,并通过新产品开发与新产业进入而步入调整期。企业集团一方面对某些行业或经营领域夕阳退出而对另一些领域则要进入,即进行产业重构;另一方面伴随着内部经营投资,企业实施组织再造与管理更新。处于此阶段的企业集团要就以下问题进行定位与决策:新进军的市场前景及市场定位如何?现有哪些部门需要转产,哪些需要保留?对保留的部门如何在新的起点上为集团增加价值?这时从财务上说,只要资产利用所产生的现金流量超过该资产的变卖价值,就应该尽量延长其使用寿命。在这一阶段,企业财务管理的重点在于获得稳定的现金流量,并不断提高自身的市场价值。这时企业财务管理目标将会是"现金流量最大化"。故企业集团应采取"高负债、低收益、高分配"的防御收缩型财务战略。

如何保持企业的市场收益能力,并随环境的变化而调整自身的财务战略,是企业集团在任何一个生命周期阶段都必须考虑的问题。基于企业生命周期的财务战略调整,注重对企业集团财务资源和能力的整合,通过对投资战略、筹资战略和收益分配战略的动态调整达到企业集团资源的合理配置,实现资本增值并实现企业财务能力的持续、快速、健康增长,进而实现企业集团的可持续增长。

(二)企业集团财务战略的实施

许多成功的企业集团通过总结实践中的经验,发现在财务战略实施过程中,要重视影响财务战略的七大重要方面。

1. 内部控制制度的制定和执行

很多优秀的大型企业集团都非常重视内部控制制度的制定和执行。虽然各有各的做法,但总体宗旨一致,就是保证公司总体战略和财务战略目标的实现。譬如,中海集团采用"五管齐下",华润集团制定了"内部十戒",广东控股内部下发"18 条禁令",取得了明显的成效。

小资料

中海集团采用的"五管齐下"是:第一条管道,建立一套完善的财务管理制度,详细规定了企业的管理架构、股权关系、决策体系、资金管理模式、收付款流程、所运用的会计政策,等等。其中关于公司成立、公司变更、融资、资金调度、投资决策等程序固化,便于操作;第二条管道,有一套完整的内部审计制度;第三条管道,有一套完善的纪检制度,面向外派人员,目的是要搞好廉政;第四条管道是有完善的国企监事会制度;第五条管道,由于集团下面还有上市公司,它要接受市场的监督,主体业务又在上市公司。所以,要处理好核数、关联交易处理、同业竞争处理等。

华润集团制定的“内部十戒”是:第一,力戒擅自以私人账户持有公司资金;第二,力戒违规对外提供担保;第三,力戒违法违规高息存款;第四,力戒违规对内对外拆借资金;第五,力戒向前账未清的客户继续放款;第六,力戒伪造合同单据及账目;第七,力戒违章经营证券、期货、房地产、外汇、基金买卖等高风险业务;第八,力戒未经批准发展投资项目;第九,力戒经营公司定位以外的业务;第十,力戒以权谋私,利用公司的经营权给自己或亲属牟取私利。

2. 风险管理

随着公司业务多元化、地域多元化、管理层级多元化,特别是外部经营环境不确定等因素的影响,公司的战略决策风险、运营风险和财务风险越来越大。能否及时识别风险、发现风险、防范风险,并最终驾驭风险,是集团公司战略实施成败的重要一环。

来自大型企业集团实践中的经验之一是:将风险管理分列在业务部门的业务管理过程之中,即由战略管理部门主管战略决策和选择方面的风险管理,财务部门负责资金运筹与管理方面的风险管理,审计部门负责内部业务运营过程中的分析管理,人力资源部门负责职工道德教育的风险管理。但这种管理模式由于缺乏专一的风险政策制定机构,缺少专一的实施风险政策机构,分析管理责任不明确,风险管理流程不清晰,对重大外部性分析缺少快速有效的反应,内部责任追究制度不严格,集团与业务部门风险管理权限不清晰。因而,一种新的风险管理模式正在实践中悄然诞生:即在董事会下设集团战略与风险管理委员会,在其下设跨部门协作的战略与风险管理部门,在二级集团层面设专职的战略与风险管理小组。

3. 成本控制

成本管理和控制意识是企业集团实施财务战略的又一重要方面。许多集团狠抓成本管理,分别建立了成本中心,专注成本目标责任制的落实。同时配套若干措施,包括激励政策在内,把有效控制成本作为塑造企业核心竞争力来抓,把成本控制是否有效看做企业生死存亡的关键因素。在竞争十分激烈的当今,降低了成本就等于提高了利润;谁能创造物美价廉、适销对路的产品,谁就拥有了立足之本。

4. 投资原则的确定和定期检查

在投资评估决策前学会“做足功课”:一是看公司的资金能力,二是看是否符合公司发展战略,三是看项目的投资回报率是否达到最低要求,四是看投资有哪些不确定因素,然后才形成决策思路。为了防范风险,许多企业集团都有自己的投资原则,即投资标准或投资尺度,如投资回报率达到多少方可投资等。这些原则与集团发展战略有关,也与企业主业和非主业有关。

5. 融资方式的确定和定期检查

融资往往是与投资项目或企业的生产经营活动紧密联系的。关键是选择融资方式,评价融资渠道。在决策前反复论证,甚至聘请专业的投行和财务顾问。一个好的融资方案会使股市产生正向效应。集团要明确通过融资达到何种资本结构,采用负债融资还是股权融资,各自会产生何种效应,等等。

6. 投资管理体制

良好的投资管理体制是保证投资获益的前提。许多来自实践的经验将集团投资体制总结为三个方面,一个完整的投资活动都具有前期的投资决策体系、过程控制体系及后评估体系。对投资管理模式总结出三种模式:一是集中决策、集中实施,且进行后评估;二是集团有限度放权给下面公司进行决策;三是集团全部放权,由下面公司进行投资决策、实施和管理。尽管以前许多人认为,这些模式各有千秋,但金融风暴给了人们沉痛的教训,投资集中管理模式不约而同地重新成为这些大型企业集团的唯一选择。

7. 资金投向的产业分布

资金投向的产业分布即企业资产配置或是指企业的资产分布。尽管一度理论研究和企业集团实践都把多元化投资作为一个重要选择,认为这样可以分散风险,避免"把鸡蛋放在一个篮子里"。然而,风险管理的实践和金融风暴给了许多企业一个教训。近年来,许多企业开始收缩战线,强化主业,出售非核心业务。这一做法是否值得推广或永远如此,还是需要经受实践的检验。

关键词

财务管理体制　财务运作模式　财务公司　司库体系　财务战略

要点回顾

企业集团是企业的一种特殊形式,在国民经济中发挥着重要作用。本章讨论了企业集团的财务管理体制、财务管理模式以及财务管理的内容和管理手段。之后,对于在企业集团财务管理中发挥重要作用的财务公司做了专门讨论,从其性质与特点、职能与作用、业务范围及其运作等方面做了较为详细的讨论,对于近年来在大型企业集团兴起的司库体系也做了探讨。最后,本章介绍了企业集团财务战略,特别对从实践中总结出的一些大型企业集团财务战略管理经验予以介绍,以期使读者对企业集团财务战略有一个基本了解。

即测即评

请扫描右侧二维码,进行即测即评。

思考题

1. 企业集团财务管理体制有几种形式?各有何利弊?
2. 根据企业集团的不同组织形式谈谈你对其财务管理体制选择的看法。
3. 企业集团财务管理有何特点?
4. 企业集团与集团公司有何本质区别?
5. 如何理解财务公司的性质和功能?
6. 讨论大型企业集团的司库体系如何设立。
7. 财务战略如何配合企业集团的总体战略?

案例讨论题

1. 资料:中国石油天然气集团公司发展历程及其财务管理体制

中国石油天然气集团公司(下面简称中石油)是我国特大型国有企业,在全国126家大型国有企业中,中石油每年营业收入占1/10,资产规模和利润占1/4,每年上缴税费占1/10,位居第一。

即便在世界500强中中石油也位处第13位，在国际50大石油企业中位居第一。

1998年7月中石油在原中国石油天然气总公司的基础上组建了特大型石油石化企业集团，系国家授权投资的机构和国家控股公司，是实行上下游、内外贸、产销一体化，按照现代企业制度运作，跨地区、跨行业、跨国经营的综合性石油公司。作为中国境内最大的原油、天然气生产、供应商，中国石油集团业务涉及石油天然气勘探开发、炼油化工、管道运输、油气炼化产品销售、石油工程技术服务、石油机械加工制造、石油贸易等各个领域，在中国石油、天然气生产、加工和市场中占据主导地位。1999年11月，在注入主要油气业务的基础上设立中国石油天然气股份有限公司，并于2000年4月在纽约、中国香港上市，2007年11月回归A股在上海证券交易所上市。

在集团重组之前，中石油所属单位主要实行"自主经营、自负盈亏、自我发展、自我约束"的多级法人管理体制，财权相对分散，进而对资金管理产生了一些不良影响：独立的法人资格导致融资分散、融资成本高、融资能力差；内外部银行账户林立、资金分散，一边沉淀存款、一边贷款；应收账款金额及坏账金额不断增加。在借鉴、总结国内外其他企业的资金管理体制下，中石油开始推行资金集中管理，以集约化管理思想为基础，总体规划、分步实施，逐步建立与公司管理体制相适应的资金管理体系。

1995年，为了解决总公司下属各单位之间的资金分散、彼此之间难以调剂和融资成本高等问题，中石油在总结之前的各种集中管理形式（包括结算中心）的基础上，决定创建财务公司，主营业务涵盖结算、信贷、外汇和证券投资，充分聚集集团内部成员单位的沉淀资金。之后，引入了"收支两条线"的资金集中管理方式，并于1999年底通过差额集中、2002年实行全额集中分步实现收入全部集中到总部、资金支出全部由总部按计划下拨的"收支两条线"模式。股份公司全部地区公司与总部开始实现收支两条线对接，截至2004年低，覆盖了所有地区和公司，全额集中管理模式基本形成。但由于未上市企业法人层次多、结构复杂，全面推行收支两条线还需待时机成熟。2007年，集团公司开始对未上市企业也开始实行收支两条线。

自1993年以来，为了响应国家能源发展的战略要求，随着中石油"走出去"程度的不断深化，集团公司自然也必须面对境外资金集中、安全、高效管理的新难题。在综合考虑企业外汇业务特点、资金管理、需求情况和国家监管要求等因素后，集团于2005年正式实施集团外汇资金集中管理，力将境外业务资金管理纳入统一的资金管理体系。

讨论：

（1）从中国石油天然气集团公司（中石油）案例介绍中分析该集团采用何种财务管理体制。

（2）从中石油发展历程中解析其为什么要建立集团财务公司。

（3）根据上述资料分析和预测中石油今后的财务管理方向。

2. 自己找一家大型企业集团的案例，分析其采用什么财务管理体制和财务管理模式，并试说明该集团采用此财务管理体制和模式的理由。

参考文献

1. 刁孝华. 风险资本市场发展模式的比较研究及对我国的借鉴[J]. 软科学,2007(1).
2. 黄辉. 资本结构动态调整研究综述[J]. 当代财经,2009(1).
3. 荆新,王化成,刘俊彦. 财务管理学[M]. 北京:中国人民大学出版社,2009.
4. 李忠民. 浅析货币时间价值的本质[J]. 统计与信息论坛,2000(5).
5. 李悦,等. 中国上市公司如何制定投资决策[J]. 世界经济,2009(2).
6. 李志军. 我国上市公司资本结构影响因素的实证分析[J]. 统计与决策,2011(15).
7. 李森. 期权理论与案例分析:一个战略性的投资[M]. 上海:复旦大学出版社,2002.
8. 梁开卷. 盈利从预算开始:企业全面预算管理[M]. 北京:经济管理出版社,2004.
9. 陆正飞. CEO 财务报告与分析[M]. 北京:北京大学出版社,2009.
10. 陆正飞,高强. 中国上市公司融资行为研究[J]. 会计研究,2003(10).
11. 邱闽泉,胡光晓,刘琳. 兼并收购财务实务[M]. 北京:清华大学出版社,2005.
12. 王刚,王玲. 所得税政策对我国融资租赁业发展的制约及改革探讨[J]. 上海金融,2011(8).
13. 上海柴油机股份有限公司. 财务管理目标与全面预算管理[J]. 工业会计,1999(7).
14. 苏万贵. Excel 在投资决策中的应用[J]. 会计之友,2008(3).
15. 吴建斌. 中海集团财务总监告诉你——财务智慧[M]. 上海:上海文化出版社,2009.
16. 徐焱军. 现金流量时间线在货币时间价值分析中的应用[J]. 财会通讯,2006(4).
17. 徐春立,任伟莲. 我国资本成本理论研究的现状及其未来发展[J]. 当代财经,2009(3).
18. 杨秀娣. 全面预算在企业中的应用[J]. 上海财税,1995(5).
19. 袁太芳,李洁. 企业资本成本计算原理探析[J]. 财会月刊,2011(4).
20. 张昌生. 货币时间价值新探[J]. 会计之友,2010(9).
21. 张新民,钱爱民. 企业财务报表分析[M]. 北京:北京大学出版社,2008.
22. 朱元午. 企业集团财务管理[M]. 大连:东北财经大学出版社,2000.
23. 张志强. 期权理论与公司理财[M]. 北京:华夏出版社,2007.
24. 詹姆斯·范霍恩,约翰·瓦霍维奇. 现代企业财务管理[M]. 北京:经济科学出版社,1998.
25. 托马斯·E. 科普兰,J. 弗莱德·威斯顿. 财务理论与公司政策[M]. 大连:东北财经大学出版社,2003.